数智化财会系列"十五五"创新型教材
新形态"互联网+"教材

# 纳税筹划

(第三版)

主　编　李　超
副主编　李　勇　郭　彦
　　　　袁　梦　王　慧
参　编　乔　俊

南京大学出版社

### 图书在版编目(CIP)数据

纳税筹划 / 李超主编. -- 3 版. —南京：南京大学出版社，2025.8. -- ISBN 978-7-305-29480-8
Ⅰ.F810.423

中国国家版本馆 CIP 数据核字第 2025YB1786 号

| | | |
|---|---|---|
| 出版发行 | 南京大学出版社 | |
| 社　　址 | 南京市汉口路 22 号　　邮　编　210093 | |
| 书　　名 | **纳税筹划**<br>NASHUI CHOUHUA | |
| 主　编 | 李　超 | |
| 责任编辑 | 陈　嘉　　　　　　　编辑热线　025-83592315 | |
| 照　　排 | 南京开卷文化传媒有限公司 | |
| 印　　刷 | 江苏苏中印刷有限公司 | |
| 开　　本 | 787 mm×1092 mm　1/16 开　印张 17　字数 413 千 | |
| 版　　次 | 2025 年 8 月第 3 版 | |
| 印　　次 | 2025 年 8 月第 1 次印刷 | |
| ISBN 978-7-305-29480-8 | | |
| 定　　价 | 49.80 元 | |

网　　址：http://www.njupco.com
官方微博：http://weibo.com/njupco
微信公众号：njupress
销售咨询热线：(025)83594756

\* 版权所有，侵权必究
\* 凡购买南大版图书，如有印装质量问题，请与所购
　图书销售部门联系调换

# 前　言

随着我国纳税环境的日渐改善及纳税筹划理论和实务的不断发展,在互联网的推动下,纳税筹划逐渐成为现代社会的迫切需求。常言道:"纳税筹划并不是纯粹的少缴税,而是为了实现企业战略的优化,在符合税收法律法规的前提下,遵循纳税筹划的思路和原理,利用各种纳税筹划技术和方法,通过对企业生产经营活动的事先安排,对增值税、消费税、企业所得税以及其他税种进行纳税筹划,以维护企业纳税人的权益,降低纳税人的税收负担,减少涉税风险,获取资金的时间价值,来提高企业的效益。"

纳税筹划现已更名为"税务合规计划",这一变更依据《涉税专业服务管理办法(试行)》(国家税务总局令第58号)正式确立,自2025年5月1日起实施。新名称强调"合规",体现国家引导企业从"节税导向"转向"合规导向"的政策意图,突出合法性与社会责任的结合。更名不仅是术语调整,更是税收治理理念的升级,要求企业将税务管理纳入战略层面,推动流程标准化和内部控制完善。此外,《中华人民共和国增值税法》已于2024年12月25日由第十四届全国人民代表大会常务委员会第十三次会议通过,自2026年1月1日起施行。这些政策都对纳税活动产生重大影响,纳税人各项业务的处理也需随之变化。因此,新一轮的纳税筹划呼之欲出。

本书依据最新的税收法律制度编写而成,借鉴大量优秀的纳税筹划成果,结合编者对于纳税筹划理论和实践的理解和认识,通过大量案例讲解相关知识点。本书不仅适合本专科财会税务类专业及经济管理类各专业的教学使用,也适合在职税务人员、财会人员自学使用。

本书分为八章:第一章纳税筹划概述,包括纳税筹划的概念与特点、原则与目标,总体掌握纳税筹划产生的原因与效应;第二章从整体着眼,介绍一般纳税筹划的思路,找出纳税筹划的切入点,利用税收优惠政策、税收递延和税负转嫁,选择合理的企业组织形式等方法来诠释纳税筹划的基本原理;第三章至第七章分别针对增值税、消费税、企业所得税、个人所得税和其他税种进行纳税筹划的具体讲解和实际应用;第八章介绍企业投资、融资与经营活动方面的纳税筹划的具体方案,为企业正确做出合理的纳税筹划提供方法和依据。

本书的主要特色有:

(1) 树立"课程思政"主体地位。以新文科建设为契机,结合课程内容与财税新政,挖掘思政元素,融入教学,培养学生的自信心与爱国主义精神,强化学生的责任与担当。将思政元素、价值引领等思想融入本书各章节中,注重价值塑造、知识传授与能力培养相统一。

(2) 知识结构系统完整。本书系统阐述了纳税筹划的各个方面,内容涉及纳税筹划的基本理论、基本方法，增值税、消费税、企业所得税、个人所得税和其他税种的纳税筹划，以及企业投资、融资与经营活动的纳税筹划，让读者能全面把握纳税筹划的知识体系构架。

（3）内容编排匠心独具。在理论性较重的章节注重概念的理解以及概念之间的相互关系，且配备大量实际案例。另结合以往教学反馈情况，不再孤立地介绍筹划方法，而是动态地结合实际案例让读者能更好地动手解决相关实际问题。

（4）本书充分利用"互联网＋""云空间"等现代信息技术，存储关联对应的数字资源内容。重难点解析、操作范例、习题解析等教学资源，可随扫随学、边学边练，不断提高学生学习兴趣与自主学习的能力。便于师生个性化教学，使学生在学校平稳过渡，顺利实现知识与能力的转换。同时本书以信息技术为手段，通过二维码将多样的数字资源与纸质教材充分结合，顺应教学发展的潮流。

（5）利用最新的税法法律法规制度编写。本书结合最新政策变化内容，特别是"营改增"后涉及的各行业政策变化、增值税会计核算办法的新规定、各类增值税最新税率、个人所得税法的全面更新等。本书与改革方向保持一致，按定稿之日（2025年5月1日）的最新财税规定，合理编排内容。后续将根据最新税收政策的变化及时修订、完善并通过二维码同步链接相关教学资源，这样能有效提高纳税筹划的合理性与时效性。

（6）突出重点与兼顾全面结合。本书力求系统介绍纳税筹划方法的实际应用，但在方法的选取上不追求面面俱到，而是突出重点。如在金税四期的社会背景下，重点突出常用的各种筹划方法与技能，便于读者快速掌握与运用，有效地将理论与实际相结合，同时又不至于陷入各种繁杂多样的方法之中无法抉择。

本书由武汉晴川学院李超担任主编；武汉晴川学院李勇、厦门工学院郭彦、武汉晴川学院袁梦、湖北经济学院法商学院王慧担任副主编；武汉卓远时代企业管理咨询有限公司乔俊参与编写。李超对全书进行策划，确定章节编写思路和原则，负责资料搜集、模拟题编写并对全文进行校对，完成教学资源制作，经反复修改后定稿。本书第一、三、六、七章由李超编写，第二、四、五、八章由李勇、郭彦、袁梦、王慧、乔俊编写。

本书在撰写过程中，参考借鉴了大量本学科相关著作，由于篇幅有限，不再一一介绍，在此谨向所有文献的作者表示衷心的感谢。

由于编者水平有限，书中难免存在疏漏和不当之处，恳请广大读者批评指正。

编　者
2025年5月

# 目 录

## 第一章 纳税筹划概述 … 1
- 第一节 纳税筹划的概念及特点 … 2
- 第二节 纳税筹划的原则与目标 … 7
- 第三节 纳税筹划与偷税、逃税、抗税、骗税、避税的区别 … 10
- 第四节 纳税筹划的原因与效应 … 13
- 第五节 纳税筹划的实施流程 … 18

## 第二章 纳税筹划的基本方法 … 21
- 第一节 纳税筹划的切入点 … 22
- 第二节 税收优惠政策的筹划 … 24
- 第三节 高纳税转换为低纳税的筹划 … 29
- 第四节 递延纳税的筹划 … 29
- 第五节 税负转嫁的筹划 … 34
- 第六节 企业组织形式的筹划 … 40

## 第三章 增值税的纳税筹划 … 48
- 第一节 增值税概述 … 49
- 第二节 增值税纳税人的筹划 … 66
- 第三节 增值税计税依据的纳税筹划 … 70
- 第四节 增值税税率的纳税筹划 … 83
- 第五节 增值税减免税的纳税筹划 … 87
- 第六节 增值税出口货物退(免)税的纳税筹划 … 91

## 第四章 消费税的纳税筹划 … 98
- 第一节 消费税概述 … 99
- 第二节 消费税纳税人的筹划 … 108
- 第三节 消费税计税依据的纳税筹划 … 111
- 第四节 消费税税率的纳税筹划 … 117
- 第五节 消费税特殊行为的纳税筹划 … 121

## 第五章　企业所得税的纳税筹划 ········ 125

　　第一节　企业所得税概述 ········ 126
　　第二节　企业所得税纳税人的筹划 ········ 134
　　第三节　企业收入的纳税筹划 ········ 136
　　第四节　准予扣除项目的纳税筹划 ········ 139
　　第五节　企业所得税应纳税额的纳税筹划 ········ 146
　　第六节　企业所得税税率的纳税筹划 ········ 149
　　第七节　企业所得税税收优惠的纳税筹划 ········ 152

## 第六章　个人所得税的纳税筹划 ········ 159

　　第一节　个人所得税概述 ········ 160
　　第二节　个人所得税纳税人的筹划 ········ 170
　　第三节　居民个人综合所得纳税筹划 ········ 172
　　第四节　非居民个人所得税的纳税筹划 ········ 183
　　第五节　个人所得税税收优惠政策的纳税筹划 ········ 186

## 第七章　其他税种的纳税筹划 ········ 192

　　第一节　关税的纳税筹划 ········ 193
　　第二节　印花税的纳税筹划 ········ 199
　　第三节　房产税的纳税筹划 ········ 206
　　第四节　资源税的纳税筹划 ········ 209
　　第五节　契税的纳税筹划 ········ 213
　　第六节　车船税的纳税筹划 ········ 215
　　第七节　城市维护建设税的纳税筹划 ········ 217
　　第八节　土地增值税的纳税筹划 ········ 219
　　第九节　城镇土地使用税的纳税筹划 ········ 223
　　第十节　车辆购置税的纳税筹划 ········ 225
　　第十一节　环境保护税的纳税筹划 ········ 228

## 第八章　投融资经营活动的纳税筹划 ········ 235

　　第一节　企业投资决策的纳税筹划 ········ 236
　　第二节　企业融资决策的纳税筹划 ········ 241
　　第三节　企业经营决策的纳税筹划 ········ 247

## 《纳税筹划》模拟题 1 ········ 256

## 《纳税筹划》模拟题 2 ········ 261

## 参考文献 ········ 265

# 第一章 纳税筹划概述

## 学习目标

通过本章的学习,掌握纳税筹划的概念;理解纳税筹划的原则和特点及相关风险;了解纳税筹划的效应;掌握纳税筹划与偷税、逃税、抗税、骗税、避税的区别,并能在实务中运用所学知识对相关纳税筹划案例的性质进行基本判断与分析。

## 思政小课堂

"税"字由"禾"与"兑"组成,体现着单位与个人用自己的所得兑换政府提供的公共服务等;我国税收特征包括强制性、无偿性、固定性。其中"无偿性"指国家征税对具体纳税人既不需要直接偿还,也不付出任何形式的直接报酬。无偿性是税收的关键特征。它使税收明显地区别于国债等财政收入形式,决定了税收是国家筹集财政收入的主要手段。同时,它还是调节经济和矫正社会分配不公的有力工具。作为社会主义国家税收,"无偿性"更能体现出我国税收"取之于民、用之于民"的本质。

## 案例导入

在现代经济环境中,无论是企业的经济行为还是个人的经济行为,都会受到一国或地区税收政策的影响,纳税筹划的思想也会被充分体现。就自然人而言,获取收入的形式不同,其纳税金额也不相同。请看案例:李女士全年收入120 000元,有两种发放方案。方案一,每月发放薪金10 000元;方案二,每月发放薪金和基本奖金5 500元,年终一次性发放全年奖金54 000元。

思考:(1) 你认为这两种发放方式有区别吗?
(2) 请对两种方案进行对比分析,得出结论。

纳税筹划在西方国家的理论研究和实践应用起步较早,在20世纪30年代就曾引起社会的广泛关注,并得到法律的认可。在我国,自20世纪90年代初引入以来,其功能和作用不断地被人们所接受和重视。

## 第一节　纳税筹划的概念及特点

### 一、纳税筹划的概念

纳税筹划、税务筹划都是根据英文"tax planning"翻译出来的,本书采用"纳税筹划"一词。国际上对纳税筹划概念的描述不尽相同,以下是几种有代表性的观点:

荷兰国际财政文献局(IBFD)编著的《国际税收辞汇》对纳税筹划是这样定义的:纳税筹划是指纳税人通过经营活动或个人事务活动的安排,实现缴纳最低的税收。

印度税务专家 N.J.雅萨斯威在其编著的《个人投资和纳税筹划》一书中指出:纳税筹划是纳税人通过税务活动的安排,以充分利用税收法规所提供的包括减免税在内的一切优惠,从而获得最大的税收收益。

美国南加州大学 W.B.梅格斯博士在与他人合著的《会计学》中指出:"人们合理而又合法地安排自己的经营活动,使之缴纳可能最低的税收。他们使用的方法可称之为纳税筹划……少缴税和递延缴纳税收是纳税筹划的目标所在。"

自20世纪90年代起,我国学术界也开始对纳税筹划的概念及相关理论进行研究。纳税筹划作为纳税人的一项基本权利,其功能和作用不断地被人们所认识和重视。

我国税务专家唐腾翔在其编著的《纳税筹划》中指出:纳税筹划是指在法律规定许可的范围内,通过经营、投资、理财活动的事先筹划和安排,尽可能取得节税的税收利益。

张中秀在其编著的《公司避税节税转嫁筹划》中指出:纳税筹划是指纳税人通过非违法的避税方法和合法的节税方法以及税负转嫁的方法来达到尽可能减少税负的行为。

盖地在其编著的《企业税务筹划理论与实务》中说:税务筹划是纳税人依据所涉及的税境和现行税法,遵循税收国际惯例,在遵守税法、尊重税法的前提下,根据税法中的"允许"与"不允许"以及"非不允许"的项目和内容等,对企业涉税事项进行的旨在减轻税负、有利于企业财务目标的谋划、对策与安排。

事实上,纳税筹划是企业财务管理的一部分,研究纳税筹划不能脱离财务管理。财务管理的目标是企业价值最大化,因此,纳税筹划的最终目标不仅仅是减轻企业的税负,而且是实现企业价值最大化。

纳税筹划现已更名为"税务合规计划",这一变更依据《涉税专业服务管理办法(试行)》(国家税务总局令第58号)正式确立,自2025年5月1日起实施。新名称强调"合规",体现国家引导企业从"节税导向"转向"合规导向"的政策意图,突出合法性与社会责任的结合。更名不仅是术语调整,更是税收治理理念的升级,要求企业将税务管理纳入战略层面,推动流程标准化和内部控制完善。

本书认为,纳税筹划是指企业在合法合规的前提下,通过对筹资、投资、经营、股利分配等活动中涉税事项的事先策划和安排,充分利用税法所提供的包括减免税在内的一切优惠政策以及可选择性条款,从而获得最大节税利益、实现企业价值最大化的一种财务管理活动。

**【例1-1】**居民个人王某是一名会计专家,主要从事财税咨询工作,本年有两种工作方案可供选择。方案一:王某在甲会计师事务所兼职提供咨询服务,本年度取得税前劳务报酬收入600 000元,且与甲会计师事务所约定,王某自己承担因提供咨询活动产生的成本、费用和损失,当年的成本、费用以及损失为400 000元。方案二:王某注册成立一家个体工商户,通过甲会计师事务所对外提供咨询服务,且与甲会计师事务所约定,该个体工商户自己承担因提供咨询活动产生的成本、费用和损失,本年度该个体工商户取得税前经营收入600 000元,当年的成本、费用以及损失为400 000元。当年王某的专项扣除、专项附加扣除和依法确定的其他扣除合计40 000元。当年王某没有其他收入。假设不考虑增值税因素。要求对上述业务进行纳税筹划。

**【税法依据】**居民个人的综合所得,以每一纳税年度的收入额减除费用60 000元以及专项扣除、专项附加扣除和依法确定的其他扣除后的余额,为应纳税所得额。劳务报酬所得、稿酬所得、特许权使用费所得以收入减除20%的费用后的余额为收入额。稿酬所得的收入额减按70%计算。

经营所得,以每一纳税年度的收入总额减除成本、费用以及损失后的余额,为应纳税所得额。取得经营所得的个人,没有综合所得的,计算其每一纳税年度的应纳税所得额时,应当减除费用60 000元以及专项扣除、专项附加扣除和依法确定的其他扣除。

专项附加扣除在办理汇算清缴时减除。

**【筹划思路】**一般情况下,个人同等金额的劳动收入在综合所得和经营所得不同的应税项目下,其应纳税所得额和税率基本上是不同的。因此在个人劳动收入金额相同且能够相互转换的情况下,可以通过分别测算综合所得和经营所得各自的个人所得税税负,来选择税负低的应税所得项目。

**【筹划过程】**

方案一:王某在甲会计师事务所兼职提供咨询服务,本年度取得税前劳务报酬收入600 000元,且与甲会计师事务所约定,王某自己承担因提供咨询活动产生的成本、费用和损失,当年的成本、费用以及损失为400 000元。

由于劳务报酬所得以收入减除20%的费用后的余额为收入额,因此当年的成本、费用以及损失400 000元不能据实扣除,而只能按照收入的20%定率扣除。

本年综合所得的应纳税所得额=600 000×(1-20%)-60 000-40 000=380 000(元)

本年综合所得的应纳个人所得税=380 000×25%-31 920=63 080(元)

方案二:王某注册成立一家个体工商户,通过甲会计师事务所对外提供咨询服务,且与甲会计师事务所约定,该个体工商户自己承担因提供咨询活动产生的成本、费用和损失,本年度该个体工商户取得税前经营收入600 000元,当年的成本、费用以及损失为400 000元。

本年经营所得的应纳税所得额=600 000-400 000-60 000-40 000=100 000(元)

本年经营所得的应纳个人所得税=100 000×20%-10 500=9 500(元)

**【筹划结论】**方案二比方案一少缴纳个人所得税53 580(63 080-9 500)元,若以实现税负最小化为纳税筹划目标,则应当选择方案二。

**【筹划点评】** 尤其对于高收入者,综合所得的最高边际税率高达45%,而经营所得的最高边际税率仅为35%,因此高收入者最好通过注册成立个体工商户的方式取得收入。同时需要注意的是,并非所有的劳动收入均可在综合所得与经营所得之间转换,对于可以转换应税项目的劳动收入还需要考虑转换成本,因此个人需要权衡利弊、综合考虑,选择最优方案。

上述案例我们可以看到纳税筹划在工作生活中的重要性。纳税筹划在发达国家十分普遍,已经成为企业,尤其是跨国公司制定经营和发展战略的一个重要组成部分。在我国,纳税筹划开展得较晚,发展较为缓慢。主要存在五个方面的问题。

### (一)纳税筹划意识淡薄

许多企业不理解纳税筹划的真正意义,将其与偷税、漏税混为一谈,纳税筹划在我国起步较晚,税务机关的依法治税水平和全社会的纳税意识与发达国家尚有差距,导致征纳双方对各自的权利和义务了解得不够。没有意识到纳税筹划是在合法合规的前提下,通过对经营、投资、理财等活动进行事先筹划和安排,以达到降低税负的目的。一些企业管理者和财务人员缺乏主动进行纳税筹划的意识,认为纳税是企业必须履行的义务,忽视了纳税筹划可以为企业带来的经济效益。

### (二)税务服务水平有待提高

纳税筹划人员必须是熟悉我国税收制度、了解我国立法意图的高素质的专门人才。但很多企业并不具备这一关键条件,只有通过成熟的中介机构代理税务,才能有效地进行纳税筹划,达到节税的目的。我国的税收代理制度在20世纪80年代才开始出现,目前仍处于发展阶段,并且代理业务也多局限于纳税申报等经常发生的常规性纳税事项上,较少涉及纳税筹划。可喜的是近几年这种情况已有所改变,由于企业发展希望满足在证券交易所上市所需的合规性要求,以及企业扩张过程中涉及较多的税务事项,促使企业更加关注税收因素的影响。税务师事务所除了提供涉税鉴证业务和一般性服务咨询项目外,也开始重视纳税筹划业务的拓展,促进了税务服务业的发展。

### (三)税收政策复杂多变

我国税收政策体系庞大,税种繁多,且随着经济社会的发展,税收政策不断调整和变化。这使得企业在进行纳税筹划时,需要花费大量的时间和精力去了解和掌握最新的政策法规。政策的频繁变动增加了纳税筹划的难度和风险,企业可能因为对政策的理解不准确或不及时而导致筹划方案失败,甚至面临税务风险。

### (四)征管水平仍有待提高

受征管意识、技术和人员素质等因素的综合影响,我国的税收征管水平目前仍存在提升空间,尤其是个人所得税等税种的征管水平低造成的税源或税基流失问题严重。当税收违法行为预期收益显著高于合规纳税筹划收益与违法成本之和时,部分纳税人可能产生非理性决策倾向。

## 二、纳税筹划的特点

### （一）合法性

合法性是指纳税筹划只能在税收法律许可的范围内进行。合法性是纳税筹划最本质的特点。不违反法律规定是纳税筹划的前提条件，是纳税筹划最基本的要求，也是纳税筹划与偷税、避税的根本区别。合法性有两层含义：一是遵守税法；二是不违反税法。纳税筹划不仅不违法，而且符合国家的立法意图。当存在多种合法的纳税方案可供选择时，纳税人可以利用对税法的熟知、对实践技术的掌握，做出纳税最优化选择，最终降低税负。这也正是国家税收政策引导经济良性发展、促进纳税人合法经营的重要作用之一。

### （二）事先性

事先性是指企业在从事具体的经营活动或投资活动之前，就把税收作为影响最终成果的一个重要因素来设计和考虑。相对于纳税义务而言，企业在交易行为发生之后才有纳税义务，通常具有滞后性；而纳税筹划是在纳税义务确立之前所做的事前的规划、设计和安排，以达到减轻税负的目的，具有超前性。

### （三）目的性

目的性是指纳税筹划有明确的目的，即追求企业价值最大化。纳税筹划应着眼于纳税人资本总收益的长期稳定增长，而不是个别税种税负的高低。也就是说，纳税筹划以减轻税负为初级目的，而以实现企业价值最大化为终极目的。当两者矛盾时，一般应选择能实现企业价值最大化的纳税筹划方案。

### （四）协作性

协作性是指由于复杂的纳税筹划涉及的经营活动关系到企业的生产、经营、投资、理财、营销等所有活动，因此，它不是由某个部门或某个人单独进行操作就能够完成的工作，它需要有规范的经营管理，并且在企业领导重视的前提下，财务部门和其他部门密切配合、充分协作才能顺利进行。

### （五）专业性

专业性是指在进行纳税筹划时，筹划者应当具备一定的专业水平。纳税筹划是一门涉及税收学、管理学、财务学、会计学、法学等的综合性学科，这需要跨学科的专门人才来从事这项工作。另外，在经济飞速发展、国际贸易业务日益频繁以及各国税制日益复杂化和税收法律法规不断更新与变化的情况下，仅凭纳税人自己的努力进行纳税筹划已经越来越不可能。这不仅促使企业开始建立从事纳税筹划的部门，而且也促进了作为第三产业的税务代理行业、税务咨询行业的发展。

### (六) 风险性

纳税筹划是纳税人为了降低税收负担,而对自身生产经营活动或财务活动进行的事先安排。由于国家税收法律法规的不断调整和变化、企业外界环境因素、企业内部成员因素和其他因素的影响,以及企业未来的生产经营活动和财务活动的不确定性,使得纳税筹划的结果存在一定风险。而有的纳税筹划立足于长期的规划,长期性则蕴含着较大的风险性。因此,纳税筹划具有显著的风险性。

纳税筹划的风险主要表现在以下几个方面。

**1. 筹划条件风险**

纳税筹划条件包括专业技术人员的素质、筹划技术手段、筹划时机的选择和筹划时间跨度的确定等。如果企业的会计人员和纳税筹划人员的素质不高,选择筹划方案遭受税收处罚的风险就高。同时,在纳税筹划中运用何种技术手段也很重要。另外,由于纳税筹划是在纳税义务发生之前进行的谋划过程,因此要充分考虑税收时机和筹划时间跨度的选择,推迟或提前、拉长或缩短都可能影响筹划效果,甚至导致筹划失败。

**2. 筹划时效性风险**

纳税筹划具有较强的时效性。在一个会计期间内企业可以运作一个比较合适的方案,达到企业筹划的预定目的。但是,由于目前我国税制建设还不完善,税收政策的稳定性较差,一些税收细则会出现频繁的变化。如果企业不能及时学习和了解最新的税法、税负和税收政策,及时合理地变更筹划方案,仍然照搬以前期间的方案,就会面临筹划方案失败的风险。

**3. 征纳双方认定差异风险**

纳税筹划存在着征纳双方的认定差异。纳税筹划应当具有非违法性,但是纳税筹划更多的是纳税人的主动行为,其方案的确定与具体的组织实施,都是纳税人自己选择。但纳税筹划方案究竟是不是符合法律规定,筹划最终是否成功,是否能够给纳税人带来经济上的利益,却取决于税务机关对纳税人纳税筹划方案的认定。也就是说,纳税人所选择的纳税筹划方案是否违法,需要由税务机关最终裁定。如果纳税人被裁定所选择的方案在实质上是违法的,那么就有可能被认定为偷税漏税,纳税筹划是失败的。当然,如果纳税人与税务机关对税法的理解不同,纳税人对税务机关的执法措施不服,可以通过一定的行政或法律程序解决,如经过行政复议或通过诉讼程序。但是过程比较耗时耗力,无论从时间还是精力来看,一般最好在运用这些方式前能与税务机关达成一致。

## 第二节 纳税筹划的原则与目标

### 一、纳税筹划的原则

**(一) 法律原则**

纳税筹划应当遵循合法性原则。纳税筹划的第一步就是要认真了解税法的相关规定。只有了解税法的内容,才能确保在法律允许的范围内进行纳税筹划。纳税筹划不能曲解法律,更不能违反法律的明确规定。一般来说,税法规定了优惠政策,就是希望纳税人能从事优惠政策所鼓励的行为。纳税人因从事该行为而享受该优惠政策,并且减轻税收负担,不仅合法而且是税法鼓励的行为。作为纳税主体的企业法人,由于承担的税种较多,纳税税基、地点、时限、税率等各有差异,如果进行纳税筹划,企业的税负可能就有所不同。企业要进行纳税筹划,首先应当遵守国家相关税收法律法规,要求纳税筹划的当事人应熟知国家各项税收法律法规,只有在懂法、守法的基础上,才能进行有效的纳税筹划。

**(二) 筹划管理原则**

纳税筹划是一种以筹划为前提的行为,因此,纳税筹划应当遵循筹划性原则。所谓筹划性,就是要对自己的生产经营状况进行调整和安排。这种调整和安排既包括地域上的调整和安排,也包括产业和行业上的调整与安排,还包括具体生产经营过程中的调整和安排。其目的是满足税收优惠政策所规定的条件,或者满足低税率所规定的条件,或者能够最大限度地降低税法所确认的交易额、经营额或者收入额。纳税人在进行纳税筹划时,必须在国家与纳税人的税收法律关系形成之前,根据国家税收法律的差异性,对自己的经营、投资、理财等活动进行事前筹划和安排,尽可能地减少应税行为的发生,降低自己的税收负担水平,为实现纳税筹划的目的做好充分准备;否则,一旦自己的经营、投资、理财等活动已经完成,纳税义务已经产生,再想减轻税收负担就非常困难。纳税筹划可以使纳税人获得利益,但无论是内部筹划,还是外部筹划,都要耗费一定的人力、物力和财力。纳税筹划要尽量使筹划成本降到最低程度,使筹划效益达到最大限度。

**(三) 财务原则——企业价值最大化**

纳税筹划属于财务管理范畴,纳税筹划的目标应与财务管理的目标相一致。现代财务理论基本上确立了以企业价值最大化作为财务管理的目标,企业的内在价值应当是未来企业能够创造的现金净流量的现值,是对未来现金流入和流出、现金流量的时间价值和风险综合评价的结果。这个原则对筹划提出的要求是:筹划活动必须兼顾全局,考虑包括税收在内的各方面因素;在多种备选方案中,选择体现全体利益相关者利益的方案;进行筹划时要兼顾各个税种之间的关系,全面考虑方案结果对纳税人整体财务状况的影响,同时,也要考虑方案可能带来的非财务影响,包括相关的社会效益和对企业形象的影响。

### (四) 适时调整原则

纳税筹划是一门科学,有其自身规律。但是,无论多么完美的纳税筹划方案,都只是一定历史条件的产物,不可能在任何时间、任何地点、任何情况下都适用。纳税筹划的一个典型特点是合法性,究竟是否合法,取决于一个国家在一定时期具体的法律规定。如果企业拟长期实现企业价值最大化,就必须密切关注国家有关税收法律法规的变化,并根据国家税收法律法规等的变化及时修正或调整纳税筹划方案,使之符合国家税收法律法规的规定。受各种主客观因素影响,国家的财税法律政策是不断调整的,纳税筹划方法因此不能长期固定不变,而应根据变化了的新法律、新政策及时进行修订和完善,以使其不断保持旺盛的生命力并指导实践。众所周知,纳税人的纳税筹划方案是在一定时期、一定法律环境下以一定的生产、消费活动为背景制定出来的,随着时间的推移,国家的法律法规可能会发生变更,这时纳税人应根据变化了的法律、法规及时对纳税筹划方案进行相应的修正和完善,以防止出现违法违规行为。因此,适时调整纳税筹划方案是纳税筹划一个不容忽视的重要原则。

### (五) 兼顾各方利益原则

一方面,要注意兼顾纳税单位内部局部与整体的利益。对局部有利但对整体不利的纳税筹划要摈弃或慎用,对局部和整体都有利的纳税筹划要多用,对局部有大利并对整体无害或对整体有大利但对局部有微小不利的纳税筹划要相机使用。另一方面,要注意兼顾国家、集体和个人的利益。对个人有利但对国家、集体有害的纳税筹划原则上要摈弃,对国家、集体、个人都有利的纳税筹划要多用,对国家、集体无害且对个人有利的纳税筹划或对国家、集体有大利但对个人仅有小利的纳税筹划要相机使用。

## 二、纳税筹划的目标

关于纳税筹划的目标,综合起来表现为税后利润最大化或税负最小化。纳税筹划的目标是指企业通过纳税筹划希望达到的结果。对纳税筹划进行准确的目标定位,直接关系到纳税筹划的成败。不同企业由于产权结构、规模、组织结构和管理水平等方面的差异,其纳税筹划的目标也不尽相同。纳税筹划的目标从不同的角度可以分为以下几种。

### (一) 正确履行纳税义务

正确履行纳税义务是纳税筹划的基本目标或最低目标,目的在于规避纳税风险,防止任何法定纳税义务之外的纳税成本的发生,避免因涉税而造成名誉损失,做到诚信纳税、合法纳税。

### (二) 实现纳税成本最小化

对纳税人来说,纳税筹划的根本目的就是减轻税收负担、实现涉税零风险、获取货币时间价值等,由此,将大大降低其纳税成本,增加其经济收益,增强其竞争能力。纳税人是纳税义务的直接承担者,作为市场经济的主体,在产权界定清晰的前提下,追求自身利益的最大化是其天性。纳税人经济利益最大化的实现不仅要求总收益大于总成本,而且要求总收益与总成本之间的差额最大。在总收益一定的条件下,要实现经济利益的最大化,必须使总成本最小化。作为市场经济主体的纳税人,为实现自身经济利益的最大化,必然将减轻税收负担作为一个重要的经济目标,而纳税筹划是促使纳税人实现此目标最有力的手段。纳税人履行纳税义务,必然要发生相应的纳税成本。在应纳税额一定的前提下,纳税成本的降低也就意味着纳税人税收利益的增加。纳税成本的降低,除了纳税人增强纳税成本意识、不断提高业务素质外,还与国家的税制是否合理、征管人员素质高低以及征税方式等因素直接相关。

### (三) 实现货币时间价值最大化

如果纳税人能够合理有效运用资金,随着时间的推移,货币的增值额会呈几何级数增长。企业通过一定的方法将本期应该缴纳的税款延期缴纳,以获得货币时间价值,也是纳税筹划的目的之一。虽然这笔税款迟早是要缴纳的,但本期无偿占用这笔资金就相当于从财政部门获得了一笔无息贷款,并且这笔无息贷款不存在财务风险。

### (四) 实现税负最小化和税后利润最大化

一般而言,公司的目标之一是实现实际税负最小化及税后利润最大化。当公司实施某项纳税筹划方案使得税负最小化与其税后利润最大化呈正相关时,税负最小化就是纳税筹划的最高目标。

但随着现代财务理念的发展,人们发现纳税筹划单纯地以实现税负最小化为目标存在很多缺陷,主要表现在以下三个方面:① 它没有考虑纳税筹划方案对相关收入和成本的影响,容易导致决策的片面性。若减少的税负以减少收入或增加成本为代价,则是得不偿失的。② 它没有考虑相关的风险。不同的纳税筹划方案所面临的风险往往是不同的,有的方案可能实现比较低的税负,但是要实现低税负可能要面对很多不确定的负面因素,在这种情况下,仅仅考虑税负的高低就不能做出正确的决策。③ 它没有考虑货币时间价值。不同纳税筹划方案下相关收益的流入或成本的流出可能发生在不同的时点,在不同时点的现金流量的现值是不同的,而税负最小化没有考虑时间价值因素,这在纳税筹划方案涉及长期决策时很可能出现失误。

因此,纳税筹划以税负最小化为目标存在很大的缺陷,甚至会将企业的纳税筹划引入误区。当然,减少税负是纳税筹划最直接的动机,也是纳税筹划兴起与发展的直接原因,没有节税动机,也就不可能有纳税筹划。而税后利润最大化目标,可以克服税负最小化目标的第一个缺陷,即克服没有考虑相关的收入和成本的缺陷。税后利润最大化目标在当今的理论和实务界比较流行。这种观点认为,由于"税后利润=收入-成本-税金",所以要实现税后利润最大化,就要追求在收入增加、成本减少的同时,尽可能地减少税金的缴纳,使税后利润最大化。但是这一目标的提出,仍然没有解决时间价值和风险计量的问题。在纳税筹划方案涉及不同期间的现金流量时有可能导致决策失误。它容易导致企业只注重对本年度的利润的追求,造成纳税筹划的短期行为,不能兼顾企业的长远发展。

### (五)实现企业价值最大化

将企业价值最大化作为纳税筹划的目标,可以弥补税负最小化和税后利润最大化目标的缺陷,能够综合考虑纳税筹划方案引起的相关收益和成本以及时间价值与风险因素,因此,不失为一种理想的目标定位。企业价值最大化目标在纳税筹划中的主要应用是在长期纳税筹划方案的决策中引入净现值法,即计算长期纳税筹划方案可能带来的相关现金流量的净现值,并以此作为评价纳税筹划方案优劣的依据。由于计算净现值时采用的折现率往往既考虑了时间价值因素也考虑了风险因素,因此,可以帮助决策者更为准确地做出判断。

## 第三节 纳税筹划与偷税、逃税、抗税、骗税、避税的区别

纳税筹划的基本特点之一是合法性,而偷税、逃税、抗税、骗税等则是违反税法的。各国对违反税法的行为根据其情节轻重均规定了相应的处理方法。我国对违法行为较轻者,根据《中华人民共和国税收征收管理法(修订)》(简称《税收征管法》)给予行政处罚,处以罚款;情节严重、触犯刑律的属于涉税犯罪,要追究刑事责任,除了依法判刑外,还要认定附加刑——处以罚金。要正确进行纳税筹划,一定要能识别偷税、逃税、抗税、骗税等违法行为,要认识其界定依据及相关的处罚规定。

### 一、纳税筹划与偷税

偷税是在纳税人的纳税义务已经发生且能够确定的情况下,采取不正当或不合法的手段以逃脱其纳税义务的行为。偷税具有故意性、欺诈性,是一种违法行为,应该受到处罚。

修改前的《中华人民共和国刑法》第 201 条规定:纳税人采取伪造、变造、隐匿、擅自销毁账簿、记账凭证,在账簿上多列支出或者不列、少列收入,经税务机关通知申报而拒不申报或者进行虚假的纳税申报的手段,不缴或者少缴应纳税款,偷税数额占应纳税额的 10% 以上不满 30% 并且偷税数额在 1 万元以上不满 10 万元的,或者因偷税被税务机关给予二次行政处罚又偷税的,处 3 年以下有期徒刑或者拘役……而《税收征管法》第 63 条规定:纳税人伪造、变造、隐匿、擅自销毁账簿、记账凭证,或者在账簿上多列支出或者不列、少列收入,或者经税务机关通知申报而拒不申报或者进行虚假的纳税申报,不缴或者少缴应纳税款的,是偷税。对纳税人偷税的,由税务机关追缴其不缴或少缴的税款、滞纳金,并处不缴或少缴的税款 50% 以上 5 倍以下的罚款;构成犯罪的,依法追究刑事责任。

值得注意的是,从 2009 年 2 月十一届全国人大常务委员会第七次会议表决通过了《中华人民共和国刑法修正案(七)》。修订后的刑法对第 201 条关于不履行纳税义务的定罪量刑标准规定中的相关表述方式进行了修改,用"逃避缴纳税款"取代了"偷税"。但目前我国《税收征管法》中还没有做出相应修改。

目前,企业在纳税筹划问题上存在着两个问题:一是不懂得避税与偷税的区别,把一些实为偷税的手段误认为是避税;二是明知故犯,打着纳税筹划的幌子行偷税之实。有不少企

业避税心切,或者受到一些书籍的误导,以致把偷税行为当成了纳税筹划,直到受到法律的制裁。客观地说,避税与偷税虽然在概念上很容易加以区分,但在实践当中,二者的区别有时确实难以掌握。有时,纳税人避税的力度过大,就成了不正当避税,而不正当避税在法律上就可认定为是偷税。例如,利用"挂靠法"进行纳税筹划就有这个问题。比如,企业所得税法规定:福利企业凡安置"四残"人员占生产人员总数35%以上的暂免征收企业所得税;凡安置"四残"人员占生产人员总数的比例超过10%未达到35%的,减半征收企业所得税。有些企业为了享受这条税收优惠,在社会上广招残疾人员,使本企业的"四残"人员达到税法规定的比例。但这些残疾人员被企业招募为职工后又被放假回家,每月只领取少量的生活费。有人认为,企业的这种行为属于纳税筹划。实际上,税法规定,真正有资格享受税收优惠的福利企业,其招募的每个残疾职工必须具有适当的劳动岗位,而有的福利企业一旦享受到了税收优惠后就把残疾职工遣散回家,这种行为直接违反了税法。所以,实际上这仍属于偷税行为,并不能算作纳税筹划。还有的企业为了挂靠上福利企业享受税收优惠,更是不择手段,让一些身体健康的职工冒充"四残"人员,这种行为更是明目张胆的偷税。

### 二、纳税筹划与逃税

逃税是指纳税人欠缴应纳税款,采取转移或者隐匿财产的手段,妨碍税务机关追缴欠缴的税款。对逃税行为,《税收征管法》规定,由税务机关追缴欠缴的税款、滞纳金,并处欠缴税款50%以上5倍以下的罚款;构成犯罪的,依法追究刑事责任。逃税与税收筹划的区别在于:① 性质不同。逃税是违法的,严重的逃税行为还要被追究刑事责任。而纳税筹划是非违法行为,是被社会和法律接受的。② 采取的手段不同。逃税是指纳税人采取转移或者隐匿财产的手段,妨碍税务机关缴交缴税款,而纳税筹划是在充分地掌握税收法律、法规和规章的基础上,运用一些不违法的方法来达到使企业价值最大化的目的。③ 发生的时间不同。逃税是在税收义务发生之后,而纳税筹划具有明显的前瞻性,即在纳税义务发生之前。④ 目的不同。逃税的目的是减轻税收负担而不顾及后果和影响,而纳税筹划的目的是实现企业价值的最大化。

逃税与偷税有共性,即都有欺诈性、隐蔽性,都是违反税法的行为。但逃税在操作上更具有直接性,是企图将应税行为"变为"非应税行为,从而达到逃避纳税,即不纳税的目的。各国对逃税一般都没有单独的处罚规定,而是归入偷税行为,按偷税处罚,我国也不例外。

### 三、纳税筹划与抗税

抗税是指纳税人以暴力、威胁方法拒不缴纳税款的行为。除由税务机关追缴其拒缴的税款、滞纳金外,还要依法追究刑事责任。情节轻微,未构成犯罪的,由税务机关追缴其拒缴的税款、滞纳金,并处拒缴税款一倍以上五倍以下的罚款。其与纳税筹划的区别在于:① 实施的手段不同。抗税是指纳税人以暴力、威胁方法拒不缴纳税款的行为,而税收筹划是采取不违法的手段。② 目的不同。抗税的目的是像偷税和逃税一样为了减轻税收负担而不顾及后果和影响;而纳税筹划的目的是实现企业价值的最大化。③ 性质不同。抗税是违法的,严重的抗税行为还要被追究刑事责任;而纳税筹划是非违法行为,是被社会所接受认可的。

### 四、纳税筹划与骗税

骗税是采取弄虚作假和欺骗手段,将本来没有发生的应税(应退税)行为虚构成发生了的应税行为,将小额的应税(应退税)行为伪造成大额的应税(应退税)行为,即事先根本未向国家缴过税或未缴足声称已纳的税款,而从国库中骗取了退税款。这是一种非常恶劣的违法行为。《税收征管法》第66条规定,以假报出口或者其他欺骗手段,骗取国家出口退税款的,由税务机关追缴其骗取的退税款,并处骗取税款一倍以上五倍以下的罚款;构成犯罪的,依法追究刑事责任。对骗取国家出口退税款的,税务机关可以在规定期间内停止为其办理出口退税。

骗税与纳税筹划的区别在于:① 实施的手段不同。骗税是指纳税人以弄虚作假和欺骗手段虚构骗取退税的行为,而税收筹划是在不违反法律、法规的前提下进行的。② 目的不同。骗税的目的是骗取退税;而纳税筹划的目的是实现企业价值的最大化和长远的发展。③ 性质不同。骗税是违法的,对骗取国家出口退税款的,税务机关可以在规定期间内停止为其办理出口退税,严重的还要被追究刑事责任;而纳税筹划是非违法行为,是可持续发展的科学发展观。

### 五、纳税筹划与避税

避税是指纳税人利用税法漏洞或者缺陷,通过对经营及财务活动的精心安排,以期达到纳税负担最小的经济行为。比如二十世纪六七十年代,美国的公司所得税税负较重,不少公司就通过"避税地"进行避税,把利润通过关联交易转移到"避税地"公司的账户上,从而大大减少了美国本土总机构的账面利润,减少了纳税。这当然损害了美国的财政利益,但在当时缺乏反避税法律约束的环境下,政府也只好默认。

避税作为市场经济的特有现象,会随着经济的发展而发展。随着各国法治建设的不断完善,避税将逐渐演变成一种高智商的经济技巧和经营艺术。我们总结得出节税筹划、避税筹划、税负转嫁筹划、涉税零风险筹划与偷(逃)税、抗税、骗税的比较,如表1-1所示。

表1-1 筹划与其他各类别对比图

| 类别比较点 | 节税筹划 | 避税筹划 | 税负转嫁筹划 | 涉税零风险筹划 | 偷(逃)税、抗税、骗税 |
| --- | --- | --- | --- | --- | --- |
| 法律性质 | 合法 | 非违法 | 纯经济活动 | 合法 | 违法 |
| 政府态度 | 倡导 | 反对 | 不加干预 | 鼓励 | 制裁处罚 |
| 风险性 | 低风险 | 风险较高 | 多因素风险性 | 几乎零风险 | 高风险 |
| 实施手段 | 主要利用税收优惠政策或选择机会 | 主要利用税法漏洞 | 调整产品价格 | 正确进行纳税申报、及时、足额纳税 | 利用非法手段 |
| 立法意图 | 体现 | 违背 | 不相关 | 顺应 | 违反 |
| 经济影响 | 促进经济良性发展 | 影响以至破坏市场规划 | 有利于企业间的竞争 | 有利于形成良好的税收征纳环境 | 违背公平竞争原则,破坏经济秩序 |

从某种意义上说,只要存在税收,就会有避税。随着税收法规制度的不断完善、国际协调的加强,避税技术也在不断发展和深入,有的文献甚至将纳税筹划和避税画等号。而在纳税筹划实践中,有时也确实难以分清两者的关系。在不同的国家,政府对两者的态度也有不同。有的在法律上努力将避税纳入打击范围,而对纳税筹划又是允许的。我国倾向于将正常的避税行为与纳税筹划放在一起考虑,尤其在进行国际纳税筹划时更是如此。

## 第四节 纳税筹划的原因与效应

### 一、纳税筹划的原因

#### (一)纳税筹划的主观原因

纳税筹划的主观原因,总结起来就是利益驱动。纳税筹划是公司对自身资产、收益的正当维护,属于公司应有的经济权利,是受国家法律保护的。在市场经济条件下,纳税人对经济利益的追求是理性行为,也可以说是一种本能,是最大限度地维护自己经济利益的一种行为表现。税收是构成公司经营成本的重要组成部分,在价格和成本不变的条件下,利润和税收是此消彼长的关系,即上缴的税收增多,留存于公司的利润就将减少;上缴的税收减少,公司留存的利润就会增加。认真研究税法,熟悉税收环境,在法律允许的范围内尽可能减轻税负既是合法的,也是必要的。

因此,在合法的前提下,减少税收这种纳税人经济利益的直接流出,是纳税人进行合法的纳税筹划的内在动力和直接原因。发达国家在纳税筹划领域走在前面,大中型公司一般都聘请税务专家,专门研究和负责公司的纳税筹划。随着经济的发展,我国企业也越来越重视纳税筹划,纳税筹划在企业发展中的作用也逐渐凸显。

#### (二)纳税筹划的客观原因

1. 国内纳税筹划产生的客观原因

经济活动是复杂多变的,纳税人的经营方式也是多种多样的。国家要对纳税人的经营活动征税,就要制定能够应对复杂的经济活动的税收制度,这就要求税收制度具有一定的弹性,这种弹性给纳税人的纳税筹划提供了可能性。

(1)税种的税负弹性。

所谓税负弹性是指某一具体税种的税负伸缩性大小。一般而言,某种税税负弹性的大小一方面取决于税源的大小,即税源大的税种,其税负弹性也大。另一方面还取决于该税种的要素构成,主要包括计税基数、扣除项目和扣除标准、税率,即税基越宽,税率越高,税负就越重;或者说税收扣除越大则税负就越轻。各税种内在各要素弹性的大小决定了各税种的税负弹性,或者说某一税种的税负弹性是构成该税种各要素的弹性的综合体现。

企业所得税和个人所得税的税负弹性较大,因为不论税基宽窄、税率高低和扣除项目多少或数额多少,所得税总有一定的弹性幅度。

(2) 纳税人定义上的可变通性。

任何一种税都要对其特定的纳税人给予法律的界定,特定的纳税人交纳特定的税。如果能说明不使自己成为该税的纳税人或成为该税的减免征税的对象,那么自然也就不必成为该税的纳税人或能够成为负担较轻的纳税人。原因是现实生活的多样性及经济发展的不平衡性是税法不能完全包容的。

这里一般有三种情况:一是该纳税人确实转变了经营内容,过去是某种税的纳税人,现在成了另一种税的纳税人;二是内容与形式脱离,纳税人通过某种非法手段使其在形式上不属于某种税的纳税义务人,而实际上并非如此;三是该纳税人通过合法手段转变了内容和形式,使其无须缴纳该种税。

比如,纳税人面临不同的税收环境条件,如我国改革开放初期,经济特区的纳税人就比内陆城市的纳税人在企业所得税的税收负担上轻很多。在这种情况下,税负重的纳税人就应设法改变自身的条件。改变自身的条件有三种情况:一是该企业去经济特区投资;二是在特区设置子公司转移利润以减少纳税或不纳税;三是将企业的经营活动从形式上而不是从实质上转移到低税负的特区,充分享受低税的好处。

在纳税人方面,还有一个税种的选择问题。一般来讲,企业生产或经营什么项目,处于什么行业,就应该缴纳相应的商品或劳务税,如"营改增"以前的增值税或营业税,这是没有选择余地的,但有时也可以例外。比如增值税与营业税的可选择性,为某些行业的纳税人进行纳税筹划提供了可能,如建筑安装企业涉及混合销售业务和兼营业务的,可以在缴纳增值税还是缴纳营业税上做出选择。"营改增"以前的交通运输业也存在这种情况。

(3) 课税对象金额上的可调整性。

税额的计算关键取决于两个因素,一是课税对象金额,二是适用税率。

纳税人在既定税率前提下,由课税对象金额派生的计税依据越小,税额也就越轻。为此,纳税人想方设法尽量调整课税对象金额使税基变小。另外,不同的课税对象负担着不等的纳税义务。对多数企业和个体纳税人而言,财产收益与经营是可以互相转换的,对个体纳税人来说更是如此。因而纳税人就可以把属于自己的全部所得进行最佳分割,使自身承担的法人税与个人税之和最小。

从利用降低税基进行纳税筹划的角度看,所得税的余地要大于流转税。所得税节税的具体方式在论述纳税筹划操作的后续章节再做介绍。

(4) 税率上的差异性。

在我国的税法体系中,各税种之间以及相同税种不同纳税项目之间存在的差异,给纳税筹划提供了可能性。纳税的多少和计税依据有关,当然也和税率有关。当课税对象金额确定时,税率越高,税额越多;税率越低,税额越少。纳税人自然要避开高税率,选择低税率。即使是同一税种,项目不同,税率也有差异。

例如,消费税设有15个税目,各个税目的税率差别也较大,最高56%,最低1%。运用好税率差异,纳税人就可以根据国家有关法律和政策合法、合理地安排好经营、管理等涉税活动,最终减轻税收负担。所得税中的累进税率对纳税筹划具有特别的吸引力。高边际税率常常让人难以接受,而低边际税率对纳税人具有更现实的利益。所得税的累进税率能大大激发人们进行纳税筹划的动机。高边际税率常常使人们望而生畏,低边际税率对人具有磁石般的吸引力。因为高、低边际税率一般相差好几倍,有的甚至十几倍,它对税负轻重的影响实在不能不让人心动。人们最关心的是,每当他们新增一元钱,政府会从中拿走多少?当边际税率是50%时,纳税人与政府平分新增的收益,或许纳税人对此尚可接受。若边际税率高于50%,纳税人就会因新增收益的"大头"被政府拿走而极易滋生不满情绪,并想方设法减轻税负,最佳方法就是避税。有些国家的边际税率很高,为此有些人不惜为避税而移居国外,或对生活方式和企业决策做出重大改变。我国个人所得税法中规定的工资、薪金所得,适用七级超额累进税率,最低一级边际税率为3%,最高一级边际税率为45%,这种巨大的税率差异对人们进行纳税筹划具有非常大的激励作用。如果月工资、薪金所得低于5 000元,不征收个人所得税,高于5 000元的,按其应纳税所得额高低适用不同的税率征收。

(5) 税收优惠。

税收优惠是国家税制的一个组成部分,是政府为达到一定的政治、社会和经济目的对纳税人实行的税收鼓励。税收鼓励反映了政府行为,它是通过政策导向影响人们的生产与消费偏好来实现的,所以也是国家调控经济的重要杠杆。税收优惠对节税潜力的影响表现为:

税收优惠的范围越广、差别越大、方式越多、内容越丰富,则纳税人纳税筹划的活动空间越广阔,节税的潜力也就越大。因此,纳税人进行纳税筹划时必须考虑有没有地区性的税收优惠;是否有行业性税收倾斜政策;减免税期如何规定;对纳税人在境外缴纳的税款是否采取避免双重征税的措施;采取什么样的方式给予抵扣等。

各国税制中都有较多的减免税优惠,这对人们进行纳税筹划既是条件又是激励。它的形式包括税额减免、税基扣除、税率降低、起征点、免征额、加速折旧等,这些都对纳税筹划具有诱导作用。

以起征点避税为例。我国税法规定对个体户每月销售收入或服务收入达不到规定的起征点的,可免于征收增值税。那么经营规模较小(收入额在起征点上下)的纳税人就会尽可能通过合法形式使其收入额在起征点以下,以便避税。

2. 国际纳税筹划产生的客观原因

(1) 国家间税收管辖权的差异。

在国际领域,纳税筹划的纳税人可选择的余地更大。理论上各国征税的权利主要有三种:居民管辖权、地域管辖权和公民管辖权。

大多数国家都是同时坚持两种以上的税收管辖权。由于国与国之间对税收管辖权的规定存在差异,致使各国相互之间在衔接上就可能有重复和漏洞,从而国际企业就可以充分利用这些漏洞将自己的税负降到最低。从国际税收管辖权这个角度,纳税筹划可以有以下三种思路:

一是利用两个国家实行不同税收管辖权所造成的跨国纳税筹划。例如,甲国实行地域管辖权,乙国实行居民管辖权,那么甲国的居民从乙国获得的所得就可以避免一部分纳税义务。

二是两个国家同时坚持来源管辖权所造成的跨国纳税筹划。各国确认所得来源的标准不同,有的国家根据劳务提供地原则来确定来源地,而有的国家根据所得支付地原则来确认来源地。对于涉及两个国家的同一笔所得,当两个国家根据本国法律都认为不属于来源于本国的,该笔所得就可以在一定程度上减轻纳税义务。

三是两国同时行使居民管辖权所造成的跨国纳税筹划。由于各个实行居民管辖权的国家对自然人和法人是否为本国居民有不同的确认标准,跨国纳税人经过适当筹划就可以选择较轻的纳税义务。当两个国家同时以住所标准确定自然人的居民身份时,跨国纳税人若在两个国家均无住所,就可以同时避免在两个国家的纳税义务;当一国以时间标准确定自然人的居民身份而另一国以意愿标准确定居民身份时,纳税人可采取不使自己逗留超过一定时间而又能根据自己需要选择纳税地点的方式合理避税。

(2) 各国对避税的认可程度及反避税方法上的差异。

一般而言,没有一个国家不反对大张旗鼓地宣扬避税。但是既然国家以税收为杠杆调节经济,以税收政策综合地反映一个国家的产业政策,体现国家的产业导向,任何国家又不得不鼓励纳税人学习和研究其税收政策及有关法规,在不违背有关法律规定的前提下,采取适当的方法,趋利避害,使自己的税收负担降到最小。

另一方面,由于国际税收差异的存在,各国也在强化国际税收衔接,如扩大纳税义务,税法中行使公民税收管辖权以及各种国内和国际反避税措施等。反避税是一项非常复杂的工程,各国对反避税的重视程度、反避税的具体实施方法等都大相径庭。跨国纳税人可以通过研究各国不同的反避税方案来制定自己的国际避税策略。

(3) 关境与国境的差异。

一般而言,关境与国境范围相同,但是当国家在本国设置自由港、自由贸易区和海关保税仓库时,关境就小于国境。对跨国纳税人来说,自由港、自由贸易区是最理想的避税地,也是当今跨国避税的活动中心。自由港、自由贸易区不仅提供关税方面的减免,各种税在这里还享受到不同程度的减免,它是现存税收制度中的一块"真空地带"。

(4) 技术进步。

科学技术的发展、管理水平的提高、现代化管理工具的运用,都有利于纳税人避税。它一方面使避税手段更为高明,避税更易成功;另一方面也促使政府更有效地反避税。避税与反避税在更高水平上的较量,其结果是推进了避税向更高和更深的层次发展。例如,随着国际互联网的广泛使用,网上交易使传统的税收征管手段面临着较大的局限性,使避税在更广泛的意义上开展,但各国政府及有关的国际组织也在积极研究对策。

(5) 通货膨胀的因素。

通货膨胀对纳税筹划的影响主要表现在两个方面。一方面,通货膨胀使纳税人的名义收入增加,使纳税人的纳税档次提升。多数情况下,通货膨胀对纳税人不利,原因是通货膨胀在使得纳税人的收入增加的同时,政府获得的税收收入增加得更快,从而把纳税人的适用税率拉到更高的档次,这就是所谓的"档次爬升"现象。另一方面,通货膨胀也会给纳税人造成一定的正面效应。这主要是因为取得应税所得与实际缴纳税款并不同步,存在一定的时间差和延迟,通货膨胀会使一段延迟之后的应付税金的实际价值降低。

【例1-2】在通货膨胀率为40%的情况下,某纳税人(法人)在2025年11月应纳税所得额为10 000元,应纳2 500元所得税,但到下年实际缴纳2 500元税款时,税务机关得到的税款实际上仅相当于2 500元的60%(扣除通货膨胀率40%),即仅为1 500元。

除了正常情况下纳税人取得税收利益外,纳税人还可以在法律许可的范围内通过选择不同的固定资产折旧方法(双倍余额递减法、年数总和法)、存货计价方法来缓税,从而更充分利用通货膨胀来节税。

## 二、纳税筹划的效应

(一) 促使纳税人提高纳税意识

当社会经济发展到一定水平和一定规模后,纳税人将开始重视纳税筹划工作。因此,纳税筹划与纳税意识的增强一般具有客观一致性和同步性的关系。纳税筹划要求企业必须在法律许可的范围内规划纳税义务,这就要求纳税人必须学习税法、掌握税法知识,继而依法纳税。因此,纳税筹划客观上有助于纳税人主动纳税、诚信纳税,提高纳税意识。目前,我国的实际情况是纳税筹划做得较好的企业往往是纳税意识比较强的企业。判断企业纳税意识强弱的标准主要有以下几点:① 财务会计账证是否依法设置,是否齐全、规范。② 是否按有关规定及时办理营业登记、税务登记手续。③ 是否及时、足额申报并缴纳各种税款。④ 是否主动配合税务机关的纳税检查。⑤ 是否接受税务机关的处罚。

(二) 有利于纳税人经济利益最大化

纳税筹划可以减少纳税人的税收成本,也可以防止纳税人陷入税法陷阱。税法陷阱是税法漏洞的对称。税法漏洞的存在给纳税人提供了避税的机会;而税法陷阱的存在,也要求纳税人一定要小心,否则,会导致纳税人被政府采取反避税的措施。纳税筹划还可以避免纳税人缴纳不该缴纳的税款。纳税筹划通过对税法的深入研究,合法操作,至少可以避免多缴税款的现象发生,有利于纳税人经济利益的最大化。

(三) 促进国家税制的不断发展完善

国家的税收法律、法规虽经不断完善,但在不同时期不同的经济环境下,仍可能存在覆盖面上的空白点、衔接上的不到位和表述上的模糊等不足之处。企业进行纳税筹划活动是在尊重法律、遵守税法的基础和前提下,对国家已颁布实施的税法的反馈行为,这样就为国家进一步完善和修正税收政策、税收法规提供了依据,对税收法规起到验证作用。国家可以不断根据社会经济发展变化情况和企业已经出现的纳税筹划现象及时分析原因,掌握税收法规和税收征管过程中的不合理和不完善之处,以便适时加以补充、修订,最终更好地规范经济生活和社会生活。

### (四)有利于发挥税收调节经济的杠杆作用

税收是国家宏观经济调控的一个有效工具。国家对某类经济活动的调控,往往利用增减税负来体现国家对该类产业的政策导向。如果政府的税收政策导向正确,纳税筹划行为将会对社会经济产生良性的、积极的推动作用。正是由于税收对企业具有激励功能,才使得税收的杠杆作用得以充分发挥。在市场经济条件下,追求自身经济利益最大化是企业经营的根本准则。企业在税法允许的范围内降低自身的税收费用,从而增加自身的经济净收益、增强整体经济实力,客观上是在国家税收经济杠杆的作用下,逐步走向了优化产业结构和合理布局生产力的道路,有利于促进资本的合理流动和资源的合理配置。由于企业有着强烈的纳税筹划欲望,国家才有可能利用税收杠杆来调整纳税人的行为,最终实现对经济的宏观调控职能。

## 第五节　纳税筹划的实施流程

### 一、收集纳税筹划必需的信息

#### (一)企业涉税情况与需求分析

不同企业的基本情况及纳税要求有所不同,在实施纳税筹划活动时,首先要了解企业以下基本情况:企业组织形式、筹划主体的意图、经营状况、财务状况、投资意向、管理层对风险的态度、企业的需求和目标等。其中,筹划主体的意图是纳税筹划中最根本的部分,是纳税筹划活动的出发点。

#### (二)企业相关税收政策与环境分析

企业在着手进行纳税筹划方案设计之前,都应该对企业相关的财税政策和法规进行梳理、整理和归类。全面了解与企业相关的行业、部门税收政策,理解和掌握国家税收政策及精神,争取税务机关的帮助与合作,这对于成功实施纳税筹划尤为重要。如果有条件,最好建立企业税收信息资源库,以备使用。同时,企业必须了解政府的相关涉税行为,就政府对纳税筹划方案可能的行为反应做出合理的预期,以增强筹划成功的可能性。这方面的信息包括政府对纳税筹划中可能涉及的避税活动的态度、政府反避税的主要法规和措施以及政府反避税的运作规程等。

#### (三)确定纳税筹划的具体目标

纳税筹划其最终目标是企业价值最大化。在对上面已经收集的信息进行分析后,便可以确定纳税筹划的各个具体目标,并以此为基准来设计纳税筹划方案。纳税筹划具体目标主要有:① 实现税负最小化;② 实现税后利润最大化;③ 获取资金时间价值最大化;④ 实现纳税风险最小化。

## 二、设计备选的纳税筹划方案

在掌握相关信息和确立目标之后,纳税筹划的决策者可以着手设计纳税筹划的具体方案,关注角度不同,具体方案就可能存在差异,因此决策者需要将方案逐一列示,并准备在后续过程中进行选择。

纳税筹划方案的设计一般按以下几个步骤进行:首先,对涉税问题进行认定,即涉税项目的性质,涉及哪些税种等;其次,对涉税问题进行分析,即涉税项目的发展态势,引发后果,纳税筹划空间大小,需解决的关键问题等;最后,设计多种备选方案,即针对涉税问题,包括涉及的经营活动、财务运作和会计处理,设计若干可选方案,确定配套方案。

## 三、分析、评价各个备选方案

纳税筹划方案是多种筹划技术的组合运用,同时需要考虑风险因素。方案列示以后,必须进行一系列的分析,主要包括以下三种。

### (一)合法性分析

纳税筹划的首要原则是合法性原则,任何纳税筹划方案都必须在不违法的前提下进行,因此,对设计的方案首先要进行合法性分析,规避法律风险。

### (二)可行性分析

纳税筹划的实施,需要多方面的条件,企业必须对方案的可行性做出评估,这种评估包括实施时间的选择、人员素质以及未来的趋势预测。

### (三)目标分析

每种设计方案都会产生不同的纳税结果,这种纳税结果是否符合企业既定的目标,是筹划方案选择的基本依据。因此,必须对方案进行目标分析,同时优选最佳方案。目标分析还包括评价纳税筹划的合理性,防止纳税筹划的片面性,影响企业整体策略。对列示方案逐项分析之后,设计者可能获取新的信息,并以此对原有的纳税筹划方案进行调整,同时继续规范分析过程。对多种方案进行分析、比较和评估后,选择一个最佳方案。

## 四、实施该纳税筹划方案

纳税筹划方案选定之后,经管理部门批准,即进入实施阶段。企业应当按照选定的纳税筹划方案,对自己的纳税人身份、组织形式、注册地点、所从事的产业、经济活动及会计处理等做出相应的处理或改变,同时记录筹划方案的收益。

## 五、对纳税筹划方案进行评估

在纳税筹划方案的实施过程中,应及时监控出现的问题,如国家税收政策有所调整、相关人员操作不当、纳税筹划方案出现漏洞等。再运用信息反馈制度,对筹划方案的效果进行评价,考核其经济效益与最终结果是否实现纳税筹划目标。在实施过程中,可能因为执行偏差、环境改变或者由于原有方案的设计存在缺陷，从而与预期结果产生差异，这些差异要及时反馈给纳税筹划的决策者，并对方案进行改进。

## 本章小结

纳税筹划是指企业在不违反法律的前提下，通过对筹资、投资、经营、股利分配等活动中涉税事项的事先策划和安排，充分利用税法所提供的包括减免税在内的一切优惠政策以及可选择性条款，从而获得最大节税利益、实现企业价值最大化的一种财务管理活动。纳税筹划有合法性、事先性、目的性、协作性、专业性、风险性等特点。纳税筹划可以采用不同的方法，但既符合国家税收政策又可以实现减少纳税人纳税义务的纳税筹划必须遵循一定的原则。在企业纳税筹划实践中应当把握纳税筹划与偷税、避税的本质区别。纳税筹划有多重效应，主要体现在以下几个方面：促使纳税人提高纳税意识；有利于纳税人经济利益最大化；促进国家税制的不断发展完善；有利于发挥税收调节经济的杠杆作用等。

## 复习思考题

1. 谈谈你对纳税筹划含义的理解。
2. 纳税筹划有哪些特点？
3. 偷税、避税与纳税筹划有哪些区别？
4. 纳税筹划的目标有哪些？你认为纳税筹划的最佳目标是哪一个？
5. 如何理解纳税筹划的财务原则？
6. 怎样理解纳税筹划的法律原则？
7. 企业进行纳税筹划会产生哪些积极作用？

## 知识应用

甲公司因生产规模扩大，2025年年初需招聘20名新员工，对于新增加的20名员工企业每年需要支付30万元工资，2025年该企业预计获取应纳税所得额为200万元（未扣除工资）。请对上述业务进行节税筹划。

# 第二章 纳税筹划的基本方法

## 学习目标

通过本章的学习,理解利用税收优惠政策、税收递延、税负转嫁,选择合理的企业组织形式等方法进行纳税筹划的基本原理,其中要求重点掌握利用税收优惠政策和选择合理的企业组织形式这两种方法。本章也是全书的核心章节之一,对学习具体税种的纳税筹划具有重要作用。

## 思政小课堂

财政部、税务总局公告 2020 年第 32 号《中华人民共和国资源税法》已由第十三届全国人民代表大会常务委员会第十二次会议于 2019 年 8 月 26 日通过,自 2020 年 9 月 1 日起施行。为贯彻落实资源税法,现将税法施行后继续执行的资源税优惠政策公告如下:

1. 对青藏铁路公司及其所属单位运营期间自采自用的砂、石等材料免征资源税。

2. 自 2018 年 4 月 1 日至 2021 年 3 月 31 日,对页岩气资源税减征 30%。

3. 自 2019 年 1 月 1 日至 2021 年 12 月 31 日,对增值税小规模纳税人可以在 50% 的税额幅度内减征资源税。

4. 自 2014 年 12 月 1 日至 2023 年 8 月 31 日,对充填开采置换出来的煤炭,资源税减征 50%。

通过一系列的资源税税收优惠政策可以看出,我国以税收等为主要手段的再分配调节机制,使发展成果更多更公平地惠及全体人民,维护社会的公平正义的同时,税收政策加大了对自然资源和生态环境的保护力度,推动经济绿色发展。随着时代的发展,我国完善了以税收、社会保障、转移支付为主要手段的再分配调节机制;通过优化税制结构,提高直接税比重,加大了收入分配调节力度。标志着我国税制向更为公平的方向迈出了重要一步。同时也为企业进行纳税筹划提供了空间。

## 案例导入

甲商贸公司为增值税一般纳税人,位于市区,适用的增值税税率为 13%,2025 年 12 月,有以下几种进货方案可供选择:一是从一般纳税人甲公司购买,每吨含税价格为 12 000 元,且取得由甲公司开具的增值税税率为 13% 的增值税专用发票;二是从小规模纳税人乙公司购买,且可取得由税务机关代开的征收率为 3% 的增值税专用发票,每吨含税价格为 11 000 元;三是从小规模纳税人丙公司购买,只能取得增值税普通发票,每吨含税价格为 10 000 元。甲公司销售其所购货物的每吨含税销售额为 20 000 元,其他相关成本费用为 2 000 元,企业所得税税率为 25%,城建税税率为 7%,教育费附加征收率为 3%。

**思考:**(1) 在实现税负最小化的纳税筹划目标下,对上述业务进行方案选择。

(2) 在实现税后利润最大化的纳税筹划目标下,对上述业务进行方案选择。

(3) 比较分析实现税负最小化和实现税后利润最大化这两种纳税筹划目标的优劣。

纳税筹划是利用税法客观存在的政策空间进行的,这些空间体现在不同的税种、不同的税收优惠政策、不同的纳税人身份及影响纳税数额的其他基本要素上,因此应该以这些税法客观存在的空间为切入点,研究实施纳税筹划的方法。

# 第一节 纳税筹划的切入点

### 一、以纳税筹划空间大的税种为切入点

从原则上说,纳税筹划可以针对一切税种,但由于不同税种的性质不同,纳税筹划的途径、方法及其收益也不同。在实际操作中,要选择对决策有重大影响的税收作为纳税筹划的重点;选择税负弹性大的税种作为纳税筹划的重点,税负弹性越大,纳税筹划的潜力也越大。另外,税负弹性还取决于税种的要素构成,这主要包括税基、扣除项目、税率和税收优惠。税基越宽,税率越高,税负就越重;或者说税收扣除越大,税收优惠越多,税负就越轻。

### 二、以税收优惠政策为切入点

税收优惠是税制设计中的一个要素,也是贯彻一定时期一国或地区税收政策的重要手段。国家为了实现税收调节功能,一般在设计税种时,都设有税收优惠条款,企业如果充分利用税收优惠条款,就可享受节税效益。因此,用好、用足税收优惠政策本身就是纳税筹划的过程。选择税收优惠政策作为纳税筹划的突破口时,应注意两个问题:一是纳税人不得曲解税收优惠条款,滥用税收优惠,以欺骗手段骗取税收优惠;二是纳税人应充分了解税收优惠条款,并按规定程序进行申请,避免因程序不当而失去应有权益。

### 三、以纳税人构成为切入点

按照我国税法规定,凡不属于某税种的纳税人,就不需要缴纳该项税收。因此,企业在进行纳税筹划之前,首先要考虑能否避开成为某税种的纳税人,从而从根本上解决减轻税收负担问题。一般情况下,企业宁愿选择作为增值税一般纳税人而非增值税小规模纳

税人。因为增值税一般纳税人的总体税负较增值税小规模纳税人的总体税负轻。当然，这不是绝对的。在实践中，要做全面综合的考虑，进行利弊分析。

### 四、以影响应纳税额的几个基本因素为切入点

影响应纳税额的因素有两个，即计税依据和税率。计税依据越小，税率越低，应纳税额也越小。因此，进行纳税筹划，无非是从这两个因素入手，找到合理、合法的办法来降低应纳税额。一般来说，为体现税收中性原则，现代税制在设计时，会尽量减少税率档次，尤以增值税和企业所得税为典型。欧洲国家的增值税一般规定一个基本税率，再加一个低税率或称为优惠税率，而企业所得税通常采用单一税率。所以在税率选择方面空间相对较小，但我国随着"营改增"改革的推进以及历史遗留的税负结构方面的因素，增值税的税率已经有多个，企业所得税也因为多种优惠措施而有多个档次，所以还有较大的筹划空间。

### 五、以不同的财务管理过程为切入点

企业的财务管理包括筹资管理、投资管理、资金运营管理和收益分配管理，每个管理过程都有纳税筹划的空间。比如按照税法规定，负债的利息作为所得税的扣除项目，享有所得税利益，而股息支付只能在企业税后利润中分配。因此，通过债务融资就有节税优势。又如，通过融资租赁，可以迅速获得所需资产，保存企业的举债能力，而且支付的租金利息也可以按规定在所得税前扣除，减少了纳税基数。更重要的是租入的固定资产可以计提折旧，进一步减少了企业的纳税基数。因此，融资租赁的税收抵免作用极其显著。

在投资管理阶段，将投资地点选择在沿海开放城市、高新技术开发区、国家鼓励的西部，会享受到税收优惠；如果企业欲投资一条生产线，在选择投资方式时，是全新购建还是收购一家几年账面亏损的企业，除考虑不同投资方式实际效益的区别外，还应注意到收购亏损企业可带来的所得税的降低；在选择投资项目时，国家鼓励的投资项目和国家限制的投资项目，两者之间在税收支出上有很大的差异；在企业组织形式的选择上，联营企业与合伙企业、分公司与子公司、个体工商户和私营企业，不同的组织形式所适用的税率是不同的。

在经营管理阶段，在财务会计处理中采用不同的固定资产折旧方法会影响纳税。在采用不同的折旧方法时，虽然应计提的折旧总额相等，但各期计提的折旧费用却相差很大，从而影响各期的利润及应纳税所得额；在采用不同的存货计价方法时，采购对象是不是一般纳税人也有很大的影响。

在收益分配阶段，采取不同的股利分配政策既影响投资者的利益，也直接影响企业累积盈余和资本公积金，相应地会产生个人投资者的个人所得税和机构投资者的企业所得税问题。如果涉及外方投资者，还涉及预提所得税代扣代缴等问题。

## 第二节 税收优惠政策的筹划

### 一、税收优惠与税收利益

人们往往认为税收优惠与税收利益是"同义词"。其实,二者的内涵是不同的。税收优惠是国家税制的一个组成部分,是政府为了达到一定的政治、社会和经济目的而对纳税人实行的税收鼓励。税收鼓励反映了政府行为,它是通过政策导向影响人们的生产与消费偏好来实现的,所以也是国家调控经济的重要杠杆。无论是经济发达国家还是发展中国家,无不把实施税收优惠政策作为引导投资方向、调整产业结构、扩大就业机会、国民经济增长的重要手段加以利用。只是由于国情的不同,尤其是经济发展水平的不同,税收鼓励的范围、重点和方法的选择有所区别。

一般来说,发达国家对税收鼓励的范围选择较为慎重,覆盖面较小,针对性较强。而发展中国家的税收鼓励范围相对广泛得多,为了引进外资,引进先进技术,增加出口,经常对某个地区或某些产业、行业给予普遍优惠。我国深圳、韩国马山、巴拿马科隆、泰国曼谷、巴西玛瑞斯,盛行十分广泛的税收优惠措施。

发达国家将重点放在促进高新手段的开发、能源的节约、环境的保护和充分就业上,发展中国家的税收优惠重点一般不如发达国家那么集中,甚至对那些手段落后、能源消耗大、资源使用效率低的所谓困难企业也给予优惠照顾。

发达国家较多采取与投入相关的间接性鼓励方法,如加速折旧、投资抵免、再投资免税等,而很少使用直接性的减免税,如有使用,也往往加以严格控制。而发展中国家经常采用一般性的减税期或免税期,如泰国曼谷中转区实行所得税头三年免征、后五年减半征收,韩国马山出口加工区实行头五年免征、后五年减半等。

在投资者眼里,税收利益的取得基本来源于两个方面:一是通过政府提供税收优惠政策取得;二是通过纳税人对税收方案的选择取得。共同的特点是风险与收益并存,在纳税筹划中必须仔细衡量并慎重决策。

纳税人在进行具有税收利益的投资时应注意以下三个方面:第一,用足用好税收优惠政策;第二,从高的纳税义务转换为低的纳税义务;第三,纳税期的递延。当然,这些都要以不违反税收法规为前提。对此,我们将在后面做具体的分析。

利用税收优惠进行纳税筹划,可以采用各种不同的手段。这些手段可以单独采用,也可以同时采用。但是,如果同时采用两种或两种以上的手段,必须注意各种手段之间的相互影响。

### 二、税收优惠的形式

税收优惠在各个国家有不同的形式,概括起来主要有如下几种。

## （一）免税

免税是指国家出于照顾或奖励的目的，对特定的地区、行业、企业、项目或情况（特定的纳税人或纳税人的特定应税项目，或由于纳税人的特殊情况）给予纳税人完全免征税收的优惠政策。

免税可以是国家的一种税收照顾方式。比如，我国对于某些遭受严重自然灾害地区的企业在一定时期给予免税，就属于国家帮助那些地区恢复生产的税收照顾。同时免税也可以是国家出于其政策需要的一种税收奖励方式，它是贯彻国家经济、政治、社会政策的经济手段。例如，我国对满足特定条件的内外资企业定期免税等，属于国家出于政策需要的税收奖励。这种税收奖励有时也被称为税收优惠、税收鼓励、税收刺激、税收激励。

各国税法里的免税鼓励规定随处可见，是各国税收制度的一个组成部分。充分地利用免税政策获得税收利益的关键在于：

(1) 尽量争取更多的免税待遇。在合法和合理的情况下，应该尽量争取免税待遇，争取让尽可能多的项目获得免税待遇。

(2) 尽量使免税期最长化。在合法和合理的情况下，应该尽量使免税期最长化。许多免税都有期限规定，免税期越长，节减的税款越多。

## （二）减税

减税是国家出于照顾或奖励的目的，对特定的地区、行业、企业、项目或情况（纳税人或纳税人的特定应税项目，或由于纳税人的特殊情况）所给予纳税人减征部分税收的优惠政策。减税可以是国家对特定纳税人的税收照顾措施。比如，我国对遭受风、火、水、震等自然灾害的企业在一定时期给予减征一定税收的待遇，就属于税收照顾性质的减税。减税也可能是出于政策需要对特定纳税人的税收奖励措施。例如，我国对符合规定的高新技术企业、从事第三产业的企业、以"三废"材料为主要原材料进行再循环生产的企业等给予减税待遇，就是国家为了实现其科技、产业和环保等政策所给予企业的税收鼓励性质的减税。

和利用免税的要点相似，充分利用减税优惠获得税收利益的关键在于：

(1) 尽量争取减税待遇并使减税最大化。在合法和合理的情况下，尽量争取减税待遇，争取让尽可能多的税种获得减税待遇，争取减征更多的税收。

(2) 尽量使减税期最长化。在合法和合理的情况下，尽量使减税期最长化。减税期越长，节减的税款越多。

【例2-1】甲、乙、丙、丁四个国家的企业所得税的普通税率基本相同，其他条件基本相似或利弊基本相抵。甲国企业生产的商品80％以上出口到世界各国，甲国对该企业所得是按普通税率征税；乙国出于鼓励外向型企业发展的目的，对此类企业减征60％的所得税，减税期为5年；丙国对此类企业有减征70％、减税期为2年的规定；丁国对此类企业减征50％所得税，而且没有减税期限的规定。在打算长期经营此项业务的基础上，此类企业完全可以考虑把公司或其子公司搬到丁国去，从而在合法和合理的情况下使节减税收最大化。

### (三)税率差异

税率差异是指对性质相同或相似的税种适用不同的税率。税率差异主要是出于财政、经济政策原因。比如,一个国家对不同企业组织形式规定不同的税率,公司的适用税率为45%,经济合作社的适用税率为40%;又如,一个国家对不同地区的纳税人规定不同的税率,一般地区的企业所得税税率为25%,某个特区的企业所得税税率为15%。

税率差异是普遍存在的客观情况。一个国家中的税率差异,往往是要鼓励某种经济、某类型企业、某类行业、某类地区的存在和发展,它体现国家的税收鼓励政策。充分利用税率差异来获得税收利益的关键在于:

(1)尽量寻求税率最低化。在合法和合理的情况下,尽量寻求适用税率的最低化,在其他条件相同的情况下,按高低不同税率缴纳的税额是不同的,它们之间的差异就是节减的税收。寻求适用税率的最低化,可以达到节税的最大化。

(2)尽量寻求税率差异的稳定性和长期性。税率差异具有一定的确定性只是一般而言,税率差异中还有相对更稳定的。比如,政局稳定国家的税率差异就比政局动荡国家的税率差异更具有稳定性,政策制度稳健国家的税率差异就比政策制度多变国家的税率差异更具有长期性。在合法和合理的情况下,应尽量寻求税率差异的稳定性和长期性。

### (四)税收扣除

税收扣除有狭义和广义之分。狭义的税收扣除是指从计税金额中减去一部分以求出应税金额,比如《中华人民共和国企业所得税法》(简称《企业所得税法》)规定,企业的应纳税所得额为纳税人每一纳税年度的收入总额减去准予扣除项目后的余额。广义的税收扣除还包括从应计税额中减去一部分,即"税额扣除""税额抵扣""税收抵免"。比如《企业所得税法》第23条规定,纳税人来源于境外的所得,已在境外缴纳的所得税税款,准予在汇总纳税时,从其应纳税额中扣除;又如,《中华人民共和国增值税法》(2026年1月1日起施行)规定,应纳税额为当期销项税额抵扣进项税额后的余额。

与特定适用范围的免税、减税不同,扣除规定普遍地适用于所有纳税人。比如,我国《企业所得税法》规定,在计算应纳税所得额时,所有纳税人准予扣除与其取得收入有关的成本、费用、税金和损失的金额。利用税收扣除来获得税收利益最大化的关键在于:

(1)争取扣除项目最多化。在合法和合理的情况下,尽量使更多的项目能够得到扣除。在其他条件相同的情况下,扣除的项目越多,计税基数就越小,应纳税额就越小,因而缴纳的税款就越少。

(2)争取扣除金额最大化。在合法和合理的情况下,尽量使各项扣除额能够最大化。在其他条件相同的情况下,扣除的金额越大,计税基数就越小,应纳税额就越小,因而缴纳的税款就越少。

(3)争取扣除最早化。在合法和合理的情况下,尽量使各允许扣除的项目在最早的计税期得到扣除。在其他条件相同的情况下,扣除越早,早期缴纳的税收就越少,早期的现金净流量就越大,可用于扩大流动资本和进行投资的资金也就越多,将来的收益也越多。

(五) 税收抵免

税收抵免是指从应纳税额中扣除税收抵免额。

税收抵免是指纳税人在汇算清缴时可以用其已纳税额冲减其应纳税额。同时采用源泉征收法和申报查定法两种税收征收方法的国家,在汇算清缴时都有税收抵免规定,以避免双重征税。如果纳税人的已纳税额大于应纳税额,纳税人应得到退税;如果纳税人的应纳税额大于已纳税额,还应补足应纳税额。

但现在世界各国的税收抵免规定,远远不止仅用于避免双重征税,它也可以是税收优惠或奖励的方法,如我国制定的投资抵免政策。

利用税收抵免来获得税收利益最大化的关键在于:

(1) 争取抵免项目最多化。在合法和合理的情况下,尽量争取更多的抵免项目。在其他条件相同的情况下,抵免的项目越多,冲抵应纳税额的项目也越多,应纳税额就越少,因而节减的税款就越多。

(2) 争取抵免金额最大化。在合法和合理的情况下,尽量使各抵免项目的抵免金额最大化。在其他条件相同的情况下,抵免的金额越大,冲抵应纳税额的金额就越大,应纳税额就越小,因而节减的税款就越多。

改革开放以来,我国税收优惠政策在配合我国经济发展不同阶段的战略目标、促进经济发展方面发挥了很好的作用。随着经济发展和政府调控经济能力的提高,我国的税收措施也在不断调整中逐步完善,表现为在继续以产业政策和区域开发政策为投资鼓励重点的同时,进一步强化了投资鼓励的科技导向;在稳定现有的对外资的优惠政策基础上,更注重为国内、国外企业创造平等竞争的税收环境;在税收优惠形式上也从较为单一的降低税率、减免税期,向投资抵免、加速折旧、亏损结转等多种形式并用转变。

国家税收优惠政策为纳税人进行纳税筹划提供了广阔的空间,纳税人通过政府提供的税收优惠政策实现"节税"的税收利益,税收优惠政策自然成为纳税人各种筹划方法中最便捷的首选。

【例2-2】某机械制造企业计划对现有设备进行更新换代,现有两种方案可供选择:一是购买一套普通设备,价款2 000万元;二是购买一种节能设备,价款2 300万元,与普通设备相比,每年可节能20万元,该设备的预计使用年限为10年。(暂不考虑货币的时间价值,该企业适用的所得税税率为25%)

【筹划过程】

这两种方案的比较如下:

(1) 购买普通设备共支出2 000万元。

折旧抵税:2 000×25%=500(万元)

购买普通设备净支出:2 000-500=1 500(万元)

(2) 购买节能设备共支出2 300万元。

折旧抵税:2 300×25%=575(万元)

投资额抵税:2 300×10%=230(万元)

每年节能20万元,10年共计节能:20×10=200(万元)

节能净收益:200×(1-25%)=150(万元)

购买节能设备的净支出:2 300-575-230-150=1 345(万元)

购买节能设备比购买普通设备节约支出:1 500-1 345=155(万元)

因此,该机械制造企业选择购买节能设备,这样可以充分享受购买节能设备的税收优惠政策,同时实现财务利益最大化。

根据《中华人民共和国企业所得税法》(中华人民共和国主席令〔2007〕第63号)第24条的规定,企业购置用于环境保护、节能节水、安全生产等专用设备的投资额,可以按一定比例实行税额抵免。根据《中华人民共和国企业所得税法实施条例》(国务院令〔2007〕512号)第100条的规定,税额抵免是指企业购置并实际使用《环境保护专用设备企业所得税优惠目录》《节能节水专用设备企业所得税优惠目录》和《安全生产专用设备企业所得税优惠目录》规定的环境保护、节能节水、安全生产等专用设备的,该专用设备的投资额的10%可以从企业当年的应纳税额中抵免;当年不足抵免的,可以在以后5个纳税年度结转抵免。

### (六) 优惠退税

优惠退税是指政府将纳税人已经缴纳或实际承担的税款退还给规定的受益人。优惠退税一般适用于对产品课税和对所得课税。前者一般适用于出口产品。在对外贸易中,退税是奖励出口的一种措施。世界各国奖励出口退税的措施概括起来有两种:一种是退还进口税,即用进口原料或半成品加工制成成品出口时退还已纳的进口税;一种是退还已纳的国内消费税和增值税等,即在商品出口时退还国内已纳税款,让其以不含税价格进入国际市场,从而增强其竞争力。

利用退税获得税收利益最大化的关键在于:

(1) 争取退税项目最多化。在合法和合理的情况下,尽量争取更多的退税待遇。在其他条件相同的情况下,退税的项目越多,退还的已纳税额就越多,因而节减的税款就越多。

(2) 使退税额最大化。在合法和合理的情况下,尽量使各退税额最大化。在其他条件相同的情况下,退税额越大,退还的已纳税额就越大,因而节减的税款就越多。

### (七) 亏损抵补

亏损抵补是指当年经营亏损在次年或其他年度以经营盈利抵补,以减少以后年度的应纳税款。这种优惠形式对扶持新办企业的发展具有一定的作用,对具有风险的投资激励效果明显,尤其是对盈余无常的企业具有均衡税负的积极作用。因此,为了鼓励投资者进行长期风险投资,各国税法大多规定,给予投资者将年度亏损结转以与一定时期内的年度盈余互抵后的差额计征所得税的优惠照顾。

纳税人在利用税收优惠政策进行纳税筹划时需要注意以下两个方面:

一是注重对优惠政策的综合衡量。政府提供的税收优惠是多方面的,纳税人不能仅关注一个税种,因为有时一种税少缴了,另一种税就要多缴,因而要着眼于整体税负的轻重,从各种税收优惠方案中选出最优的方案。

二是注重投资风险对资本收益的影响。国家政府实施税收优惠是通过纳税人提供一定税收利益而实现的,但不等于纳税人可以自然地得到资本回收实惠,因为许多税收优惠是与纳税人的投资风险并存的。比如发展高新技术,往往投资额大,回收期长,而且失败的可能性较大,政府对此实行税收鼓励可以起到诱导作用,但如果资本效益不落实,再好的优惠政策也不能转化为实际收益。

## 第三节 高纳税转换为低纳税的筹划

所谓高纳税转换为低纳税,指的是同一经济行为有多种税收方案可供选择时,纳税人避开高税点而选择低税点,以减轻纳税义务,获得税收利益。最明显的例子之一是所得税边际税率的选择。

税率通常有两种形式:一种用绝对量来表示,通称为定额税率,即按照课税对象的一定数量规定一定的税额。比如每辆汽车缴纳多少车船税,一加仑汽油缴纳多少消费税等。另一种用百分比的形式来表示,这种形式又可以分为比例税率和累进税率。比例税率,不论对象和数额如何变化,课税的比率始终按照规定的比例不变。累进税率,课税的比率因课税对象的数额大小而变化,通常是课税对象数额越大,税率越高。累进税率又可分为全额累进税率和超额累进税率。所谓全额累进税率是以征税对象的全部数额为基础计征税款的累进税率。所谓超额累进税率是分别以征税对象数额超过前级的部分为基础计征税款的累进税率。上述两种累进税率相比,全额累进税率的计算简便,但累进程度高,甚至可能出现税额增加超过收入增加即所谓"鞭打快牛"的不正常现象。超额累进税率的计算比较复杂,但累进程度缓和,保护了纳税人增收的积极性。

在累进税率的条件下,同样是一元钱的所得,由于所处的收入区间不同,税负比率也不同。因此,作为一个纳税人,完全可以通过收入与费用在不同纳税期的安排,达到降低税负的目的。如果是全额累进税率,那么从高税率到低税率转换的余地更宽。

除了收入与费用的实现和认定对适用税率高低有影响外,获利年度的确认、资本物的持有期、融资的不同方式、生产经营的组织结构等都可能发生纳税义务从重到轻或从轻到重的变动与转化。

## 第四节 递延纳税的筹划

通过纳税筹划获取税收利益的另一种基本方法是递延纳税。

### 一、递延纳税的概念

递延纳税也称为延期纳税或纳税期的递延,即允许企业在规定的期限内,分期或延迟缴纳税款。纳税期的递延,给纳税人带来的好处是不言而喻的。《国际税收辞汇》中对延期纳税条目的注释做了精辟的阐述:"延期纳税的好处有:有利于资金周转,节省利息支出,以及由于通货膨胀的影响,延期以后缴纳的税款币值下降,从而降低了实际纳税额。"

在有些情况下,税法特别做出了可延期纳税的规定。制定这种规定的原因有:

(1) 防止税收造成纳税人的负担过重。例如,纳税人在某一年内收到了特别高的所得,有可能被允许将这些所得平均分散到数年之内去计税和纳税,或者是对取得高所得年度应纳的税款采取分期缴纳税款的方式。

(2) 促进投资。例如,允许纳税人对营业财产采用初期加速折旧或者自由折旧方法,这样就可以减少高折旧年度的应税所得,从而实现延期纳税。

### 二、递延纳税的途径

在有些情况下,纳税人还可获得税法本身未规定的延期纳税,以达到避税的目的。例如,纳税人利用在国外的控股公司来积累外国来源的所得,而不是汇回国内。但有些国家(如法国、德国、英国和美国)已制定了税法条款来打击这种避税活动。

事实确实如此,递延纳税的途径是很多的,纳税人从中可得到不少税收实惠。特别是在跨国公司迅速发展的今天,假定母公司位于高税管辖权的地区,其子公司设在低税管辖权的地区,子公司取得的收入长期留在账上,母公司由于未取得股息分配的收入,这部分税款自然就递延下来。现在只有少数国家在小范围内采取防范的措施,对纳税筹划不会有太大的影响。

采取有利的会计处理方法,是企业实现递延纳税的重要途径。

在企业的利润表上,我们经常可以看到会计所得与所得税申报表上的计税所得在许多情况下是不一致的。原因是会计师编制利润表,核算经营结果,基本是依据公认的会计准则,而计税所得却是一个税收的法规概念。由于会计准则和税法服务于不同的目的,所以计算出来的数值出现差异是不足为奇的。

这种差异按原因和性质的不同,可以分为时间性差异和永久性差异两大类。

时间性差异,是指会计准则和税法因确认收益或费用、损失的时间不同而产生的税前会计利润与应纳税所得额的差异。例如,会计上采用直线折旧法,税收上采用加速折旧法,于是出现了时间性差异。

永久性差异,是指由于会计准则和税法在计算收益或费用、损失时的规定不同而产生的税前利润与应纳税所得额之间的差异。例如,会计虽然列账,但因违反税法规定予以剔除,如超标准支付招待费等。

由于永久性差异的发生是由所得税法与会计准则的实质性差异引起的,应税所得调增和调减不做返回性的调整,因此不存在应纳税金的递延问题。

从是否可进行返回性调整的角度看,递延纳税涉及的只是时间性差异。因为任何会计期的税前会计所得同计税所得的时间性差异,在以后会计期都将随着两类所得之间差异发生相反变化得到冲减。

在纳税人眼里,由于时间性差异造成的应税所得大于会计所得,应付所得税会大于申报所得税,出现预付税金,反映为税收损失。相反,当会计所得大于应税所得时,申报所得税会大于应付所得税,将出现递延所得税负债,即纳税期的递延,反映为税收利益。

纳税筹划的目标便是在不违反税法的前提下尽量地延缓缴税,这等于得到一笔"无息贷款",并随之得到上述各种额外的税收好处。

### 三、递延纳税的方法

由于纳税筹划的重点是货物和劳务税、所得税,而货物和劳务税的计税依据是货物销售收入或劳务收入,所得税的计税依据是应纳税所得额,它是纳税人的收入减去费用后的余额,所以推迟税款缴纳的方法尽管有很多,但基本思路可以归结为:一是推迟收入的确认;二是费用应当尽早确认。

(一)推迟收入的确认

收入既涉及货物和劳务税又涉及所得税。从税收的角度看,收入的确认总是越晚越好。关于推迟收入的确认,有两种基本方法。

1. 合理安排生产经营活动

企业通过对其生产经营活动的合理安排,如合理地安排交货时间、结算时间、销售方式等,推迟营业收入实现的时间,从而推迟税收的缴纳。

(1)交货时间。在一般情况下,推迟交货时间就意味着推迟收入实现的时间,相应地也就推迟了纳税时间。有些企业将交货时间由年底推迟到第二年年初,就有这方面的利弊。

(2)结算时间。在有些销售方式下,结算就意味着收入的实现,因而推迟结算时间,相应地也就推迟了纳税时间。

(3)销售方式。不同的销售方式,其收入实现的时间是不同的,企业通过选择合适的销售方式即可推迟收入的实现,相应地也就推迟了纳税时间。

当然,在大多数情况下,企业总是希望尽快收回货款,以加速资金周转,提高资金使用效率,因此通过这种方法来推迟税款缴纳经常受到各种限制。

【例2-3】某造纸厂2025年7月向汇文文具商店销售白板纸113万元(含税价格),货款结算采用销售后付款的方式,汇文文具商店10月份只汇来货款35.1万元。对此类销售业务,该造纸厂应如何进行筹划?

对于这笔业务来说,由于购货企业是商业企业,并且货款结算采用销售后付款的方式,因此可以选择委托代销货物的形式,税法规定委托其他纳税人代销货物,为收到代销单位的代销清单或者收到全部或者部分货款的当天。未收到代销清单及货款的,为发出代销货物满180天的当天。按委托代销结算方式进行税务处理:该造纸厂7月份可以不计算销项税额,10月份按收到的代销单位销货清单确认销售额,计提的销项税额为:$35.1 \div (1+13\%) \times 13\% = 4.04$(万元)。

对于尚未收到销货清单的货款,且未满180天的,可以暂缓申报、计算销项税额。因此,对于此类销售业务,选择委托代销结算方式可以实现递延纳税。

2. 合理安排公司财务

这主要是指在会计上通过合理安排营业收入的实现时间来推迟税款的缴纳,或者说通过合理安排营业收入的入账时间来推迟税款的缴纳。在会计上,商品销售收入的确认方法有收款法、销售法和生产法。所谓收款法是指在收到商品价款时确认营业收入；所谓销售法是指在货物发出时确认营业收入实现；所谓生产法是指在产品生产完成时即确认营业收入实现。在一般情况下，从生产完成到产品发出再到收到货款，中间都有一定的时间间隔。显然，与销售法和生产法相比，收款法不仅更符合谨慎性原则，而且推迟了营业收入的确认。劳务收入的确认有两种基本方法：一种是完成合同法，另一种是完工百分比法。所谓完成合同法是指整个劳务合同完成时才确认全部劳务收入，在全部劳务合同未完成前不确认相应的营业收入。所谓完工百分比法是指按劳务作业的完工程度确认相应的劳务收入的方法。从税收的角度看，完成合同法比完工百分比法更有利，因为它推迟了收入的确认。同样，对于让渡资产使用权收入（如利息收入、专利权及商标权使用费收入等），企业既可以依据合同规定的收费标准按期确认营业收入，也可以在实际收到有关收入时确认营业收入。显然，后者比前者更有利，因为它推迟了收入的确认。

## （二）尽早确认费用

费用不涉及货物和劳务税，只涉及所得税。从税收的角度看，费用确认的基本原则是就早不就晚。具体而言，对于费用的确认，应当遵循如下原则：凡是能直接进营业成本、期间费用和损失的不进生产成本，能进成本的不进资产，能预提的不待摊，能多提的就多提，能快摊的就快摊。

### 1. 尽量不进生产成本

企业的营业成本（指企业当期已销售商品的成本、已提供劳务的成本）、期间费用（指企业当期发生的管理费用、销售费用和财务费用）和损失（营业外支出、投资损失等）可直接冲减企业的当期收入，减少企业的当期利润，从而减少企业的应纳税所得额和应纳所得税税额；而产品的生产成本在产品完工前构成在产品成本，生产完工后构成库存产品成本，只有产品销售出去后才能转化为营业成本，从而冲减企业利润，减少企业应纳税所得额。所以，从相对节税的角度来说，凡是能直接进营业成本、期间费用和损失的，不进生产成本。

### 2. 能进成本的不进资产

企业为购置或开发、建造各种资产（指固定资产、无形资产等）所发生的费用，形成资产的成本，这部分资产成本需要通过资产的销售、消费使用才能转化为企业的费用，从而冲减利润，减少应纳税所得额。比如企业购建一项固定资产，其发生的费用形成固定资产成本，在固定资产使用年限内通过折旧分摊计入企业管理费用等各项费用，而固定资产使用年限短则三年、五年，长则十年，甚至更长。而进入生产成本的费用，一旦产品完工，如果适销对路，若干天或者一两个月内产品就能销售出去，其生产成本就会转化为营业成本。所以，从相对节税的角度来说，凡是能进成本（生产成本）的不进资产。

### 3. 能预提的不待摊，能多提的就多提，能快摊的就快摊

预提和待摊是会计上两种相对的费用确认方法。预提是指在费用尚未支付以前定比例提前计入成本费用；待摊则是在费用支付后按一定比例分摊计入成本费用。比如企业购入一台设备，每隔两年需大修一次，每次大修费用预计为 240 000 元。采用预提方法，则从购入后每月预提修理费 10 000 元，计入相关成本费用，这就意味着从购入开始，企业

每月减少利润 10 000 元,两年后实际进行大修时一次性支付修理费 240 000 元。采用摊销法,设备购入后不做处理,两年后进行大修,实际支付大修费 240 000 元,从大修当月开始,按月分摊 10 000 元,计入有关成本费用,再经过两年后分摊完毕。显然,由于预提能提前将有关费用计入成本,因此,从相对节税的角度来说,预提优于待摊,能预提的不摊销。

预提费用涉及一个预提数额问题。按照会计制度的规定,预提数额应当根据预计可能发生的数额确定。既然是预计就意味着有一定的弹性空间。从相对节税的角度来说,能多预提就尽量多预提,当然必须在一个合理的范围之内。

待摊费用涉及一个摊销速度问题。按照会计制度的规定,摊销速度取决于摊销期间的长短。待摊费用应当根据受益期限确定,在许多情况下这个受益期限也是预计的。从相对节税的角度来说,能快摊就尽量快摊,当然也必须在一个合理的范围之内。

下面将重点介绍与相对节税直接有关的几个费用项目:

(1) 固定资产折旧费。固定资产折旧是将固定资产价值按照其使用年限分摊计入有关成本费用项目。固定资产折旧费冲减企业利润,因而对所得税产生很大影响。固定资产折旧对所得税的影响包括三个方面:一是固定资产残值率。固定资产残值率降低,意味着分摊计入有关成本费用的折旧费增加,从而冲减利润,减少应纳税所得额。因此,从相对节税的角度看,残值率越低越好。二是折旧年限。折旧年限越短,每年分摊计入成本费用的折旧费越多,相应地,当期缴纳的所得税越少。因此从相对节税的角度看,折旧年限越短越好。三是折旧方法。折旧方法包括平均年限法、工作量法和加速折旧法。平均年限法是指在固定资产使用年限内每期计提相同的折旧额;工作量法是指按各期实际工作量计提折旧额;加速折旧法是指在固定资产使用前期多提折旧,后期少提折旧。显然,从相对节税的角度看,加速折旧法比平均年限法更有利。利用工作量法有时也能起到加速折旧的效果。

(2) 无形资产和递延资产摊销。无形资产和递延资产对所得税的影响主要集中在摊销期限的确定上。从相对节税的角度看,摊销年限越短越好。

(3) 存货计价方法。存货计价方法是指确定发出存货成本的方法。在实际成本法下,存货计价方法包括先进先出法、月末一次加权平均法、移动平均法、个别计价法等。在物价上涨的情况下,采用月末一次加权平均法有利于相对节税;在物价下跌的情况下,采用先进先出法能起到相对节税的效果;个别计价法有利于企业合理调节利润以达到节税效果。表 2-1 给出了不同情况下选择存货计价方法的基本规律。

表 2-1 存货计价方法的选择

| 项目 | 比例税率 | | | 累进税率 |
| --- | --- | --- | --- | --- |
| 价格变动趋势 | 物价上涨 | 物价下跌 | 物价波动 | 物价波动 |
| 存货计价方法 | 月末一次加权平均法 | 先进先出法 | 月末一次加权平均法 | 月末一次加权平均法 |
| 选择理由 | 多计发出存货成本,少计期末存货成本,减少当期所得税支出 | 提高本期发生存货成本,减少当期收益,减轻所得税负担 | 避免各期利润忽高忽低及企业各期应纳所得税上下波动,有利于企业资金的安排与管理 | 使计入成本的存货价格比较均衡,进而使各期利润比较均衡,避免因适用较高的税率而加重税负 |

**【例2-4】**丽江矿泉水公司是一家生产销售天然矿泉水的生产商,该公司为了鼓励代理商,给予优惠折扣政策如下:年销售矿泉水在100万瓶以下的,每瓶享受0.2元的折扣;年销售矿泉水在100万至500万瓶的,每瓶享受0.22元的折扣;年销售矿泉水在500万瓶以上的,每瓶享受0.25元的折扣。但在代理期间,由于丽江矿泉水公司不知道也不可能知道每家代理商到年底究竟能销售多少瓶矿泉水,因而无法确定每家代理商应享受的折扣率。

因此,丽江矿泉水公司通常采用下列做法:等到年底或次年年初,一次性结算应给代理商的折扣总额,单独开具红字发票,但这种折扣在计税时不允许冲减销售收入,将造成每年多缴纳一部分税款。那么,有没有筹划办法改变这一现状呢?

丽江矿泉水公司通过税收筹划,采取预估折扣率的办法来解决折扣问题,具体操作模式如下:每年年初,丽江矿泉水公司按最低折扣率或根据上年每家经销代理商的实际销量初步确定一个折扣率,在每次销售时预扣一个折扣率和折扣额来确定销售收入,即在代理期间每一份销售发票上都预扣一个折扣率和折扣额,这样企业就可以理所当然地将扣除折扣额后的收入确认为"主营业务收入",从而抵减税收支出。等到年底或次年年初每家代理商的销售数量和销售折扣率确定后,只要稍做一些调整即可。如果属于调增折扣额,虽不能再冲减销售收入,但绝大部分的销售折扣已经在平时的销售中直接冲减了销售收入,已经降低了税款支出。当然,也可以根据历史数据将预估折扣率测算得更准确些,以减少结算时的折扣调整额。

# 第五节 税负转嫁的筹划

税负转嫁是企业进行纳税筹划,获得税收收益的特殊而又重要的形式。这主要是由于从纳税的角度看,税负转嫁与纳税筹划有十分明显的共同点。第一,两者的目的相同,都是为了减少纳税主体的税负,获得更多可支配的收入。第二,两者具有相同的特征,即它们都是纳税主体的合法行为,是纳税主体的主观行为,具有筹划性,尤其是转嫁行为更能体现出合法、合情、合理性。这是因为税负转嫁意味着税收负担的终极承担者不是直接的纳税人,而是其背后的隐匿者或潜在的替代者。税款的直接缴纳人通过转嫁将税负推给他人,自己只是承担部分甚至完全不承担任何纳税义务,因此,只类似于税务机关和负税人的中介者。然而,纳税人实施税负转嫁策略并不侵害国家的利益,因为他只是改变了税款在不同经济主体之间的重新负担状况,没有减少国家应收税款的总量,税务部门也无话可说,毕竟这种行为并没有违反税法的规定。

## 一、税负转嫁的概念

税收的最初纳税人和税收的最后承担者往往并不一致,最初的纳税人可以把所纳税款部分或全部地转嫁给其他人负担。这种纳税人将其所缴纳的税款转移给他人负担的过程就叫税负转嫁。无论如何,所转嫁税负最终总有人承担,最终承担税负的人称为负税人,税负最终落到负税人身上的过程称为税负归宿。税负转嫁和税负归宿是同一问题的两个方面。可见,在税负转嫁的条件下,纳税人和真正的负税人是可以分离的,纳税人只是法律意义上的纳税主体,负税人是经济意义上的承担主体。

税负转嫁是在市场经济条件下纳税人通过经济交易中的价格变动将所纳税收部分或全部转移给他人负担的一个客观经济过程。其特点主要包括如下几个方面:第一,纳税人与负税人的分离是税负转嫁的先决条件,只有当纳税人与负税人分属于不同的经济主体时税负转嫁才有其存在的意义。税负在同一经济主体内各分支机构(分公司)的转移虽然能起到节税的目的,但并非我们所指的税负转嫁。第二,税负转嫁是通过价格的变化实现的,税负无论是前转给购买者或后转给供应商都离不开标的物价格的变化,这里的价格既包括商品价格也包括要素价格,国家征税后纳税人或是提高商品、要素的供给价格,或是压低商品、要素的购买价格,或是二者并用,从而达到税负转嫁的目的。第三,税负转嫁的过程,同时也是标的物价值转移的过程。第四,税负转嫁应理解为纳税人的主动行为,指纳税人根据市场的供求关系,依照价格规律主动调整标的物的购进或代销价格,以达到税负转嫁的目的,和纳税人主动行为无关的价格再分配性质的价格转移不能算税负的转嫁。

## 二、税负转嫁的基本形式

税负转嫁可以归纳为六种形式:税负前转、税负后转、税负消转、税负辗转、税负叠转和税收资本化。

税负前转,又称税负顺转,是指企业将所纳税款通过提高商品、劳务价格的方式,将税负转嫁给消费者承担,这是最为典型、最具普遍意义的税负转嫁形式。比如,在生产环节课征的税收,生产企业就可以通过提高商品出厂价格而把税负转嫁给批发商,批发商再以类似的方式转嫁给零售商,零售商最后将税负转嫁给终极的消费者。

税负后转是指纳税人的已纳税款因各种原因不能向前转给购买者和消费者,而是向后逆转给货物的生产者。

税负消转是指一定的税额在名义上被分配给纳税人后,既不能前转也不能后转,而是要求企业对所纳税款完全通过自身经营业绩的提高和技术进步等手段,自行补偿其纳税的损失。

税负辗转是指税收前转、后转次数在两次以上的转嫁行为。

税负叠转是指同时采用几种转嫁方法以转嫁税负的行为。

税收资本化是指课税商品出售时,买主将今后若干年应纳的税款,从所购商品的资本价值中预先扣除。今后若干年名义上虽由买主按期纳税,但税款实际上已经全部由卖主负担。此种情况主要发生于土地买卖和其他收益来源具有永久性的财产。

【例2-5】我国南方一些竹木产区生产竹木地板,这种地板的特点是清凉、透气、加工制造简单。但与革制地板、化纤地毯相比较,竹木地板显得不够美观、漂亮。生产厂商将竹木地板的定价确定为20元/平方米。由于竹木地板只适用于南方潮湿地区,北方多数地区无法使用(竹木地板易裂、怕干燥),所以市场需求量不大,结果造成竹木地板生产厂商只能简单维持企业运转。由于竹木地板的价格在当时已被认为很高,所以有关税负只能由生产厂商负担。

后来,日本人发现了这种竹木地板,经他们分析测定,这种竹木地板具有很高的医学价值,使用竹木地板对维持人体内微量元素的平衡有重大作用。因此,日本及东南亚国家纷纷到我国南方订货,原来20元/平方米的竹木地板一下子变成20美元/平方米。这样一来,竹木地板的生产厂商大幅提高了利润水平,其所负担的税金全部通过价格的提高实现了税负转嫁。

### 三、影响税负转嫁效果的主要因素

一般认为,在物价自由波动的前提条件下,商品供求弹性、市场结构、成本变动和课税制度等因素对税负转嫁会有重要的影响。下面我们将具体讲解商品供求弹性、市场结构和课税制度这三个因素的影响。

(一) 商品供求弹性

在商品经济中,市场调节的效应往往使税收负担能否转嫁和如何转嫁在很大程度上取决于市场上的供求状况。在自由竞争的市场中,课税商品的价格受供求规律制约,市场上商品的供给和物价的涨落,都非一个生产者或一群生产者所能操纵的。商品价格一有变化,需求就随之发生变动,而供给也会发生类似的变化。因此,课税商品的价格能否提高,税负能否转嫁,不是以供给或需求方的意愿决定的,而是取决于市场上供求弹性产生的经济压力大小。

供给弹性与需求弹性的比值即为供求弹性。供求间的制衡统一关系决定了企业税负转嫁及其实现方式不能片面地依从其中某一方面,而必须根据供给弹性和需求弹性的力量对比及转换趋势予以相机抉择。一般而言,当供给弹性大于需求弹性,即供求弹性系数大于1时,企业应优先考虑税负前转的可能性;反之,如果供给弹性系数小于1,则进行税负后转或无法转嫁的可能性比较大。

如果供给弹性系数等于需求弹性系数,则税款趋于买卖双方均分负担。综合分析,可以得出这样的结论:税负转嫁是商品经济发展的客观存在。以此为基点,直接纳税的企业通常会把能够转嫁出去的税收仅仅作为虚拟的成本(或称为额外的成本),而把不可转嫁的税收视为真正的成本。因此,西方人把纳税人和负税人一致的税种称为直接税种,把纳税人和负税人不一致的税种称为间接税种。

(二) 市场结构

由于市场结构不同,税负转嫁情况也不同。市场结构一般有完全竞争、不完全竞争、寡头垄断和完全垄断四种。

1. 完全竞争市场结构

在完全竞争市场结构下,任何单个厂商都无力控制价格,因而不能把市场价格提高若干而把税负向前转嫁给消费者,只有通过该工业体系才能在短期内部分地利用提价的办法转嫁给消费者。但在长期供应成本不变的情况下,各个厂商在整个工业体系下形成一股力量,则税负可能可以完全转嫁给消费者。

2. 不完全竞争市场结构

商品的差异性是不完全竞争的重要前提。在不完全竞争市场结构下,单个厂商虽很多,但各个厂家可利用其产品差异性对价格做出适当的调整,借以把税负部分地向前转嫁给消费者。在一个时期里,某种工业中的厂商可以把由于征税所增加的成本转嫁给消费者,但不可能把税负全部转嫁出去而保留垄断利润,因而还没有形成垄断市场。

3. 寡头垄断市场结构

寡头是指少数几家企业供应市场某种商品的大部分,各家都占市场供应量的一定比重。它们的产品是一致的,或稍有差别。寡头垄断的价格波动不像一般竞争工业那样大。它们总是互相勾结,达成某种协议或默契,对价格升降采取一致行动。因此,如果对某产品征收一种新税或提高某种税的税率,各寡头厂商就会按早已达成的协议或默契并在各家成本同时增加的情况下,自动按某一公式各自提高价格,而把税负转嫁给消费者负担(除非该产品需求弹性大或差异大)。

4. 完全垄断市场结构

完全垄断市场是指某种商品只有一个或少数几个卖主的市场结构,并且没有代用品。垄断厂商可以采取独占或联合形式控制市场价格和销售量,以达到获取最大利润或超额利润的目的。如果某垄断产品为绝对必需品,且需求无弹性又无其他竞争性的代用品,则垄断者可以随意提价,不会影响销售量,税负就可以全部向前转嫁给消费者。如果需求有弹性,则垄断厂商不能把税额全部向前转嫁给消费者,而只能靠部分前转、部分后转。因为如果全部前转,可能引起价格太高、需求量减少,达不到最大利润。但不管怎样,在完全垄断市场结构下、垄断厂商可以随时改变价格,把税负向前转嫁给消费者。

(三) 课税制度

课税制度中税种的设置及各个要素的设计差异(如税种性质、税基宽窄、课税依据和税负轻重等)都对税负转嫁有一定的影响。

1. 税种性质

商品交易行为是税负转嫁的必要条件,一般来说,只有对商品交易行为或活动课征的间接税才能转嫁,而与商品交易行为无关或对人课税的直接税则不能转嫁或很难转嫁。例如,消费税、增值税和关税等一般被认为是间接税,税负会由最初纳税人转嫁给消费者。这类税的税负还可以向后转嫁给生产要素提供者来承担。而个人所得税、公司所得税、财产税等一般被认为是直接税,税负不能或很难转嫁。

2. 税基宽窄

一般情况下,税基越宽,越容易实现税负转嫁;反之、税负转嫁的可能性便会趋小。原因在于:税基宽窄直接决定着购买者需求选择替代效应的大小,进而影响市场需求弹性的程度及转嫁态势,导致税负转嫁或易或难的变化。如果对所有商品课税,购买者需求选择替代效应就小,税负转嫁就较容易;反之,如果只对部分商品课税且课税商品具有替代效应,税负就不易转嫁。

3. 课税对象

对生产资料课税,税负辗转次数多,容易转嫁,且转嫁速度快。对生产资料课税,税负辗转次数少,较难转嫁,且转嫁速度慢。

4. 课税依据

税收计算的方法大致可以分为从价计征和从量计征两种。采用从价计征方法,税额随商品或生产要素价格的高低而彼此不同,商品或生产要素昂贵,加价税额必然也大;反之,价格越低廉,加价税额越微小。因此,在从价计征的方法下,通过商品加价转嫁税负难以被察觉,转嫁较容易。但从量计征则完全不同,在此方法下每单位商品的税额很明显,纳税人很容易察觉到是一种额外的负担,因而必然想方设法提高商品价格以便把税负转嫁给消费者,但或轻或重的税负同样容易直接为购买者所察觉。因此,如果在需求方面有弹性,税收负担便无法转嫁。

5. 税负轻重

税负轻重也是税负转嫁能否实现的一个重要条件。在其他条件相同的情况下,如果一种商品的税负很重,出卖者试图转嫁全部税负就必须大幅度提高价格,势必导致销售量减少。因此,为了保持销量,出卖者又不得不降低价格,其结果是税负只能部分转嫁或不能转嫁。然而,对于税负很轻的商品来说,课税后加价幅度较小,一般不致影响销路,税负便可通过提价全部转嫁给消费者负担。

## 四、税负转嫁的筹划方法

税负转嫁的方法很多,在不同国家纳税人都会根据本国的特点和自身所处的地位及纳税身份,寻找一条适合自己的方法和途径。根据我国的实际情况,并参照国外的一些基本做法,税负转嫁一般有以下几种方法。

(一)市场调节法

市场调节法是根据市场变化进行税负转嫁筹划的方法。市场价格受供求规律的支配,需求的变动影响供给,供给的变动反作用于需求。商品价格随着供给与需求的变动上下波动。因此,税负能否转嫁,主要看纳税者怎样利用市场供求变化并根据市场情况"对症下药"。

当商品的供给一定时,如果需求增加或保持不变,生产经营者可以将其承担的税负加到商品价格上,转嫁给商品的购买者或消费者。这种情况是由于一种商品生产相对处于数量、质量稳定过程中,即社会再对该产品投资,扩大生产规模,就会导致供大于求,而若从这些现有生产企业中抽走资金,减少生产,又会导致供给不足的局面。这种局面在重大应用手段被发明出来和扩大生产之前是一种普遍的现象,因而在这种情况下实现税负转嫁也是普遍的。

当商品的需求一定时,如果供给不变或减少,税负就可以通过价格上涨方式转移给购买者或消费者,做到这一点的关键在于是否充分掌握需求处于稳定时的程度和可预期能维持多长时间。

在课税商品供不应求、供给量和需求量相差悬殊且课税商品价格未被抬得过高的情况下,生产经营者在努力扩大生产的同时还应该尽可能把承担的税收连同各种费用一道转移给购买者,进行彻底的税负转嫁。应该指出的是,在商品经济社会,税负转嫁并不是一件坏事,它是加速供求关系平衡、促进市场繁荣的一种手段。

在某些条件既定的情况下,在课税商品对消费者来说可有可无的时候,该商品生产者和经营者就不可能进行税负转嫁的尝试。这是因为课税商品不是消费者必需的,价格低,人们购买的就多;价格过高,人们购买的就少,甚至可以不买。在这种情况下,税负转嫁尝试会使该商品难以销售出去,一旦商品滞销后再进行降价处理,问津的人就会减少(因为人们往往将降价同产品质量不高或质量发生问题联系在一起)。

(二) 商品成本转嫁法

商品成本与税负转嫁具有极为密切的联系。商品成本转嫁法是根据商品成本状况进行税负转嫁的方法。成本是生产经营者在从事生产经营活动过程中的各种预先支付和投入费用的总和。它一般有三种形态,即固定成本、递增成本和递减成本。固定成本是在生产经营过程中不随产品产量变化而变化的费用和损失。递增成本是随产品产量增加和经营范围扩大而增加的费用和损失。递减成本则与递增成本相反,它是单位产品随产品产量增加和经营范围扩大而减少的费用和损耗。从转嫁筹划来看,不同成本种类产生的转嫁筹划方式及转嫁程度不同。

1. 固定成本与税负转嫁筹划

由于这类产品成本不会随着生产量的多寡而增减,因此,在市场需求不变条件下,所有该产品承担的税额都有可能被转嫁给购买者或消费者,即税款可以加入价格,实行向前转嫁。例如,由于人们不会因为骨灰盒的价格是否包括了税款而多买或少买,因此,完全可以实现税负转嫁。然而,应该指出的是,对于成本固定而市场缺乏弹性的商品,它的需求总是一定的,需求变化情况极为少见,因此,生产经营者只能被限定在一定的范围内,绝非人们主观上想从事这种生产经营活动就可以实现。

2. 递增成本与税负转嫁筹划

对于成本递增的产品,企业在这种商品中的税负是无法被全部转嫁的,企业至多只能转嫁出去一部分税负。因为随着产量的增加,成本递增产品的单位产品成本也会增加,而课税又迫使企业提高产品价格,这样由于价格提高和产量增加的双重压力,产品的销路必然受到影响,继而造成产品严重积压。在这种情况下,厂家为了维持销路,不得不降低产品价格,自己承担一部分应由消费者承担的税收。可见,对于产品成本随产量增加而增加的生产经营者来说,若不想办法降低成本递增趋势,税负转嫁筹划是难以实现的。

3. 递减成本与税负转嫁筹划

成本递减的产品是实行税负转嫁的最好形式。由于单位产品成本在一定的情况下随着数量增加和规模的扩大而减少,单位产品所承担的税负分摊也就减少,因此税负全部或部分转嫁出去的可能性大大提高。然而,随着生产数量和规模的增大,客观上要求降低产品价格的呼声也就增大了。生产经营者为了保证自己的竞争优势,也会适当地调低其出厂价格和销售价格。但就一般情况来说,这种价格降低的程度不会大于税负被分摊在每个产品上的下降程度,即生产经营者在调低价格后,仍会把有关税负转嫁给自己商品的购买者,甚至还可以获得多于税额的价格利益。

### (三)税基转嫁法

税基转嫁法是根据课税范围的大小、宽窄实行的不同税负转移方法。一般来说,在课税范围比较广的情况下,正面、直接的税负转移就要容易些,这时的税收转移可称为积极税负转嫁。在课税范围比较窄的时候,直接进行税负转嫁便会遇到强有力的阻碍,纳税人不得不寻找间接的转嫁方法,这时的税收转嫁就可以称为消极的税负转嫁。

积极税负转嫁筹划的条件是所征税种遍及某一大类商品而不是某一种商品,如对生产、经营汽车所征的税,对烟、酒、农作物所征的税等。这些对大类商品普遍适用的税种实际上忽略了不同产品的生产经营状况,忽略了不同产品所承受的税负和转嫁税负的能力,因而为生产经营者转嫁税负创造了条件。在市场价格充分显示供求变化的条件下,生产经营者根据市场信号进行产品品种的调整,就完全可以实现有效的税负转嫁。就汽车生产来说,汽车品种很多,在企业生产的所有品种的汽车适用同一税率的情况下,它完全可以把绝大多数财力、物力、人力集中于市场上销路较好的汽车生产。同理,汽车商店也会这样做。因此,该生产厂家及经营商店总会处于设法满足市场需求的状况中,它们的产品总是维持适销对路,从而保证它们承受的税负部分甚至全部被转移出去。

消极税负转嫁的情况是仅对某类商品中的某一种商品开征特定的税,此时直接意义上的税负转嫁就难以实现。因为这时税负承担者很具体,税基很窄,消费者抉择的余地大,如税负向前转移,则价格上升。由于市场存在无税或低税的代用品,课税产品的需求量必然减少,且减少的水平往往大于价格上升的幅度,因此,税负难以转嫁。比如,茶和咖啡同属饮料,如果对咖啡课税而不对茶课税,咖啡生产经营者将对咖啡所课的税额加到价格之上转嫁给购买者或消费者,导致咖啡价格上涨,咖啡消费者就会转向对茶的消费,以致咖啡的需求减少,这时咖啡生产供应商就很难把税款加到咖啡价格上进行转嫁。唯一的办法就是进行消极抵制,将生产经营的咖啡改为茶。

# 第六节 企业组织形式的筹划

## 一、企业组织形式概述

在现代高度发达的市场经济条件下,企业的组织形式日益多样化。依据财产组织形式和法律责任权限,国际上通常把企业组织形式分为三类,即公司制企业、合伙企业和个人独资企业。从法律角度来讲,公司制企业属法人企业,出资者以其出资额为限承担有限责任;合伙企业和个人独资企业属自然人企业,出资者需要承担无限责任。这便是企业组织形式分类的第一个层次,即外部层次。除此之外,外部层次的分类还可以从其他角度进行,比如可分为内资企业和外资企业;外资企业中的中外合资企业和中外合作企业等。企业组织形式分类的第二个层次是在公司制企业内进行划分的。这个层次分为两对公司关系,即总分公司与母子公司。

## 二、子公司与分公司的筹划

（一）子公司与分公司概述

子公司与分公司是现代大公司制企业常见的组织形式。子公司是对应于母公司而言的,公司是对应于总公司而言的。所谓子公司是指那些被另一家公司（母公司）有效控制下的公司或者是母公司直接或间接控制的一系列公司中的一家公司。在这个公司链中,每一家拥有对另一家公司的控制权。不同于子公司,分公司不具备独立法人实体的资格,只是作为公司的分支机构而存在,在国际税收中,它往往与常设机构是同义词。一家大企业在境内外安排它的附属地位,有的为子公司,有的为分公司,而设置决策是受多种因素影响的。

一般而言,对外投资者在境外设立子公司可得到如下好处:① 在东道国同样只负有限的债务责任;② 子公司同母公司报告企业成果只着眼于生产经营活动方面,而分公司则要向总公司报告全面情况;③ 子公司有可能在东道国得到当地的更多客户;④ 子公司可享有东道国给其居民公司的同等的优惠待遇;⑤ 当东道国适用的税率低于居住国时,子公司的积累利润可得到递延纳税的好处;⑥ 许多国家允许在境内的企业集团内部公司之间的盈亏互抵,这样子公司就可以得到加入某一集团的好处;⑦ 子公司有时可以享有集团内部转移固定资产取得增益免税的好处;⑧ 跨国公司在设有子公司的所在国进行生产经营活动更为便利;⑨ 子公司向母公司支付的诸如特许权费、利息、其他间接费用等,要比分公司向总公司的支付更容易得到税务的认可;⑩ 将子公司的利润汇回母公司要比分公司灵活得多,这等于母公司的投资所得、资本利得可以留在子公司,或者可以选择在税负较轻的时候汇回,得到额外的税收利益;⑪ 母公司转售境外子公司的股票增益通常可享有免税照顾,而出售分公司资产取得的资本增益要被征税;⑫ 境外分公司将资本转让给子公司有时要征税,而子公司之间的转让则不征税;⑬ 许多国家对子公司向母公司支付的股息,规定减征或免征预提税;⑭ 某些国家子公司适用的所得税税率比分公司低。

而设立分公司则可得到如下好处:① 分公司一般便于经营,财务会计制度的要求也比较简单;② 设立分公司的成本费用可能要比子公司少;③ 总公司拥有分公司的资本,在东道国通常不必缴纳资本税和印花税;④ 分公司交付给总公司的利润通常不必缴纳预提税;⑤ 子公司往往需要东道国的投资者参加,而分公司则不需要;⑥ 在经营期间,若境外分公司出现亏损,分公司的亏损可以冲抵总公司的利润,减轻税收负担;⑦ 分公司与总公司之间的资本转移,因不涉及所有权变动,不必负担税收。

（二）子公司与分公司的税收待遇

根据世界上一些主要国家和地区的现行税制,可以看出分公司与子公司不同的税收待遇,具体为:① 子公司是独立的法人实体,在设立公司的所在国被视为居民纳税人,通常要承担与该国的其他居民公司一样的全面纳税义务。母公司所在国的税收法规对子公司没有约束力,除非它们与所在国之间缔结的双边税收协定有特殊的规定。② 分公司不是独立的法人实体,在设立分公司的所在国被视为非居民纳税人,其所发生的利润与亏损与总公司合并计算,即人们通称的"合并报表"。分公司与总公司经营成果的合并计算,所影响的是居住国的税收负担,至于作为分公司所在的东道国,照样要对归属于分公司本身的收入课税,这就是实行所谓收入来源的税收管辖权。③ 子公司作为居民纳税人,而分公司作为非居民纳税人,两者在东道国的税收待遇上有很大差别,通常情况下,前者承担无限纳税义务,后者承担有限纳税义务。

(三)子公司与分公司纳税筹划的问题

1. 关于购入外国子公司股票问题

购入外国子公司股票时要注意潜在的税收因素。股票涉及的是"证券税"。证券的种类很多,一般可包括股份、股票、债券、票据、存款单、股息分配单、授权证、息票、国库券、公司债券等。从税收的角度看,所谓证券税指的是对股票、债券的持有、转让、授予以及赠与所课征的各种税收。所以,人们所说的"证券税",是一种总称,其实证券税通常涉及多个税种。这是仅就直接的税收而言的,如果加以延伸,还要涉及对证券交易所和证券经纪人佣金收入的课税。

根据现行各国对股票的征税情况,当一家跨国公司购入其在境外子公司的股票时,在税收上要格外注意:一是子公司销售股票所负担的税收成本将转化到资本物的原价中去,假定母公司购进股票马上脱手转让,就得考虑加上税金是否有利可图。二是假定被收购股票的子公司是亏损单位,股票承担税金之后将加大亏损额。如果税法允许亏损结转抵税,税收负担就不成为问题。如果不允许结转,可能会加大资本成本。要注意,越来越多的国家采取措施防止一家公司通过收购另一家亏损的公司来冲销本公司的利润额以减轻税负。三是购进子公司股票如要缴纳印花税和资本税,在某种情况下,母公司通过变更子公司的股权,也许可以不必负担这些税收。四是有时需要对不同的方案进行比较,比如,是购进外国子公司的股票有利还是购进一般企业的股票有利,因为有些国家对两者的税收待遇有所区别。

2. 关于将分公司转移给子公司的问题

母公司 A 要将国外分公司 B 转移给国外子公司 C,理由可能是经营初期,境外公司出现亏损,分公司的亏损可以与总公司合并计算,而子公司则不能。于是公司总部 A 开始时选择了建立分公司的组织形式。在经营了几年之后,分公司转亏为盈,为了享受税收递延的好处,决定把国外分公司 B 的生产经营业务逐步地转移给子公司 C,或者干脆把分公司 B 兼并到子公司 C 中去。如果是整个企业转移给子公司,那就必须考虑:一是是否要缴纳财产转移税,有没有税收优惠的规定;二是全面衡量开办子公司有哪些好处,而子公司的生产经营规模需要扩大,是否可以采取不转移分公司的资产所有权,只是将其租赁给子公司使用的办法;三是存货也可以采取委托代销的方式,这样在受托方未销出之前可以不缴税;否则,如果分公司 B 将存货转移给子公司 C,要先缴一次税,待子公司 C 销出后还得再缴一次;四是要特别了解一下居住国与收入来源国对分公司与子公司亏损结转抵补的税收待遇,假定分公司的亏损可冲抵总公司的利润,在分公司未转亏为盈时,不宜转移给子公司。

3. 关于跨国公司扩张时分公司或子公司的选择问题

跨国公司在一国发展到一定规模后,基于稳定供货渠道、开辟新的地域或方便客户服务等方面的考虑,不可避免地需要在异地设立从属分支结构,这也是企业扩张的必由之路。但是此时对这些跨国公司来说,又一次面临分公司和子公司的选择问题。一般有以下两种选择:

(1) 从属机构的静态筹划。

如果总公司所在地税率较低,而从属机构设立在较高税率地区,设立分公司汇总纳税,则分公司的所得利润与总公司的所得利润合并申报缴纳,所负担的是总公司的较低税率,这样做就能从总体上减少公司所得税税负。如果总公司所在地税率较低,而从属机构设立在较高税率地区,设立分公司汇总纳税,则分公司的所得利润与总公司的所得利润合并申报缴纳,所负担的是总公司的较低税率,这样做就能从总体上减少公司所得税税负。例如,假设 A 总公司位于西部某自治区,享受国家西部大开发税收优惠政策,企业所得税税率为 15%;其在东部某省设立的 B 分公司,该地区企业所得税基本税率为 25%。20×4 年度,A 总公司实现税前利润 8 000 万元,B 分公司实现税前利润 2 000 万元。若 B 分公司作为独立子公司纳税,需单独核算并按 25% 税率缴纳企业所得税,即 2 000×25%=500 万元;A 总公司按 15% 税率缴纳企业所得税,即 8 000×15%=1 200 万元,两家企业合计年度所得税税负为 1 700 万元。而当 B 分公司作为分公司与总公司汇总纳税时,整体应纳税所得额为 8 000+2 000=10 000 万元,统一适用 A 总公司 15% 的税率,合计应纳税额为 10 000×15%=1 500 万元。通过汇总纳税模式,该企业集团年度所得税税负直接减少 200 万元,降幅达 11.76%。

由于具有独立法人地位的投资者在低税率地区也能享受免征或只征较低税收的待遇,因此在低税率地区设立的从属分支机构适宜选择子公司,这样可以利用其独立核算、独立纳税享受低税负待遇;同时还可以通过转让定价的方法将处于高税率地区的总公司的利润转移至低税率地区,使整个集团税负最低。

很多大型跨国公司(如 ABB 公司)偏好北京的政治中心地位,所以将在中国投资建成的总公司设在北京,但是适用所得税税率是 25%。随着 ABB 公司在全国各地开展不同的业务,需要开设很多新的机构,有很多的投资地点都会位于经济特区、沿海经济开发区或者不同城市的经济开发区,处于这些地区的新机构所负担的税率就会比北京低得多。因此,ABB 公司多采取建立子公司的形式,如位于上海外高桥保税区的上海 ABB 工程有限公司等。

(2) 从属机构的动态筹划。

在前述基础上,可以更进一步地筹划,即在不同时期设置不同的从属机构。

① 开始设立从属分支机构时的选择。

跨国公司开始设置分支机构时,由于在外地拓展业务会遇到一定的困难,经费开支也会较大,故容易发生亏损,此时如果总分支机构税率一致或者分支机构所在地税率较高,适宜选择分公司形式,用其生产或经营的亏损冲减总公司的利润,减少总公司的应纳税额,从而减轻税负。等到生产经营产生利润之后,改设为子公司,可以充分利用国家对新建企业的税收优惠政策进行筹划。

【例 2-6】一家总部在北京的跨国公司,2025 年在郑州设立一个销售分公司,该分公司不具备独立纳税人条件,年所得额汇总到总公司集中缴纳。2025 年年底,郑州销售分公司生产亏损 50 万元,而北京总公司盈利 150 万元。假设不考虑应纳税所得额的调整因素,所得税税率为 25%,该公司 2025 年应缴所得税为:

(150−50)×25%=25(万元)

在这个例子中,如果郑州销售分公司为子公司的话,2025 年北京总公司应缴所得税为:

150×25%=37.5(万元)

郑州销售子公司的亏损只能留至出现利润的以后年度弥补,且需在 5 年以内,否则过期不得弥补。在这种情况下,汇总纳税方式降低了公司当期税负,推迟了公司纳税期。

② 扭亏为盈后的选择。

如果从属分支机构所在地的税率比在华总公司的负担税率要低,那么在扭亏为盈之后,跨国公司就需要考虑将该从属机构改设为子公司,以便享受到低税率和新建企业的税收优惠。但是我国对于外资企业所得税的优惠有一个时间上的安排,比如两免三减半等,这种时间效用很强的税收优惠也会影响到跨国公司如何安排在华分支机构。此时需要考虑是在出现盈利之初便改设为子公司,还是等到经营利润足够大时再改设,因为两者所能达到的税收效果是不一样的。如果等到经营利润足够大时才改设,则可以最大限度地利用税收优惠政策,其实际享受到的优惠也会因为利润的增大而增大,而在出现盈利之初便改设,其实际享受到的优惠则会因为利润较小而非常有限。

但是若在出现利润之初便改设,企业可以最快地利用优惠政策少缴税款,这对于缺少资金的企业来说是很重要的,而且每项产品都有一定的生命周期,如果等到利润较大时再改设,产品可能已经进入衰退期,获得的优惠也就随着时间的推移而逐渐减少。况且货币具有时间价值,早期获得的优惠和后期获得的优惠不能直接从数字上进行比较,再加上国家的政策不断调整和投资机会经常变化,也会使得后期优惠的有效程度受到挑战。这就需要引入对资金投入的动态筹划的介绍。

③ 资金投入的动态筹划。

一般认为,投入越大,产出也就越大,资金投入动态筹划的核心就是在生产经营初期进行大量的投入,比如加大广告费用、科研费用等开支,使得总公司的盈利最大限度地减少,而一旦设立了子公司,则将最大盈利项目设在子公司。由于总公司的盈利情况不会发生较大变化,也不会导致税务机关认定母、子公司之间实行转让定价而进行纳税调整,如果筹划合理,前期的高投入一般会带来后期的高收益,子公司的高收益马上会因为税收优惠政策而得到很好的实际效果。

### 三、合伙企业及其纳税筹划

合伙企业是由几个或者几十个人,甚至一百多人联合起来经营的。它不同于某个个人开办的独资企业,也不同于所有权和经营权分离的公司。合伙企业是依据合同或协议组织起来的,结构很不稳定,每当接纳一个新的合伙人,或者旧的合伙人死去或退出时,新的合伙企业又产生了。

合伙企业中每一合伙人对整个合伙企业所欠的债务具有无限的责任,这同公司制中股东对公司债务只负有限责任是明显不同的。合伙企业由于有一定规模要比个人独资企业便利一些,但比起公司制企业却大大逊色。

世界上大多数国家都认为合伙企业不具有独立的法人地位,只有少数国家将合伙企业区别对待,比如把从事生产经营的合伙企业认作是法人,其他的不认作是法人。

各国政府对合伙企业性质认定的差异,导致了它们在税收待遇上的差异。有的国家或地区把合伙企业当作一个纳税实体,甚至当作公司法人进行征税,比如韩国、中国香港等。比较多的国家和地区对合伙企业的营业利润不征收公司税,而只就各个合伙人从合伙企业分得的所得征税,如澳大利亚、奥地利、美国、德国、丹麦、荷兰、瑞士、南非等。

我国合伙制类型的企业相当多,个体户与私营企业中其实有很大一部分就属于合伙制,不过较长时期以来我国比较习惯称之为联营企业,对其没有具体的法律界定和明确的所得税规定。随着《中华人民共和国公司法》(简称《公司法》)的颁布,公司制同合伙制的法律界定进一步明确。国务院发出的《关于个人独资企业和合伙企业征收所得税问题的通知》规定:"自2000年1月1日起,对个人独资企业和合伙企业停止征收企业所得税,其投资者的生产经营所得,比照个体工商户的生产、经营所得征收个人所得税,具体税收政策和征税办法由国家财税主管部门另行制定。"

因此,涉及合伙制企业的纳税筹划应关注如下方面:

(1) 要认真分析各国对合伙企业的法律界定和税收规定,并从其法律地位、经营和筹资便利、税基、税率、税收待遇(如是否可以享受协定的条款规定)等综合因素进行分析和比较,因为综合税负是各种因素作用的结果,不能只考虑一种因素,以偏概全。

(2) 从多数国家来看,合伙企业的税负一般要低于公司制企业,这是合伙企业的税收利益所在,但如果合伙企业也按照公司制企业对待,这个优势将失去。

(3) 在比较税收利益时,不能仅看名义上的差别,更要看实际税负的差别。比如对重复征税是否采取"整体化"措施?"整体化"制度下重复征税消除的程度如何?因为完全的整体化意味着重复征税被彻底消除,公司制企业的税负与合伙企业的税负便相互接近。

### 四、公司制企业与个体工商户的选择

公司制企业是指按照法律规定,由法定人数以上的投资者(或股东)出资建立、自主经营、自负盈亏、具有法人资格的经济组织。我国目前的公司制企业有有限责任公司和股份有限公司两种形式。当企业采用公司制的组织形式时,所有权主体和经营权主体发生分离,所有者只参与和做出有关所有者权益或资本权益变动的理财决策,而日常的生产经营活动和理财活动由经营者进行决策。

而个体工商户是个体经济单位。它是以劳动者个人及其家庭成员为主体,用自有的劳动工具及生产资料、资金,经向国家有关部门登记,独立地从事生产、经营活动。它主要

存在于各种小型手工业、零售商业、饮食业、运输业等生产和劳务部门。个体工商户则适用《中华人民共和国个人所得税法》(简称《个人所得税法》),其适用税率如表 2-2 所示。

表 2-2 个体工商户的生产、经营所得适用税率表

| 级 数 | 年应纳税所得额 | 税率(%) | 速算扣除数 |
| --- | --- | --- | --- |
| 1 | 不超过 30 000 元的部分 | 5 | 0 |
| 2 | 超过 30 000 元至 90 000 元的部分 | 10 | 1 500 |
| 3 | 超过 90 000 元至 300 000 元的部分 | 20 | 10 500 |
| 4 | 超过 300 000 元至 500 000 元的部分 | 30 | 40 500 |
| 5 | 超过 500 000 元的部分 | 35 | 65 500 |

从表 2-2 可以看出,个体工商户的应税所得额为 9 万元时,其边际税率为 10%,由于其适用的是累进税率,其实际税率应为 8.33%[(90 000×10%－1 500)÷90 000×100%];应税所得额为 30 万元时,边际税率为 20%,其实际税率为 16.5%(计算方法同上);应税所得额为 50 万元时,边际税率为 35%,实际税率为 21.9%。而公司制企业适用 25% 的企业所得税税率。公司制企业在向自然人股东分配股息、红利时,须代扣代缴个人股东 20% 的个人所得税。由此可见,在同等盈利水平下,个体工商户似乎比公司制企业主能获得更多的纳税好处。而个体工商户也有自身的缺点,如生产经营规模小、难以扩展业务等。公司制企业却具有组织严密,能多方积聚资源来扩展经营,在扩大规模的同时降低费用、提高盈利水平等优点。所以,投资者在投资前,应根据自身投资的盈利状况及发展前景仔细预测,综合考虑各种因素,最终做出最有利于自己的投资决策。目前我国企业所得税中规定了优惠税率,随着个人所得税法的调整,个体工商户的所得税税率也进行了适当调整,两者的税负差异还是存在的,因而存在一定的纳税筹划空间。

## 本章小结

纳税筹划主要利用税收制度中客观存在的税收政策空间来实现,因此纳税筹划的基本方法就是要找准切入点,主要从筹划空间大的税种、税收优惠、纳税人构成等方面找到切入点。

充分有效地利用税收优惠政策是实现成功纳税筹划的重要方法,包括利用免税、减税、税率差异、税收扣除规定、税收抵免、退税等规定实现节税利益。

利用税收递延也是纳税筹划的一个重要方面。

税负转嫁是纳税筹划的一种特殊形式。它取决于很多条件,包括市场结构、商品特性等。

如何有效利用企业组织形式及其在税收处理上的差异也是纳税筹划的一个重要手段,包括子公司和分公司的选择,合伙企业、个体工商户及私营企业的选择等。

选择不同的投资结构也是纳税筹划的方法之一。

## 复习思考题

1. 如何选择纳税筹划的切入点?
2. 税收优惠在纳税筹划中起到什么作用?
3. 什么是税收递延?通过税收递延实现纳税筹划有哪些途径?
4. 税负转嫁的决定因素有哪些?
5. 企业组织形式与纳税筹划是何关系?
6. 对合伙企业的纳税筹划要注意哪些要点?

## 知识应用

甲酒厂生产药酒,出厂销售给中间商的价格是2 500元/箱(不含增值税),直接零售给消费者的价格为3 000元/箱(不含增值税)。2025年预计零售户直接到甲酒厂购买药酒约1 000箱。药酒属于其他酒,其消费税比例税率为10%。请对上述业务进行纳税筹划。

# 第三章　增值税的纳税筹划

## 学习目标

通过本章的学习,应了解并掌握增值税纳税人以及日常业务增值税的纳税筹划方法与思路;理解增值税特殊行为的纳税筹划方法;能运用所学的增值税纳税筹划方法进行有关经济业务的纳税筹划。

## 思政小课堂

为贯彻落实全国两会精神和中办、国办印发的《关于进一步深化税收征管改革的意见》,按照《财政部税务总局关于明确增值税小规模纳税人免征增值税政策的公告》的规定,现将有关征管问题公告如下:

2023年1月1日至2027年12月31日,小规模纳税人发生增值税应税销售行为,合计月销售额未超过10万元(以1个季度为1个纳税期的,季度销售额未超过30万元,下同)的,免征增值税。

小规模纳税人发生增值税应税销售行为,合计月销售额超过10万元,但扣除本期发生的销售不动产的销售额后未超过10万元的,其销售货物、劳务、服务、无形资产取得的销售额免征增值税。

国家推出了一系列引导市场经济健康运行,促进国民经济从高速增长向高质量发展转变的税收政策。一是全面实施"营改增"改革,持续加大减税降费力度,降低纳税人负担,保实体经济健康发展。不断出台减免小规模纳税人的政策体现出我国政府运用税收杠杆,通过调整税率、实施减免税等税收支持政策,对社会经济运行进行调节,引导各类生产要素流向国家政策重点扶持的领域和行业。

## 案例导入

天华公司(一般纳税人)转让一项专利权给阳光公司(小规模纳税人),并提供与之相关的技术咨询、技术服务,收取专利权转让款106万元(含税),收取技术咨询、技术服务费21.2万元(含税)。

思考:天华公司如何进行纳税筹划?

# 第三章 增值税的纳税筹划

增值税是我国1994年税制改革以来的第一大税种,也是我国企业和纳税人负担的主要税种,随着2016年全面实行"营改增"以来,在企业的纳税筹划活动中,关于增值税的纳税筹划意义重大。2024年12月25日《中华人民共和国增值税法》已由中华人民共和国第十四届全国人民代表大会常务委员会第十三次会议通过,自2026年1月1日起施行。本章根据增值税的最新法律规定,从纳税人、计税依据、税率和税收优惠等方面分析和介绍增值税纳税筹划的基本方法。

## 第一节 增值税概述

### 一、增值税纳税人的法律界定

增值税是以商品和劳务在流转过程中产生的增值额作为征税对象而征收的一种流转税。按照我国增值税法的规定,增值税是对在我国境内销售货物或提供加工、修理修配劳务(以下简称"劳务"),销售服务、无形资产、不动产以及进口货物的单位和个人,就其销售货物、劳务、服务、无形资产、不动产(以下统称为"应税销售行为")的增值额和货物进口金额为计税依据而课征的一种流转税。

销售服务,是指提供交通运输服务、邮政服务、电信服务、建筑服务、金融服务、现代服务、生活服务等。

交通运输服务,是指利用运输工具将货物或者旅客送达目的地,使其空间位置得到转移的业务活动,包括陆路运输服务、水路运输服务、航空运输服务和管道运输服务。

邮政服务,是指中国邮政集团公司及其所属邮政企业提供邮件寄递、邮政汇兑和机要通信等邮政基本服务的业务活动,包括邮政普遍服务、邮政特殊服务和其他邮政服务。

电信服务,是指利用有线、无线的电磁系统或者光电系统等各种通信网络资源,提供语音通话服务,传送、发射、接收或者应用图像、短信等电子数据和信息的业务活动,包括基础电信服务和增值电信服务。

建筑服务,是指各类建筑物、构筑物及其附属设施的建造、修缮、装饰,线路、管道、设备、设施等的安装以及其他工程作业的业务活动,包括工程服务、安装服务、修缮服务、装饰服务和其他建筑服务。

金融服务,是指经营金融保险的业务活动,包括贷款服务、直接收费金融服务、保险服务和金融商品转让。

现代服务,是指围绕制造业、文化产业、现代物流产业等提供技术性、知识性服务的业务活动,包括研发和技术服务、信息技术服务、文化创意服务、物流辅助服务、租赁服务、鉴证咨询服务、广播影视服务、商务辅助服务和其他现代服务。

生活服务,是指为满足城乡居民日常生活需求提供的各类服务活动,包括文化体育服务、教育医疗服务、旅游娱乐服务、餐饮住宿服务、居民日常服务和其他生活服务。

销售无形资产,是指转让无形资产所有权或者使用权的业务活动。无形资产,是指不具实物形态,但能带来经济利益的资产,包括技术、商标、著作权、商誉、自然资源使用权和其他权益性无形资产。

销售不动产,是指转让不动产所有权的业务活动。不动产,是指不能移动或者移动后会引起性质、形状改变的财产,包括建筑物、构筑物等。

## 二、增值税纳税人身份的标准

### (一)小规模纳税人的标准

小规模纳税人是指年应征增值税销售额(以下简称"年应税销售额",指的是销售货物、劳务、服务、无形资产、不动产年应征增值税销售额之和,下同)在规定标准以下,并且会计核算不健全,不能按规定报送有关税务资料的增值税纳税人。根据规定,凡符合下列条件的视为小规模纳税人:

(1) 自2018年5月1日起,增值税小规模纳税人标准统一为年应税销售额500万元及以下;

(2) 年应税销售额超过小规模纳税人标准的其他个人(指自然人)按小规模纳税人纳税(不属于一般纳税人);

(3) 对于原增值税纳税人,超过小规模纳税人标准的非企业性单位、不经常发生应税行为的企业可选择按小规模纳税人纳税;对于营改增试点纳税人,年应税销售额超过小规模纳税人标准但不经常发生应税行为的单位和个体工商户可选择按照小规模纳税人纳税。

### (二)一般纳税人的标准

自2018年5月1日起,增值税纳税人(以下简称"纳税人")年应税销售额超过财政部、国家税务总局规定的小规模纳税人标准(自2018年5月1日起为年应税销售额500万元及以下)的,除税法另有规定外,应当向其机构所在地主管税务机关办理一般纳税人登记。其中年应税销售额是指纳税人在连续不超过12个月或4个季度的经营期内累计应征增值税销售额,包括纳税申报销售额、稽查查补销售额、纳税评估调整销售额。其中,纳税申报销售额是指纳税人自行申报的全部应征增值税销售额,包括免税销售额和税务机关代开发票销售额。稽查查补销售额和纳税评估调整销售额计入查补税款申报当月(或当季)的销售额,不计入税款所属期销售额。经营期是指在纳税人存续期内的连续经营期间,含未取得销售收入的月份或季度。

销售服务、无形资产或者不动产(以下简称"应税行为")有扣除项目的纳税人,其应税行为年应税销售额按未扣除之前的销售额计算。纳税人偶然发生的销售无形资产、转让不动产的销售额,不计入应税行为年应税销售额。年应税销售额未超过规定标准的纳税人,会计核算健全,能够提供准确税务资料的,可以向主管税务机关办理一般纳税人登记。会计核算健全是指能够按照国家统一的会计制度规定设置账簿,根据合法、有效凭证核算。

## 三、小规模纳税人和一般纳税人的征税管理

小规模纳税人实行简易计税方法,不得抵扣进项税额。小规模纳税人销售货物、加工

修理修配劳务、服务、无形资产或不动产可以由税务机关代开增值税专用发票(代开的增值税专用发票的税率一般情况下为3%,特殊情况下为5%等)。自2020年2月1日起,增值税小规模纳税人(其他个人除外)发生增值税应税行为,需要开具增值税专用发票的,可以自愿使用增值税发票管理系统自行开具。选择自行开具增值税专用发票的小规模纳税人,税务机关不再为其代开增值税专用发票。符合增值税一般纳税人条件的纳税人应当向主管税务机关办理一般纳税人登记,以取得法定资格;未办理一般纳税人登记手续的,应按销售额依照增值税税率计算应纳税额,不得抵扣进项税额,也不得使用增值税专用发票。经税务机关审核登记的一般纳税人,可按规定领购和使用增值税专用发票,按增值税条例的规定计算缴纳增值税。需要注意的是,纳税人登记为一般纳税人后,不得转为小规模纳税人,国家税务总局另有规定的除外。

一般纳税人符合以下条件的,在2020年12月31日前,可选择转登记为小规模纳税人:转登记日前连续12个月(以1个月为1个纳税期)或者连续4个季度(以1个季度为1个纳税期)累计销售额未超过500万元。

### 四、增值税的税率和征收率

一般纳税人缴纳增值税采用一般计税方法适用三种情况的比例税率:第一种是基本税率;第二种是低税率;第三种是出口货物、服务或者无形资产适用的零税率。自2017年7月1日起,简并增值税税率结构,取消原来的13%的增值税税率,将其调整为11%。自2018年5月1日起,增值税一般纳税人发生增值税应税销售行为或者进口货物、原适用17%和11%税率的,税率分别调整为16%和10%。自2019年4月1日起,增值税一般纳税人发生增值税应税销售行为或者进口货物,原适用16%税率的,税率调整为13%;原适用10%税率的、税率调整为9%。一般纳税人特殊情况下采用简易计税方法适用征收率。小规模纳税人缴纳增值税采用简易计税方法适用征收率。自2019年4月1日起,增值税税率和征收率的具体适用范围如下。

(一)基本税率

增值税的基本税率为13%,适用于纳税人销售或者进口货物(适用9%的低税率的除外)、提供加工修理修配劳务、销售有形动产租赁服务。

(二)低税率

增值税的低税率分为两档。

1. 低税率9%

(1)一般纳税人销售或者进口下列货物,税率为9%:

① 粮食等农产品、食用植物油、食用盐;

② 自来水、暖气、冷气、热水、煤气、石油液化气、天然气、二甲醚、沼气、居民用煤炭制品;

③ 图书、报纸、杂志、音像制品、电子出版物;

④ 饲料、化肥、农药、农机、农膜;

⑤ 国务院规定的其他货物。

（2）纳税人销售交通运输、邮政、基础电信、建筑、不动产租赁服务，销售不动产，转让土地使用权，税率为9%。

2. 低税率6%

纳税人销售增值电信服务、金融服务、现代服务和生活服务，销售土地使用权以外的无形资产，税率为6%。

（三）零税率

（1）纳税人出口货物或者劳务，一般适用零税率，国务院另有规定的除外；

（2）境内单位和个人跨境销售国务院规定范围内的服务或者无形资产（统称跨境应税行为），适用零税率。

（四）征收率

（1）纳税人销售旧货，按照简易办法依照3%征收率减按2%征收增值税。自2020年5月1日至2027年12月31日，从事二手车经销业务的纳税人销售其收购的二手车，减按0.5%征收率征收增值税。

（2）一般纳税人销售自己使用过的增值税法规规定不得抵扣且未抵扣进项税额的固定资产，小规模纳税人（不含其他个人）销售自己使用过的固定资产，按照简易办法依照3%征收率减按2%征收增值税。

（3）个体工商户和其他个人（小规模纳税人）出租住房，按照5%的征收率减按1.5%计算增值税应纳税额。

（4）根据《财政部 税务总局关于明确增值税小规模纳税人减免增值税等政策的公告》（财政部 税务总局公告2023年第1号）和《财政部 税务总局关于增值税小规模纳税人减免增值税政策的公告》（财政部 税务总局公告2023年第19号）规定，自2023年1月1日至2027年12月31日，增值税小规模纳税人适用3%征收率的应税销售收入，减按1%征收率征收增值税；适用3%预征率的预缴增值税项目，减按1%预征率预缴增值税。

这些优惠政策旨在进一步支持小微企业和个体工商户的发展，减轻其税费负担。

## 五、增值税的计算

增值税的计税方法主要包括一般计税方法和简易计税方法。我国目前对一般纳税人增值税的计算一般情况下采用一般计税方法，某些特殊情况下采用或者选择采用简易计税方法；我国目前对小规模纳税人增值税的计算采用简易计税方法。

一般计税方法下的应纳增值税税额等于本期销项税额减本期进项税额。其计算公式为：

$$应纳增值税税额＝本期销项税额－本期准予抵扣进项税额$$

简易计税方法下的应纳增值税税额等于本期销售额乘以增值税征收率，不得抵扣进项税额。其计算公式为：

应纳增值税税额＝不含税销售额×征收率

## 六、准予从销项税额中抵扣的进项税额

增值税一般纳税人下列进项税额准予从销项税额中抵扣：

（1）从销售方取得的增值税专用发票（含税控机动车销售统一发票，下同）上注明的增值税税额。具体来说，购进货物或接受加工、修理修配劳务，从销售方或提供劳务方取得的增值税专用发票上注明的增值税税额为进项税额，准予从销项税额中抵扣；购进服务、无形资产或者不动产，取得的增值税专用发票上注明的增值税税额为进项税额，准予从销项税额中抵扣。

（2）从海关取得的海关进口增值税专用缴款书上注明的增值税税额。

（3）自2018年5月1日起，纳税人购进农产品，原适用11%扣除率的，扣除率调整为10%。自2019年4月1日起，纳税人购进农产品，原适用10%扣除率的，扣除率调整为9%。自2019年4月1日起，纳税人购进农产品，按下列规定抵扣进项税额：

① 除第②项规定外，纳税人购进农产品，取得一般纳税人开具的增值税专用发票或海关进口增值税专用缴款书的，以增值税专用发票或海关进口增值税专用缴款书上注明的增值税税额为进项税额；从按照简易计税方法依照3%征收率计算缴纳增值税的小规模纳税人取得增值税专用发票的，以增值税专用发票上注明的金额和9%（自2017年7月1日起至2018年4月30日，为11%；自2018年5月1日起至2019年3月31日，为10%）的扣除率计算进项税额；取得（开具）农产品销售发票或收购发票的，以农产品销售发票或收购发票上注明的农产品买价和9%（自2017年7月1日起至2018年4月30日，为11%；自2018年5月1日起至2019年3月31日，为10%）的扣除率计算进项税额（买价是指纳税人购进农产品在农产品收购发票或者销售发票上注明的价款和按照规定缴纳的烟叶税）。

② 自2019年4月1日起的营改增试点期间，纳税人购进用于生产或者委托加工13%税率货物的农产品，按照10%的扣除率计算进项税额（自2017年7月1日起至2018年4月30日的营改增试点期间，纳税人购进用于生产销售或委托加工17%税率货物的农产品，按照13%的扣除率计算进项税额；自2018年5月1日起至2019年3月31日的营改增试点期间，纳税人购进用于生产销售或委托加工16%税率货物的农产品，按照12%的扣除率计算进项税额）。

③ 继续推进农产品增值税进项税额核定扣除试点。纳税人购进农产品进项税额已实行核定扣除的，仍按照《财政部国家税务总局关于在部分行业试行农产品增值税进项税额核定扣除办法的通知》（财税〔2012〕38号）、《财政部国家税务总局关于扩大农产品增值税进项税额核定扣除试点行业范围的通知》（财税〔2013〕57号）执行。其中，《农产品增值税进项税额核定扣除试点实施办法》（财税〔2012〕38号）第四条第（二）项规定的扣除率调整为9%（自2017年7月1日起至2018年4月30日，为11%；自2018年5月1日起至2019年3月31日，为10%）；第（三）项规定的扣除率调整为按上述第②项、第①项规定执行。

④ 纳税人从批发、零售环节购进适用免征增值税政策的蔬菜、部分鲜活肉蛋而取得的普通发票,不得作为计算抵扣进项税额的凭证。

⑤ 纳税人购进农产品既用于生产销售或委托加工13%(自2017年7月1日起至2018年4月30日,为17%;自2018年5月1日起至2019年3月31日,为16%)税率货物又用于生产销售其他货物服务的,应当分别核算用于生产销售或委托加工13%(自2017年7月1日起至2018年4月30日,为17%;自2018年5月1日起至2019年3月31日,为16%)税率货物和其他货物服务的农产品进项税额。未分别核算的,统一以增值税专用发票或海关进口增值税专用缴款书上注明的增值税税额为进项税额,或以农产品收购发票或销售发票上注明的农产品买价和9%(自2017年7月1日起至2018年4月30日,为11%;自2018年5月1日起至2019年3月31日,为10%)的扣除率计算进项税额。

⑥ 销售发票是指农业生产者销售自产农产品适用免征增值税政策而开具的增值税普通发票。

(4) 自用的应征消费税的摩托车、汽车、游艇,2013年8月1日(含)以后购入的,其进项税额准予从销项税额中抵扣。

(5) 自境外单位或者个人购进劳务、服务、无形资产或者境内的不动产,从税务机关或者扣缴义务人取得的代扣代缴税款的完税凭证上注明的增值税税额纳税人凭完税凭证抵扣进项税额的,应当具备书面合同、付款证明和境外单位的对账单或者发票。资料不全的,其进项税额不得从销项税额中抵扣。

(6) 自2019年4月1日起,购进国内旅客运输服务,其进项税额允许从销项税额中抵扣。纳税人购进国内旅客运输服务未取得增值税专用发票的,暂按照以下规定确定进项税额:

① 取得增值税电子普通发票的,为发票上注明的税额;

② 取得注明旅客身份信息的航空运输电子客票行程单的,为按照下列公式计算的进项税额:

$$航空旅客运输进项税额 = (票价 + 燃油附加费) \div (1 + 9\%) \times 9\%$$

③ 取得注明旅客身份信息的铁路车票的,为按照下列公式计算的进项税额:

$$铁路旅客运输进项税额 = 票面金额 \div (1 + 9\%) \times 9\%$$

④ 取得注明旅客身份信息的公路、水路等其他客票的,按照下列公式计算进项税额:

$$公路、水路等其他旅客运输进项税额 = 票面金额 \div (1 + 3\%) \times 3\%$$

## 七、加计抵减政策

(1) 允许生产服务业纳税人按照当期可抵扣进项税额加计5%,抵减应纳税额。

① 生产、生活性服务业纳税人,是指提供邮政服务、电信服务、现代服务、生活服务(以下称"四项服务")取得的销售额占全部销售额的比重超过50%的纳税人。

2019年3月31日前设立的纳税人,自2018年4月至2019年3月期间的销售额(经营期不满12个月的,按照实际经营期的销售额)符合上述规定条件的,自2019年4月1日起适用加计抵减政策。2019年4月1日后设立的纳税人,自设立之日起3个月的销售额符合上述规定条件的,自登记为一般纳税人之日起适用加计抵减政策。纳税人确定适用加计抵减政策后,当年内不再调整,以后年度是否适用,根据上年度销售额计算确定。纳税人可计提但未计提的加计抵减额,可在确定适用加计抵减政策当期一并计提。

② 纳税人应按照当期可抵扣进项税额的5%计提当期加计抵减额。按照现行规定不得从销项税额中抵扣的进项税额,不得计提加计抵减额;已计提加计抵减额的进项税额,按规定作进项税额转出的,应在进项税额转出当期,相应调减加计抵减额。计算公式如下:

$$当期计提加计抵减额 = 当期可抵扣进项税额 \times 5\%$$

$$当期可抵减加计抵减额 = 上期末加计抵减额余额 + 当期计提加计抵减额 - 当期调减加计抵减额$$

③ 纳税人按照现行规定计算一般计税方法下的应纳税额(以下称"抵减前的应纳税额")后,应区分以下情形加计抵减:

a. 抵减前的应纳税额等于零的,当期可抵减加计抵减额全部结转下期抵减。

b. 抵减前的应纳税额大于零,且大于当期可抵减加计抵减额的,当期可抵减加计抵减额全额从抵减前的应纳税额中抵减。

c. 抵减前的应纳税额大于零,且小于或等于当期可抵减加计抵减额的,以当期可抵减加计抵减额抵减应纳税额至零。未抵减完的当期可抵减加计抵减额,结转下期继续抵减。

④ 纳税人出口货物劳务、发生跨境应税行为不适用加计抵减政策,其对应的进项税额不得计提加计抵减额。

纳税人兼营出口货物劳务、发生跨境应税行为且无法划分,不得计提加计抵减额的进项税额,按照以下公式计算:

$$不得计提加计抵减额的进项税额 = 当期无法划分的全部进项税额 \times 当期出口货物劳务和发生跨境应税行为的销售额 \div 当期全部销售额$$

⑤ 纳税人应单独核算加计抵减额的计提、抵减、调减、结余等变动情况。骗取适用加计抵减政策或虚增加计抵减额的,按照《税收征收管理法》等有关规定处理。

⑥ 加计抵减政策执行到期后,纳税人不再计提加计抵减额,结余的加计抵减额停止抵减。

(2) 允许生活性服务业纳税人按照当期可抵扣进项税额加计10%,抵减应纳税额(以下称"加计抵减10%政策")。

① 生活性服务业纳税人,是指提供生活服务取得的销售额占全部销售额的比重超过50%的纳税人。生活服务的具体范围按照《销售服务、无形资产、不动产注释》(财税〔2016〕36号)执行。

② 生活性服务业纳税人应按照当期可抵扣进项税额的10%计提当期加计抵减额。按照现行规定不得从销项税额中抵扣的进项税额,不得计提加计抵减额;已按照10%计提加计抵减额的进项税额,按规定作进项税额转出的,应在进项税额转出当期相应调减加

计抵减额。计算公式如下:

$$当期计提加计抵减额 = 当期可抵扣进项税额 \times 10\%$$

$$当期可抵减加计抵减额 = 上期末加计抵减额余额 + 当期计提加计抵减额 - 当期调减加计抵减额$$

(3) 自2023年1月1日至2027年12月31日,允许先进制造业企业按照当期可抵扣进项税额加计5%抵减应纳增值税税额;对生产销售先进工业母机主机、关键功能部件、数控系统的增值税一般纳税人,允许按当期可抵扣进项税额加计15%抵减企业应纳增值税税额;允许集成电路设计、生产、封测、装备、材料企业,按照当期可抵扣进项税额加计15%抵减应纳增值税税额。

## 八、税额抵减规定

增值税纳税人初次购买增值税税控系统专用设备(包括分开票机)支付的费用,增值税纳税人缴纳的技术维护费,可在增值税应纳税额中全额抵减。如小规模纳税人初次购买税控设备,应纳税额的计算公式如下:

$$应纳税额 = 销售额 \times 征收率 - 设备价税合计数$$

## 九、增值税应纳税额的计算

(一) 一般纳税人应纳税额的计算

增值税应纳税额一般采取税款抵扣的方法,间接计算增值税应纳税额。
其计算公式为:

$$当期应纳税额 = 当期销项税额 - 当期进项税额 = 当期销售额 \times 适用税率 - 当期进项税额$$

计算增值税应纳税额的关键在于正确计算当期销项税额和当期进项税额。

1. 销项税额的计算

销项税额是指纳税人销售货物或应税劳务,按照销售额和税率计算并向购买方收取的增值税额。

(1) 一般销售方式下的销售额。

销售额包括向购买方收取的全部价款和价外费用,不包括向购买方收取的销项税额。所谓价外费用,包括价外向购买方收取的手续费、补贴、基金、集资费、返还利润、奖励费、违约金、滞纳金、延期付款利息、赔偿金、代收款项、代垫款项、包装费、包装物租金、储备费、优质费、运输装卸费以及其他各种性质的价外收费。

但下列项目不包括在内:

① 受托加工应征消费税的消费品所代收代缴的消费税。

② 同时符合下面两个条件的代垫运输费用:第一,承运部门的运输费用发票开具给购买方的;第二,纳税人将该项发票转交给购买方的。

③ 同时符合下面三个条件代为收取的政府性基金或者行政事业性收费：第一，由国务院或者财政部批准设立的政府性基金，由国务院或者省级人民政府及其财政、价格主管部门批准设立的行政事业性收费；第二，收取时开具省级以上财政部门印制的财政票据；第三，所收款项全额上缴财政。

④ 销售货物的同时代办保险等而向购买方收取的保险费，以及向购买方收取的代购买方缴纳的车辆购置税、车辆牌照费。增值税的销售额不包括收取的增值税销项税额，因为增值税是价外税，增值税税金不是销售额的组成部分，如果纳税人取得的是价税合计金额，还需换算成不含增值税的销售额。具体公式为：

$$销售额＝含增值税销售额÷(1＋税率)$$

价外费用和逾期包装物押金一般均为含税收入，需要换算成不含增值税的销售额。

(2) 特殊销售方式下的销售额。

具体有以下几种情况：

① 采取折扣方式销售。第一，商业折扣。商业折扣是指销货方为鼓励购买者多买而给予的价格折让，即购买越多，价格折让越多。商业折扣一般都从销售价格中直接折算，即购买方所付的价款和销售方所收的货款，都是按打折以后的实际售价来计算的。对于折扣销售，销售额和折扣额在同一张发票上分别注明的，可按冲减折扣额后的销售额征收增值税；将折扣额另开发票的，不论财务会计上如何处理，在征收增值税时，折扣额不得冲减销售额。第二，现金折扣。现金折扣是指销货方为鼓励购买方在一定期限内早日付款而给予的一种折让优惠。对于现金折扣，折扣额不得从销售额中减除。第三，销售折让。销售折让是指在货物销售后，由于质量、性能等方面的原因，购买方虽未退货，但要求销货方给予的一种价格上的优惠，折让额可以从销售额中减除。

② 采取以旧换新方式销售。以旧换新销售是指纳税人在销售自己的货物时，有偿收回旧货物的行为。根据税法的规定，对于以旧换新销售，按新货同期销售价格确定销售额，不得扣减旧货收购价格。但对于金银首饰以旧换新业务，可以按照销售方实际收取的不含增值税的全部价款征收增值税。

③ 采取以物易物方式销售。以物易物是一种较为特殊的购销活动，是指购销双方不是以货币结算，而是以同等价款的货物相互结算，实现货物购销的一种方式。以物易物双方都应作购销处理，以各自发出的货物核算销售额并计算销项税额，以各自收到的货物按规定核算购货额并计算进项税额。应当注意的是，在以物易物的交易活动中，应分别开具合法的票据。

④ 包装物是否计入销售额的税务处理。纳税人为销售货物而出租、出借包装物收取的押金，单独记账核算的，不并入销售额，税法另有规定的除外。但对逾期(一般以1年为限)未收回包装物而不再退还的押金，应并入销售额，并按所包装货物的适用税率计算销项税额。

税法规定，对销售除啤酒、黄酒以外的其他酒类产品而收取的包装物押金，无论是否返还以及会计上如何核算，均应并入当期销售额征税。在将包装物押金并入销售额征税时，需要先将该押金换算为不含税价，再并入销售额征税。对于个别包装物周转使用期限较长的,报经税务机关确定后,可适当放宽逾期期限。另外,包装物押金不应混同于包装物租金,包装物租金在销货时,应作为价外费用并入销售额计算销项税额。

(3) 对视同销售货物行为的销售额的确定。

税法规定,对视同销售征税而无销售额的,按下列顺序确定其销售额:

① 按纳税人最近时期同类货物的平均销售价格确定。

② 按其他纳税人最近时期同类货物的平均销售价格确定。

③ 按组成计税价格确定,具体有两种情况。

情况一,不涉及消费税的货物组成计税价格公式为:

$$组成计税价格 = 成本 \times (1 + 成本利润率)$$

情况二,涉及消费税的货物组成计税价格公式为:

$$组成计税价格 = 成本 \times (1 + 成本利润率) + 消费税税额$$

或

$$组成计税价格 = 成本 \times (1 + 成本利润率) \div (1 - 消费税税率)$$

公式中的成本是指销售自产货物的为实际生产成本,销售外购货物的为实际采购成本。公式中的成本利润率由国家税务总局确定。

(4) 视同销售行为。

单位或者个体工商户的下列行为,虽然没有取得销售收入,也视同销售货物,依法应当缴纳增值税:① 将货物交付其他单位或者个人代销。② 销售代销货物。③ 设有两个以上机构,并实行统一核算的纳税人,将货物从一个机构移送其他机构用于销售,但相关机构设在同一县(市)的除外。④ 将自产或者委托加工的货物用于非增值税应税项目(全面营改增后,此项规定失效)。⑤ 将自产或者委托加工的货物用于集体福利或者个人消费。⑥ 将自产、委托加工或者购进的货物作为投资,提供给其他单位或者个体工商户。⑦ 将自产、委托加工或者购进的货物分配给股东或者投资者。⑧ 将自产、委托加工或者购进的货物无偿赠送其他单位或者个人。

营改增税收政策规定了单位和个体工商户的下列情形,视同销售服务、无形资产或者不动产缴纳增值税:第一,单位或者个体工商户向其他单位或者个人无偿提供服务,但用于公益事业或者以社会公众为对象的除外;第二,单位或者个人向其他单位或者个人无偿提供服务,但用于公益事业或者以社会公众为对象的除外;第三,财政部和国家税务总局规定的其他情形。

2. 进项税额的计算

进项税额是纳税人购进货物或接受应税劳务所支付或负担的增值税额。

(1) 准予从销项税额中抵扣的进项税额。

① 根据《中华人民共和国增值税法》(2026年1月1日起施行)的规定,准予从销项税额中抵扣的进项税额,包括从销售方或提供方取得的增值税专用发票(含税控机动车销售统一发票,下同)上注明的增值税税额;从海关取得的海关进口增值税专用缴款书上注明的增值税税额;从境外单位或者个人购进服务、无形资产或者不动产,自税务机关或者扣缴义务人处取得的解缴税款的完税凭证上注明的增值额。

② 购进农产品用于生产销售或委托加工13%税率货物的农产品,购进农产品时,按照9%计算抵扣进项税额,领用农产品环节用于深加工,加计1%按照10%的扣除率计算进项税额,提醒您如购进农产品既用于生产销售或委托受托加工13%税率货物又用于生产销售其他货物服务的,应当分别核算用于生产销售或委托受托加工13%税率货物和其他货物服务的农产品进项税额。未分别核算的,统一以增值税专用发票或海关进口增值税专用缴款书上注明的增值税额为进项税额,或以农产品收购发票或销售发票上注明的农产品买价和9%的扣除率计算进项税额。

(2) 不得从销项税额中抵扣的进项税额。

① 用于简易计税方法计税项目、免征增值税项目、集体福利或者个人消费的购进货物或者应税劳务、服务、无形资产和不动产。其中涉及的固定资产、无形资产、不动产,仅指专用于上述项目的固定资产、无形资产(不包括其他权益性无形资产)、不动产。

纳税人的交际应酬消费属于个人消费。

② 非正常损失的购进货物,以及相关的加工修理修配劳务和交通运输服务。

③ 非正常损失的在产品、产成品所耗用的购进货物(不包括固定资产)、加工修理修配劳务和交通运输服务。

④ 非正常损失的不动产,以及该不动产所耗用的购进货物、设计服务和建筑服务。

⑤ 非正常损失的不动产在建工程所耗用的购进货物、设计服务和建筑服务。

非正常损失,是指因管理不善造成货物被盗、丢失、霉烂变质,以及因违反法律法规造成货物或者不动产被依法没收、销毁、拆除的情形。

⑥ 购进的贷款服务、餐饮服务、居民日常服务和娱乐服务。

⑦ 财政部和国家税务总局规定的其他情形。

(3) 不得抵扣增值税进项税额的两类处理方式。

① 购入时不予抵扣,直接计入购货的成本。

② 已抵扣后改变用途、发生损失、出口不得免抵退税额,作进项税转出处理。

### (二)"营改增"纳税人销售额的规定

(1) 贷款服务,以提供贷款服务取得的全部利息及利息性质的收入为销售额。

(2) 直接收费金融服务,以提供直接收费金融服务收取的手续费、佣金、酬金、管理费、服务费、经手费、开户费、过户费、结算费、转托管费等各类费用为销售额。

(3) 金融商品转让,按照卖出价扣除买入价后的余额为销售额。

转让金融商品出现的正负差,按盈亏相抵后的余额为销售额。若相抵后出现负差,可结转下一纳税期与下期转让金融商品销售额相抵,但年末时仍出现负差的,不得转入下一个会计年度。

金融商品的买入价,可以选择按照加权平均法或者移动加权平均法进行核算,选择后36个月内不得变更。

金融商品转让,不得开具增值税专用发票。

(4) 经纪代理服务,以取得的全部价款和价外费用,扣除向委托方收取并代为支付的政府性基金或者行政事业性收费后的余额为销售额。向委托方收取的政府性基金或者行政事业性收费,不得开具增值税专用发票。

(5) 融资租赁和融资性售后回租业务。

① 经人民银行、银监会或者商务部批准从事融资租赁业务的试点纳税人,提供融资租赁服务,以取得的全部价款和价外费用扣除支付的借款利息(包括外汇借款和人民币借款利息)、发行债券利息和车辆购置税后的余额为销售额。

② 经人民银行、银监会或者商务部批准从事融资租赁业务的试点纳税人,提供融资性售后回租服务,以取得的全部价款和价外费用(不含本金),扣除对外支付的借款利息(包括外汇借款和人民币借款利息)、发行债券利息后的余额作为销售额。

③ 试点纳税人根据 2016 年 4 月 30 日前签订的有形动产融资性售后回租合同,在合同到期前提供的有形动产融资性售后回租服务,可继续按照有形动产融资租赁服务缴纳增值税。

继续按照有形动产融资租赁服务缴纳增值税的试点纳税人,经人民银行、银监会或者商务部批准从事融资租赁业务的,根据 2016 年 4 月 30 日前签订的有形动产融资性售后回租合同,在合同到期前提供的有形动产融资性售后回租服务,可以选择以下方法之一计算销售额:

a. 以向承租方收取的全部价款和价外费用,扣除向承租方收取的价款本金,以及对外支付的借款利息(包括外汇借款和人民币借款利息)、发行债券利息后的余额为销售额。

纳税人提供有形动产融资性售后回租服务,计算当期销售额时可以扣除的价款本金,为书面合同约定的当期应当收取的本金。无书面合同或者书面合同没有约定的,为当期实际收取的本金。

试点纳税人提供有形动产融资性售后回租服务,向承租方收取的有形动产价款本金,不得开具增值税专用发票,可以开具普通发票。

b. 以向承租方收取的全部价款和价外费用,扣除支付的借款利息(包括外汇借款和人民币借款利息)、发行债券利息后的余额为销售额。

④ 经商务部授权的省级商务主管部门和国家经济技术开发区批准的从事融资租赁业务的试点纳税人,2016 年 5 月 1 日后实收资本达到 1.7 亿元的,从达到标准的当月起按照上述第①、②、③点规定执行;2016 年 5 月 1 日后实收资本未达到 1.7 亿元但注册资本达到 1.7 亿元的,在 2016 年 7 月 31 日前仍可按照上述第①、②、③点规定执行,2016 年 8 月 1 日后开展的融资租赁业务和融资性售后回租业务不得按照上述第①、②、③点规定执行。

(6) 航空运输企业的销售额,不包括代收的机场建设费和代售其他航空运输企业客票而代收转付的价款。

(7) 试点纳税人中的一般纳税人(以下称"一般纳税人")提供客运场站服务,以其取得的全部价款和价外费用,扣除支付给承运方运费后的余额为销售额。

(8) 试点纳税人提供旅游服务,可以选择以取得的全部价款和价外费用,扣除向旅游服务购买方收取并支付给其他单位或者个人的住宿费、餐饮费、交通费、签证费、门票费和支付给其他接团旅游企业的旅游费用后的余额为销售额。

选择上述办法计算销售额的试点纳税人,向旅游服务购买方收取并支付的上述费用,不得开具增值税专用发票,可以开具普通发票。

(9) 试点纳税人提供建筑服务适用简易计税方法的,以取得的全部价款和价外费用扣除支付的分包款后的余额为销售额。

(10) 房地产开发企业中的一般纳税人销售其开发的房地产项目(选择简易计税方法的房地产老项目除外),以取得的全部价款和价外费用,扣除受让土地时向政府部门支付的土地价款后的余额为销售额。

房地产老项目,是指《建筑工程施工许可证》注明的合同开工日期在2016年4月30日前的房地产项目。

(11) 试点纳税人按照上述规定从全部价款和价外费用中扣除的价款,应当取得符合法律、行政法规和国家税务总局规定的有效凭证。否则,不得扣除。

上述凭证是指:

① 支付给境内单位或者个人的款项,以发票为合法有效凭证。

② 支付给境外单位或者个人的款项,以该单位或者个人的签收单据为合法有效凭证,税务机关对签收单据有疑义的,可以要求其提供境外公证机构的确认证明。

③ 缴纳的税款,以完税凭证为合法有效凭证。

④ 扣除的政府性基金、行政事业性收费或者向政府支付的土地价款,以省级以上(含省级)财政部门监(印)制的财政票据为合法有效凭证。

⑤ 国家税务总局规定的其他凭证。

纳税人取得的上述凭证属于增值税扣税凭证的,其进项税额不得从销项税额中抵扣。

(三)"营改增"项目计税方法的规定

(1) 一般纳税人发生下列应税行为可以选择适用简易计税方法计税:

① 公共交通运输服务。

公共交通运输服务,包括轮客渡、公交客运、地铁、城市轻轨、出租车、长途客运、班车。

班车,是指按固定路线、固定时间运营并在固定站点停靠的运送旅客的陆路运输服务。

② 动漫企业为开发动漫产品提供的动漫脚本编撰、形象设计、背景设计、动画设计、分镜、动画制作、摄制、描线、上色、剪辑、字幕制作、压缩转码(面向网络动漫、手机动漫格式适配)服务,以及在境内转让动漫版权(包括动漫品牌、形象或者内容的授权及再授权)。

动漫企业和自主开发、生产动漫产品的认定标准和认定程序,按照《文化部 财政部 国家税务总局关于印发〈动漫企业认定管理办法(试行)〉的通知》(文市发〔2008〕51号)的规定执行。

③ 电影放映服务、仓储服务、装卸搬运服务、收派服务和文化体育服务。

④ 以纳入营改增试点之日前取得的有形动产为标的物提供的经营租赁服务。

⑤ 在纳入营改增试点之日前签订的尚未执行完毕的有形动产租赁合同。

(2) 建筑服务。

① 一般纳税人以清包工方式提供的建筑服务,可以选择适用简易计税方法计税。

以清包工方式提供建筑服务,是指施工方不采购建筑工程所需的材料或只采购辅助材料,并收取人工费、管理费或者其他费用的建筑服务。

② 一般纳税人为甲供工程提供的建筑服务,可以选择适用简易计税方法计税。

甲供工程,是指全部或部分设备、材料、动力由工程发包方自行采购的建筑工程。

③ 一般纳税人为建筑工程老项目提供的建筑服务,可以选择适用简易计税方法计税。

建筑工程老项目,是指:《建筑工程施工许可证》注明的合同开工日期在2016年4月30日前的建筑工程项目;未取得《建筑工程施工许可证》的,建筑工程承包合同注明的开工日期在2016年4月30日前的建筑工程项目。

④ 一般纳税人跨县(市)提供建筑服务,适用一般计税方法计税的,应以取得的全部价款和价外费用为销售额计算应纳税额。纳税人应以取得的全部价款和价外费用扣除支付的分包款后的余额,按照2%的预征率在建筑服务发生地预缴税款后,向机构所在地主管税务机关进行纳税申报。

⑤ 一般纳税人跨县(市)提供建筑服务,选择适用简易计税方法计税的,应以取得的全部价款和价外费用扣除支付的分包款后的余额为销售额,按照3%的征收率计算应纳税额。纳税人应按照上述计税方法在建筑服务发生地预缴税款后,向机构所在地主管税务机关进行纳税申报。

⑥ 试点纳税人中的小规模纳税人(以下称"小规模纳税人")跨县(市)提供建筑服务,应以取得的全部价款和价外费用扣除支付的分包款后的余额为销售额,按照3%的征收率计算应纳税额。纳税人应按照上述计税方法在建筑服务发生地预缴税款后,向机构所在地主管税务机关进行纳税申报。

(3) 销售不动产。

① 一般纳税人销售其2016年4月30日前取得(不含自建)的不动产,可以选择适用简易计税方法,以取得的全部价款和价外费用减去该项不动产购置原价或者不动产时的作价后的余额为销售额,按照5%的征收率计算应纳税额。纳税人应按照上述计税方法在不动产所在地预缴税款后,向机构所在地主管税务机关进行纳税申报。

② 一般纳税人销售其2016年4月30日前自建的不动产,可以选择适用简易计税方法,以取得的全部价款和价外费用为销售额,按照5%的征收率计算应纳税额。纳税人应按照上述计税方法在不动产所在地预缴税款后,向机构所在地主管税务机关进行纳税申报。

③ 一般纳税人销售其2016年5月1日后取得(不含自建)的不动产,应适用一般计税方法,以取得的全部价款和价外费用为销售额计算应纳税额。纳税人应以取得的全部价款和价外费用减去该项不动产购置原价或者取得不动产时的作价后的余额,按照5%的预征率在不动产所在地预缴税款后,向机构所在地主管税务机关进行纳税申报。

④ 一般纳税人销售其2016年5月1日后自建的不动产,应适用一般计税方法,以取得的全部价款和价外费用为销售额计算应纳税额。纳税人应以取得的全部价款和价外费用,按照5%的预征率在不动产所在地预缴税款后,向机构所在地主管税务机关进行纳税申报。

⑤ 小规模纳税人销售其取得(不含自建)的不动产(不含个体工商户销售购买的住房和其他个人销售不动产),应以取得的全部价款和价外费用减去该项不动产购置原价或者取得不动产时的作价后的余额为销售额,按照5%的征收率计算应纳税额。纳税人应按照上述计税方法在不动产所在地预缴税款后,向机构所在地主管税务机关进行纳税申报。

⑥ 小规模纳税人销售其自建的不动产,应以取得的全部价款和价外费用为销售额,按照5%的征收率计算应纳税额。纳税人应按照上述计税方法在不动产所在地预缴税款后,向机构所在地主管税务机关进行纳税申报。

⑦ 房地产开发企业中的一般纳税人,销售自行开发的房地产老项目,可以选择适用简易计税方法按照5%的征收率计税。

⑧ 房地产开发企业中的小规模纳税人,销售自行开发的房地产项目,按照5%的征收率计税。

⑨ 房地产开发企业采取预收款方式销售所开发的房地产项目,在收到预收款时按照3%的预征率预缴增值税。

⑩ 个体工商户销售购买的住房,应按照《营业税改征增值税试点过渡政策的规定》第五条的规定征免增值税。纳税人应按照上述计税方法在不动产所在地预缴税款后,向机构所在地主管税务机关进行纳税申报。

⑪ 其他个人销售其取得(不含自建)的不动产(不含其购买的住房),应以取得的全部价款和价外费用减去该项不动产购置原价或者取得不动产时的作价后的余额为销售额,按照5%的征收率计算应纳税额。

(4) 不动产经营租赁服务。

① 一般纳税人出租其2016年4月30日前取得的不动产,可以选择适用简易计税方法,按照5%的征收率计算应纳税额。纳税人出租其2016年4月30日前取得的与机构所在地不在同一县(市)的不动产,应按照上述计税方法在不动产所在地预缴税款后,向机构所在地主管税务机关进行纳税申报。

② 公路经营企业中的一般纳税人收取试点前开工的高速公路的车辆通行费,可以选择适用简易计税方法,减按3%的征收率计算应纳税额。

试点前开工的高速公路,是指相关施工许可证明上注明的合同开工日期在2016年4月30日前的高速公路。

③ 一般纳税人出租其2016年5月1日后取得的、与机构所在地不在同一县(市)的不动产,应按照3%的预征率在不动产所在地预缴税款后,向机构所在地主管税务机关进行纳税申报。

④ 小规模纳税人出租其取得的不动产(不含个人出租住房),应按照5%的征收率计算应纳税额。纳税人出租与机构所在地不在同一县(市)的不动产,应按照上述计税方法在不动产所在地预缴税款后,向机构所在地主管税务机关进行纳税申报。

⑤ 其他个人出租其取得的不动产(不含住房),应按照5%的征收率计算应纳税额。

⑥ 个人出租住房,应按照5%的征收率减按1.5%计算应纳税额。

(5) 一般纳税人销售其2016年4月30日前取得的不动产(不含自建),适用一般计税方法计税的,以取得的全部价款和价外费用为销售额计算应纳税额。

上述纳税人应以取得的全部价款和价外费用减去该项不动产购置原价或者取得不动产时作价后的余额,按照5%的预征率在不动产所在地预缴税款后,向机构所在地主管税务机关进行纳税申报。

房地产开发企业中的一般纳税人销售房地产老项目,以及一般纳税人出租其2016年4月30日前取得的不动产,适用一般计税方法计税的,应以取得的全部价款和价外费用,按照3%的预征率在不动产所在地预缴税款后,向机构所在地主管税务机关进行纳税申报。

一般纳税人销售其2016年4月30日前自建的不动产,适用一般计税方法计税的,应以取得的全部价款和价外费用为销售额计算应纳税额。纳税人应以取得的全部价款和价外费用,按照5%的预征率在不动产所在地预缴税款后,向机构所在地主管税务机关进行纳税申报。

(6)一般纳税人跨省(自治区、直辖市或者计划单列市)提供建筑服务或者销售、出租取得的与机构所在地不在同一省(自治区、直辖市或者计划单列市)的不动产,在机构所在地申报纳税时,计算的应纳税额小于已预缴税额,且差额较大的,由国家税务总局通知建筑服务发生地或者不动产所在地省级税务机关,在一定时期内暂停预缴增值税。

(四)特殊销售行为的规定

1. 混合销售

根据《财政部 国家税务总局关于全面推开营业税改征增值税试点的通知》(财税〔2016〕36号)规定:一项销售行为如果既涉及服务又涉及货物,为混合销售。从事货物的生产、批发或者零售的单位和个体工商户的混合销售行为,按照销售货物缴纳增值税;其他单位和个体工商户的混合销售行为,按照销售服务缴纳增值税。

本条所称从事货物的生产、批发或者零售的单位和个体工商户,包括以从事货物的生产、批发或者零售为主,并兼营销售服务的单位和个体工商户在内。

2. 兼营销售

营改增期间,试点纳税人销售货物、加工修理修配劳务、服务、无形资产或者不动产适用不同税率或者征收率的,应当分别核算适用不同税率或者征收率的销售额,未分别核算销售额的,按照以下方法适用税率或者征收率:

(1)兼有不同税率的销售货物、加工修理修配劳务、服务、无形资产或者不动产,从高适用税率。

(2)兼有不同征收率的销售货物、加工修理修配劳务、服务、无形资产或者不动产,从高适用征收率。

(3)兼有不同税率和征收率的销售货物、加工修理修配劳务、服务、无形资产或者不动产,从高适用税率。

纳税人兼营免税、减税项目的,应当分别核算免税、减税项目的销售额;未分别核算的,不得免税、减税。

(五)小规模纳税人应纳税额的计算

(1)小规模纳税人销售货物或应税劳务,实行按照销售额和征收率计算应纳税额的

简易办法,并不得抵扣进项税额。其计算公式为:

$$应纳税额＝不含税销售额×征收率$$

公式中的销售额应为不含增值税额、含价外费用的销售额。

(2)含税销售额的换算。由于小规模纳税人在销售货物或应税劳务时,一般只能开具普通发票,取得的销售收入均为含税销售额。根据《中华人民共和国增值税法》(2026年1月1日起施行)的规定,小规模纳税人的销售额不包括其应纳税额。为了符合增值税作为价外税的要求,小规模纳税人在计算应纳税额时,必须将含销售额换算为不含税的销售额才能计算应纳税额。其计算公式为:

$$销售额＝含税销售额÷(1＋征收率)$$

(六)进口货物应纳税额的计算

纳税人进口货物,应按照组成计税价格和规定的税率计算应纳税额。应纳税额的计算公式为:

$$应纳税额＝组成计税价格×税率$$

式中,组成计税价格＝关税完税价格＋关税税额＋消费税税额。

按照《财政部 税务总局关于明确增值税小规模纳税人减免增值税等政策的公告》(2023年第1号)的规定,增值税小规模纳税人(以下简称小规模纳税人)发生增值税应税销售行为,合计月销售额未超过10万元(以1个季度为1个纳税期的,季度销售额未超过30万元,下同)的,免征增值税。

小规模纳税人发生增值税应税销售行为,合计月销售额超过10万元,但扣除本期发生的销售不动产的销售额后未超过10万元的,其销售货物、劳务、服务、无形资产取得的销售额免征增值税。

### 十、增值税纳税期限

增值税税法规定,增值税的纳税期限分别为1日、3日、5日、10日、15日、1个月或者1个季度。纳税人的具体纳税期限,由主管税务机关根据纳税人应纳税额的大小分别核定,不能按照固定期限纳税的,可以按次纳税。

(1)纳税人以1个月或者1个季度为一期纳税的,自期满之日起15日内申报纳税。

(2)以1日、3日、5日、10日或者15日为一期纳税的,自期满之日起5日内预缴税款,于次月1日起15日内申报纳税并结清上月应纳税款。

(3)纳税人进口应税货物,应当自海关填发税款缴纳证的次日起15日内缴纳税款。

(4)增值税一般纳税人取得防伪税控系统开具的增值税专用发票,抵扣的进项税额按以下规定处理:

① 增值税一般纳税人申请抵扣的防伪税控系统开具的增值税专用发票,否则不予抵扣进项税额。

② 增值税一般纳税人认证通过的防伪税控系统开具的增值税专用发票,应在认证通

过的当月,按照增值税有关规定核算当期进项税额并申报抵扣,否则,不予抵扣进项税额。

③ 增值税一般纳税人取得防伪税控系统开具的增值税专用发票,其专用发票所列明的购进货物或应税劳务的进项税额抵扣时限,不再执行《国家税务总局关于加强增值税征收管理工作的通知》中有关进项税额申报抵扣时限的规定。根据上述规定,纳税人应在规定的纳税期限内尽可能延期纳税,充分利用货币时间价值。

### 十一、增值税纳税地点

(1) 固定业户应当向其机构所在地的主管税务机关申报纳税。总机构和分支机构不在同一县(市)的,应当分别向各自所在地的主管税务机关申报纳税;经国务院财政、税务主管部门或者其授权的财政、税务机关批准,可以由总机构汇总向总机构所在地的主管税务机关申报纳税。

固定业户到外县(市)销售货物或者劳务,应当向其机构所在地的主管税务机关报告外出经营事项,并向其机构所在地的主管税务机关申报纳税;未报告的,应当向销售地或者劳务发生地的主管税务机关申报纳税;未向销售地或者劳务发生地的主管税务机关申报纳税的,由其机构所在地的主管税务机关补征税款。

(2) 非固定业户销售货物,提供应税劳务、应税服务或者应税行为,应当向销售地或者行为发生地的主管税务机关申报纳税;未申报纳税的,由其机构所在地或者居住地的主管税务机关补征税款。

(3) 其他个人提供建筑服务、销售或者租赁不动产、转让自然资源使用权,应向建筑服务发生地、不动产所在地、自然资源所在地主管税务机关申报纳税。

(4) 进口货物,应当向报关地海关申报纳税。

(5) 扣缴义务人应当向其机构所在地或者居住地的主管税务机关申报缴纳其扣缴的税款。

## 第二节 增值税纳税人的筹划

### 一、增值税纳税人身份的转换

由于不同类别纳税人的税率和征收方法不同,产生了进行纳税人筹划的空间。纳税人可以根据自己的具体情况,在一般纳税人或小规模纳税人之间做出选择。

一般纳税人与小规模纳税人的适用税率和计税方法是不同的。那么,在销售收入相同的情况下,究竟是一般纳税人比小规模纳税人多缴税,还是小规模纳税人比一般纳税人多缴税呢? 从上述税法规定可以看出,在销售额既定的情况下,小规模纳税人应缴税款即已确定。但一般纳税人的应缴税款还需依据其可抵扣的进项税额而定,可抵扣的进项税额越大,应缴税款越少;反之,可抵扣的进项税额越小,应缴税款越多。或者说,其增值率越高,应缴税款越多。在一般纳税人与小规模纳税人进行税负比较时,增值率就是一个关键因素。在一个特定的增值率下,增值税一般纳税人与小规模纳税人应缴税款数额相同,我们把这个特定的增值率称为"无差别平衡点增值率"。当增值率低于这个点时,增值税一般纳税人的税负低于小规模纳税人;当增值率高于这个点时,增值税一般纳税人的税负高于小规模纳税人。

无差别平衡点增值率的计算可分为含税销售额无差别平衡点增值率的计算与不含税销售额无差别平衡点增值率的计算。

### (一) 含税销售额无差别平衡点增值率的计算

设 $X$ 为增值率,$S$ 为含税销售额,$P$ 为含税购进额,并假定一般纳税人适用的税率为13%,小规模纳税人适用的税率为3%:

$$一般纳税人增值率为:X=(S-P)\div S$$

$$一般纳税人应纳增值税=S\div(1+13\%)\times 13\%-P\div(1+13\%)\times 13\%$$

$$小规模纳税人应纳增值税=S\div(1+3\%)\times 3\%$$

两种纳税人纳税额相等时,即:

$$S\times X\div(1+13\%)\times 13\%=S\div(1+3\%)\times 3\%$$

$$X=21.03\%$$

当增值率低于无差别平衡点增值率21.03%时,一般纳税人的税负低于小规模纳税人,即成为一般纳税人,可以节税。当增值率高于无差别平衡点增值率21.03%时,一般纳税人的税负高于小规模纳税人,即成为小规模纳税人,可以节税。企业可以按照本企业的实际购销情况做出选择。

同理,可计算出一般纳税人销售或提供税率为9%或6%的商品或服务与小规模纳税人销售或提供征收率为3%的商品或服务的无差别平衡点增值率,如表3-1所示。

表3-1 无差别平衡点增值率(含税销售额)(%)

| 一般纳税人税率 | 小规模纳税人征收率 | 无差别平衡点增值率 |
| --- | --- | --- |
| 13 | 3 | 21.03 |
| 9 | 3 | 31.05 |
| 6 | 3 | 51.46 |

### (二) 不含税销售额无差别平衡点增值率的计算

设 $X$ 为增值率,$S$ 为不含税销售额,$P$ 为不含税购进额,并假定一般纳税人适用的税率为13%,小规模纳税人适用的税率为3%:

$$一般纳税人增值率为:X=(S-P)\div S$$

$$一般纳税人应纳增值税=S\times 13\%-P\times 13\%=S\times X\times 13\%$$

$$小规模纳税人应纳增值税=S\times 3\%$$

两种纳税人纳税额相等时,即:

$$S\times X\times 13\%=S\times 3\%$$

$$X=23.08\%$$

当增值率低于无差别平衡点增值率23.08%时,一般纳税人的税负低于小规模纳税人,即成为一般纳税人,可以节税。当增值率高于无差别平衡点增值率23.08%时,一般纳税人的税负高于小规模纳税人,即成为小规模纳税人,可以节税。企业可以按照本企业的实际购销情况做出选择。

同理,可计算出一般纳税人销售或提供税率为9%或6%的商品或应税劳务与小规模纳税人销售或提供征收率为3%的商品或应税劳务的无差别平衡点增值率,如表3-2所示。

表3-2 无差别平衡点增值率(不含税销售额)(%)

| 一般纳税人税率 | 小规模纳税人征收率 | 无差别平衡点增值率 |
| --- | --- | --- |
| 13 | 3 | 23.08 |
| 9 | 3 | 33.33 |
| 6 | 3 | 50.00 |

纳税人可以计算企业产品的增值率,按适用的税率及销售额是否含税查表。若增值税高于无差别平衡点增值率,可以通过企业分立选择成为小规模纳税人;若增值率低于无差别平衡点增值率,可以通过合并选择成为一般纳税人。

## 二、增值税纳税人身份转换案例

【例3-1】甲公司为一家工业企业,年不含税应征增值税销售额为480万元,现为小规模纳税人,适用3%的增值税征收率。由于其能够按照国家统一的会计制度规定设置账簿,根据合法、有效凭证核算,能够提供准确的税务材料,因此可登记为一般纳税人。若登记为一般纳税人,则销货适用13%的增值税税率。其不含税可抵扣购进金额为350万元,购货适用13%的增值税税率。要求对上述业务进行纳税筹划。

【筹划过程】

若采用毛利率判别法,则:

无差别平衡点增值率=$(S-P)÷S=(480-350)÷480=27.08\%>23.08\%$

根据表3-2的结论,此时选择作为小规模纳税人可少缴纳增值税。具体验证如下:

方案一:选择作为一般纳税人,则:

由于年应税销售额未超过规定标准的纳税人,会计核算健全,能够提供准确的税务资料的,可以向主管税务机关办理一般纳税人登记,因此,甲公司在满足"会计核算健全,能够提供准确的税务资料"条件的基础上,可以向主管税务机关办理一般纳税人登记,成为一般纳税人。

应纳增值税=$480×13\%-350×13\%=16.9$(万元)

方案二:选择作为小规模纳税人,则:

应纳增值税=$480×3\%=14.4$(万元)

若采用可抵扣购进金额占销售额比重判别法,则

不含税购销金额比=$350÷480=72.92\%<76.92\%$

根据表 3-2 的结论,此时选择作为小规模纳税人可少缴纳增值税。具体验证同上。

方案二比方案一少缴纳增值税 2.5(16.9－14.4)万元,若以实现税负最小化为纳税筹划目标,则应当选择方案二。

除单纯考虑增值税税负因素外,在进行增值税纳税人身份选择的纳税筹划时还需注意以下因素:除增值税以外的其他税负,纳税人身份转化成本,企业货物、劳务、服务、无形资产或者不动产的性质及客户的特殊要求对企业选择纳税人身份的制约,转换后导致的收入和成本的增加或减少等。

【例 3-2】甲公司为一家商业企业,属于增值税小规模纳税人,年应税销售额为 400 万元,年购货金额为 350 万元。乙公司也为一家商业企业,年应税销售额为 300 万元,属于增值税小规模纳税人,年购货金额为 250 万元。以上金额均不含增值税,购货均取得税率为 13% 的增值税专用发票。此时,假设甲公司有机会合并乙公司,且是否合并乙公司对自身经营基本没有影响。要求对上述业务进行纳税筹划。

【筹划过程】

方案一:甲公司不合并乙公司,则:

甲公司应纳增值税 $=400 \times 3\% = 12$(万元)

乙公司应纳增值税 $=300 \times 3\% = 9$(万元)

甲公司与乙公司应纳增值税合计 $=12+9=21$(万元)

无差别平衡点增值税为:$[(400-350)+(300-250)] \div (400+300) \times 100\% = 14.29\% < 23.08\%$

方案二:甲公司合并乙公司,并登记成为一般纳税人,则:

合并后的集团公司应纳增值税 $=(400+300) \times 13\% - (350+250) \times 13\% = 13$(万元)

方案二比方案一少缴纳增值税 8(21－13)万元,若以实现税负最小化为纳税筹划目标,则应选择方案二。

【例 3-3】甲公司为一家工业企业,属于增值税一般纳税人。年含增值税销售额为 3 000 万元,销售货物适用增值税税率为 13%;年含增值税可抵扣购进金额为 500 万元,购进货物适用增值税税率为 13%,且能取得增值税专用发票。销售过程中既有销售给一般纳税人的业务,也有销售给小规模纳税人的业务,其中销售给小规模纳税人的业务的含增值税销售额为 400 万元。要求对上述业务进行纳税筹划。

【筹划过程】

方案一:继续维持增值税一般纳税人身份,则:

甲公司应纳增值税 $=3\,000 \div (1+13\%) \times 13\% - 500 \div (1+13\%) \times 13\% = 287.61$(万元)

无差别平衡点增值税为:$(3\,000-500) \div 3\,000 \times 100\% = 83.33\% > 21.03\%$

方案二:将开具增值税普通发票的业务分立出去,重新注册一个乙公司,并将乙公司的年不含增值税销售额控制在 400 万元或以下。此时,甲公司仍为一般纳税人,乙公司为小规模纳税人。

甲公司应纳增值税 $=(3\,000-400) \times 13\% - 500 \times (3\,000-400) \div 3\,000 \times 13\% = 281.67$(万元)

乙公司应纳增值税 $=400 \times 3\% = 12$(万元)

应纳增值税合计＝281.67＋12＝293.67(万元)

方案二比方案一少缴纳增值税 31.33(325－293.67)万元,若以实现税负最小化为纳税筹划目标,则应当选择方案二。

如果企业的销售客户大多是一般纳税人,则企业自身不适合作为小规模纳税人。因此,通过分立转换增值税纳税人身份的纳税筹划要具体情况具体分析。

另外,在进行增值税一般纳税人与小规模纳税人身份筹划时,还须注意几个相关问题:

第一,税法对一般纳税人的认定要求。根据现行税法的规定,对符合一般纳税人条件但未在规定期限内向主管税务机关办理一般纳税人资格登记手续的纳税人,应按照销售额依照增值税税率计算应纳税额,不得抵扣进项税额,也不得使用增值税专用发票。

第二,企业财务利益最大化要求。企业经营的目标是追求利润最大化,这就决定着企业需根据市场需求不断扩大生产和经营规模。在这种情况下,限制了企业选择成为小规模纳税人的空间。另外,一般纳税人要有健全的会计核算制度,需要培养和聘用专业会计人员,将会增加企业财务核算成本;一般纳税人的增值税征收管理制度复杂,需要投入的财力、物力和精力也多,会增加纳税人的纳税成本。

第三,企业产品的性质及客户的类型。企业产品的性质及客户的要求决定着企业进行纳税人筹划空间的大小。如果企业产品的销售对象多为一般纳税人,企业将受到开具增值税专用发票的制约,因为该企业必须选择成为一般纳税人才有利于产品的销售。如果企业生产、经营的客户多为小规模纳税人或者消费者个人,不受发票类型的限制,筹划的空间就较大。

## 第三节　增值税计税依据的纳税筹划

### 一、销项税额的纳税筹划

#### (一)销售方式的纳税筹划

企业的销售方式是指企业以何种方式将产品销售出去。在企业的销售过程中,采用折扣方式销售备受青睐。由于企业可以在不违法的前提下对销售方式进行自主选择,就为纳税人利用不同的销售方式进行纳税筹划提供了可能。

1. 折扣销售

折扣销售是指销货方在销售货物或提供应税劳务时,因采购方采购数量较大等原因,给予采购方的价格优惠。例如,一次购买 100 件产品,给予价格折扣 3%;购买 1 000 件产品给予价格折扣 5%。在采用折扣销售方式时,如果销售额与折扣额在同一张发票上注明,则可以将销售额扣除折扣额后的余额作为计税金额;如果销售额与折扣额不在同一张发票上注明,无论企业在财务上如何处理,均不得将折扣额从销售额中扣除。因此,企业在采用折扣销售方式时,一定要将销售额与折扣额开在同一张发票上,否则,会加重企业的税收负担。

【例3-4】某公司为了促销,规定凡购买本公司的产品5 000件以上的,给予价格折扣10%。该产品的单位售价为300元,折扣后的价格为270元。本月可抵扣的进项税额为150 000元。关于发票开具方式,该公司有两种方案可供选择:方案一:销售额与折扣额分别开在两张发票上;方案二:销售额与折扣额在同一张发票上分别注明。从纳税筹划的角度,该公司应选择哪套方案?

【筹划过程】

方案一:销售额与折扣额分别开在两张发票上。根据现行增值税相关规定,如果销售额与折扣额不在同一张发票上注明,无论企业在财务上如何处理,该公司缴纳增值税应当以销售额的全额计算。

在该方案下,该公司的纳税情况计算如下:

销项税额=300×5 000×13%=195 000(元)

进项税额=150 000(元)

应纳增值税=195 000-150 000=45 000(元)

方案二:销售额与折扣额在同一张发票上分别注明。根据现行增值税相关规定,如果销售额与折扣额在同一张发票上注明,则可以将销售额扣除折扣额后的余额作为计税金额。在该方案下,该公司的纳税情况计算如下:

销项税额=270×5 000×13%=175 500(元)

进项税额=150 000(元)

应纳增值税=175 500-150 000=25 500(元)

方案二比方案一节税19 500(45 000-25 500)元。

因此,该公司应当选择方案二。

2. 销售折扣

销售折扣是指销货方在销售货物或应税劳务后,为了鼓励采购方及时偿还货款,协议许诺给予企业的一种折扣优惠。折扣的表示方法通常采用"3/10,2/20,n/30"这样的符号,其含义为:3/10表示10天内付款,可以享受3%的价格优惠;2/20表示20天内付款,可以享受2%的价格优惠;n/30表示付款的最后期限为30天,此时在付款价格上无任何优惠。销售折扣发生在销售货物之后,本质上是一种融资性质的理财活动,故销售折扣不得从销售额中减除。虽然销售折扣一般不能减轻企业的税负,但销售折扣在财务会计处理方法上仍有避税的空间。

【例3-5】某公司与客户签订合同金额为100万元,合同中约定的付款期为50天。如果购买方可以在20天以内付款,将给予购买方3%的销售折扣,即30 000元。目前该公司有三种方案可供选择:方案一:返还对方3%的销售额;方案二:企业在承诺给予对方3%折扣的同时,将合同中约定的付款期缩短至20天;方案三:企业主动压低该批产品的价格,将总金额降低到97万元,同时在合同中约定,对方企业超过20天付款加收30 000元的滞纳金。从减少税负的角度,该公司应当选择哪套方案?

【筹划过程】

方案一:返还对方3%的销售额。在该方案下,该公司的纳税情况如下:

增值税销项税额＝1 000 000×13％＝130 000(元)

方案二：企业在承诺给予对方3％折扣的同时,将合同中约定的付款期缩短至20天。在这一方案下,公司就可以在给购买方开具增值税专用发票时,将折扣额与销售额开在同一张发票上,使企业按照折扣后的销售额计算销项税额。

该方案下,该公司的纳税情况如下：

应税销售额＝1 000 000×(1－3％)＝970 000(元)

增值税销项税额＝970 000×13％＝126 100(元)

方案二比方案一节税＝130 000－126 100＝3 900(元)

方案三：企业主动压低该批产品的价格,将总金额降低到97万元,同时在合同中约定,对方企业超过20天付款加收30 000元的滞纳金。在这一方案下,公司的收入并没有受到实质影响。如果购买方在20天内付款,可以按照97万元的价款给对方开具增值税专用发票；如果对方超过20天付款,公司可向对方收取30 000元滞纳金,并以"全部价款和价外费用",按照100万元计算销项税额。在该方案下,该公司的纳税情况如下：

应税销售额＝1 000 000×(1－3％)＝970 000(元)

按期付款的增值税销项税额＝970 000×13％＝126 100(元)

逾期付款的增值税销项税额＝1 000 000×13％＝130 000(元)

在对方公司按期付款的情况下,方案三与方案二的效果相同；但若对方公司逾期付款,虽然增值税销项税额增加,但相当于未给对方销售折扣,收益最终还是增加了,该公司应当选择方案三。

3. 销售折让

销售折让是指在货物销售后,由于质量、性能等方面的原因,采购方虽未退货,但要求销货方给予的一种价格上的优惠。根据税法规定,销售折让可以从货物或应税劳务的销售额中扣除,依其余额缴纳增值税。发生销售折让时,企业往往已经按照全额计算缴纳了增值税,这就造成企业垫付税款的情况。虽然企业可以通过开具红字增值税专用发票或由购买方退回原增值税专用发票的方式在发生折让的当期扣减销项税额,以弥补税款的损失,但企业同时要退回相关的价款,实际上企业的经济利益最终还是受到了损失。所以,在实际经济生活中,企业要严格遵守合同约定,避免出现销售折让的情况。

4. 实物折扣

税法中所说的折扣销售仅限于货物价格的折扣,如果销售方将自产、委托加工和购买的货物用于实物折扣的,则该实物的价款不能从销售额中减除,并且该实物应按照规定的"视同销售"的情况计算征收增值税。企业在选择折扣方式时,应当尽量不选择实物折扣,在必须采用实物折扣的销售方式时,企业可以在发票上做适当的调整,变"实物折扣"为"价格折扣(折扣销售)",以达到节税的目的。

【例3-6】甲商场为扩大销售,准备在2025年春节期间开展一次促销活动,为促销欲采用以下三种方式：

(1) 让利(折扣)20％销售商品,即企业将含税价1 000元的商品以含税价800元价格销售。

(2) 赠送商品,即企业在销售1 000元商品的同时,另外再赠送200元的商品。

(3) 返还20%的现金,即企业销售1 000元商品的同时,向顾客赠送200元现金。以销售1 000元的商品为基数,参与该次活动的商品购进成本为含税价600元(即购进成本占售价的60%)。经测算,公司每销售1 000元商品可以在企业所得税前扣除的工资和其他费用为60元,请对其进行纳税筹划。(促销活动期间顾客产生的个人所得税由甲商场代付)

**【筹划过程】**

方案一:让利(折扣)20%销售商品,企业将含税价1 000元的商品以含税价800元价格销售。

应纳增值税额=[(800-600)÷(1+13%)]×13%=23.01(元)

应纳城建税及教育费附加=23.01×(7%+3%)=2.30(元)

应纳企业所得税=[(800-600)÷(1+13%)-60-2.30]×25%=28.67(元)

企业的税后利润=(800-600)÷(1+13%)-60-2.30-28.67=86.02(元)

方案二:赠送商品,即企业在销售1 000元商品的同时,另外再赠送200元的商品(非同类商品)。企业赠送礼品的行为应视同销售行为,计算销项税额;同时,由于属于非公益性捐赠,赠送的礼品成本不允许税前列支。

公司销售1 000元商品时:

应纳增值税=[1 000÷(1+13%)]×13%-[600÷(1+13%)]×13%=46.02(元)

赠送200元的商品,按照现行增值税税收政策规定,应视同销售处理。

应纳增值税=[200÷(1+13%)]×13%-[120÷(1+13%)]×13%=9.20(元)

合计应纳增值税=46.02+9.20=55.22(元)

应纳城建税及教育费附加=55.22×(7%+3%)=5.522(元)

应缴纳企业所得税=[(1 000-600)÷(1+13%)-60-5.522]×25%=72.12(元)

企业的税后利润=(1 000-600-120)÷(1+13%)-200÷(1+13%)×13%-60-5.522-72.12=87.14(元)

方案三:返还20%的现金,即企业销售1 000元商品的同时,向顾客赠送200元现金。

应纳增值税额=[(1 000-600)÷(1+13%)]×13%=46.02(元)

应纳城建税及教育费附加=46.02×(7%+3%)=4.602(元)

应缴纳企业所得税=[(1 000-600)÷(1+13%)-60-4.602]×25%=72.35(元)

(注:企业返还的现金不得在企业所得税税前扣除)

企业的税后利润=(1 000-600)÷(1+13%)-60-200-4.602-72.35=17.03(元)

结论:方案二最优,方案一次之,方案三最差。

企业在选择折扣方式之前,不能盲目,而应当全面权衡,综合筹划,选择最佳的折扣方式,以便降低成本,获得最大的经济效益。

5. 还本销售

还本销售是指销售货物之后按约定时间一次或分次将销货款部分或全部返还给购货方,返还的货款金额计为还本支出。税法规定,采取还本销售方式销售货物的,不得从销售额中减除还本支出。

6. 以旧换新

以旧换新是指在销货过程中,从购买方手中取得旧货,按照旧货价格冲抵销货款的促销手段。税法规定,纳税人采取以旧换新方式销售货物的,按照新货物的同期销售价格确定销售额,不得扣减旧货物的收购价格。

(二) 结算方式的纳税筹划

1. 不同结算方式的纳税义务发生时间

销售结算方式是企业营销的重要内容。销售结算方式通常有直接收款、委托收款、托收承付、赊销、分期收款等。企业选择合理的结算方式,不仅可以延迟入账时间,达到延缓税款缴纳、获得货币时间价值的目的,而且可以避免不必要的税收损失,从而使企业处于有利的竞争地位。按销售结算方式的不同,可以将销售货物或增值税纳税义务发生时间分为:

(1) 采取直接收款方式销售货物,不论货物是否发出,其纳税义务发生时间为收到销售额或者取得索取销售额的凭据的当天;先开具发票的,为开具发票的当天。

(2) 采取委托银行收款和托收承付方式销售货物,为发出货物并办妥托收手续的当天。

(3) 采取预收货款方式销售货物,为货物发出的当天,但生产销售产品工期超过12个月的大型机械设备、船舶、飞机等货物,为收到预收款或者书面合同约定的收款日期的当天。

(4) 委托其他纳税人代销货物,为收到代销单位递来的代销清单或者收到全部或者部分货款的当天。未收到代销清单及货款的,为发出代销货物满180天的当天。

(5) 采取赊销和分期收款方式销售货物,为书面合同约定的收款日期的当天,无书面合同的或者书面合同没有约定收款日期的,为货物发出的当天。

(6) 纳税人发生视同销售行为,其纳税义务发生时间为货物移送、服务、无形资产转让完成的当天或者不动产权属变更当天。

(7) 销售应税劳务,为提供劳务同时收讫销售款或者取得索取销售款的凭据的当天。

(8) 纳税人提供建筑服务、租赁服务采取预收款方式的,其纳税义务发生时间为收到预收款的当天。

(9) 纳税人从事金融商品转让的,为金融商品所有权转移的当天。

(10) 增值税扣缴义务发生时间为纳税人增值税纳税义务发生的当天。

在这种情况下,不论该企业是否收到货款,只要将提货单交给购货方并开具发票,就必须替购货方承担销项税额,因此出现了纳税义务实现在前、货款回收在后的现象。如果企业的销售合同能够切实履行,对于销售方而言,损失的只是销项税款的时间价值;而一旦付款出现问题,可能会造成更大的损失。如果把直接收款方式变为分期收款方式,则是在合同约定的收款日期的当天开具增值税专用发票,并发生相应的纳税义务,这样不但可以获得该税款的时间价值,还可以避免税款的损失。

【例3-7】大华公司于2025年12月与天伟公司(均为增值税一般纳税人)发生销售业务共四笔,共计应税销售额为5 000万元,产品全部发出。其中两笔业务共2 000万元,货款两清;一笔业务1 500万元,三年后付清;另一笔业务一年后付360万元,两年后付

300万元,余款840万元三年后付清。该公司有两种纳税筹划方案可供选择。方案一:全部采取直接收款方式;方案二:对于不能及时收款的业务,采取赊销和分期收款方式结算。从节税的角度出发,该公司应当选择哪套方案?

**【筹划过程】**

方案一:全部采取直接收款方式。在这种结算方式下,虽然该公司有3 000万元的货款还没有实际收到,但根据现行增值税制度规定,企业货物已发出并取得索取销售额的凭证,就必须在将提货单交给购买方的当天确定增值税的纳税义务。

当月增值税销项税额=5 000×13%=650(万元)

方案二:对于不能及时收款的业务,采取赊销和分期收款方式结算。采取赊销和分期收款方式结算,可以延缓纳税。在该方案下,纳税情况计算如下:

第一年后应纳增值税销项税额=(2 000+360)×13%=306.8(万元)

第二年后应纳增值税销项税额=300×13%=39(万元)

第三年后应纳增值税销项税额=(1 500+840)×13%=304.2(万元)

累计应纳增值税销项税额=306.8+39+304.2=650(万元)

虽然方案二与方案一应纳增值税销项税额相同,但方案二延迟了交税时间,相当于获得了货币时间价值。该公司应当选择方案二。

2. 利用结算方式进行纳税筹划需考虑的因素

企业在实际的纳税筹划过程中,应从整体上考虑结算方式的优缺点,而不能单纯从税收利益角度考虑,以免损失企业的整体利益。

一般来说,企业在选择结算方式时,应该考虑以下几个方面的因素:

(1) 企业自身的具体情况。

企业在确定结算方式时,要首先考虑自身的实际情况。要考虑的因素包括企业的生产情况、原材料供应情况、销售情况、现金流量情况、企业的融资能力、融资资本成本率以及企业今后的发展计划等。只有充分考虑企业各项实际情况后,才能从企业整体利益出发选择最适合的结算方式。

(2) 购买方的实际情况。

为了更好地了解客户的情况,企业应根据生产经营情况的变动,建立并逐步完善客户数据库。该数据库应包括以往的合同编号、签订日期、签订地点、订货单位、订货数量、单价、规格、质量标准、总价款、交货时间、发货方式及到站、运费负担、结算方式以及合同实际履行情况等相关内容。通过建立客户关系数据库,企业可以根据不同客户的情况,采取不同的收款方式。

① 如果购买方的资信、现金流转、以往合同履行等情况比较好,企业就可以采取银行托收等方式销售货物。

② 如果购买方资信比较好,只是近期现金流转有一定的问题,企业则可以采用分期收款方式销售货物。

③ 如果购买方以往合同履行情况较差,则企业在销售过程中可以考虑采用降低销售价格、预收货款或及时结清的方式销售货物。需要注意的是,企业在建立客户关系数据库

时,不仅要关注现有的客户,更要关注潜在的客户,为企业开拓新的市场做准备。

(3) 市场上产品的供求关系。

市场上产品的供求关系不同,企业的销售压力就不同,其结算方式也应该有所不同。例如,市场上产品供小于求时,可以采取预收货款的结算方式,这对企业是最为有利的。因为选择预收货款的结算方式,不但可以完全避免其他结算方式下潜在的税收损失,而且可以确保企业回收货款,同时获得货币时间价值。这就要求企业正确预测市场上产品的供求关系,根据预测结果采取相应的结算方式。

(4) 适当改革企业的绩效考核系统。

企业通过销售结算方式进行纳税筹划,在一定程度上会影响企业的会计利润。如在直接收款方式下,企业在收到销售额或者取得索取销售额的凭据,并将提货单交给购买方时,就可以确认销售收入,从而可以确认与此相关的会计利润。而在采用赊销和分期收款方式下,只能在合同约定的收款日期的当天才能够确认销售收入,才能够确认与此相关的会计利润。采用何种销售结算方式,会影响销售收入的确认时间,进而影响企业的会计利润金额。因此,要想充分利用结算方式进行纳税筹划,前提条件必须是改革绩效考核系统,即将考核指标由以会计利润为主改为以现金流量为主。

### (三) 以物易物的纳税筹划

以物易物也就是采取物物交换的方式,不以货币结算货款。采取以物易物方式的,交换双方都应作购销处理,以各自发出的货物核算销售额并计算销项税额,以各自收到的货物核算购货额并计算进项税额。

【例3-8】A企业为生产批发木材的一般纳税人,B企业为生产家具的一般纳税人。因为市场变化,预计未来市场上木材价格将处于上升趋势,家具价格将处于下降趋势,同时两企业均有一批库存货物。B企业预测未来市场以木材加工的办公家具利润较高,但目前资金紧张,与A企业协商得知A企业打算购买一批家用家具作为本企业职工福利。因此,A、B企业签订物物交换协议。A企业以成本为120 000元、市场价为180 000元、作价200 000元的木材置换B企业库存的成本为180 000元、市场价为220 000元、作价200 000元的家用家具。A、B企业按照产品市场价开具增值税专用发票,增值税税率为9%。

【筹划过程】

A企业应纳增值税:换出木材的销项税额＝180 000×9%＝16 200(元)

换入家具的进项税额＝220 000×9%＝19 800(元)

该业务应纳增值税额＝16 200－19 800＝－3 600(元)

B企业应纳增值税:换出家具的销项税额＝220 000×9%＝19 800(元)

换入木材的进项税额＝180 000×9%＝16 200(元)

该业务应纳增值税额＝19 800－16 200＝3 600(元)

与正常销售相比,此项业务A企业减少销项税额1 800(200 000×9%－180 000×9%)元,增加进项税额1 800(220 000×9%－200 000×9%)元;B企业则相反,增加销项税额1 800元,减少进项税额1 800元。A企业降低了增值税负担3 600元;B企业增加税负3 600元,A企业将税负转嫁给了B企业,成功地解决了资金紧张问题。

（四）以物抵债的纳税筹划

在当前的市场经济条件下，以非货币性资产抵偿债务是常见的经济现象。无论是债务人移交非货币性资产还是债权人将该资产变现，都将产生纳税义务，由此也产生了纳税筹划的空间。

【例3-9】A电子公司为增值税一般纳税人，2025年8月委托B装饰装潢公司为公司大楼装修，装修工程合同金额为500万元，B公司于11月份完工。其中B公司不经常发生增值税纳税义务；可以自行开具专用发票。

A公司截至9月底仅支付工程款250万元，余额250万元由于资金紧张无力支付，两公司商定了两个方案。方案一：A公司以价值250万元（含税价）的货物抵偿债务，已知该批货物进项税额为20万元。B公司取得该批货物后，将该批货物等价销售给C公司（增值税一般纳税人）。方案二：由B公司联系C公司购买A公司的该批货物，A公司将该批货物销售给C公司后，将货款交付B公司。从节税的角度出发，请问哪个方案更优？

【筹划过程】

方案一：A公司以价值20万元（含税价）的货物抵偿债务，已知该批货物进项税额为20万元。B公司取得该批货物后，将该批货物等价销售给C公司（增值税一般纳税人）。在该方案下，三个公司的税收负担分别为：

A公司应纳增值税额＝250÷(1+13%)×13%－20＝8.76(万元)

B公司不经常发生增值税纳税义务，按照小规模纳税人简易办法计缴增值税。

B公司应纳税额＝250÷(1+3%)×3%＝7.28(万元)

C公司支付款项250万元，可与B公司商定申请代开专用发票。

C公司进项税额＝250÷(1+3%)×3%＝7.28(万元)

方案二：由B公司联系C公司购买A公司的该批货物，A公司将该批货物销售给C公司后，将货款交付B公司。B公司不用负担销售货物变现而应纳税款7.28万元。

由于各方以互惠互利和遵守国家法律为前提开展合作，使得整体税收负担减少。该公司应当选择方案二。

## 二、进项税额的纳税筹划

（一）进项税额抵扣时间的筹划

我国增值税法对允许抵扣的当期进项税额在时间上有严格的规定。其进项税额申报抵扣的时间为：

自2017年7月1日起，增值税一般纳税人取得的2017年7月1日及以后开具的增值税专用发票和机动车销售统一发票，应自开具之日起进行认证或登录增值税发票选择确认平台进行确认，并在规定的纳税申报期内，向主管国税机关申报抵扣进项税额。

自2021年5月1日起，机动车发票不仅指机动车销售统一发票，还包括通过增值税发票管理系统开票软件中机动车发票管理系统开票软件中机动车发票开具模块所开具的增值税专用发票。

增值税一般纳税人取得的2017年7月1日以后开具的海关进口增值税专用缴款书,应自开具之日起内向主管国税机关报送《海关完税凭证抵扣清单》,申请稽核比对。

根据进项税额抵扣时间的规定,对于取得防伪税控系统开具的增值税专用发票,应在取得发票后尽快到税务机关进行认证。如购进的多用途物资应先进行认证再进行抵扣,待转为非应税项目用时再作进项税额转出处理,以防止非应税项目用物资转为应税项目用时由于超过认证时间而不能抵扣其进项税额的情况。

(二)供货方的选择

企业作为一般纳税人,其全部购进项目金额或可抵扣项目金额都可以按照13%的比例计算进项税额在实际经济生活中是不太可能的。例如,企业从小规模纳税人处购入的原材料,取得税务机关代开的专用发票,按照含税价格的3%计算进项税额;向农业生产者购买的免税农产品或向小规模纳税人购买的农产品,按农产品价格的9%抵扣进项税额;企业购入的天然气、粮食、食用植物油等多种商品按照购入不含税价格的9%计算进项税额。另外,一般情况下,从其他一般纳税人处购货比从小规模纳税人处购入货物的价格要高。所以,作为一般纳税人的企业就要充分考虑进项税额能否全部抵扣的情况,做出原材料采购决策。

1. 一般纳税人选择购货对象的纳税筹划

一般纳税人在选择购货对象时,可以选择不同纳税人身份的购货对象。概括起来共有三种类型:一是从一般纳税人处购进货物;二是从小规模纳税人处购进货物,并可索取到由主管税务机关代开的3%的增值税专用发票;三是从小规模纳税人处购进货物,只能索取到普通发票。若购货企业以利润最大化为目标,则可以采用净利润法,比较选择不同购货对象下的净利润的大小,进而选择净利润最大的方案。

若购货对象既可以是一般纳税人,又可以是小规模纳税人,则需在两者之间做出选择。

假定购货方作为一般纳税人,其不含税销售额为$S$,销售货物的增值税税率为$T$,从一般纳税人购进货物的含税购进金额为$P1$,购进货物的增值税税率为$T1$,其他费用为$F$(注:不管购货对象如何选择都不影响其他费用$F$),此时,净利润为$L1$。假定城建税税率为7%,教育费附加征收率为3%。企业所得税税率为25%。

$L1$=(不含税销售额-不含税购进金额-其他费用-城建税和教育费附加)×(1-企业所得税税率)={$S-P1÷(1+T1)-F-[S×T-P1÷(1+T1)×T1]×(7\%+3\%)$}×(1-25%)

假定购货方作为一般纳税人,其不含税销售额为$S$,销售货物的增值税税率为$T$,从小规模纳税人购进货物的含税购进金额为$P2$,购进货物的增值税征收率为$T2$(假设从小规模纳税人购进货物,能索取到由主管税务机关代开的3%的增值税专用发票),其他费用为$F$,此时,净利润为$L2$。

$L2$={$S-P2÷(1+T2)-F-[S×T-P2÷(1+T2)×T2]×(7\%+3\%)$}×

$(1-25\%)$

假定购货方作为一般纳税人,其不含税销售额为 $S$,销售货物的增值税税率为 $T$,从小规模纳税人购进货物的含税购进金额为 $P3$,购进货物的增值税征收率为 $T3$(假设从小规模纳税人购进货物,只能索取到普通发票,不能索取到由主管税务机关代开的 3% 的增值税专用发票),其他费用为 $F$,此时,净利润为 $L3$。

$L3$=(不含税销售额一含税购进金额一其他费用一城建税和教育费附加)×(1一企业所得税税率)=$[S-P3-F-(S \times T) \times (7\%+3\%)] \times (1-25\%)$

令 $L1=L2$,得净利润均衡点价格比:

$$P1/P2=[(1+T1)(1-0.1 \times T2)]/[(1+T2)(1-0.1 \times T1)]$$

当 $T1=13\%$,$T2=3\%$ 时,代入上式得:

$$P1/P2=[(1+16\%)(1-0.1 \times 3\%)]/[(1+3\%) \times (1-0.1 \times 13\%)]=1.043\,6$$

也就是说,$P1/P2=1.043\,6$ 时,无论是从一般纳税人处还是从能索取到由主管税务机关代开的 3% 的增值税专用发票小规模纳税人处采购货物,其净利润是一样的;当 $P1/P2>1.043\,6$ 时,则从小规模纳税人采购货物时的净利润较大,此时应当选择从小规模纳税人处购货;当 $P1/P2<1.141\,1$ 时,应当选择从一般纳税人处购货。

令 $L1=L3$,得净利润均衡点价格比:

$$P1/P3=(1+T1)/(1-0.1 \times T1)$$

当 $T1=13\%$,$T3=3\%$ 时,代入上式得 $P1/P3=(1+T1)/(1-0.1 \times T1)=(1+13\%)/(1-0.1 \times 13\%)=1.144\,9$。

也就是说,$P1/P3=1.144\,9$ 时,无论是从一般纳税人处还是从只能开具普通的发票小规模纳税人采购货物,其净利润是一样的;当 $P1/P3>1.144\,9$ 时,则从小规模纳税人采购货物时的净利润较大,此时应当选择从小规模纳税人处购货;当 $P1/P3<1.144\,9$ 时,应当选择从一般纳税人处购货。

令 $L2=L3$,得净利润均衡点价格比:

$$P2/P3=(1+T2)/(1-0.1 \times T2)$$

当 $T2=3\%$ 时,代入上式得 $P2/P3=(1+T2)/(1-0.1 \times T2)=(1+3\%)/(1-0.1 \times 3\%)=1.033\,1$。

也就是说,$P2/P3=1.033\,1$ 时,无论是从可由主管税务机关代开 3% 的增值税专用发票的小规模纳税人处,还是从只能开具普通发票的小规模纳税人处采购货物,其净利润是一样的;当 $P2/P3>1.033\,1$ 时,则从只能开具普通发票的小规模纳税人处采购货物的净利润较大,此时应当选择从只能开具普通发票的小规模纳税人处采购货物;当 $P2/P3<1.033\,1$ 时,应当选择从可由主管税务机关代开 3% 的增值税专用发票的小规模纳税人处采购货物。

【例 3-10】甲公司为某城市的增值税一般纳税人,适用税率为 13%,购入原材料时可以有以下几种方案可供选择:一是从一般纳税人乙公司购买,每千克含税价格为12 000元,乙公司适用的增值税税率为13%;二是从小规模纳税人丙公司购买,且可自行开具的征收率为3%的增值税专用发票,每千克含税价格为10 000元;三是从小规模纳税人丁公司购买,只能取得普通发票,每千克含税价格为9 000元。甲公司用此原材料生产的产品每千克销售价格(不含税)为20 000元,其他相关税费3 000元。假定甲公司以利润最大化为目标,请对甲公司购货对象的选择进行纳税筹划。

**【筹划过程】**

方案一:从一般纳税人乙公司购买,其净利润为:

净利润=$\{20\ 000-12\ 000\div(1+13\%)-3\ 000-[20\ 000\times13\%-12\ 000\div(1+13\%)\times13\%]\times10\%\}\times(1-25\%)=4\ 693.94$(元)

方案二:从小规模纳税人丙公司购买,且可取得由税务机关代开的征收率为3%的增值税专用发票,其净利润为:

净利润=$\{20\ 000-10\ 000\div(1+3\%)-3\ 000-[20\ 000\times13\%-10\ 000\div(1+3\%)\times3\%]\times10\%\}\times(1-25\%)=5\ 295.29$(元)

方案三:从小规模纳税人丁公司购买,只能取得普通发票,其净利润为:净利润=$[20\ 000-9\ 000-3\ 000-20\ 000\times13\%\times10\%]\times(1-25\%)=5\ 805$(元)

通过计算过程可以看出,方案三的净利润最大,所以选择方案三。

增值税一般纳税人采购货物涉及的税种主要有增值税、城市维护建设税、教育费附加和企业所得税。

2. 小规模纳税人对购货对象的选择

对于小规模纳税人来说,无论是从增值税一般纳税人处购进货物,还是从小规模纳税人处购进货物,都不能抵扣进项税额。因此,小规模纳税人在选择购货对象时,主要考虑的因素是购进原材料等货物的价格高低,只要选择购进货物价格最低的购货对象就为可行。

### (三)兼营免税或非应税项目进项税额核算的筹划

纳税人兼营免税项目或非应税项目,应正确划分其不得抵扣的进项税额。对不能准确划分进项税额的,按以下公式计算不得抵扣的进项税额:

$$\frac{\text{不得抵扣的}}{\text{进项税额}}=\frac{\text{当月无法划分的}}{\text{全部进项税额}}\times\frac{\text{当月免税项目销售额、}}{\text{非增值税应税劳务合计}}\div\frac{\text{当月全部}}{\text{销售额合计}}$$

纳税人可将按照上述公式计算的不得抵扣的进项税额与实际免税项目、非应税劳务不应抵扣的进项税额对比,如果前者大于后者,则应正确划分并按规定转出进项税额;如果前者小于后者,则无须在核算时正确划分,而改按公式计算。

**【例3-11】** 某商业公司(为增值税一般纳税人)既销售面粉,又兼营餐饮服务。本月从粮油公司购得面粉,取得增值税专用发票上注明的价款为100万元,增值税税款为9万元,当月将该批面粉的80%用于销售,取得不含税收入95万元,另外20%用于加工制作面条、馒头等,取得收入45万元。应纳税额的计算如下:

(1)若划分不清免税项目的进项税额(面条、馒头属于免税项目):

计算不得抵扣的进项税额＝当月无法划分的全部进项税额×当月免税项目销售额、非增值税应税劳务合计÷当月全部销售额合计＝9×45÷(95＋45)＝2.89(万元)

(2) 若正确划分各自的进项税额：

不得抵扣的进项税额＝9×20％＝1.8(万元)

由此可见，若正确划分进项税额可以节省增值税1.09(2.89－1.8)万元。

若当月是60％用于销售，40％用于饮食业，其销售收入不变，则情况正好相反。正确划分不得抵扣的进项税额应为：9×40％＝3.6(万元)，与不能准确划分进项税额相比，反而增加税负0.71(3.6－2.89)万元。

### (四) 购进国内旅客运输服务的纳税筹划

**【例3-12】** 甲公司为增值税一般纳税人，本年5月员工出差乘车有两种方案可供选择。方案一：乘长途汽车出差，可以取得注明旅客身份信息的公路客票若干张，票面金额合计10 000元。方案二：乘高铁出差，可以取得注明旅客身份信息的铁路车票若干张，票面金额合计10 000元，要求对上述业务进行纳税筹划。

**【筹划思路】** 一般纳税人购进国内旅客运输服务，在国内旅客运输服务总价一定的情况下，根据取得的扣税凭证的不同、其可以抵扣的进项税额也不同。一般纳税人应当测算购进不同的国内旅客运输服务方式可以抵扣的进项税额的大小，选择可以抵扣的进项税额大的方式。

**【筹划过程】**

方案一：乘长途汽车出差，可以取得注明旅客身份信息的公路客票若干张，票面金额合计10 000元。

可以抵扣的进项税额＝10 000÷(1＋3％)×3％＝291.26(元)

方案二：乘高铁出差，可以取得注明旅客身份信息的铁路车票若干张，票面金额合计10 000元。

可以抵扣的进项税额＝10 000÷(1＋9％)×9％＝825.69(元)

方案二比方案一多抵扣进项税额534.43(825.69－291.26)元，相当于少缴纳增值税534.43元，若以实现税负最小化为纳税筹划目标，则应当选择方案二。

**【例3-13】** 某公司是增值税一般纳税人，生产A产品，售价17元/件(不含税)，成本构成大致为材料10元/件(其中主要原材料9元/件，辅助材料1元/件)，工资等其他成本6元/件(进项税额忽略不计)，当年预计生产200万件。现有一国外来料加工的订单，由该公司提供辅助材料并加工成A产品，加工费7.5元/件，共计10万件。

**【筹划过程】**

(1) 如果企业未准确划分免税项目的进项税额。

计算不得抵扣的进项税额＝当月无法划分的全部进项税额×当月免税项目销售额、非增值税应税劳务合计÷当月全部销售额合计

全部进项税额＝10×13％×2 000 000＋1×13％×100 000＝2 613 000(元)

免税项目销售额＝7.5×100 000＝750 000(元)

全部销售额合计＝17×2 000 000＋7.5×100 000＝34 750 000(元)

不得抵扣的进项税额＝2 613 000×750 000÷34 750 000＝56 395.68(元)

该来料加工业务的成本总额＝1×100 000＋56 395.68＋6×100 000＝756 395.68(元)
来料加工业务利润＝750 000－756 395.68＝－6 395.68(元)
即该订单不但不盈利,反而亏损了6 395.68元。
(2) 如果企业准确划分免税项目的进项税额。
不得抵扣的进项税额＝1×100 000×13％＝13 000(元)
该来料加工业务的成本总额＝1×100 000＋13 000＋6×100 000＝713 000(元)
来料加工业务利润＝750 000－713 000＝37 000(元)

### (五)进项税先抵扣后转出的纳税筹划

不允许从销项税额中抵扣进项税额的项目包括：

(1) 纳税人购进货物,接受应税劳务或者应税服务,取得的增值税扣税凭证(即增值税专用发票、海关进口增值税专用缴款书、农产品销售发票和税收缴款凭证)不符合法律、行政法规或者国家税务总局有关规定的,其进项税额不得从销项税额中抵扣。纳税人凭税收缴款凭证抵扣进项税额的,应当具备书面合同、付款证明和境外单位的对账单或者发票;资料不全的,其进项税额不得从销项税额中抵扣。

(2) 用于简易计税方法计税项目、免征增值税项目、集体福利或者个人消费的购进货物、加工修理修配劳务、服务、无形资产和不动产。其中涉及的固定资产、无形资产、不动产,仅指专用于上述项目的固定资产、无形资产(不包括其他权益性无形资产)、不动产。

(3) 非正常损失的购进货物,以及相关的加工修理修配劳务和交通运输服务。

(4) 非正常损失的在产品、产成品所耗用的购进货物(不包括固定资产)、加工修理修配劳务和交通运输服务。

(5) 非正常损失的不动产,以及该不动产所耗用的购进货物、设计服务和建筑服务。

(6) 非正常损失的不动产在建工程所耗用的购进货物、设计服务和建筑服务。

(7) 购进的旅客运输服务、贷款服务、餐饮服务、居民日常服务和娱乐服务。

(8) 财政部和国家税务总局规定的其他情形。

需要说明的是：

第(5)和第(6)项所称货物,是指构成不动产实体的材料和设备,包括建筑装饰材料和给排水、采暖、卫生、通风、照明、通信、煤气、消防、中央空调、电梯、电气、智能化楼宇设备及配套设施。

固定资产,是指使用期限超过12个月的机器、机械、运输工具以及其他与生产经营有关的设备、工具、器具等有形动产。

非正常损失,是指因管理不善造成货物被盗、丢失、霉烂变质,以及因违反法律法规造成货物或者不动产被依法没收、销毁、拆除的情形。

纳税人的交际应酬消费属于个人消费。

纳税人新建、改建、扩建、修缮、装饰不动产,均属于不动产在建工程。

在特定情况下,为了减轻纳税人的负担,方便纳税人纳税,对一些特定的经营行为,一般纳税人同样可适用简易办法征税。

已抵扣进项税额的购进货物或者应税劳务,发生条例第十条(单位租赁或者承包给其他单位或者个人经营的,以承租人或者承包人为纳税人)规定的情形的(免税项目、非增值税应税劳务除外),应当将该项购进货物或者应税劳务的进项税额从当期的进项税额中扣减;无法确定该项进项税额的,按当期实际成本计算应扣减的进项税额。

增值税一般纳税人取得 2010 年 1 月 1 日以后开具的增值税专用发票、公路内河货物运输业统一发票和机动车销售统一发票,应在开具之日起 180 日内到税务机关办理认证,并在认证通过的次月申报期内,向主管税务机关申报抵扣进项税额。自 2017 年 7 月 1 日起,增值税一般纳税人取得的 2017 年 7 月 1 日及以后开具的增值税专用发票和机动车销售统一发票,应自开具之日起登录增值税发票选择确认平台进行确认,并在规定的纳税申报期内,向主管国税机关申报抵扣进项税额。

企业对于购买的准备用于集体福利或者个人消费的材料,可先抵扣进项税,然后在改变用途时,再将进项税转出,从而避免因该材料未使用完而超过抵扣期限给企业带来的不必要损失。

## 第四节　增值税税率的纳税筹划

### 一、税率的法律界定

2019 年 4 月 1 日后,我国现行增值税有四个档次的税率:销售货物、提供加工修理修配劳务和有形动产租赁劳务的一般纳税人适用税率 13%,销售特殊商品一般纳税人适用低税率 9%,销售交通运输服务、邮政服务、基础电信服务、建筑服务、不动产租赁服务、不动产,转让土地使用权的一般纳税人适用税率 9%,销售现代服务(有形动产租赁服务除外)、增值电信服务、金融服务、生活服务、无形资产(土地使用权除外)的一般纳税人适用税率 6%,出口货物、跨境应税行为适用零税率,以及小规模纳税人适用征收率 3%(见表 3-3)。

表 3-3　增值税税率表(现阶段以及 2026 年增值税法立法实施后)

| | 简易计税 | 征收率 |
|---|---|---|
| 小规模纳税人以及允许适用简易计税方式计税的一般纳税人 | 小规模纳税人销售货物或者加工、修理修配劳务,销售应税服务、无形资产;一般纳税人发生按规定适用或者可以选择使用简易计税方法计税的特定应税行为,但适用 5% 征税率的除外 | 3% |
| | 销售不动产;符合条件的经营租赁不动产(土地使用权);转让营改增前取得的土地使用权;房地产开发企业销售、出租自行开发的房地产老项目;符合条件的不动产融资租赁;选择差额纳税的劳务派遣、安全保护服务;一般纳税人提供人力资源外包服务 | 5% |
| | 个人出租住房,按照 5% 的征收率减按 1.5% 计算应纳税额 | 5%减按 1.5% |
| | 纳税人销售旧货;小规模纳税人(不含其他个人)以及符合规定情形的一般纳税人销售自己使用过的固定资产,可依 3% 征收率减按 2% 征收增值税 | 3%减按 2% |

续 表

| | | 增值税项目 | 税率 |
|---|---|---|---|
| 一般纳税人 | | 销售或者进口货物(另有列举的货物除外);销售劳务 | 13% |
| | | 销售或者进口:<br>1. 粮食等农产品、食用植物油、食用盐;<br>2. 自来水、暖气、冷气、热水、煤气、石油液化气、天然气、二甲醚、沼气、居民用煤炭制品;<br>3. 图书、报纸、杂志、音像制品、电子出版物;<br>4. 饲料、化肥、农药、农机、农膜;<br>5. 国务院规定的其他货物 | |
| | | 购进农产品进项税额扣除率 | 扣除率 |
| | | 对增值税一般纳税人购进农产品,原适用10%扣除率的,扣除率调整为9% | 9% |
| | | 对增值税一般纳税人购进用于生产或者委托加工13%税率货物的农产品,按照10%扣除率计算进项税额 | 10% |
| | | 营改增项目 | 税率 |
| | 交通运输服务 | 陆路运输服务、水路运输服务、航空运输服务(含航天运输服务)和管道服务、无运输工具承运业务 | 9% |
| | 邮政服务 | 邮政普遍服务、邮政特殊服务、其他邮政服务 | 9% |
| | 电信服务 | 基础电信业务 | 9% |
| | | 增值电信业务 | 6% |
| | 建筑服务 | 工程服务、安装服务、修缮服务、装饰服务和其他建筑服务 | 9% |
| | 销售不动产 | 转让建筑物、构筑物等不动产所有权 | 9% |
| | 金融服务 | 贷款服务、直接收费金融服务、保险服务和金融商品转让 | 6% |
| | 现代服务 | 研发和技术服务、信息技术服务、文化创意服务、物流辅助服务、鉴证咨询服务、广播影视服务、商务辅助服务、其他现代服务 | 6% |
| | | 有形动产租赁服务 | 13% |
| | | 不动产租赁服务 | 9% |
| | 生活服务 | 文化体育服务、教育医疗服务、旅游娱乐服务、餐饮住宿服务、居民日常服务、其他生活服务 | 6% |
| | 销售无形资产 | 转让技术、商标、著作权、商誉、自然资源和其他权益性无形资产使用权或所有权 | 6% |
| | | 转让土地使用权 | 9% |
| 纳税人 | | 出口货物、服务、无形资产 | 税率 |
| | | 纳税人出口货物(国务院另有规定的除外) | 零税率 |
| | | 境内单位和个人跨境销售国务院规定范围内的服务、无形资产 | 零税率 |
| | | 销售货物、劳务,提供的跨境应税行为,符合免税条件的 | 免税 |
| | | 境内的单位和个人销售适用增值税零税率的服务或无形资产的,可以放弃适用增值税零税率,选择免税或按规定缴纳增值税。放弃适用增值税零税率后,36个月内不得再申请适用增值税零税率 | |

纳税人销售货物、加工修理修配劳务、服务、无形资产或者不动产适用不同税率或者征收率的,应当分别核算适用不同税率或者征收率的销售额,未分别核算销售额的,从高适用税率。

## 二、税率的税收筹划

全面营业税改增值税之后,纳税人的经营活动往往包含应纳增值税项目,但所对应的增值税税率可能会有所不同,如兼营和混合销售行为。在这种情况下,就要考虑缴纳何种增值税税率的筹划问题。

(一)兼营

根据《中华人民共和国增值税法》(2026年1月1日起施行),纳税人销售货物、加工修理修配劳务、服务、无形资产或者不动产适用不同税率或者征收率的,应当分别核算适用不同税率或征收率的销售额;未分别核算销售额的,按照以下方法适用税率或者征收率:

(1)兼有不同税率的销售货物、加工修理修配劳务、服务、无形资产或者不动产,从高适用税率。

(2)兼有不同征收率的销售货物、加工修理修配劳务、服务、无形资产或者不动产,从高适用税率。

(3)兼有不同税率和征收率的销售货物、加工修理修配劳务、服务、无形资产或者不动产,从高适用税率。

为了避免从高适用税率或征收率而加重税收负担的情况,兼有不同税率或征收率的货物、应税劳务或应税服务的企业,一定要将各自的销售额分别核算。例如,某个处于城乡接合部的商店,既销售各类日用百货,又销售农药、农具、农膜等农用生产用品。如果该商店将这两类商品的销售额分别核算,则日用百货的销售额按13%计税;农药、农具、农膜等农业生产用品的销售额按9%征税。如果不能分别核算,后者也会一并按13%的高税率计税。显然,分别核算两类商品的销售额对该商店来讲是至关重要的税收筹划思路。

【例3-14】甲公司是一家化肥生产企业,为增值税一般纳税人,该企业除了生产销售化肥之外,还将空置的仓库用于提供仓储服务。2025年甲公司取得的化肥销售收入为1 000万元,仓储服务收入为400万元。当年可抵扣的增值税进项税额为50万元。根据相关规定,销售化肥适用的税率为9%,仓储服务适用的税率为6%。假设上述收入均不含税。如何核算才能减轻税负呢?

【筹划过程】

如果甲公司会计核算时未对这两类收入分别核算,则:

应纳增值税税额=(1 000+400)×9%-50=76(万元)

如果甲公司会计核算时对这两类收入分别核算,则:

应纳增值税税额=1 000×9%+400×6%-50=64(万元)

可见,甲公司分别核算两类收入要比未分别核算两类收入少交增值税12(76-64)万元。因此,当纳税人兼有不同税率或者征收率的销售货物、提供应税劳务或者应税服务时,要完善自己的财务核算,对不同收入分类核算,避免从高适用税率或征收率而增加不必要的税收负担。

在增值税税率的筹划中,纳税人应准确理解和掌握低税率的适用范围。例如,适用9％低税率中的"农机",是指农机整机,农机零部件不属于"农机"范围,因而生产农机零件的企业可以通过与农机整机生产企业合并、组合的形式,使产品符合低税率的标准,实现节税的目标。此外,纳税人还可以通过转变经营模式,将适用高税率的应税项目转变为适用低税率的应税项目,以减轻税负,获取税收收益。

**【例 3-15】** 位于市区的乙公司为增值税一般纳税人,主要从事货物运输服务,此外还将本公司闲置的车辆用于对外经营租赁。假设可抵扣的进项税额为 500 万元,其他税费仅考虑城市维护建设税和教育费附加,以下两种经营模式发生的费用都相等。

**【筹划过程】**

(1) 如果某月取得不含税租赁业务收入 8 000 万元,则:

租赁业务应纳增值税税额 = 8 000 × 13％ − 500 = 540(万元)

应缴纳的城市维护建设税和教育费附加 = 540 × (3％ + 7％) = 54(万元)

合计应纳税额 = 540 + 54 = 594(万元)

(2) 如果乙公司在对外出租车辆的同时,还为出租的车辆配备司机,并收取不含税收入 8 000 万元,则此项收入由原来的有形动产租赁服务转变为交通运输服务缴纳增值税,适用税率由 13％ 变为 9％,则:

应纳增值税税额 = 8 000 × 9％ − 500 = 220(万元)

应缴纳的城市维护建设税和教育费附加 = 220 × (3％ + 7％) = 22(万元)

合计应纳税额 = 220 + 22 = 242(万元)

可见,第二种经营模式比第一种经营模式少缴税款 352(594 − 242)万元。同样的收入额,只需要对经营模式进行一些恰当合理的变换,就能够达到节约税款的目的。

### (二) 混合销售

全面营改增后,一项销售行为如果既涉及货物又涉及服务,为混合销售。从事货物的生产、批发或者零售的单位和个体工商户的混合销售行为,按照销售货物缴纳增值税;其他单位和个体工商户的混合销售行为,按照销售服务缴纳增值税。上述从事货物的生产、批发或者零售的单位和个体工商户,包括以从事货物的生产、批发或者零售为主(指纳税人每年的货物销售额与服务销售额合计数中,货物的销售额超过 50％),并兼营销售服务的单位和个体工商户在内。

**【例 3-16】** 某有限责任公司甲,下设两个非独立核算的业务经营部门:供电器材加工厂和工程安装施工队。供电器材加工厂主要生产和销售货物,工程安装施工队主要提供输电设备的安装服务。公司销售收入为 2 800 万元(不含税),销售货物同时取得安装服务收入为 2 200 万元,购买生产用原材料 1 500 万元,可抵扣的进项税额为 195 万元。公司为一般纳税人,因为该公司货物销售额达到总销售额的 50％,所以按照销售货物缴纳增值税。

**【筹划过程】**

增值税销项税额 = (2 800 + 2 200) × 13％ = 650(万元)

增值税进项税额＝195(万元)

增值税应纳税额＝650－255＝395(万元)

税收负担率＝395÷5 000×100％＝7.9％

假设甲公司进行合理规划,避免以从事货物生产、批发或者零售为主,按照销售服务缴纳增值税。假设销售收入为2 200万元,安装服务收入为2 800万元。

增值税销项税额＝(2 800＋2 200)×6％＝300(万元)

增值税进项税额＝195(万元)

增值税应纳税额＝300－195＝105(万元)

税收负担率＝105÷5 000×100％＝2.1％

这会大大降低企业增值税税收负担率,但是下降幅度过大也会带来一定的税务风险,需要企业进行合理的税务规划。

或者将工程安装施工队单独组建成一个公司乙,独立核算,自行缴纳税款。工程安装服务收入适用的税率为6％的增值税税率。筹划后纳税情况如下：

甲公司应缴纳增值税＝2 800×13％－195＝169(万元)

乙公司应缴纳增值税＝2 200×6％＝132(万元)

合计应纳税额＝169＋132＝301(万元)

税收负担率＝301÷(2 800＋2 200)×100％＝6.02％

## 第五节 增值税减免税的纳税筹划

### 一、免征增值税项目

(一)《中华人民共和国增值税法》(2026年1月1日起施行)规定的免税项目

(1) 农业生产者销售的自产农产品。它是指直接从事种植业、养殖业、林业、牧业、水产业的单位和个人销售的自产的农业产品。

(2) 避孕药品和用具。

(3) 古旧图书。它是指向社会收购的古书和旧书。

(4) 直接用于科学研究、科学试验和教学的进口仪器、设备。

(5) 外国政府、国际组织无偿援助的进口物资和设备。

(6) 由残疾人组织直接进口供残疾人专用的物品。

(7) 销售的自己使用过的物品。它是指其他个人销售的自己使用过的物品。

(二)《财政部、国家税务总局关于全面推开营业税改征增值税试点的通知》关于过渡政策的免税项目

(1) 托儿所、幼儿园提供的保育和教育服务。

(2) 养老机构提供的养老服务。

(3) 残疾人福利机构提供的育养服务。

(4) 婚姻介绍服务。

(5) 殡葬服务。

(6) 残疾人员本人为社会提供的服务。

(7) 医疗机构提供的医疗服务。

(8) 从事学历教育的学校提供的教育服务。

(9) 学生勤工俭学提供的服务。

(10) 农业机耕、排灌、病虫害防治、植物保护、农牧保险以及相关技术培训业务,家禽、水生动物的配种和疾病防治。

(11) 纪念馆、博物馆、文化馆、文物保护单位管理机构、美术馆、展览馆、书画馆、图书馆在自己的场所提供文化体育服务取得的第一道门票收入。

(12) 寺院、宫观、清真寺和教堂举办文化、宗教活动的门票收入。

(13) 行政单位之外的其他单位收取的符合《试点实施办法》第十条规定条件的政府性基金和行政事业性收费。

(14) 个人转让著作权。

(15) 个人销售自建自用住房。

(16) 2018年12月31日前,公共租赁住房经营管理单位出租公共租赁住房。

(17) 台湾航运公司、航空公司从事海峡两岸海上直航、空中直航业务在大陆取得的运输收入。

(18) 纳税人提供的直接或间接国际货物运输代理服务。

(19) 符合条件的利息收入,如国家助学贷款等。

(20) 被撤销金融机构以货物、不动产、无形资产、有价证券、票据等财产清偿债务。

(21) 保险公司开办的一年期以上人身保险产品取得的保费收入。

(22) 符合条件的金融商品转让收入。

(23) 金融同业往来利息收入。

(24) 符合条件的担保机构从事中小企业信用担保或者再担保业务取得的收入(不含信用评级、咨询、培训等收入)3年内免征增值税。

(25) 国家商品储备单位管理及其直属企业承担商品储备任务,从中央或者地方财政取得的利息补贴收入和价差补贴收入。

(26) 纳税人提供技术转让、技术开发和与之相关的技术咨询、技术服务。

(27) 符合条件的合同能源管理服务。

(28) 2017年12月31日前,科普单位的门票收入,以及县级及以上党政部门和科协开展科普活动的门票收入。

(29) 政府举办的从事学历教育的高等、中等和初等学校(不含下属单位),举办进修班、培训班取得的全部归该学校所有的收入。

(30) 政府举办的职业学校设立的主要为在校学生提供实习场所,并由学校出资自办、由学校负责经营管理、经营收入归学校所有的企业,从事现代服务(不含融资租赁服务、广告服务和其他现代服务)、生活服务(不含文化体育服务、其他生活服务和桑拿、氧吧)业务活动取得的收入。

（31）家政服务企业由员工制家政服务员提供家政服务取得的收入。

（32）福利彩票、体育彩票取得的收入。

（33）军队空余房产租赁收入。

（34）为了配合国家住房制度改革，企业、行政事业单位按房改成本价、标准价出售住房取得的收入。

（35）将土地使用权转让给农业生产者用于农业生产。

（36）涉及家庭财产分割的个人无偿转让不动产、土地使用权。

（37）土地所有者出让土地使用权和土地使用者将土地使用权归还给土地所有者。

（38）县级以上地方人民政府或自然资源行政主管部门出让、转让或收回自然资源使用权(不含土地使用权)。

（39）随军家属就业。

（40）军队转业干部就业。

## 二、增值税的即征即退优惠

对于软件产品，增值税一般纳税人销售其自行开发生产的软件产品，按13%的法定税率征收增值税后，对其增值税实际税负超过3%的部分实行即征即退政策。

对于资源综合利用产品和劳务，纳税人销售自产的资源综合利用产品和提供资源综合利用劳务可享受增值税即征即退政策，具体规定可参考《资源综合利用产品和劳务增值税优惠目录》。

全面营改增试点过渡政策中规定：① 一般纳税人提供管道运输服务，对其增值税实际税负超过3%的部分实行增值税即征即退政策。② 经人民银行、银监会或者商务部批准从事融资租赁业务的试点纳税人中的一般纳税人，提供有形动产融资租赁服务和有形动产融资性售后回租服务，对其增值税实际税负超过3%的部分实行增值税即征即退政策。商务部授权的省级商务主管部门和国家经济技术开发区批准的从事融资租赁业务和融资性售后回租业务的纳税人中的一般纳税人，2016年5月1日后实收资本达到1.7亿元的，从达到标准的当月起按照上述规定执行；2016年5月1日后实收资本未达到1.7亿元但注册资本达到1.7亿元的，在2016年7月31日前仍可按照上述规定执行，2016年8月1日后开展的有形动产融资租赁业务和有形动产融资性售后回租业务不得按照上述规定执行。

## 三、扣减增值税规定

（1）2023年1月1日至2027年12月31日，对自主就业退役士兵、脱贫人口(含防止返贫监测对象)、持《就业创业证》(注明"自主创业税收政策"或"毕业年度内自主创业税收政策")或《就业失业登记证》(注明"自主创业税收政策")的人员，从事个体经营的，自办理个体工商户登记当月起，在3年(36个月)内按每户每年20 000元为限额依次扣减其当年实际应缴纳的增值税、城市维护建设税、教育费附加、地方教育附加和个人所得税。限额标准最高可上浮20%，各省、自治区、直辖市人民政府可根据本地区实际情况在此幅度内确定具体限额标准。

(2) 2023年1月1日至2027年12月31日,企业招用自主就业退役士兵;企业招用脱贫人口,以及在人力资源社会保障部门公共就业服务机构登记失业半年以上且持《就业创业证》或《就业失业登记证》(注明"企业吸纳税收政策")的人员,与其签订1年以上期限劳动合同并依法缴纳社会保险费的,自签订劳动合同并缴纳社会保险当月起,在3年内按实际招用人数予以定额依次扣减增值税、城市维护建设税、教育费附加、地方教育附加和企业所得税优惠。定额标准为每人每年6 000元,最高可上浮30%,各省、自治区、直辖市人民政府可根据本地区实际情况在此幅度内确定具体定额标准。

### 四、农产品优惠政策的筹划

我国是一个农业大国,大力发展农业生产,鼓励对农业产品进行深加工是我国的产业导向。根据《中华人民共和国增值税法》(2026年1月1日起施行)的规定,农业生产者销售的自产农业产品免税。这里的农业,是指种植业、养殖业、林业、牧业、水产业。这里的农业生产者,包括从事农业生产的单位和个人。这里的农业产品,是指初级农业产品,具体范围由国家税务总局直属分局确定。销售农产品的免税必须符合上述条件,否则,就无法享受免税的待遇。

农产品税收优惠政策主要包括以下几个方面:

(1) 增值税一般纳税人购进农业生产者销售的免税农业产品,准予按照买价和9%的扣除率计算进项税额;对增值税一般纳税人购进用于生产或者委托加工13%税率货物的农产品,按照10%扣除率计算进项税额。进项税额计算公式如下:

$$进项税额 = 买价 \times 扣除率$$

(2) 农业生产者销售的自产农业产品免征增值税应注意以下几点:

① 从事农业生产的单位和个人销售外购的农业产品,以及单位和个人外购农业产品生产、加工后销售的仍然属于规定范围的农业产品,不属于免税的范围,应当按照规定税率征收增值税。

② 农业生产者用自产的茶叶精制而成的精制茶,不得按照农业生产者销售的自产农业产品免征增值税,应当按照规定的税率征税。

③ 增值税一般纳税人向小规模纳税人购买的农业产品,可视为免税农业产品按10%的扣除率计算进项税额。根据上述内容可知,如果农业生产者希望自己对产品进行深加工并使其增值以后再销售,就无法享受免税待遇,可能获得的收益比深加工前还差,所以要通过适当的安排使自己既能享受免税待遇,同时还有机会对初级农产品进行加工,使之增值。

【例3-17】2025年9月某县所属大王村田头种植的大量林木,进入了砍伐期。农户准备销售上述木材,收购企业与农户有三套方案可供选择。方案一:农户直接砍伐出售原木,每立方米售价600元;方案二:农户将原木直接出售给收购企业,收购企业收购原木后雇用农户加工,支付农户15元/立方米的加工费,电费12元/立方米由收购企业承担;方案三:由农户对原木进行深加工,即将原木加工成板材再出售,加工1立方米原木需消耗电力12元,人力成本15元。收购企业的加工成本与农户的加工成本相同,加工后售价为每立方米627元。从节税的角度,该农户应当选择哪套方案?

**【筹划过程】**

方案一：农户直接砍伐出售原木，每立方米售价600元。根据现行增值税政策，农户出售的原木属于免税农业产品，增值税一般纳税人收购后，可以抵扣9%的税款。

该方案下，农户和收购企业纳税情况计算如下：

收购企业抵扣进项税额＝600×9%＝54(元)

收购企业原木成本＝600－54＝546(元)

收购企业板材成本＝546＋12＋15＝573(元)

方案二：农户将原木直接出售给收购企业，收购企业收购原木后雇用农户加工，支付农户15元/立方米的加工费，电费12元/立方米由收购企业承担。

该方案下，纳税情况计算如下：

收购企业抵扣增值税进项税额＝600×9%＝54(元)

农户增加收入＝15(元)

收购企业电费抵扣增值税＝12×13%＝1.56(元)

收购企业板材成本＝600＋12＋15－54－1.56＝571.44(元)

方案三：由农户对原木进行深加工，即将原木加工成板材再出售，加工1立方米原木需消耗电力12元，人力成本15元。收购企业的加工成本与农户的加工成本相同，加工后销售价为每立方米627元。

该方案下，根据现行增值税政策，深加工以后的农产品不属于免税农产品，在农户无法开具增值税专用发票的情况下，企业购进的原材料无法抵扣进项税额。

其纳税情况计算如下：

每立方米板材的价格＝627(元)

农户增加收入＝627－600－12＝15(元)

收购企业板材成本＝627(元)

通过计算，对三套方案进行对比，可知对于收购企业和农户来说，方案二最优，即收购企业的板材成本最低，同时农户还可以增加收入，这就是利用纳税筹划的思路既能满足农户深加工增加收入的要求，又可以使购进企业享受抵扣增值税进项税额，最终达到节税的目的。

## 第六节　增值税出口货物退(免)税的纳税筹划

出口货物退(免)税是国际贸易中通常采用的并为世界各国普遍接受的。其目的在于鼓励各国出口货物公平竞争的一种退还或免征间接税(目前我国主要包括增值税、消费税)的税收措施，即对出口货物已承担或应承担的增值税和消费税等间接税实行退还或免征。

我国的出口货物退(免)税是指在国际贸易业务中，对我国报关出口的货物退还或免征其在国内各生产环节和流转环节依照税法规定缴纳的增值税及消费税，即对增值税出口货物实行零税率，对消费税出口货物免税。

## 一、出口货物退(免)税基本政策

世界各国为了鼓励本国货物出口,一般都采取了优惠政策,但不同国家的优惠政策各有不同。有的国家采取对该货物出口前所包含的税金在出口后予以退还的政策(出口退税),有的国家采取对出口的货物在出口前予以免税的政策。我国则根据本国的实际情况,采取了出口退税与免税相结合的政策,另外,对某些国家紧缺的货物和非生产性出口企业出口的货物,不予退税。目前,我国的出口货物税收政策分为三种形式。

### (一)出口免税并退税

出口免税是指对货物在出口环节不征收增值税、消费税,这是把货物出口环节与出口前的销售环节都同样视为一个征税环节;出口退税是指对货物在出口前实际承担的税收负担,按规定的退税率计算后予以退还。

### (二)出口免税不退税

出口免税与前文所述的含义基本相同。出口不退税是指适用这个政策的出口货物因在前一道生产、销售环节或进口环节是免税的,因此,出口时该货物的价格中本身就不含税,也无须退税。

### (三)出口不免税也不退税

出口不免税是指对国家禁止或限制出口的某些货物的出口环节视同内销环节,照常征税;出口不退税是指对这些货物出口不退还出口前其所负担的税款。适用这项政策的主要是税法列举禁止或限制出口的货物,如天然牛黄等。

## 二、出口货物退(免)税的适用范围

### (一)退(免)税的出口货物应具备的条件

根据《出口货物退(免)税管理办法》规定,可以退(免)税的出口货物一般应具备以下四个条件:

(1)必须是属于增值税、消费税征税范围的货物。

(2)必须是报关离境的货物。所谓报关离境,即出口,也就是货物出海关。这是区别货物是否应退(免)税的主要标准之一。凡是报关不离境的货物,不论出口企业以外汇结算还是以人民币结算,也不论企业在财务上或其他管理上如何处理,均不视为出口货物予以退(免)税。

(3)必须是在财务上作销售处理的货物。

(4)必须是出口收汇并核销的货物。将出口退税与出口收汇核销挂钩,可以有效防止出口企业高报出口价格骗取退税,有助于提高出口收汇率。

(二) 下列企业出口满足上述四个条件的货物,除另有规定的外,给予免税并退税

(1) 生产企业自营出口或委托外贸企业代理出口的自产货物。
(2) 有出口经营权的外贸企业收购后直接出口或委托其他外贸企业代理出口的货物。
(3) 某些特定出口的货物虽然不同时具备上述四个条件,但由于这些货物销售方式、消费环节、结算方法的特殊性,以及国际间的特殊情况,国家特准退还或免征其增值税和消费税。这些货物主要有以下几种:
① 对外承包工程公司运往境外用于对外承包项目的货物。② 对外承接修理修配业务的企业用于对外修理修配的货物。③ 外轮供应公司、远洋运输供应公司销售给外轮、远洋国轮而收取外汇的货物。④ 企业在国内采购并运往境外作为在境外投资的货物等。

(三) 下列出口货物,免税但不予退税

(1) 来料加工复出口的货物,即原材料进口免税,加工自制的货物出口不退税。
(2) 避孕药品和用具、古旧图书,内销免税,出口也免税。
(3) 国家出口计划内的卷烟。因其在生产环节已免征增值税和消费税,所以出口环节不办理退税。非出口计划内的卷烟照章征收增值税和消费税,出口一律不退税。
(4) 军品以及军队系统企业出口军需工厂生产或军需部门调拨的货物免税。
(5) 国家规定的其他免税货物,如农业生产者销售的自产农业产品、饲料、农膜等。

(四) 除经国家批准属于进料加工复出口贸易外,下列出口的货物不免税也不退税

(1) 国家计划外出口的原油。
(2) 国家禁止出口的货物,包括天然牛黄、麝香、铜及铜基合金、白银等。
(3) 国家规定的其他不免税也不退税的出口货物。

(五) 出口货物的退税率

出口货物的退税率是出口货物实际退税额与退税计税依据的比例。目前,我国对不同出口货物规定了13%、9%、6%和零退税率等,出口企业从小规模纳税人处购进货物出口准予退税的,一律按3%的退税率执行。企业在具体办理出口退税时,应关注当前时期国家的最新政策与规定。

(六) 目前我国的出口货物退税办法

1. "免""抵""退"

"免税"是指货物报关出口并在财务上作销售处理后,免征出口销售环节的销项税额;"抵税"是指出口货物耗用国内采购的原材料、动力等所含的进项税额抵减内销货物的销项税额;"退税"是指当期内销销项税额不足抵减时,对不足抵减部分办理退税。该办法目前适用于生产企业的自营或委托出口货物。如果一个企业完全是出口企业,商品没有内

销,则完全采用"免"和"退"的方式,就不存在"抵"税的问题。

2."先征后退"

"先征后退"是指出口货物在生产(供货)环节按规定缴纳增值税、消费税,货物出口后由收购出口企业向其主管出口退税的税务机关申请办理出口货物退税,该办法适用于外贸企业出口货物。需要注意的是,虽然两种办法都是免征出口销售环节的销项税额,却有本质的不同。对外贸企业出口货物免税是按征税率免税,而对生产企业出口货物免税是按退税率免税。也就是说,对外贸企业来说,出口货物的增值部分全部免税;而对生产企业来说,出口货物的增值部分,只能按退税率免税,增值部分的征税率和退税率之差,生产企业还要依法缴纳。

### 三、出口退税的纳税筹划

(一)进料加工与来料加工的纳税筹划

进料加工是指我国有关经营单位进口部分或全部原料、材料元器件、零部件、配套件和包装物料(简称进口料件),由国内生产者加工成成品或半成品后再销往国外市场的一种贸易方式。来料加工是指由国外厂商提供一定的原材料、辅助材料、零部件、元器件、包装材料(简称料件)和必要的机器设备及生产技术,委托我方企业按国外厂商的要求进行加工、装配,成品由国外厂商负责销售的一种贸易方式。进料加工和来料加工合称"加工贸易"。进料加工与来料加工有以下三点区别:① 来料加工不动用外汇,进料加工则是我方经营单位动用外汇购买进口料件。② 来料加工进口料件及加工的成品,所有权属外商;进料加工进口料件,所有权属我方经营单位。③ 来料加工的进口与出口有密切的内在联系,外商往往既是料件的供应人又是成品的接受人,是连在一起的一笔交易,其合同不是以货物所有权转移为内容的买卖合同;进料加工则由我方经营单位以买主身份与外商签订合同,又以卖主身份签订出口合同,为两笔交易,且都是以货物所有权转移为特征的。

从税收角度看,来料加工复出口的货物,原材料进口免税,加工自制的货物出口免税不退税,用于免税项目的购进货物或者应税劳务,其进项税额不得从销项税额中抵扣。因此,来料加工适用"出口免税不退税"政策,但不能抵扣进项税额;进料加工适用"出口免税并退税"政策,可以抵扣进项税额,但是在退税率低于征税率时,由于来料加工业务免征增值税,所以宜选择来料加工方式。

**【例3-18】** 2025年5月某企业为国外某公司加工一批产品,免税购进料件的价格为1 600万元,加工完成后返销给该公司的离岸售价为2 600万元,为加工该批产品所耗用的辅助材料、低值易耗品、燃料及动力的进项税额为20万元。该批产品的增值税税率为13%,退税率为9%。假设当期无内销货物和上期留抵税额。该企业有两套方案可供选择。方案一:采用进料加工方式;方案二:采用来料加工方式。从节税的角度,应如何对该公司的业务方式进行选择,最终降低应纳增值税额?

**【筹划过程】**

方案一:采用进料加工方式。

当期不得退税额＝(出口货物离岸价－免税购进原料价)×(出口货物征税率－出口货物退税率)＝(2 600－1 600)×(13%－9%)＝40(万元)

当期应纳增值税＝当期不得退税额＋当期内销货物的销项税额－当期进项税额－上期留抵税额＝40－20＝20(万元)

方案二：采用来料加工方式。

来料进口时免税，加工后出口免税不退税，进项税额不得抵扣。

加工费＝2 600－1 600＝1 000(万元)

应纳增值税＝0(万元)

方案二比方案一节税20万元。

因此，应当采用来料加工方式。

通过这样的纳税筹划，可以节省增值税20万元。

### (二) 出口加工区和保税区的纳税筹划

对于出口企业来说，在出口加工区建立管理企业，或将出口加工业务从企业分离出来迁移到出口加工区去，这样，凡是企业用来生产出口加工业务的机器、设备、办公服务器等都可视同出口，享受退税的优惠。根据有关规定，保税区所有进口料件免税，所有出口设备、原材料和办公用品也可免税。

因此，出口企业可以在保税区内设立关联企业，在进口料件时，先由设在保税区内的关联企业进口，获得免税优惠，待实际使用时，再将料件从区内企业转出，这样就可以获得递延纳税的好处。另根据有关规定，进入出口加工区的货物视同出口，企业可以在出口加工区内设立关联企业，出口产品时先将产品销售给区内的关联企业，再由其出口，这样就可以获得提前退税的好处。

### (三) 内资企业直接出口与间接出口的纳税筹划

生产企业出口货物执行"免抵退"税计算方法，外贸企业出口货物执行"免退"税计算方法，退税的计算公式与计税依据不同，且退税率往往低于征税率。生产企业可直接出口或设立外贸公司间接出口，两种出口方式的税负往往不相等，应通过纳税筹划选择有利的出口方式。

【例3-19】某内资生产性企业2025年6月购进原材料，价格为8 000万元，可抵扣的进项税额为1 040万元，经深加工后，以11 000万元的离岸价格直接出口。该公司出口货物执行"免抵退"税政策，征税率为13%，退税率为9%。若该公司将货物以9 000万元的价格销售给关联的外贸公司，由外贸公司间接出口，城市维护建设税税率为7%，教育费附加征收率为3%。该公司直接出口还是通过设立的关联外贸公司出口在税负上更有利？

【筹划过程】

方案一：直接出口。

该企业以11 000万元直接出口货物，则该子公司2025年6月的退税额计算如下：

当期不得退税额＝(出口货物离岸价－免税购进原料价)×(出口货物征税率－出

货物退税率)＝11 000×(13％－9％)＝440(万元)

当期应纳增值税＝当期不得退税额＋当期内销货物的销项税额－当期进项税额－上期留抵税额＝440－1 040＝－600(万元)

当期应退增值税限额＝(出口货物离岸价－免税购进原料价)×出口货物退税率＝11 000×9％＝990(万元)

当期应纳增值税：因为当期应纳增值税为－600万元＜0，应退税；

因此，当期应退增值税＝min{｜当期应纳增值税｜，当期应退增值税限额}＝min{｜－600｜,990}＝600(万元)。

方案二：通过设立关联外贸公司出口。在该方案下，若内资生产企业设立关联外贸公司，生产企业将产品以9 000万元(不含增值税)销售给关联外贸公司，外贸公司再以11 000万元出口。

由于内资企业要缴纳城市维护建设税和教育费附加等增值税附加，所以内资生产企业通过关联外贸公司间接出口的净退税额计算如下：

生产企业应纳增值税＝9 000×13％－1 040＝130(万元)

生产企业应纳城市维护建设税和教育费附加＝130×(7％＋3％)＝13(万元)

外贸公司应退增值税＝9 000×9％＝810(万元)

该企业集团净退税＝810－(130＋13)＝667(万元)

方案二比方案一多退税67(667－600)万元。

通过计算可知，应当选择方案二。

对于内资企业来说，通过关联外贸企业间接出口比直接出口在税负上更加有利。

## 本章小结

增值税是对在我国境内从事销售货物或者提供加工、修理修配劳务以及进口货物的单位和个人，就其取得的增值额和货物进口金额为计税依据征收的一种流转税。本章从增值税的基本知识入手，介绍了增值税的多种主要筹划方法，主要包括纳税人类别、折扣销售、还本销售、以旧换新和以物易物销售以及不同结算方式的销售、兼营销售、混合销售、增值税减免税、增值税出口退税等纳税筹划方法。

## 复习思考题

1. 如何利用纳税人的身份进行纳税筹划？
2. 简述如何进行增值税混合销售行为的纳税筹划。
3. 在进行纳税人身份纳税筹划时，要考虑哪些因素？
4. 为什么可以利用企业的不同销售方式进行纳税筹划？
5. 企业通过新产品进行纳税筹划的原则是什么？
6. 简述不得从销项税额中抵扣的进项税额的内容。

7. 视同销售行为包括哪些?

## 知识应用

1. 某大型超市属增值税一般纳税人,购货均可以取得增值税专用发票,为促销商品,现拟订三种促销方案。方案一:商品7折销售;方案二:购物满200元赠送价值60元的商品(该商品成本40元,含税);方案三:购物满200元,返还60元现金。假设该大型超市销售利润率为40%。从节税的角度,该大型超市应当选择哪套方案?

2. 某服装厂2025年4月向外地服装市场销售品牌服装351万元,货款结算采用售后付款的形式,10月汇来货款30万元。请从销售方式的角度为该服装厂进行纳税筹划。

3. 甲公司属于增值税一般纳税人,2025年2月销售机器设备900万元,同时又经营农机整机收入200万元。甲公司未分别核算。请为该公司进行纳税筹划。

# 第四章 消费税的纳税筹划

## 学习目标

通过本章的学习,应熟悉并掌握消费税的征收范围、税目、税率、计税依据;了解并掌握烟、酒类项目、包装物、消费税纳税期限等纳税筹划的基本方法;能运用所学进行实际经济业务的纳税筹划。

## 思政小课堂

中共中央、国务院印发《海南自由贸易港建设总体方案》,提出"放宽离岛免税购物额度至每年每人10万元,扩大免税商品种类"。为落实《总体方案》要求,进一步释放政策效应,高质量建设自由贸易港,经国务院同意,财政部、海关总署、税务总局发布《关于海南离岛旅客免税购物政策的公告》。

公告明确:离岛旅客每年每人免税购物额度为10万元,不限次;扩大免税商品种类,增加电子消费产品等7类消费者青睐商品;具有免税品经销资格的经营主体可按规定参与海南离岛免税经营。

通过相关公告我们可以看出,我国完善了以税收、社会保障、转移支付为主要手段的再分配调节机制;改革消费税制,通过优化税制结构,提高直接税比重,加大了收入分配调节力度。政策调整力度大,将大幅改善消费者购物体验,释放政策红利,提升群众获得感,促进海南国际旅游消费中心建设,增强各界对海南自贸港建设的信心。

## 案例导入

某摩托车生产企业2025年12月将200辆自产摩托车作为福利发放给企业职工。另外,当月该企业以5 000元的价格销售了500辆,以5 500元的价格销售了500辆。摩托车的生产成本为每辆4 000元,成本利润率为6%,消费税税率为10%。该企业有三种方案申报该批摩托车消费税。方案一:不提供该批摩托车的准确销售价格。方案二:准确提供该批摩托车的销售价格5 000元。方案三:不提供该月摩托车的销售价格。

思考:(1)你认为上述三种方案有区别吗?

(2)请对上述三种方案进行对比分析。

消费税是对特定的消费品和消费行为征收的一种税。消费税是在对货物普遍征收增值税的基础上,选择少数特殊的消费品再征收的一个税种,旨在调节产品结构,引导消费方向。消费税在我国有着悠久的历史。新中国成立后,1950年统一全国税制,建立新税制,曾开征特种消费行为税。可见,消费税仍然是新中国税制的重要内容。随着时间的推移,对消费税先后进行了不断地调整和完善,使其在调整我国经济生活方面发挥着积极的作用。2009年1月1日起,新修订的《中华人民共和国消费税暂行条例》(简称《消费税暂行条例》)和《中华人民共和国消费税暂行条例实施细则》实施。本章从纳税人、计税依据等方面介绍消费税纳税筹划的方法。

# 第一节 消费税概述

## 一、消费税的概念和特点

(一) 消费税的概念

消费税是指对特定的消费品和消费行为按消费流转额征收的一种商品税。具体来说,是指对在我国境内从事生产、委托加工及进口应税消费品的单位和个人,就其消费品的销售额或销售数量或者销售额与销售数量相结合征收的一种流转税。消费税以消费品为课税对象,税收随价格转嫁给消费者负担,最终消费者是间接纳税人,即实际的负税人。故消费税的征收具有较强的选择性,是国家贯彻消费政策、引导消费结构进而引导产业结构的重要手段,因而在保证国家财政收入、体现国家经济政策等方面具有十分重要的意义。

(二) 消费税的特点

1. 征税范围具有选择性

我国目前仅就部分消费品征收消费税,而不是对所有消费品都征收消费税。我国消费税目前有以下税目:烟、酒、化妆品、贵重首饰及珠宝玉石、鞭炮、焰火、成品油、小汽车、摩托车、高尔夫球及球具、高档手表、游艇、木制一次性筷子、实木地板、涂料及电池。只有消费税税目税率表上列举的应税消费品才征收消费税,没有列举的则不征收消费税。

2. 征税环节具有单一性

消费税的最终负担人是消费者。为了控制税源,防止税款流失,消费税的纳税环节主要确定在生产环节或进口环节。即应税消费品在生产环节或进口环节征税后,除个别消费品的纳税环节为零售环节外,再继续转销该消费品都不再征收消费税。但无论在哪个环节征收,都实行单环节征收。

3. 平均税率水平比较高,且税负差异大

消费税属于国家运用税收杠杆对某些消费品进行特殊调节的税种。为了体现国家经济政策,消费税的平均税率水平一般较高,并且不同征税项目的税负差异较大。对需要限制或控制消费的消费品或行业,通常采用加重税负的方式进行引导。

4. 征收方法具有灵活性

消费税在征收方法上,既可以采用对消费品制定单位税额,依照消费品的数量实行从量定额的征收方法,也可以采用对消费品制定比例税率,依照消费品的价格实行从价定率的征收方法。而对烟和酒两类消费品既采用从量征收又采用从价征收的方式征收消费税。

5. 税负具有转嫁性

消费税是对消费应税消费品的课税。税负的最终归宿应为消费者。但为了简化管理,我国消费税直接以应税消费品的生产经营者为纳税人,于销售环节、进口环节或零售环节缴纳税款,并将税款作为商品价格的一个组成部分向购买者收取,故消费者为消费税的最终负担者。

(三)消费税与增值税的区别和联系

1. 消费税与增值税的区别

(1)征税范围上的区别。

我国的消费税是在普遍征收增值税的基础上,另行征收的一种特殊调节的税,其征收范围要比增值税的征税范围小得多。也就是说,对企业生产和进口的货物,其增值税的征税范围覆盖消费税的征税范围。

(2)征税环节上的区别。

增值税属于多环节征收,应税货物在生产、批发、零售等多个环节征税。消费税则不同,除了金银首饰改在零售环节征税和烟在批发环节加征消费税外,其他应税消费品统一在生产销售环节征收消费税,纳税人仅限于生产或进口应税消费品的单位和个人。对于委托加工的应税消费品,除受托方为个人外,由受托方代收代缴消费税。

(3)税金和价格关系上的区别。

增值税属于价外税,消费税属于价内税。增值税一般纳税人销售应税货物或提供应税劳务应纳增值税的销项税额,是由销售方收取价款之外的且向购买方收取的增值税,因而销项税额是由购买方负担。增值税一般纳税人缴纳的增值税,在计算企业所得税时,不准予税前扣除。而消费税的税金是价格的组成部分,纳税人缴纳的消费税是对销售收入额的抵减,在计算企业所得税时,缴纳的消费税准予在税前扣除。

(4)计税方法上的区别。

除外购、进口或委托加工收回的部分用于连续生产应税消费品的应税消费品准予抵扣已纳消费税外,其他应税消费品不得抵扣外购应税消费品的已纳消费税。增值税则不同。增值税一般纳税人采用扣税法计算应纳税额,即准予从销项税额中抵扣进项税额;增值税小规模纳税人采用简易征收法,按征收率计算应纳税额,不得抵扣进项税额。

2.消费税与增值税的联系

(1)计税销售额相同。

纳税人生产的应税消费品,既征收增值税又征收消费税的,其增值税和消费税的计税销售额是相同的,都是不含增值税但含消费税的销售额,包括销售货物的价款和价外费用。

(2)不含税销售额的换算公式相同。

两个税种在计算不含税销售额时的公式是一致的,均为:

$$不含税销售额 = 含税销售额 \div (1 + 增值税税率或征收率)$$

(3)进口应税消费品的组成计税价格相同。

在进口环节由海关代征进口环节增值税和进口环节消费税时,其计税价格为组成计税价格。增值税和消费税的组成计税价格的公式是一致的,均为:

$$组成计税价格 = (关税完税价格 + 关税) \div (1 - 消费税税率)$$

(4)生产应税消费品的组成计税价格相同。

企业生产应税消费品用于非应税项目时,如果没有同类消费品的销售价格,按组成计税价格计算增值税的销项税额和消费税的应纳税额,组成计税价格的公式是一致的,均为:

$$组成计税价格 = 成本 \times (1 + 成本利润率) \div (1 - 消费税税率)$$

## 二、消费税的征税范围

消费税的征税范围总体来说包括生产、委托加工、进口、零售等环节。

其中,生产应税消费品的销售环节是消费税征收的主要环节。指定环节一次性缴纳,其他环节不再缴纳。委托加工应税消费品是指委托方提供原料和主要材料,受托方只收取加工费和代垫部分辅助材料加工的应税消费品。委托加工的应税消费品收回后,再继续用于生产应税消费品销售的,其加工环节缴纳的消费税款可以扣除。进口环节缴纳的消费税由海关代征。零售环节征收消费税的金银首饰仅限于金基、银基合金首饰以及金、银和金基、银基合金的镶嵌首饰。零售环节适用税率为5%,在纳税人销售金银首饰、钻石及钻石饰品时征收。

## 三、消费税的税目与税率

(一)税目

征收消费税的消费品共有15个税目,有的税目还下设若干子税目。

(1)烟。烟包括卷烟(包括进口卷烟、白包卷烟、手工卷烟和未经国务院批准纳入计划的企业及个人生产的卷烟)、雪茄烟和烟丝三个子目。

(2)酒。酒包括粮食白酒、薯类白酒、黄酒、啤酒、果啤和其他酒;饮食业、商业、娱乐业举办的啤酒屋(啤酒坊)利用啤酒生产设备生产的啤酒应当征收消费税。

(3) 化妆品。化妆品包括各类美容、修饰类化妆品、高档护肤类化妆品和成套化妆品；不包括舞台、戏剧、影视演员化妆用的上妆油、卸妆油、油彩。

(4) 贵重首饰及珠宝玉石。应税贵重首饰及珠宝玉石是指以金、银、珠宝、玉石等高贵稀有物质以及其他金属、人造宝石等制作的各种纯金银及镶嵌饰物，以及经采掘、打磨、加工的各种珠宝玉石。出国人员免税商店销售的金银首饰征收消费税。

(5) 鞭炮、焰火。鞭炮、焰火不包括体育上用的发令纸、鞭炮药引线。

(6) 成品油。成品油包括汽油、柴油、石脑油、溶剂油、航空煤油、润滑油、燃料油7个子目。航空煤油暂缓征收消费税。

(7) 小汽车。小汽车是指小轿车、中轻型商用客车，不包括电动汽车、车身长度大于7米(含)并且座位在10~23座(含)以下的商用客车、沙滩车、雪地车、卡丁车、高尔夫车、企业购进货车或厢式货车改装生产的商务车、卫星通信车等专用汽车。

(8) 摩托车。摩托车的最大设计车速不超过50千米/小时,发动机气缸总工作容量不超过50毫升的三轮摩托车不征收消费税。

(9) 高尔夫球及球具。高尔夫球及球具包括高尔夫球、高尔夫球杆及高尔夫球包(袋)等。高尔夫球杆的杆头、杆身和握把属于本税目的征收范围。

(10) 高档手表。高档手表是指销售价格(不含增值税)每只在10 000元(含)以上的各类手表。

(11) 游艇。长度大于8米小于90米的游艇。

(12) 木制一次性筷子。

(13) 实木地板。

(14) 电池。

(15) 涂料。

(二) 税率

消费税的税率形式有两种。

(1) 比例税率。

比例税率适用于大多数应税消费品，具体包括以下几种：

① 按5%的比例税率征收消费税的应税消费品，主要包括金银首饰、木制一次性筷子、实木地板、商业批发卷烟、中轻型商用客车。

② 按10%的比例税率征收消费税的应税消费品，主要包括其他酒、其他贵重首饰及珠宝玉石、高尔夫球及球具、游艇。

③ 按15%的比例税率征收消费税的应税消费品，主要包括鞭炮、焰火。

④ 按20%的比例税率征收消费税的应税消费品，主要包括高档手表。

⑤ 按30%的比例税率征收消费税的应税消费品，主要包括烟丝、化妆品。

⑥ 摩托车气缸容量在250毫升以下的税率为3%，在250毫升以上的税率为10%。

⑦ 乘用车排气量越大，税率越高，适用税率为1%~40%，共七个档次。

⑧ 按4%的比例税率征收消费税的应税消费品，主要包括电池、涂料。自2016年1月1

日起对电池、涂料征收消费税,在生产、委托加工和进口环节征收。

(2) 定额税率。

定额税率只适用于三种液体应税消费品,它们是啤酒、黄酒、成品油。具体规定如下:① 黄酒的单位税额为 240 元/吨。② 甲类啤酒的单位税额为 250 元/吨,乙类啤酒的单位税额为 220 元/吨。③ 成品油全部子目分别按每升规定的定额税率征收。其中:无铅汽油、石脑油、溶剂油、润滑油的单位税额为 1.00 元/升;柴油、航空煤油、燃料油的单位税额为 0.80 元/升;含铅汽油的单位税额为 1.40 元/升。

(三) 特殊项目

(1) 定额税率与比例税率相结合的复合计税方式。具体规定如下:① 甲类卷烟的比例税率为 56%,再按每支从量加征 0.003 元。② 乙类卷烟的比例税率为 36%,再按每支从量加征 0.003 元。③ 白酒的比例税率为 20%,再按每斤(500 克或 500 毫升)从量征收 0.5 元。自 2015 年 5 月 10 日起,将卷烟批发环节从价税税率由 5% 提高至 11%,并按 0.005 元/支加征从量税。

(2) 消费税中从高适用税率的规定。① 纳税人兼营不同税率的应税消费品,应分别核算销售额,按其各自适用的税率征收;若不能分别核算的,按全部销售额和兼营不同税率应税消费品中最高税率征收。② 纳税人既销售金银首饰又销售非金银首饰,应分别核算销售额,按适用税率分别计税。凡不能分别核算销售额或划分不清的,在生产环节纳税的,一律从高适用税率(金银首饰 5%,其他首饰 10%);在零售环节纳税的,一律全额按照金银首饰征收消费税。③ 纳税人将适用不同税率的应税消费品成套销售的,按成套销售应税消费品中的最高税率计征消费税。

### 四、消费税的计税依据

按照现行消费税税法的基本规定,消费税应纳税额的计算主要分为从价定率计征、从量定额计征和从价从量复合计征三种方法。

(一) 从价定率计征

从价定率计税方法下应纳税额的公式为:

$$应纳税额 = 销售额 \times 比例税率$$

在从价定率计税方法下,应纳税额的计算取决于应税消费品的销售额与适用税率两个因素。适用税率可以在消费税税率表中查找,所以关键是应税消费品的销售额这个因素。

销售额是指纳税人销售应税消费品向购买方收取的全部价款和价外费用。

其中,价外费用是指价外向购买方收取的手续费、补贴、基金、集资费、返还利润、奖励费、违约金、滞纳金、延期付款利息、赔偿金、代收款项、代垫款项、包装费、包装物租金、储备费、优质费、运输装卸费以及其他各种性质的价外收费。

但下列项目不包括在内:

① 同时符合下列条件的代垫运费：承运部门的运输费用发票开具给购买方的，纳税人将该项发票转交给购买方的。

② 同时符合下列条件代为收取的政府性基金或行政事业性收费：由国务院或财政部批准设立的政府性基金，由国务院或省级人民政府及其财政、价格主管部门批准设立的行政事业性收费；收取时开具省级以上财政部门印制的财政票据；所收款项全部上缴财政。

其他价外费用，无论是否属于纳税人的收入，均应并入销售额计算征税。

实行从价定率方法计算应纳税额的应税消费品连同包装物销售的，不论包装物是否单独计价，也不论在会计上如何核算，均应并入应税消费品的销售额中征收消费税。如果包装物不作价随同产品销售，而是收取押金的，此项押金则不应并入应税消费品的销售额中征税。但对因逾期未收回的包装物，不再退还的和已收取的1年以上的押金，应并入应税消费品的销售额，按照应税消费品的适用税率征收消费税。

对酒类产品（除黄酒、啤酒外）生产企业销售酒类产品而收取的包装物押金，无论押金是否返还，会计上如何核算，均应并入酒类产品销售额中，依酒类产品的适用税率征收消费税。对包装物既作价随同应税消费品销售，又另外收取押金并在规定的期限内未予退还的押金，应并入应税消费品的销售额，按照应税消费品的适用税率征收消费税。

#### （二）从量定额计征

从量定额计税方法下应纳税额的公式为：

$$应纳税额＝销售数量\times 定额税率$$

其中，销售数量的确定标准为：① 销售应税消费品的，为应税消费品的销售数量。② 自产自用应税消费品的，为应税消费品的移送数量。③ 委托加工应税消费品的，为纳税人收回的应税消费品数量。④ 进口的应税消费品，为海关核定的应税消费品进口征税数量。

#### （三）从价从量复合计征

从价从量复合计税方法下应纳税额的公式为：

$$应纳税额＝销售额\times 比例税率＋销售数量\times 定额税率$$

实行从量定额与从价定率相结合的复合计税方法征税的应税消费品，目前只有卷烟、粮食白酒、薯类白酒，其计税依据分别是销售应税消费品向购买方收取的全部价款、价外费用和实际销售（或海关核定、委托方收回、移送使用）数量。

### 五、消费税应纳税额的计算

#### （一）生产销售环节应纳消费税的计算

纳税人在生产销售环节应缴纳的消费税，包括直接对外销售应税消费品应缴纳的消费税和自产自用应税消费品的消费税。

1. 直接对外销售应纳消费税的计算

(1) 实行从价定率征收的计算方法：

$$应纳税额＝应税消费品销售额或组成计税价格\times 比例税率$$

(2) 实行从量定额征收的计算方法：

$$应纳税额＝应税消费品销售数量\times 定额税率$$

(3) 实行复合计税的计算方法：

$$应纳税额＝应税消费品销售数量\times 定额税率＋应税消费品销售额\times 比例税率$$

2. 自产自用应纳消费税的计算

(1) 用于本企业连续生产应税消费品，不缴纳消费税。

(2) 用于其他方面，于移送使用时纳税，包括以下几个方面：① 本企业连续生产非应税消费品和在建工程。② 管理部门、非生产机构。③ 提供劳务。④ 馈赠、赞助、集资、广告、样品、职工福利、奖励等方面。

(3) 组成计税价格及税额计算的方法：消费税按纳税人生产的同类消费品的售价计税；无同类消费品售价的，按组成计税价格计税。实行从价定率方法计算纳税的组成计税价格的计算公式：

$$组成计税价格＝成本＋利润＋消费税$$

$$税额＝成本\times (1＋成本利润率)\div (1－比例税率)$$

$$应纳税额＝组成计税价格\times 比例税率$$

实行复合计税方法计算纳税的组成计税价格的计算公式：

$$组成计税价格＝(成本＋利润＋自产自用数量\times 定额税率)\div (1－比例税率)$$

$$应纳税额＝组成计税价格\times 比例税率＋自产自用数量\times 定额税率$$

(二) 委托加工应税消费品应纳税额的计算

委托加工应税消费品是指委托方提供原料和主要材料，受托方只收取加工费和代垫部分辅助材料加工的应税消费品。

1. 委托加工应税消费品消费税的缴纳

(1) 受托方加工完毕向委托方交货时，由受托方代收代缴消费税。如果受托方是个体经营者，委托方须在收回委托加工应税消费品后向所在地主管税务机关缴纳消费税。

(2) 如果受托方没有代收代缴消费税，委托方应补缴税款。补税的计税依据为：① 已直接销售的，按销售额计税。② 未销售或不能直接销售的，按组成计税价格计税。

## 2. 委托加工应税消费品应纳税额的计算

委托加工的应税消费品,按照受托方的同类消费品的销售价格计算纳税;没有同类消费品销售价格的,按照组成计税价格计算纳税。实行从价定率方法计算纳税的组成计税价格的计算公式:

$$组成计税价格=(材料成本+加工费)\div(1-比例税率)$$

实行复合计税方法计算纳税的组成计税价格的计算公式:

$$组成计税价格=(材料成本+加工费+委托加工数量\times 定额税率)\div(1-比例税率)$$

其中,材料成本是指委托方所提供加工材料的实际成本。如果加工合同上未如实注明材料成本的,受托方所在地主管税务机关有权核定其材料成本。加工费是指受托方加工应税消费品向委托方所收取的全部费用(包括代垫辅助材料的实际成本),但不包括随加工费收取的增值税销项税,这样组成的价格才是不含增值税但含消费税的价格。

### (三)进口应税消费品应纳税额的计算

进口的应税消费品,于报关进口时由海关代征进口环节的消费税。由进口人或其代理人向报关地海关申报纳税,自海关填发税款缴纳证之日起15日内缴纳税款。

其计算公式如下:

(1)适用比例税率的进口应税消费品实行从价定率方法按组成计税价格计算应纳税额,计算公式为:

$$组成计税价格=(关税完税价格+关税)\div(1-比例税率)$$

$$应纳税额=组成计税价格\times 比例税率$$

(2)实行定额税率的进口应税消费品实行从量定额方法计算应纳税额,计算公式为:

$$应纳税额=进口应税消费品数量\times 定额税率$$

(3)实行复合计税方法的进口应税消费品的税额计算,计算公式为:

$$组成计税价格=(关税完税价格+关税+进口数量\times 定额税率)\div(1-比例税率)$$

$$应纳税额=应税消费品数量\times 定额税率+组成计税价格\times 比例税率$$

### (四)已纳消费税扣除的计算

(1)外购应税消费品已纳消费税的扣除。由于某些应税消费品是用外购已缴纳消费税的应税消费品连续生产出来的,在对这些连续生产出来的应税消费品计算征税时,税法规定应当按当期生产领用数量计算准予扣除外购应税消费品已纳的消费税税款。

① 扣税范围包括:

a. 用外购或委托加工收回的已税烟丝为原料生产的卷烟。

b. 用外购或委托加工收回的已税珠宝玉石为原料生产的贵重首饰及珠宝玉石。

c. 用外购或委托加工收回的已税化妆品为原料生产的化妆品。
d. 用外购或委托加工收回的已税鞭炮、焰火为原料生产的鞭炮、焰火。
e. 用外购或委托加工收回的已税摩托车生产的摩托车。
f. 用外购或委托加工收回的已税杆头、杆身和握把为原料生产的高尔夫球杆。
g. 用外购或委托加工收回的已税木制一次性筷子为原料生产的木制一次性筷子。
h. 用外购或委托加工收回的已税实木地板为原料生产的实木地板。
i. 用外购或委托加工收回的已税汽油、柴油、石脑油燃料油、润滑油为原料生产的成品油。

② 扣税计算。按当期生产领用数量扣除其已纳消费税。

$$\text{当期准予扣除的外购应税消费品已纳税款} = \text{当期准予扣除的外购应税消费品买价} \times \text{外购应税消费品适用税率}$$

$$\text{当期准予扣除的外购应税消费品买价} = \text{期初库存的外购应税消费品买价} + \text{当期购进的应税消费品买价} - \text{期末库存的外购应税消费品买价}$$

（2）用委托加工收回的应税消费品连续生产应税消费品的税款抵扣对委托加工收回消费品已纳的消费税，可按当期生产领用数量从当期应纳消费税税额中扣除，其扣税规定与外购已税消费品连续生产应税消费品的扣税范围、扣税方法、扣税环节相同。

### 六、消费税纳税期限

（一）消费税纳税义务的发生时间

纳税人生产的应税消费品于销售时纳税，进口消费品应当于消费品报关进口环节纳税，但金银首饰、钻石以及钻石饰品在零售环节纳税。消费税纳税义务发生的时间，按货物结算方式或行为发生时间分别确定。

（1）纳税人销售的应税消费品，其纳税义务的发生时间为：

① 纳税人采取赊销和分期收款结算方式的，为书面合同约定的收款日期的当天，书面合同没有约定收款日期或者无书面合同的，为发出应税消费品的当天。

② 纳税人采取预收货款结算方式的，其纳税义务的发生时间，为发出应税消费品的当天。

③ 纳税人采取托收承付和委托银行收款方式销售的应税消费品，其纳税义务发生的时间，为发出应税消费品并办妥托收手续的当天。

④ 纳税人采取其他结算方式的，其纳税义务的发生时间，为收讫销售款或取得索取销售款的凭据的当天。

（2）纳税人自产自用的应税消费品，其纳税义务发生的时间，为移送使用的当天。

（3）纳税人委托加工的应税消费品，其纳税义务发生的时间，为纳税人提货的当天。

（4）纳税人进口的应税消费品，其纳税义务发生的时间，为报关进口的当天。

（二）消费税纳税义务的发生地点

（1）纳税人销售的应税消费品，以及自产自用的应税消费品，除国务院另有规定外，应当向纳税人核算地主管税务机关申报纳税。

（2）委托个人加工应税消费品，由委托方向其机构所在地或者居住地主管税务机关申报纳税。除此之外，由受托方所在地主管税务机关代收代缴消费税税款。

（3）进口的应税消费品，由进口人或者其代理人向报关地海关申报纳税。

（4）纳税人到外县（市）销售或者委托外县（市）代销自产应税消费品的，于应税消费品销售后，向机构所在地或者居住地主管税务机关申报纳税。纳税人的总机构与分支机构不在同一县（市）的，应当分别向各自机构所在地的主管税务机关申报纳税；经财政部、国家税务总局或者其授权的财政、税务机关批准，可以由总机构汇总向总机构所在地的主管税务机关申报纳税。

（5）纳税人销售的应税消费品，如因质量等原因由购买者退回时，经机构所在地或者居住地主管税务机关审核批准后，可退还已缴纳的消费税税款，但不能直接抵减应纳税额。

（三）消费税纳税期限

消费税的纳税期限分别为1日、3日、5日、10日、15日、1个月或者1个季度。纳税人的具体纳税期限，由主管税务机关根据纳税人应纳税额的大小分别核定；不能按照固定期限纳税的，可以按次纳税。纳税人以1个月或者1个季度为1个纳税期的，自期满之日起15日内申报纳税；以1日、3日、5日、10日或者15日为1个纳税期的，自期满之日起5日内预缴税款，于次月1日起15日内申报纳税并结清上月应纳税款。纳税人进口应税消费品，应当自海关填发海关进口消费税专用缴款书之日起15日内缴纳税款。

# 第二节　消费税纳税人的筹划

## 一、消费税纳税人的界定

在中华人民共和国境内生产、委托加工和进口应税消费品的单位和个人，以及国务院确定的销售《消费税暂行条例》中规定的应税消费品的其他单位和个人，为消费税的纳税义务人，应当依照《消费税暂行条例》缴纳消费税。"在中华人民共和国境内"是指生产、委托加工和进口属于应当征收消费税的消费品的起运地或所在地在中华人民共和国境内；"单位"是指企业和行政单位、事业单位、军事单位、社会团体及其他单位；"个人"是指个体经营者及其他个人。

具体来说，消费税的纳税人有以下四种类型：

一是生产应税消费品的单位和个人，以生产并销售应税消费品的单位和个人为纳税人。具体来说，生产应税消费品的各类企业、单位和个人，对用于销售的应税消费品，在销售成立时以销售额或销售数量为计税依据缴纳消费税；对用于其他方面的应税消费品，视其不同用途区别对待，若用于连续生产应税消费品的，不缴纳消费税，若用于非应税消费品生产和在建工程、管理部门、提供劳务以及用于馈赠、赞助、职工福利等方面的，在移送使用时缴纳消费税。

二是委托加工应税消费品的单位和个人,以受托单位和个人为代扣代缴义务人。委托加工收回的应税消费品如果直接用于销售,不再缴纳消费税;如果用于生产应税消费品,已税消费品已经缴纳的消费税可以按照实际领用数从应税消费品的消费税额中扣除。

三是自产自用应税消费品的单位和个人,以生产并自用应税消费品的单位和个人为纳税人。

四是进口应税消费品的单位和个人,以进口应税消费品的报关单位和个人为纳税人。进口应税消费品,由收货人或其代理人在进口环节以组成计税价格和进口数量为计税依据计算缴纳消费税。

## 二、消费税纳税人筹划的方法

由于消费税是针对特定的纳税人开征的一种税,因此,纳税人可以通过对组织形式的选择,进行合理、合法的纳税筹划,从而达到降低整体税负的目的。

### (一)设立独立核算的销售机构

根据消费税税法的相关规定,消费税的纳税行为是发生在生产领域,而不是发生在流通领域或最终消费环节(金银首饰除外)。关联企业中生产、委托加工或进口应税消费品的企业,在零售等特殊的情况下,如果以较低但不违反公平交易的销售价格将应税消费品销售给其独立核算的销售部门,可以降低销售额,进而可以少缴纳消费税。对于独立核算的销售部门,由于处于销售环节,只需要缴纳增值税即可,从整个集团的角度使整体消费税税负下降。

【例4-1】某集团公司由甲、乙两个公司组成,甲公司生产的产品是乙公司的原材料。如果甲公司产品适用消费税税率为30%,乙公司产品适用消费税税率为20%。2024年,甲公司以1 400万元的价格销售商品给乙公司,乙公司加工后以2 200万元的价格对外销售给其他企业。2025年该集团公司有两套方案可供选择。方案一:继续2024年的状况;方案二:甲公司以1 200万元的价格销售给乙公司,乙公司以2 200万元的价格对外销售,乙公司的生产销售周期为6个月,6个月的市场利率为9%。不考虑增值税的情况下,你认为该集团应当选择哪套方案?

【筹划过程】

方案一:继续2024年的状况。在该方案下,企业集团的纳税情况计算如下:

甲公司应纳消费税及城市维护建设税及教育费附加=1 400×30%×(1+7%+3%)=462(万元)

乙公司应纳消费税及城市维护建设税及教育费附加=2 200×20%×(1+7%+3%)-462=22(万元)

集团公司累计应纳消费税和城市维护建设税及教育费附加=462+22=484(万元)

方案二:甲公司以1 200万元的价格销售给乙公司,乙公司以2 200万元的价格对外销售。该方案下,企业集团的纳税情况计算如下:

甲公司应纳消费税及城市维护建设税及教育费附加=1 200×30%×(1+7%+

3%)=396(万元)

乙公司应纳消费税及城市维护建设税及教育费附加=2 200×20%×(1+7%+3%)-396=88(万元)

集团公司累计应纳消费税和城市维护建设税及教育费附加=396+88=484(万元)

方案二比方案一节税5.94[(462-396)×9%]万元。

通过计算,该集团应当选择方案二。

### (二) 合并企业降低税负

基于避免重复征税的考虑,我国税法规定了外购或委托加工应税消费品用于连续生产应税消费品允许抵扣已纳税额的优惠政策。但税法同时也规定,对外购或委托加工已税酒生产的酒,其外购酒已纳税款或受托方代收代缴的税款不予抵扣。故对于酒类生产企业来说,可以通过合并方式进行纳税筹划。

一方面,合并会使原来企业间的购销环节转变为企业内部的原材料转让环节,从而递延部分消费税税款。如果两个合并企业之间存在着原材料供应关系,则在合并前,这笔原材料的转让关系为购销关系,应该按照正常的购销价格缴纳消费税款。而在合并后,企业之间原材料供应关系转变为企业内部的原材料领用关系,因此,这一环节不用缴纳消费税,而是递延到销售环节再征收。另一方面,如果后一环节的消费税税率较前一环节低,则可直接减轻企业的消费税税负。因为前一环节应该征收的税款延迟到后面环节再征收,由于后面环节税率较低,合并前企业间的销售额在合并后适用了较低的税率而减轻税负。

**【例4-2】** 甲是一家以生产药酒为主的酒厂,适用消费税税率为10%,其生产药酒的原材料为某白酒,均从乙酒厂购入。2024年乙酒厂向甲酒厂提供白酒500万千克,不含税售价为4 000万元。白酒适用消费税比例税率为20%,定额税率为0.5元/500克。2025年甲酒厂销售药酒取得不含税收入6 000万元,销售数量为500万千克。请对其进行税务筹划。(假设不考虑增值税、城市维护建设税和教育费附加)

**【筹划过程】**

方案一:甲酒厂仍然采购乙酒厂白酒作为原料。

甲应纳消费税=6 000×10%=600(万元)

乙应纳消费税=4 000×20%+500×2×0.5=1 300(万元)

应纳消费税合计=600+1 300=1 900(万元)

方案二:甲酒厂并购乙酒厂,使乙酒厂作为甲酒厂的白酒生产车间。

甲应纳消费税=6 000×10%=600(万元)

乙车间作为甲酒厂的车间,生产的应税消费品白酒对甲酒厂来说用于连续生产另一种应税消费品药酒。因此,移送环节不缴纳消费税。

应纳消费税合计=600(万元)

方案二比方案一少纳消费税1 300(1 900-600)万元,因此,应当选择方案二。

企业的合并(兼并)行为不能只考虑消费税税负的大小,还应考虑到自身有无兼并的能力、对企业未来发展的影响、被兼并的企业是否存在严重的遗留问题等很多因素。

## 第三节　消费税计税依据的纳税筹划

我国现行消费税实行从价定率计征、从量定额计征和从价从量复合计征三种征收方法,其计税依据为销售额与销售数量。

从价定率计征的销售额同增值税的销售额的规定一致,为不含增值税而含消费税的销售额,即除增值税以外的全部价款和价外费用。从量定额计征的销售数量为应税消费品重量、体积或其他计量单位。复合计税的卷烟的计税依据为计税金额与标准箱,酒类产品的计税依据为计税金额和重量。熟悉税法的相关规定,对于进行进一步纳税筹划有基础性作用。

### 一、自产自销业务的纳税筹划

**(一)将不同税负应税产品的销售额和销售数量分别核算**

在企业的实际生产经营中,经常会发生同一企业生产不同税负的产品并且分别销售的情况。对于这样的企业,应当严格将各类不同税负产品的销售额和销售数量分别核算。当然,要做到不同税负的产品的销售额和销售数量分别核算,企业需要在很多环节做工作,应当把销售合同文本设计、企业存货管理、财务核算等都纳入纳税筹划的过程中。

【例 4-3】晓天酒业有限公司生产各类品种的酒,针对不同消费者的需求,其经营范围主要包括粮食白酒、各种药酒等。两种产品的消费税税率分别为 20%、10%。2024 年该酒业公司粮食白酒的销售额为 400 万元,销售量为 10 万千克,药酒销售额为 600 万元,销售量为 8 万千克,但该酒业公司没有分别核算。2025 年该酒业公司的生产销售情况与上年度基本相同。目前,该公司有两套方案可供选择。方案一:统一核算粮食白酒和药酒的销售额;方案二:分别核算粮食白酒和药酒的销售额。从节税的角度,该酒业公司如何进行纳税筹划?(假设不考虑增值税、城市维护建设税和教育费附加)

【筹划过程】

方案一:统一核算粮食白酒和药酒的销售额。在该方案下,根据现行消费税法律制度的规定,企业生产经营适用两种不同税率的应税消费品应当分别核算,未分别核算的,从高税率。该公司纳税情况计算如下:

酒类应纳消费税=(400+600)×20%+(10+8)×1=218(万元)

酒类应纳城市维护建设税和教育费附加=218×10%=21.8(万元)

累计应纳税额=218+21.8=239.8(万元)

方案二:分别核算粮食白酒和药酒的销售额。根据现行消费税法律制度的规定,企业生产经营适用两种不同税率的应税消费品应当分别核算,分别核算后可以适用各自的税率。在该方案下,该公司纳税情况计算如下:

粮食白酒应纳消费税=400×20%+10×1=90(万元)

粮食白酒应纳城市维护建设税和教育费附加＝90×10％＝9(万元)
药酒应纳消费税＝600×10％＝60(万元)
药酒应纳城市维护建设税和教育费附加＝60×10％＝6(万元)
累计应纳税额＝90＋9＋60＋6＝165(万元)
方案二比方案一节税74.8(239.8－165)万元。

通过计算比较,该公司应当选择方案二,即分别核算各自的销售额对企业更有利。

(二)包装物的纳税筹划

包装物是指产品生产企业用于包装其产品的各种包装容器,如箱、桶等。在一般产品销售活动中,包装物随产品销售是普遍现象,从形式上看,可以分为随产品出售但不单独计价的包装物、随产品出售单独计价的包装物、出租或出借给购买方使用的包装物几类。在出租、出借形式下,包装物又可以具体分为:① 包装物不作价随同产品出售,只是单纯收取押金。例如,啤酒生产企业在销售啤酒时,对于周转箱不作价销售,仅收取押金。② 既作价随同销售,同时又另外收取押金。例如,啤酒生产企业以较低的价格对周转箱作价,计入销售额中,另外又规定返还包装物的时间,并收取押金。③ 不作价随同商品出售,在收取租金的基础上,又收取包装物的押金。

根据《消费税暂行条例实施细则》的规定,应税消费品连同包装物销售的,无论包装物是否单独计价以及在会计上如何核算,均应并入应税消费品的销售额中缴纳消费税。如果包装物不作价随同产品销售,而是收取押金,此项押金则不应并入应税消费品的销售额中征税。但对因逾期未收回的包装物不再退还的或者已收取的时间超过12个月的押金,应并入应税消费品的销售额,按照应税消费品的适用税率缴纳消费税。

对既作价随同应税消费品销售,又另外收取押金的包装物的押金,凡纳税人在规定的期限内没有退还的,均应并入应税消费品的销售额,按照应税消费品的适用税率缴纳消费税。

根据上述规定,若企业想在包装物上节省消费税,那么包装物不能作价随同产品销售而是收取押金。若包装物押金单独核算又必须在规定的时间内返还,则此项押金不并入销售产品的销售额中征税,企业就可以达到预期的节税效果。

## 二、应税消费品用于连续生产的纳税筹划

连续生产应税消费品主要是指以消费税产品为原材料,继续生产加工应税消费品的业务,如用烟丝继续生产加工成卷烟,烟丝是卷烟的直接材料并最终构成卷烟的实体,这里烟丝和卷烟都是应纳消费税的产品。作为生产原材料的烟丝,其来源有三种:一是自行加工;二是委托加工收回(分为委托加工收回后继续加工和委托加工收回后直接销售两种情况);三是外购。委托加工的应税消费品应缴纳的消费税与自行加工的应税消费品应缴纳的消费税的计税依据不同:在委托加工方式下,受托方(除个人外)代收代缴税款,计税依据为组成计税价格或同类产品销售价格;在自行加工方式下,计税依据为产品销售价格。

一般情况下,委托方收回委托加工的应税消费品后,将以高于成本的价格售出来获取利润,即销售价格大于组成计税价格。由于应税消费品的加工方式不同,使纳税人税负也

不相同。纳税人可以利用关联企业关系,压低委托加工成本,或即便不是关联企业,纳税人也可以估算委托加工成本的上限,以求税负最低,利润最大。

### (一) 自行加工的应税消费品

根据《消费税暂行条例》的规定,纳税人自行加工的应税消费品,用于连续生产应税消费品的,不纳税。例如,用企业生产的烟丝为原材料,继续加工生产卷烟,烟丝不纳消费税,只就生产出的卷烟征收消费税,但若是直接对外销售的烟丝依然要征收消费税。

【例4-4】某酒厂2025年10月承接一笔粮食白酒订单,合同约定销售粮食白酒15万千克(30万瓶,500克/瓶),售价300万元(不含增值税)。该厂为生产该批粮食白酒购进粮食等原料,价值50万元。如何组织生产该批粮食白酒,该厂有两套方案可供选择。方案一:酒厂自行加工生产,发生的加工费及辅料成本38万元;方案二:将价值50万元的原料交付给甲公司,由甲公司直接加工15万千克的瓶装白酒,收回后直接销售,需支付加工费38万元。假设该酒厂适用的企业所得税税率为25%,城市维护建设税税率为7%,教育费附加为3%。增值税及由此计算的城市维护建设税、教育费附加不考虑。比较两套方案的消费税、城市维护建设税、教育费附加以及税后利润。从节税的角度,该酒厂应当选择哪套方案?

【筹划过程】

方案一:酒厂自行加工生产。

销售白酒应纳消费税=300×20%+15×2×0.5=75(万元)

应纳城市维护建设税和教育费附加=75×(7%+3%)=7.5(万元)

税后利润=(300-50-38-75-7.5)×(1-25%)=97.13(万元)

方案二:委托给甲公司代为加工。

甲公司代收代缴的消费税=(50+38+15×2×0.5)÷(1-20%)×20%+15×2×0.5=40.75(万元)

应纳城市维护建设税和教育费附加=40.75×(7%+3%)=4.08(万元)

由于委托加工应税消费品收回后直接销售,该酒厂销售粮食白酒时,不必再缴纳消费税。所以,该酒厂税后利润为:

税后利润=(300-50-38-40.75-4.08)×(1-25%)=125.38(万元)

方案二比方案一节税37.67[(75+7.5)-(40.75+4.08)]万元。

### (二) 委托加工的应税消费品

在实际经济生活中,企业由于设备、技术等方面的局限或由于对产品性能、质量等方面的特殊要求,往往不是自行加工生产应税消费品,而是委托其他单位代为加工应税消费品。根据《消费税暂行条例》的规定,委托加工的应税消费品,除受托方为个人外,由受托方在向委托方交货时代收代缴税款。委托加工的应税消费品,按照受托方的同类消费品的销售价格计算纳税;没有同类消费品销售价格的,按照组成计税价格计算纳税。

委托加工的应税消费品,委托方用于连续生产应税消费品的,所纳税款准予按规定抵扣。如果委托企业收回后直接对外销售则不再缴纳消费税。这项规定也为纳税筹划提供了空间。

【例 4-5】甲卷烟厂计划生产销售一批卷烟,有两种方案可以选择。

方案一:甲卷烟厂委托乙卷烟厂将一批价值 1 000 万元的烟叶加工成烟丝,协议规定加工费 800 万元,加工的烟丝运回甲厂后继续加工成甲类卷烟,加工成本、分摊费用共计 700 万元。该批卷烟全部出售,售价为 7 000 万元。

方案二:甲卷烟厂委托乙卷烟厂将价值 1 000 万元的烟叶直接加工成甲类卷烟 3 000 标准箱,加工费为 1 500 万元,甲卷烟厂收回后直接对外销售,售价仍为 7 000 万元。

已知烟丝消费税税率为 30%,甲类卷烟的消费税税率为 56%,每标准箱定额税率为 150 元。假设受托方均无同类消费品的销售价格。甲卷烟厂应选择哪种方案?(假设不考虑其他成本费用以及增值税、城市维护建设税和教育费附加)

【筹划过程】

方案一:委托加工成半成品烟丝后,再自行加工成最终应税消费品。甲卷烟厂在支付加工费的同时,向受托方乙卷烟厂支付其代收代缴消费税。

支付乙卷烟厂代收代缴消费税=(1 000+800)÷(1-30%)×30%=771.43(万元)

甲卷烟厂销售卷烟应纳消费税=7 000×56%+150×0.3-771.43=3 193.57(万元)

累计应纳消费税=771.43+3 193.57=3 965(万元)

税后净利润=(7 000-1 000-800-700-771.43-3 193.57)×(1-25%)=401.25(万元)

方案二:委托加工成最终应税消费品。

向受托方乙卷烟厂支付其代收代缴消费税:

(1 000+1 500+150×0.3)÷(1-56%)×56%+150×0.3=3 284.09(万元)

甲卷烟厂销售卷烟不再缴纳消费税。

税后净利润=(7 000-1 000-1 500-3 284.09)×(1-25%)=911.93(万元)

方案二比方案一少纳税 680.91(3 965-3 284.09)万元。

由此可见,从节税的角度,方案二优于方案一。

当然除了税收因素之外,委托加工的产品能否达到原品牌的质量要求、委托加工业务占企业全部业务的比例以及产品的品牌效应等因素企业同样要考虑。

(三)外购的应税消费品

如果企业自己不能生产或不能委托加工同类应税消费品,那就别无选择只能外购。由于消费税是价内税,所以企业在购买原材料时就支付了消费税税款。对于用外购的已纳消费税的消费品为原料继续生产应税消费品的,允许按当期生产领用数量计算并扣除外购的应税消费品已纳的消费税税款。

【例 4-6】某卷烟企业 2025 年购入一批价值为 4 400 万元的已税烟丝,投入生产出甲类卷烟 5 000 万支,该批卷烟全部售出,销售额为 10 000 万元。(假设不考虑增值税、城市维护建设税和教育费附加)

【计算过程】

该卷烟企业税后利润的计算过程如下:

应纳消费税=10 000×56%+5 000×0.003-4 400×30%=4 295(万元)

税后利润=(10 000-4 295-4 400)×(1-25%)=978.75(万元)

一般情况下,如果企业其他各种因素相同,自行加工方式的税后利润最小,其税负也最重;外购应税消费品继续加工的方式,税负次之;委托加工方式中,收回委托加工应税消费品直接出售比委托加工后再自行加工销售的税负要低。这主要是由于三种方式的应税消费品的计税依据不同所致。

### 三、销售价格的纳税筹划

(一)降低价格的纳税筹划

每吨啤酒出厂不含增值税价格(含包装物及包装物押金)在 3 000 元及以上的,单位税额为 250 元/吨;每吨啤酒出厂价格在 3 000 元(不含 3 000 元,不含增值税)以下的,单位税额为 220 元/吨。娱乐业、饮食业自制啤酒,单位税额为 250 元/吨。啤酒消费税的税率为从量定额税率,同时根据啤酒的单位价格实行全额累进税率。

全额累进税率的一个特点是:在临界点,税收负担变化比较大,会出现税收负担的增加大于计税依据的增加的情况。在这种情况下,巧妙运用临界点的规定适当降低产品价格反而能够增加税后利润。

【例 4-7】某啤酒厂位于市区,2025 年生产销售某品牌啤酒,每吨出厂价格为 3 010 元(不包括增值税),与此相关的成本费用为 2 400 元。现啤酒厂决策层要重新考虑啤酒的销售价格,有两套方案可供选择。方案一:将啤酒的价格仍然定为 3 010 元;方案二:将啤酒的价格降至 2 995 元。从节税角度,该啤酒厂决策层应当采用哪套方案?(假设不考虑增值税以及由此产生的城市维护建设税和教育费附加)

【筹划过程】

方案一:将啤酒的价格仍然定为 3 010 元。其纳税情况计算如下:

每吨啤酒应纳消费税=250(元)

应纳城市维护建设税和教育费附加=250×(7%+3%)=25(元)

每吨啤酒的利润=3 010-2 400-250-25=335(元)

方案二:将啤酒的价格降至 2 995 元,则:

每吨啤酒应纳消费税=220(元)

应纳城市维护建设税和教育费附加=220×(7%+3%)=22(元)

每吨啤酒的利润=2 995-2 400-220-22=353(元)

方案二比方案一少纳税 33[(250+25)-(220+22)]元。

由此可见,该啤酒厂决策层应当选择方案二。在全额累进税率的临界点处降价后,不仅少缴了税,多获得了利润,而且降低产品的价格可以提高产品在价格上的竞争力,增加产品销售量。

【例 4-8】某啤酒厂 2025 年 6 月生产啤酒 500 吨,每吨啤酒的出厂价格为 3 010 元,该啤酒厂是否应该降低其出厂价格以使酒厂的消费税税负减少?

【筹划过程】

方案一:不降低啤酒的出厂价格。

出厂销售额=500×3 010=1 505 000(元)

应纳税额＝500×250＝125 000(元)

税后收益＝1 505 000－125 000＝1 380 000(元)

方案二:将啤酒的出厂价格降为2 990元再销售。

出厂销售额＝500×2 990＝1 495 000(元)

应纳税额＝500×220＝110 000(元)

税后收益＝1 495 000－110 000＝1 385 000(元)

很明显,将啤酒的出厂价格降低到2 990元,其税后收益反而比价格为3 010元时多5 000元,而且由于价格优势,可以增强市场竞争力。但是,我们不可以通过盲目降低价格以使税负减少,在使用这一方法时应注意以下问题:一是关注生产成本;二是降低价格可以增强市场竞争力,但不能忽视其带来的出厂销售额的减少。

综合上述资料,如果啤酒的出厂价格降低到2 900元,则税后收益为1 340 000(500×2 900－500×220)元,与每吨啤酒出厂价格为3 010元时的税后收益相比,减少的税负15 000(125 000－110 000)元根本就不足以弥补降低价格后所减少的40 000(1 380 000－1 340 000)元税后收益。

### (二)避免采用最高价格的纳税筹划

纳税人有偿转让应税消费品的行为,应当视同销售应税消费品计算缴纳消费税。按照税法规定,纳税人自产实行从价计征的应税消费品用于换取生产资料、投资入股或抵偿债务的,应当以纳税人同类应税消费品的最高销售价格作为计税依据。在具体操作中,当纳税人用应税消费品换取生产资料、投资入股或抵偿债务时,一般按照双方协议或评估价确定,而协议价或评估价往往接近于市场平均价。为了不加重纳税人的负担,可以采取先销售再投资入股或抵债的方式,达到少缴消费税的目的。

【例4-9】某摩托车生产企业2025年2月对外销售同型号摩托车,共有三种单价:单价为6 000元销售400辆;单价为6 200元销售300辆;单价为7 000元销售150辆。同月以300辆同型号的摩托车来抵偿前欠同运公司的货款。该型号摩托车适用消费税税率10%(该型号摩托车气缸容量在250毫升以上)。有两套方案可供选择。方案一:以300辆摩托车抵偿所欠货款;方案二:按加权平均价先将300辆摩托车销售给同运公司,再以收到的货币资金偿还债务。从节税的角度,该企业应当如何选择?(假设不考虑增值税、城市维护建设税和教育费附加)

【筹划过程】

方案一:以300辆摩托车抵偿所欠货款,其纳税情况计算如下:

应纳消费税＝7 000×300×10%＝210 000(元)

方案二:按加权平均价先将300辆摩托车销售给同运公司,再以收到的货币资金偿还债务。

加权平均价格＝(6 000×400＋6 200×300＋7 000×150)÷(400＋300＋150)
＝6 247.06(元)

应纳消费税＝6 247.06×300×10%＝187 411.76(元)

方案二比方案一节税22 588.24(210 000－187 411.8)元。

通过计算可知,应当选择方案二,即按加权平均价先将300辆摩托车销售给同运公司,再以收到的货币资金偿还债务,可以达到减少税负的效果。

## 第四节　消费税税率的纳税筹划

### 一、消费税税率的法律规定

消费税税率是根据具体课税对象的情况确定的,每种应税消费品的消费税税率各不相同。对一些供求平衡、价格差异不大、计量单位规范的消费品实行定额税率,采用从量定额方法征收;而对一些供求矛盾突出、价格差异较大、计量单位又不是十分规范的消费品则采取比例税率,实行从价定率的方法征收,税率从1%至56%不等;也有的应税消费品采用从价定率和从量定额复合计税的办法计算应纳税额。

现行《消费税暂行条例》中,对税率有如下几个方面的规定:

(1) 凡生产、进口、委托加工应税消费品的单位和个人,均应根据产品所对应的税目,按照《消费税税目税率表》所规定的税率(税额)计算缴纳消费税。

(2) 每标准条(200支)调拨价格在70元(不含增值税)以上(含70元)的卷烟为甲类卷烟,税率为56%;每标准条(200支)调拨价格在70元(不含增值税)以下的卷烟为乙类卷烟,税率为36%。

(3) 每吨出厂价格(含包装物及包装物押金)在3 000元(含3 000元,不含增值税)以上的啤酒为甲类啤酒,税额为每吨250元;每吨出厂价格在3 000元以下的啤酒为乙类啤酒,税额为每吨220元。

(4) 纳税人兼营不同税率的应税消费品,应当分别核算不同税率应税消费品的销售额、销售数量,按不同税率分别征税。未分别核算销售额、销售数量的,从高适用税率。

纳税人兼营不同税率的应税消费品,是指纳税人生产销售两种税率以上的应税消费品。所谓"从高适用税率",就是对兼营高低不同税率的应税消费品,当不能分别核算销售额、销售数量时,以应税消费品中适用的最高税率与混合在一起的销售额或销售数量相乘,得出应纳消费税税额。

(5) 纳税人将不同税率的应税消费品组成成套消费品销售的,从高适用税率。

### 二、消费税税率的纳税筹划

应税消费品所适用的税率和消费品类型是一一对应的,每种应税消费品都有明确而固定的税率,看似难以进行纳税筹划,但在很多情形下,《消费税税目税率表》中界定的消费品类型具有一定的可转换性,而且消费品类型转换后就意味着会适用不同的税率,因此,这种可转换性为纳税筹划提供了一定的空间。

(一) 合理降低产品销售价格进行纳税筹划

在消费税的税目中,有一些税目对于同一种产品根据价格的差异制定了不同的税率,如啤酒和卷烟。对于此类别应税产品,当企业的销售价格位于《消费税税目税率表》中规定的临界价格附近时,一定要注意价格变化所导致的税率变化。因为此时的税率变化会形成实质上的全额累进税,所以,当销售价格在临界价格附近时,税收是存在较大差异的,相对高的收入可能会由于税收的更大幅度增加而导致实际收益的减少。如果企业的产品定价刚刚在临界价格上,不妨考虑将价格做适当调整,使价格降低到临界价格以下,征税可以适用低税率,从而取得更高的税收收益。

对于卷烟类应税消费品,按规定采用复合计税的办法计算消费税,即先从量对每箱征收 150 元,再从价对每标准条(200 支,下同)调拨价格在 70 元(含 70 元,不含税价)以上的,按甲类卷烟 56% 的税率征收;对每标准条调拨价格在 70 元(不含税价)以下的,按乙类卷烟 36% 的税率征收。

以卷烟为例,假设城建税税率为 7%,教育费附加为 3%,每标准条进项税额为 $X$,当每标准条调拨价格为 69.99 元,低于 70 元时,适用消费税比例税率为 36%,则每标准条应纳消费税及附加 $=(69.99 \times 36\% + 150 \div 250) \times (1 + 7\% + 3\%) = 28.3760$(元)。由于增值税为价外税,不影响企业利润,未予考虑,但增值税应纳的城建税及教育费附加影响利润,应予以考虑。

每标准条应纳增值税附加 $=(69.99 \times 13\% - X) \times (7\% + 3\%)$

设每标准条调拨价格提高到 $Y$ 元,当 $Y \geq 70$ 元时,适用消费税比例税率 56%,则每标准条应纳消费税及附加 $=(Y \times 56\% + 150 \div 250) \times (1 + 7\% + 3\%)$。

每标准条应纳增值税附加 $=(Y \times 13\% - X) \times (7\% + 3\%)$

当调拨价格提高所增加的收入小于增加的消费税及附加和增值税附加,就会得不偿失。由 $Y - 69.99 < (Y \times 56\% - 69.99 \times 36\%) \times (1 + 7\% + 3\%) + (Y \times 13\% - 69.99 \times 13\%) \times (7\% + 3\%)$ 解得 $70 \leq Y < 112.70$(元)。因此,当每标准条调拨价格处于 70 到 112.70 元之间,提高销售价格并不能增加企业的效益。当售价处于这个区间时,应采取降价措施,实现经济利益最大化;当售价在这个区间之外时,售价越高,获得的利益越大。

【例 4-10】A 市区的某卷烟厂为增值税一般纳税人,当月生产销售卷烟 4 000 标准条,每条调拨价格为 75 元(不含增值税),适用消费税比例税率为 56%,定额税率每支 0.003 元,每标准箱 50 000 支,即 250 标准条。则当月应纳消费税为 170 400 元($= 75 \times 4\,000 \times 56\% + 4\,000 \times 200 \times 0.003$),如何筹划可以减轻企业的税负?

【筹划过程】每标准条调拨价格超过 70 元,则适用 56% 的高税率。如果将调拨价格降为 70 元以下,则适用 36% 的低档税率。若卷烟厂将每标准条调拨价格降为 65 元,则当月应纳消费税 $= 65 \times 4\,000 \times 36\% + 4\,000 \times 200 \times 0.003 = 96\,000$(元)。通过筹划,收入减少 $=(75-65) \times 4\,000 = 40\,000$(元),消费税减少 $= 170\,400 - 96\,000 = 74\,400$(元),如果考虑增值税和应纳的城建税及教育费附加,经济利益将增加更多。

(二)兼营不同税率应税消费品的纳税筹划

由于应税消费品所适用的税率是固定的,只有在出现兼营不同税率应税消费品的情况下,纳税人才可以选择合适的销售方式和核算方式以达到适用较低消费税税率的目的,从而降低税负。

消费税的兼营行为,主要是指消费税纳税人同时经营两种以上税率的应税消费品的行为。对于这种兼营行为,税法明确规定:纳税人兼营多种不同税率的应税消费品,应当分别核算不同税率应税消费品的销售额和销售数量;未分别核算销售额和销售数量的,应从高适用税率。这一规定要求企业在会计核算的过程中做到账目清楚,以免蒙受不必要的损失。

【例4-11】上海迪斯特酒业公司生产粮食白酒、碳酸汽酒和活血提神药酒。2024年共计销售额9 000万元,企业合并向税务机关报税,按20%的税率计缴消费税1 800万元(9 000×20%)。该公司于2025年1月实行人才招聘制,公开招聘财务总监一名。该财务总监李某认真检查账目,立即要求财务部经理实行三种酒分开核算,分开申报纳税。(假设不考虑增值税、城市维护建设税和教育费附加)

【筹划过程】

2025年全年销售额为8 700万元,其中,白酒4 600万元,汽酒1 900万元、药酒2 200万元,则三种酒应纳消费税分别为:

粮食白酒应纳税额=4 600×20%=920(万元)

碳酸汽酒应纳税额=1 900×10%=190(万元)

活血提神药酒应纳税额=2 200×10%=220(万元)

纳税总额=920+190+220=1 330(万元)

尽管上海迪斯特酒业公司2025年的销售额减少300(9 000-8 700)万元,但因财务总监正确采用分酒种核算,共计少缴消费税410[(1 900+2 200)×(20%-10%)]万元,所以,在减少销售额的情况下反而使2025年增加收益170(1 800-1 330-300)万元。

(三)产品包装时机的纳税筹划

税法规定,纳税人将应税消费品与非应税消费品,以及适用税率不同的应税消费品组成成套消费品销售的,应根据组合产品的销售金额按应税消费品的最高税率征税。

在涉及成套消费品销售的问题时,看是否有必要组成成套的消费品以避免给企业造成不必要的税收负担。对于有必要组成成套消费品的情况,可以采用变"先包装后销售"为"先销售后包装"方式,这样往往可以大大降低消费税税负,同时保持增值税税负不变。具体的操作方法可以从两方面着手:第一,将上述产品先分品种和类别销售给零售商,再由零售商包装后对外销售,这样做实际上只是在生产流程上换了一个包装地点,在销售环节将不同品种和类别的产品分别开具发票,在账务处理环节对不同的产品分别核算销售收入;第二,如果当地税务机关对有关操作环节要求比较严格,还可以采取分设机构的操作方法,即另外再设立一个独立核算且专门从事包装业务,然后对外销售的门市部。

【例4-12】为了进一步扩大销售,信达公司采取多样化生产策略,生产粮食白酒与药酒组成的礼品套装进行销售。2025年9月,该厂对外销售700套套装酒,单价100元/套,其中,白酒、药酒各1瓶,每瓶均为500克装(若单独销售,白酒30元/瓶,药酒70元/瓶)。假设此包装属于简易包装,包装费忽略不计。该企业对此销售行为应当如何进行纳税筹划?(根据《消费税暂行条例》的规定,白酒的比例税率为20%,定额税率为0.5元/500克;药酒的比例税率为10%)

**【筹划过程】**

方案一：采取"先包装后销售"的方式。

根据"将不同税率的应税消费品组成成套消费品销售的，应按最高税率征税"的规定，在这种情况下，药酒不仅要按20%的高税率从价计税，而且还要按0.5元/500克的定额税率从量计税。这样，该企业的应纳消费税税额为：

应纳税额＝100×700×20%＋700×2×0.5＝14 700(元)

在现实经营活动中，很多企业销售应税消费品时，为图方便而习惯采用"先包装后销售"的方式进行，人为地将低税率产品和非应税产品并入高税率产品一并计税，造成不必要的税负增加。如果改为"先销售后包装"方式，就可以大大降低消费税税负，增加企业经济收益。

方案二：采取"先销售后包装"的方式。

先将上述粮食白酒和药酒分品种销售给零售商，在销售环节将粮食白酒和药酒分别开具发票，在账务处理环节对不同的产品分别核算销售收入，再由零售商包装成套装消费品后对外销售。在这种情况下，药酒不仅只需要按10%的比例税率从价计税，而且不必每500克按0.5元的定额税率从量计税。这样，企业的应纳消费税税额为：

应纳税额＝30×700×20%＋70×700×10%＋700×1×0.5＝9 450(元)

通过计算可以看出，方案二比方案一节税5 250(14 700－9 450)元，所以，方案二是较优方案。因此，企业兼营不同税率应税消费品时，在单独核算的基础上，没有必要组成成套消费品销售的，最好单独销售，以尽量降低企业的税收负担。对于有必要组成成套消费品销售的，可以采用变通的方式，即先销售后包装，来降低应税消费品的总体税负率，从而降低税负。

### （四）利用联合企业中的税率高低进行纳税筹划

消费税按不同产品分别设计高低不同的税率，税率档次多，所以，纳税人可以利用这种多层次的税率进行纳税筹划，即将分散的企业联合成企业集团，或者将独立的企业分解成由若干分公司或者子公司组成的企业联合体，进而通过税率由高到低的转换，从整体上减轻企业的税收负担。

当企业为一个大的联合企业或企业集团时，内部各分厂及所属的商店、劳动服务部门等彼此之间购销商品、进行连续加工或销售时，通过内部定价可以巧妙而有效地达到整个联合企业合理节税的目的。当适用高税率的分厂将其产品卖给适用低税率的分厂时，通过制定较低的内部价格，便把产品原有的一部分价值由税率高的部门转到税率低的部门。适用高税率的企业，销售收入减少，应纳税额减少；而适用低税率的企业，销售收入不变，应纳税额不变，但由于其得到了低价的原材料，成本降低，利润增加。至于内部各分厂之间的利益分配不均等问题，公司可以通过其他方式加以解决，如把一些开支放在获利多的企业等进行调剂。

**【例4－13】** 恒顺销售公司由明达公司、高亚公司两个公司组成，进行连续加工，明达公司加工为高亚公司提供的原料。若明达公司的产品适用税率为20%，高亚公司的产品适用税率为5%，则当明达公司的产品销售收入为100万元，高亚公司产品的销售收入为120万元时，假设不考虑增值税、城市维护建设税和教育费附加。

**【筹划过程】**

恒顺公司的应纳消费税为：

明达公司的应纳消费税＝100×20％＝20(万元)

高亚公司的应纳消费税＝120×5％＝6(万元)

合计应纳消费税＝6＋20＝26(万元)

当明达公司的产品降价卖给高亚公司,销售收入为80万元时,恒顺公司的应纳税额为：

明达公司的应纳消费税＝80×20％＝16(万元)

高亚公司的应纳消费税＝120×5％＝6(万元)

合计应纳消费税＝16＋6＝22(万元)

明达公司减少的利润、消费税均通过降低高亚公司的购料成本而形成了高亚公司的利润,从恒顺公司的总体来说,其利润不受任何影响,却通过改变内部定价,减轻了消费税的总体税负,形成了更多利润。

## 第五节 消费税特殊行为的纳税筹划

### 一、投资行为的纳税筹划

若企业希望从源头上节税,可以在做投资决策时就避开上述消费品,而选择其他符合国家产业政策、在流转税及所得税方面有优惠措施和政策支持的产品进行投资,如高档组合音响、装饰建材等。

**【例4-14】** 开源公司准备投资于果汁饮料或粮食白酒,有两类投资方案。方案一：投资于果汁饮料,需要总投资额1 800万元,年销售额为400万元(含税),增值税税率为13％；方案二：投资于粮食白酒,需要总投资额1 800万元,年销售额为400万元(含税),销售量为30 000千克,增值税税率为13％。从节税的角度,该公司应当如何进行投资选择？

**【筹划过程】**

方案一：投资于果汁饮料。根据现行消费税制度和政策,投资生产果汁饮料不需要缴纳消费税。在该方案下,公司的纳税情况计算如下：

年不含税销售额＝400÷(1＋13％)＝353.98(万元)

应纳增值税＝353.98×13％＝46.02(万元)

应纳城市维护建设税和教育费附加＝46.02×(7％＋3％)＝4.60(万元)

累计应纳税额＝46.02＋4.60＝50.62(万元)

方案二：投资于粮食白酒。根据现行消费税政策,粮食白酒在消费税的征税范围内。税率为20％,另加每500克0.5元的定额税。在该方案下,公司的纳税情况计算如下：

年不含税销售额＝400÷(1＋13％)＝353.98(万元)

应纳消费税和城市维护建设税及教育费附加＝(353.98×20％＋3×2×0.5)×(1＋10％)＝81.18(万元)

应纳增值税和城市维护建设税及教育费附加＝353.98×13％×(1＋7％＋3％)＝50.62(万元)

累计应纳税额＝81.18＋50.62＝131.80(万元)

方案二比方案一多纳税81.18(131.80－50.62)万元。

通过计算可知,从节税的角度,该公司应当选择果汁饮料作为投资项目。

### 二、进口商品时消费税的纳税筹划

根据《海关进出口关税与进口环节征税对照使用手册》的相关规定,海关对进口货物征收消费税。查阅《进口环节消费税税率(税额)表》,可知消费税最高可达45％的分类分项差别税率,决定了进口环节进行纳税筹划的重要性。

进口应税消费品进行从价定率计算应纳税额,其组成计税价格的公式是：

$$组成计税价格＝(关税完税价格＋关税)÷(1－消费税税率)$$

由于消费税的税率对于进口具体消费品是固定的,所以只能从关税完税价格和关税部分进行纳税筹划,最终达到节税的目的。另外,纳税人在进口环节未将应税消费品与非应税消费品分别核算,未将适用不同税率的应税消费品分别核算的按最高税率征税。所以,在进口报关时,一定要注意进口消费品的组合问题,否则极有可能给企业带来额外的税收负担。

### 三、出口应税消费品的纳税筹划

根据《消费税暂行条例》的规定,纳税人出口应税消费品,免征消费税;国务院另有规定的除外。已经缴纳消费税的商品出口时,在出口环节可以享受退税的待遇。从纳税筹划的角度,纳税人进行国际市场开拓,也是一种重要的纳税筹划方式。

根据规定,出口的应税消费品办理退税后,发生退关,或者国外退货进口时予以免税的,报关进口者必须及时向其机构所在地或居住地主管税务机关申报办理补缴已退消费税税款。纳税人直接出口的应税消费品办理退税后,发生退关或国外退货,进口时予以免税的,经机构所在地或居住地主管税务机关批准,可暂不办理补税,待其转为国内销售时,再申报补缴消费税。

可见,在发生出口货物退关或退货时,可以适当调节办理补税的时间,在一定时间范围内占用消费税税款,相当于从国家获得了一笔无息贷款。

【例4-15】某公司于2025年2月出口一批应税消费品办理免税手续后发生国外退货,该批货物总价值为600万元,消费税税率为20％,3个月的市场利率为3％。该公司有两套方案可供选择。方案一:2025年2月退货时申报补缴消费税税款;方案二:2025年5月转为国内销售时补缴消费税税款。从节税的角度,该公司应当选择哪套方案？(假设不考虑增值税)

【筹划过程】

方案一:2025年2月退货时申报补缴消费税税款。该公司的纳税情况计算如下：

应纳消费税＝600×20％＝120(万元)

应纳城市维护建设税和教育费附加＝120×10%＝12(万元)

累计应纳税额＝120＋12＝132(万元)

方案二:2025年5月转为国内销售时补缴消费税税款。该公司的纳税情况计算如下:

应纳消费税＝600×20%＝120(万元)

应纳城市维护建设税和教育费附加＝120×10%＝12(万元)

累计应纳税额＝120＋12＝132(万元)

方案二比方案一节税3.96(132×3%)万元,相当于从国家获得了一笔无息贷款。

该公司应当选择方案二。

### 四、以外汇结算应税消费品的纳税筹划

根据我国《消费税暂行条例》的规定,纳税人销售的应税消费品,以人民币计算销售额。纳税人以人民币以外的外币结算销售的,应当折算为人民币,其销售额的折算率可以选择销售额发生的当天或当月1日的外汇汇率中间价。

纳税人应当事先确定采用何种折合率,确定后一年之内不得随意变更。一般来说,外汇市场波动越大,采用人民币折合率进行纳税筹划的必要性越大。由于汇率的折算方法一经确定,一年以内不得随意变更,故在选择汇率折算方法的时候,需要纳税人有能力对未来的经济形势和外汇汇率走势进行恰当的判断。由于纳税人有选择的机会,也就有纳税筹划的空间。

【例4-16】某集团公司某年4月25日取得200万美元销售额,4月1日的国家外汇牌价为1美元＝7.2元人民币,4月25日的外汇牌价为1美元＝7.0元人民币。预计未来一段时间内,美元将持续贬值。该集团公司有两套方案可供选择。方案一:按照每月1日的外汇牌价计算销售额;方案二:按照结算当日的外汇牌价计算销售额。从节税的角度出发,该集团公司应当选择哪套方案?

【筹划过程】

方案一:按照每月1日的外汇牌价计算销售额。在该方案下,销售额计算如下:

美元销售额＝200万美元

人民币销售额＝200×7.2＝1 440(万元)

方案二:按照结算当日的外汇牌价计算销售额。该方案下,销售额计算如下:

美元销售额＝200万美元

人民币销售额＝200×7.0＝1 400(万元)

方案二比方案一少计人民币销售额40(1 440－1 400)万元。

因此,该集团公司应当选择方案二。该方案充分利用汇率变动的趋势和税法允许的折算方法,达到节税效果。

## 本章小结

消费税是指对特定的消费品和消费行为按消费流转额征收的一种商品税。具体来

说,是指对在我国境内从事生产、委托加工及进口应税消费品的单位和个人,就其消费品的销售额或销售数量或者销售额与销售数量相结合征收的一种流转税。消费税属于价内税,征税环节单一,税率档次多,税负差别大。这些特点为纳税人进行纳税筹划提供了可操作空间。销售收入和销售数量是计算消费税税额的两个最基本的要素,其具体金额的大小直接决定了应纳消费税税额的大小。在进行纳税筹划时,主要通过计税依据构成内容的筹划、企业的依法分立等方式的筹划来降低计税销售收入或销售数量,进而减轻企业的税收负担。

纳税人自产自用应税消费品,用于连续生产应税消费品的不纳税,用于其他方面,在移送时缴纳消费税。其计税依据为同类消费品的销售价格,没有同类消费品的销售价格的,按照组成计税价格计算纳税。纳税人销售带包装物的应税消费品时,包装物可以随产品一同销售,也可以采用出租或出借的方式,分别有不同的纳税筹划思路。另外,在加工方式的选择、外购或委托加工应税消费品用于连续生产应税消费品允许抵扣已纳税额的优惠政策等方面都有纳税筹划的空间。

## 复习思考题

1. 简述消费税的征收范围。
2. 阐述自产自用应税消费品的纳税筹划思路。
3. 简述增值税和消费税的区别和联系。
4. 消费税的纳税人应当如何寻求减轻税收负担的途径?
5. 简述成套销售消费品的纳税筹划思路。
6. 包装物的纳税筹划思路如何确定?
7. 如何利用定价策略进行消费税的纳税筹划?

## 知识应用

1. 某酒厂对外销售700套套装酒,单价100元/套,其中粮食白酒、药酒各一瓶,均为500克装(若单独销售,粮食白酒30元/瓶,药酒70元/瓶)。按照现行消费税税法的相关规定,粮食白酒的比例税率为20%,定额税率为每500克0.5元;药酒的比例税率为10%,无定额税率。现有两个方案可供选择。方案一:采取"先包装后销售"方式;方案二:采取"先销售后包装"方式。请对这两个方案进行计算并加以分析。

2. 甲啤酒厂位于市区,2025年生产销售某品牌啤酒,每吨出厂价格为3 010元(不含增值税),与此相关的成本费用为2 500元,可抵扣的进项税额为300元。请对上述业务进行合理的纳税筹划。

# 第五章 企业所得税的纳税筛划

## 学习目标

通过本章的学习,应掌握企业所得税中有关收入、准予扣除项目的相关规定和应纳税所得额的计算方法;掌握境内企业所得税应纳税额多角度的纳税筹划思路;能够综合运用税法知识科学合理地进行纳税筹划。

## 思政小课堂

根据《国务院关于印发新时期促进集成电路产业和软件产业高质量发展若干政策的通知》有关要求,为促进集成电路产业和软件产业高质量发展,现就有关企业所得税政策问题公告如下:

一、国家鼓励的集成电路设计、装备、材料、封装、测试企业和软件企业,自获利年度起,第一年至第二年免征企业所得税,第三年至第五年按25%法定税率减半征收企业所得税。

二、国家鼓励的重点集成电路设计企业和软件企业,自获利年度起,第一年至第五年免征企业所得税,接续年度减按10%的税率征收企业所得税。

国家推出一系列引导市场经济健康运行,促进国民经济从高速增长向高质量发展转变的税收政策。一是出台了鼓励企业科技研发的税收优惠政策,支持企业创新发展。二是运用税收政策推动各生产要素的自由流动和优化配置,促进区域协调发展。充分体现出社会主义制度下税收利国利民的优惠。

所谓效率优先,旨在把谋求资源的高效配置放在重要地位。在市场经济条件下,市场是配置资源最有效率的形式。坚持效率优先原则,是促进我国经济增长,解决经济发展不充分问题的有效途径。

## 案例导入

甲公司实行按季预缴企业所得税,年终汇算清缴。2025年1月向某地区捐赠人民币300万元。甲公司预计2025年实现会计利润1 500万元,假设没有其他纳税调整事项。2025年一至四季度累计缴纳企业所得税350万元。甲公司适用25%的企业所得税税率。

**思考:** 请对上述业务进行纳税筹划。

2007年3月16日,第十届全国人民代表大会第五次会议通过了《中华人民共和国企业所得税法》(简称《企业所得税法》)。根据新税法的相关内容,纳税人、计税基础、税率等方面都发生了重大变化,这些变化对企业所得税的纳税筹划提出了新的要求。

## 第一节 企业所得税概述

### 一、企业所得税的概念与特征

(一)企业所得税的概念

企业所得税是指以企业取得的生产经营所得和其他所得为计税依据而征收的一种所得税。除个人独资企业、合伙企业不适用企业所得税外,在我国境内,企业和其他取得收入的组织为企业所得税的纳税人,依法缴纳企业所得税。

(二)企业所得税的特征

企业所得税具有以下五个特征:

(1)企业所得税的课税对象是纳税人的生产经营所得和其他所得。根据《企业所得税法》的相关规定,企业若有生产经营所得和其他所得,无论所得是经常性的还是偶然性的,都必须依法纳税。

(2)企业所得税是直接税,其纳税人与负税人一致。因此,企业所得税纳税人的负担不能转嫁,这体现了税收对社会收入分配的调节作用。

(3)企业所得税体现了公平纳税原则。企业所得税的税收基础是企业和其他经济组织的生产经营所得和其他所得。所得多,则纳税多;所得少,则纳税少;无所得,则不纳税。将所得税的高低与纳税人所得的多少直接联系起来,充分体现了税收公平的原则。

(4)企业所得税是企业的一项费用。企业有所得,即有收入,就相应地有所耗费,企业缴纳给国家的企业所得税可以理解为是一项与所得额配比的费用支出。

(5)所得税会计独立于企业财务会计体系。《企业所得税法》对于纳税人的收入总额、准予扣除的项目等都有详细的规定。因此,应纳税所得额与会计上的利润总额既有联系又有区别。纳税人在计算缴纳企业所得税时必须按照《企业所得税法》的相关规定处理。

## 二、企业所得税纳税规范

### (一)纳税人与适用的税率

1. 居民企业

居民企业是指依法在中国境内成立,或者依照外国(地区)法律成立但实际管理机构在中国境内的企业,包括国有企业、集体企业、私营企业、联营企业、股份制企业、外商投资企业、外国企业以及有生产、经营所得和其他所得的其他组织。居民企业应当就其来源于我国境内、境外的所得缴纳企业所得税,适用税率为25%。

2. 非居民企业

非居民企业是指按照外国(地区)法律成立且实际管理机构不在中国境内,但在中国境内设立机构、场所的,或者在中国境内未设立机构、场所,但有来源于中国境内所得的企业。非居民企业在我国境内设立机构、场所的,应当就其所设机构、场所取得的来源于中国境内的所得,以及发生在境外但与其所设机构、场所有实际联系的所得,缴纳企业所得税。非居民企业缴纳企业所得税的适用税率为25%。非居民企业在境内未设立机构、场所,或虽设立机构、场所但取得的所得与其所设立的机构、场所没有实际联系的,应当就其来源于境内的所得按照20%的税率征收企业所得税,但在实际征税时适用10%的税率。

3. 优惠税率

(1) 符合条件的小型微利企业,减按20%的税率征收企业所得税。

自2023年1月1日至2027年12月31日,对小型微利企业年应纳税所得额不超过100万元的部分,减按25%计入应纳税所得额,按20%的税率缴纳企业所得税。

自2022年1月1日至2027年12月31日,对小型微利企业年应纳税所得额超过100万元但不超过300万元的部分,减按25%计入应纳税所得额,按20%的税率缴纳企业所得税。

小型微利企业无论按查账征收方式或核定征收方式缴纳企业所得税,均可享受小型微利企业所得税优惠政策。

(2) 国家需要重点扶持的高新技术企业,减按15%的税率征收企业所得税。国家需要重点扶持的高新技术企业,是指拥有核心自主知识产权,并同时符合下列条件的企业:① 产品(服务)属于《国家重点支持的高新技术领域》规定的范围。② 研究开发费用占销售收入的比例不低于规定比例。③ 高新技术产品(服务)收入占企业总收入的比例不低于规定比例。④ 科技人员占企业职工总数的比例不低于规定比例。⑤ 高新技术企业认定管理办法规定的其他条件。

(3) 10%的优惠税率:① 在中国境内未设立机构、场所的,或者虽设立机构、场所但取得的所得与其所设机构、场所没有实际联系的,应当就其来源于中国境内的所得,减按10%的税率征收企业所得税。② 中国居民企业向境外H股非居民企业股东派发2008年及以后年度股息时,统一按10%的税率代扣代缴企业所得税。③ 合格境外机构投资者取得来源于中国境内的股息、红利和利息收入,应当按照企业所得税法的规定缴纳10%的企业所得税。

（二）应纳税所得额

按照《企业所得税法》的解释，"所得"包括销售商品所得、提供劳务所得、转让财产所得、股息红利所得、利息所得、租金所得、特许权使用费所得、接受捐赠所得和其他所得。"应纳税所得额"是指企业每一纳税年度的收入总额，减去不征税收入、免税收入、各项扣除以及允许弥补的以前年度的亏损后的余额。

其计算公式为：

$$\text{应纳税所得额} = \text{收入总额} - \text{不征税收入} - \text{免税收入} - \text{各项扣除} - \text{允许弥补的以前年度亏损}$$

应纳税所得额的计算以权责发生制为原则，即凡是属于当期的收入和费用，不论款项是否收付，均作为当期的收入和费用；凡是不属于当期的收入和费用，即使款项已经在当期收付，均不作为当期的收入和费用。应纳税所得额的正确计算直接关系到国家财政收入和企业的税收负担，并且同成本、费用核算关系密切。因此，《企业所得税法》对应纳税所得额计算做了明确规定。

1. 收入总额

企业的收入总额包括以货币形式和非货币形式从各种来源取得的收入。具体包括以下内容：

（1）销售商品收入。销售商品收入是指企业销售商品、产品、原材料、周转材料以及其他存货取得的收入。一般按照交易活动发生地确认该收入。

（2）劳务收入。劳务收入是指企业从事建筑安装、修理修配、交通运输、金融保险、咨询经纪、教育培训、娱乐、旅游以及其他劳务活动取得的收入。一般按照劳务发生地确认该收入。

（3）转让财产所得。转让财产所得是指企业转让固定资产、生物资产、无形资产、股权、债权等财产取得的收入。其中，不动产转让所得按照不动产所在地确认，动产转让按照转让动产的企业或机构、场所所在地确认，股权转让所得按照被投资企业所在地确认。

（4）股息、红利等权益性投资收益。股息、红利等权益性投资收益是指企业因权益性投资从被投资企业取得的收入。除国务院财政、税务主管部门另有规定外，股息、红利等权益性投资收益按照被投资企业做出利润分配决定的日期和确认收入的实现，在分配所得的企业所在地确认股息、红利等权益性投资收益。

（5）利息收入。利息收入是指企业将资金提供给他人使用但不构成权益性投资，或因他人占用本企业资金而取得的收入，包括贷款利息、存款利息、债券利息等。利息收入按照合同约定的债务人应付利息的日期确认收入的实现。

（6）租金收入。租金收入是指企业提供固定资产、包装物等有形资产的使用权而取得的收入。租金收入按照合同约定的承租人应付租金的日期确认收入的实现。

（7）特许权使用费收入。特许权使用费收入是指企业提供专利权、非专利技术、著作权等特许权的使用权取得的收入。该收入按照合同约定的使用人应付特许权使用费的日期确认收入的实现。

(8) 接受捐赠收入。接受捐赠收入是指企业接受的来自其他企业、组织或个人等无偿给予的货币性及非货币性资产。接受捐赠收入按照实际收到捐赠资产的日期确认收入的实现。

(9) 其他收入。其他收入是指企业取得的除上述收入外的其他收入,包括企业资产溢余收入、逾期未退包装物押金收入、确实无法偿付的应付款项、已作坏账损失处理后又收回的应收款项等。

2. 不征税收入

不征税收入主要包括以下三类:

(1) 财政拨款。

(2) 依法收入并纳入财政管理的行政事业性收费、政府性基金。

(3) 国务院规定的其他不征税收入:

① 企业取得的各类财政性资金,除属于国家投资和资金使用后要求归还本金的以外,均应计入企业当年收入总额。

② 对企业取得的由国务院财政、税务主管部门规定专项用途并经国务院批准的财政性资金,准予作为不征税收入,在计算应纳税所得额时从收入总额中减除。

③ 纳入预算管理的事业单位、社会团体等组织按照核定的预算和经费报领关系收到的由财政部门或上级单位拨的财政补助收入,准予作为不征税收入,在计算应纳税所得额时从收入总额中减除,但国务院和国务院财政、税务主管部门另有规定的除外。

3. 免税收入

免税收入,是指属于企业的应税所得,但是按照《企业所得税法》的规定免予征收企业所得税的收入。企业的免税收入主要包括以下四类:

(1) 国债利息收入,是指企业持有国务院财政部门发行的国债取得的利息收入。

(2) 符合条件的居民企业之间的股息、红利等权益性投资收益。符合条件的居民企业之间的股息、红利等权益性投资收益是指居民直接投资于其他居民企业取得的投资收益。

(3) 在中国境内设立机构、场所的非居民企业从居民企业取得与该机构、场所有实际联系的股息、红利等权益性投资收益。股息、红利等权益性投资收益,不包括连续持有居民企业公开发行并上市流通的股票不足 12 个月取得的投资收益。

(4) 符合条件的非营利组织的收入。符合条件的非营利组织,是指同时符合下列条件的组织:① 依法履行非营利组织登记手续。② 从事公益性或者非营利性活动。③ 取得的收入除用于与该组织有关的、合理的支出外,全部用于登记核定或者章程规定的公益性或者非营利性事业。④ 财产及其孳息不用于分配。⑤ 按照登记核定或者章程规定,该组织注销后的剩余财产用于公益性或者非营利性目的,或者由登记管理机关转赠给与该组织性质、宗旨相同的组织,并向社会公告。⑥ 投入人员工资福利开支控制在规定的比例内,不变相分配该组织的财产。⑦ 股权分置改革中,上市公司因股权分置改革而接受的非流通股股东作为对价注入资产和被非流通股股东豁免债务,上市公司应增加注册资本或资本公积,不征收企业所得税。

4. 各项扣除

《企业所得税法》规定,企业实际发生的与取得收入有关的、合理的支出,包括成本、费用、税金、损失和其他支出,准予在计算应纳税所得额时扣除。

(1) 在实际业务中,计算应纳税所得额时要注意以下三个方面的内容:

① 企业发生的支出应区分收益性支出和资本性支出。收益性支出在发生当期直接扣除;资本性支出应当分期扣除或计入有关资产成本,不得在发生当期直接扣除。

② 企业的不征税收入用于支出所形成的费用或财产,不得扣除或计算对应的折旧、摊销扣除。

③ 企业发生的成本、费用、税金、损失和其他支出,不得重复扣除。

(2) 有关支出扣除的基本规定:

① 成本是指企业在生产经营活动中发生的销售成本、销货成本、业务支出以及其他耗费,即企业销售商品、提供劳务、转让固定资产、无形资产的成本。

② 费用是指企业在生产经营活动中发生的销售费用、管理费用和财务费用,已经计入成本的费用除外。

③ 税金是指企业发生的除企业所得税和允许抵扣的增值税以外的各种税金及其附加。

④ 损失是指企业在生产经营活动中发生的固定资产和存货的盘亏、毁损、报废损失,转让财产损失,呆账损失,坏账损失,自然灾害等不可抗力因素造成的损失以及其他损失。

⑤ 其他支出是指除成本、费用、税金、损失外,企业在生产经营活动中发生的与生产经营活动有关的、合理的支出。

(3) 居民企业准予扣除的项目及具体扣除标准:

① 工资薪金支出。企业发生的合理的工资、薪金支出准予据实扣除。工资、薪金支出是企业每一纳税年度内支付给在本企业任职或与其有雇佣关系的员工的所有现金或非现金形式的劳动报酬,包括基本工资、奖金、津贴、补贴、年终加薪、加班工资,以及与任职或受雇有关的其他支出。

② 职工福利费、工会经费、职工教育经费。企业发生的职工福利费、工会经费、职工教育经费按标准扣除,未超过的按实际数额扣除,超过标准的只能按标准扣除。其中:企业发生的职工福利费支出,不超过工资、薪金总额14%的部分准予扣除;企业拨缴的工会经费,不超过工资、薪金总额2%的部分准予扣除;企业发生的职工教育经费支出,不超过工资、薪金总额2.5%的部分准予扣除,超过部分准予结转以后纳税年度扣除。

为了鼓励企业加大职工教育投入,2018年1月1日起,企业发生的职工教育经费支出,不超过工资薪金总额8%的部分,准予在计算企业所得税应纳税所得额时扣除;超过的部分,准予在以后纳税年度结转扣除。

③ 社会保险费。企业依照国务院有关主管部门或省级人民政府的规定范围和标准为职工缴纳的基本养老保险费、基本医疗保险费、失业保险费、工伤保险费、生育保险费等基本社会保险费和住房公积金,准予扣除。

④ 利息费用。企业在生产经营活动中发生的利息费用,按下列规定扣除:非金融企业向金融企业借款的利息支出、金融企业的各项存款利息支出和同业拆借利息支出、企业经批准发行债券的利息支出可以据实扣除;非金融企业向非金融企业借款的利息支出,不超过按照金融企业同期同类贷款利息计算的数额的部分可据实扣除,超过部分不予扣除。

⑤ 借款费用。企业在生产经营活动中发生的合理的不需要资本化的借款费用,准予扣除;企业为购置、建造固定资产、无形资产和经过12个月以上的建造才能达到预定可销售状态的存货发生借款的,在有关资产购置、建造期间发生的合理的借款费用,应予以资本化,作为资本性支出计入有关资产的成本,有关资产交付使用后发生的借款费用,可在发生当期扣除。

⑥ 汇兑损失。企业在货币交易中以及纳税年度终了时将人民币以外的货币性资产、负债按照期末即期人民币汇率中间价折算为人民币时产生的汇兑损失,除已经计入有关资产成本以及与向所有者进行利润分配有关的部分外,准予扣除。

⑦ 业务招待费。企业发生的与生产经营活动有关的业务招待费,按照发生额的60%扣除,但最高不得超过当年销售收入(营业收入)的5‰。

对从事股权投资业务的企业(包括集团公司总部、创业投资企业等),其从被投资企业所分配的股息、红利以及股权转让收入,可以按规定的比例计算业务招待费扣除限额。

企业在筹建期间,发生的与筹办活动有关的业务招待费支出,可按实际发生额的60%计入企业筹办费,并按有关规定在税前扣除。

⑧ 广告费和业务宣传费。企业发生的符合条件的广告费和业务宣传费支出,不超过当年销售收入(营业收入)15%的部分,准予扣除;超过部分,准予结转以后纳税年度扣除。

⑨ 环境保护专项资金。企业依照法律、法规有关规定提取的用于环境保护、生态恢复等方面的专项资金,准予扣除。上述专项资金提取后改变用途的,不得扣除。

⑩ 租赁费。企业根据生产经营活动的需要租入固定资产支付的租赁费,按照以下方法扣除:以经营租赁方式租入固定资产发生的租赁费支出,按照租赁期限均匀扣除;以融资租赁方式租入固定资产发生的租赁费支出,按照规定构成融资租入固定资产价值的部分应当提取折旧费用,分期扣除。

此外还有公益性捐赠支出。公益性捐赠支出是指企业通过公益性社会团体或县级以上人民政府及其部门,用于《中华人民共和国公益事业捐赠法》规定的公益事业的捐赠。企业发生的公益性捐赠支出,不超过年度利润总额12%的部分,准予在计算应纳税所得额时扣除;超过年度利润总额12%的部分,准予结转以后三年内在计算应纳税所得额时扣除。

(4) 不得扣除的项目:

在计算应纳税所得额时,下列支出不得扣除:

① 向投资者支付的股息、红利等权益性投资收益款项。

② 企业所得税税款。

③ 税收滞纳金。

④ 罚金、罚款和被没收财物的损失。

⑤ 公益性捐赠支出以外的捐赠;直接的公益性捐赠不得扣除。

⑥ 赞助支出,是指企业发生的与生产经营活动无关的各种非广告性质支出。

⑦ 未经核定的准备金支出。

⑧ 企业之间支付的管理费、企业内营业机构之间支付的租金和特许权使用费以及非银行企业内营业机构之间支付的利息,不得扣除。

⑨ 与取得收入无关的其他支出。

5. 允许弥补的以前年度亏损

亏损是指企业依照企业所得税法的规定,将每一纳税年度的收入总额扣除不征税收入、免税收入和各项扣除后小于零的数额,表明该企业的成本大于收入,因而存在亏损,不仅没有可缴纳企业所得税的收入,还需要将亏损在今后五年的利润中予以结转扣除。

《关于延长高新技术企业和科技型中小企业亏损结转年限的通知》(财税〔2018〕76号)规定:自2018年1月1日起,当年具备高新技术企业或科技型中小企业资格的企业,其具备资格年度之前5个年度发生的尚未弥补完的亏损,准予结转以后年度弥补,最长结转年限由5年延长至10年。

【例5-1】某工业企业为居民企业、一般纳税人,2025年发生下列经营业务:全年取得产品销售收入5 400万元,发生产品销售成本4 000万元;其他业务收入800万元,其他业务成本550万元;取得购买国债的利息收入40万元;缴纳非增值税销售税金及附加300万元;发生管理费用760万元,其中,研究开发费用60万元,业务招待费70万元;发生财务费用200万元;取得直接投资其他居民企业的权益性收益34万元(已在投资方所在地按15%的税率缴纳了所得税);取得营业外收入100万元,发生营业外支出250万元(含公益性捐赠32万元)。试计算该企业2025年应缴纳的企业所得税。

【计算过程】

利润总额=5 400+800+40+34+100-4 000-550-300-760-200-250=314(万元)

国债利息收入免征企业所得税,应调减应纳税所得额40万元。

技术开发费调减应纳税所得额=60×50%=30(万元)

按实际发生业务招待费的60%计算=70×60%=42(万元)

按销售收入(营业收入)的5‰计算=(5 400+800)×5‰=31(万元)

按照规定税前扣除限额应为31万元,实际应调增应纳税所得额=70-31=39(万元)

取得直接投资其他居民企业的权益性收益属于免税收入,应调减应纳税所得额34万元。

捐赠扣除标准=314×12%=37.68(万元)

实际捐赠额32万元小于扣除标准37.68万元,可按照实际捐赠数扣除,不作纳税调整。

应纳税所得额=314-40-30+39-34=249(万元)

该企业2025年应缴纳企业所得税=249×25%=62.25(万元)

### 三、所得税的会计处理方法

(一) 与所得税会计有关的概念

1. 应税所得

应税所得是指按照税法的要求计算出的企业收入总额减去准予扣除的成本、费用、税金、损失。在实际业务操作中,企业应税所得通常以会计所得为基础进行调整,计算间接所得,调整项目构成之间的差异。

2. 计税基础

资产的计税基础是指企业在收回资产账面价值的过程中,计算应税所得时按照税法可以自应税经济利益中抵扣的金额,即该资产在未来使用或最终处置时,允许作为成本或费用于税前列支的金额。负债的计税基础是指负债的账面价值减去未来期间计算应税所得时按照税法规定可予抵扣的金额。

3. 暂时性差异

暂时性差异是指资产、负债的账面价值与其计税基础不同产生的差异。因为资产、负债的账面价值与其计税基础不同,产生了在未来收回资产或清偿负债的期间内,应纳税所得额增加或减少并导致未来期间应交所得税增加或减少的情况,形成企业的资产和负债,在有关暂时性差异发生当期,符合确认条件的情况下,应当确认相关的递延所得税负债或递延所得税资产。根据暂时性差异对未来期间应纳税所得额的影响,分为应纳税暂时性差异和可抵扣暂时性差异。

(1) 应纳税暂时性差异。

应纳税暂时性差异是指在确定未来收回资产或清偿负债期间的应纳税所得额时,将导致产生应税金额的暂时性差异,即在未来期间不考虑该事项影响的应纳税所得额和应交所得税金额,在其产生当期应当确认相关的递延所得税负债。应纳税暂时性差异通常产生于以下两种情况:资产的账面价值大于其计税基础,负债的账面价值小于其计税基础。

(2) 可抵扣暂时性差异。

可抵扣暂时性差异是指在确定未来收回资产或清偿负债期间的应纳税所得额时,将导致产生可抵扣的暂时性差异。该差异在未来期间转回时,将减少转回期间的应纳税所得额,减少未来期间的应交所得税。在可抵扣暂时性差异产生当期,符合确认条件时,应当确认相关的递延所得税资产。可抵扣暂时性差异一般产生于以下情况:资产的账面价值小于其计税基础,负债的账面价值大于其计税基础。

(二) 所得税会计案例分析

【例5-2】甲企业当期开发新技术产生研究开发支出2 000万元,其中研究阶段支出400万元,开发阶段符合资本化条件前发生的支出为400万元,符合资本化条件后至达到预定用途前发生的支出为1 200万元。税法规定,企业为开发新技术、新产品、新工艺发生的研究开发费用,未形成无形资产计入当期损益的,按照研究开发费的100%加计扣除;形成无形资产的,按照无形资产成本的200%摊销。假定开发形成的无形资产在当期期末已达到预定用途。

【案例分析】

甲企业当期发生的研究开发支出中,按照会计准则规定应予以费用化的金额为800万元,形成无形资产的成本为1 200万元,即期末所形成的无形资产的账面价值为1 200万元。

甲企业当期发生的 2 000 万元研究开发支出,按照税法规定可在当期税前扣除的金额为 1 600 万元。所形成无形资产在未来期间可予税前扣除的金额为 2 400 万元,其计税基础为 2 400 万元,与其账面价值 1 200 万元形成暂时性差异 1 200 万元。

【例 5-3】乙公司于 2025 年 12 月因违反当地有关环境保护的规定,接到环保部门的处罚通知,要求其支付罚款 300 万元。税法规定,企业因违反国家有关法律法规支付的罚款和滞纳金,计算应税所得时不允许税前扣除。至 2025 年 12 月 31 日,该项处罚尚未支付。

**【案例分析】**

分析可知,应支付的罚款产生的负债账面价值为 300 万元。

该负债的计税基础＝负债的账面价值－未来准予抵扣的金额＝300－0＝300(万元)

该负债的账面价值 300 万元与其计税基础 300 万元相同,不形成暂时性差异。

# 第二节 企业所得税纳税人的筹划

## 一、居民企业与非居民企业转换

缴纳企业所得税的企业分为居民企业和非居民企业。其中,居民企业和在中国境内设有机构、场所且所得与机构、场所有关联的非居民企业,企业所得税基本税率为 25%。

在中国境内未设立机构、场所的,或者虽设立机构、场所但取得的所得与其所设机构、场所没有实际联系的非居民企业适用于低税率 20%(但实际征税时适用 10%的税率)。

由于居民企业或非居民企业在不同的情况下适用企业所得税税率是不同的,企业可以通过选择不同的企业运营方式来适用低税率,从而降低企业所得税税负。

【例 5-4】甲企业现有两种运营方式:一是依照外国法律成立但使其实际管理机构在中国境内;二是依照外国法律成立且使其实际管理机构不在中国境内,且在中国境内不设立机构、场所。假设两种方式下每年来源于中国境内的应纳税所得额均为 1 000 万元,且没有来源于中国境外的所得。请对其进行税务筹划。

**【筹划过程】**

方案一:依照外国法律成立但使其实际管理机构在中国境内,即成为居民纳税义务人的一种。

应纳企业所得税＝1 000×25%＝250(万元)

方案二:依照外国法律成立且使其实际管理机构不在中国境内,且在中国境内不设立机构、场所,即成为非居民纳税义务人的一种。

应纳企业所得税＝1 000×10%＝100(万元)

方案二比方案一少缴所得税 150(250－100)万元,因此,应当选择方案二。

## 二、一般企业与小型微利企业转换

由于企业所得税税率统一为 25%,小型微利企业为 20%。企业可以根据自身经营规模和盈利水平的预测,将有限的盈利水平控制在限额以下,从而成为小型微利企业,以期适用较低的税率。另外,将大企业分立为小型微利企业,也可达到适用低税率的目的。

**【例 5-5】** 甲企业共有两个相对独立的门市部,预计 2025 年年度应纳税所得额为 50 万元,假设没有纳税调整项目,即税前利润正好等于应纳税所得额。而这两个门市部税前利润以及相应的应纳税所得额都为 25 万元,从业人数 70 人,资产总额 900 万元。请对其进行纳税筹划。企业所得税税率统一为 25%,小型微利企业为 20%。

**【筹划过程】**

方案一:维持原状。

应纳企业所得税=50×25%=12.5(万元)

方案二:将甲企业按照门市部分立为两个独立的企业 A 和 B。

A 企业应纳企业所得税=25×20%=5(万元)

B 企业应纳企业所得税=25×20%=5(万元)

企业集团应纳企业所得税总额=5+5=10(万元)

方案二比方案一少缴企业所得税 2.5(12.5-10)万元,因此,应当选择方案二。

然而甲商业企业按照门市部分立为两个独立的企业,必然要耗费一定的费用,也有可能会影响正常的经营,不利于今后规模的扩大。因此,还需权衡利弊。

### 三、子公司与分公司的转换

企业设立从属机构时,具体选择设立子公司还是分公司,能享受不同的税收待遇。个人独资企业、合伙企业缴纳个人所得税,不缴纳企业所得税。不同的企业组织形式实际所得税负担不同,一般情况下,个人独资企业、合伙企业较公司或法人的总体所得税负担要轻。

**【例 5-6】** 某公司准备设立一个分支机构,预计该分支机构 2022—2025 年的应纳税所得额分别为:-120 万元、-50 万元、100 万元、200 万元。该公司有两套方案可供选择。方案一:设立全资子公司,子公司具有法人资格;方案二:设立分公司,分公司不具有法人资格。假设公司所得税税率为 25%,该公司该如何决策?

**【筹划过程】**

对两种方案进行分析。方案一:设立全资子公司,子公司具有法人资格。子公司具有法人资格,应当独立承担纳税义务。该子公司四年纳税情况如表 5-1 所示。

表 5-1　子公司四年纳税情况表　　　　　　　　　　单位:万元

| 年　　份 | 2022 | 2023 | 2024 | 2025 |
| --- | --- | --- | --- | --- |
| 应纳税所得额 | -120 | -50 | 100 | 200 |
| 累计弥补亏损额 | -120 | -170 | -70 | 130 |
| 应纳税额 | 0 | 0 | 0 | 32.5 |
| 四年累计应纳税额 | 32.5 ||||

方案二:设立分公司。

由于分公司不具有法人资格,不能成为独立的纳税主体,必须和总公司一起缴纳企业所得税。该分公司四年的纳税情况如表5-2所示。

**表5-2　分公司四年纳税情况表**　　　　　　　　　　　单位:万元

| 年　份 | 2022 | 2023 | 2024 | 2025 |
|---|---|---|---|---|
| 应纳所得额 | －120 | －50 | 100 | 200 |
| 抵扣总公司所得额 | －120×25％＝－30 | －50×25％＝－12.5 | 100×25％＝25 | 200×25％＝50 |
| 四年累计应纳税额 | 50＋25－30－12.5＝32.5 ||||

通过比较可以发现,无论设立子公司还是分公司,四年累计应纳税额是相同的,但不同的是:子公司前三年不缴纳企业所得税,第四年缴纳32.5万元的企业所得税;分公司前两年可以帮助总公司分别少缴30万元和12.5万元的企业所得税,第三年和第四年分别缴纳25万元和50万元的企业所得税,这就相当于取得了一定数额的无息贷款,获得了货币时间价值。应当选择方案二。

# 第三节　企业收入的纳税筹划

## 一、业务收入的纳税筹划

### (一)不同收入界定的筹划

收入总额包括企业取得的各种货币收入和非货币收入。"不征税收入"不构成应税收入,具体是指财政拨款、纳入财政管理的行政事业性收费、政府性基金等属于财政性资金的收入;"免税收入"已构成应税收入但予以免除,是指国债利息收入,符合条件的居民企业之间的股息、红利收入等。因此,企业在选择对外投资方式时,可以考虑选择国债或符合条件的股票、债券直接投资,如企业可以将闲置资金用于购买国债而不存入银行,以增加免税收入。

### (二)利用分期确认收入的筹划

《中华人民共和国企业所得税法实施条例》(简称《企业所得税法实施条例》)第9条规定:"企业应纳税所得额的计算,以权责发生制为原则",纳税人经营下列业务的收入可以分期确定,并据以计算应纳税所得额:

(1)以分期收款方式销售商品的,可以按合同约定的购买人应付价款的日期确定销售收入的实现。

(2)建筑、安装、装配工程和提供劳务,持续时间超过一年的,可以按完工进度或完成的工作量确定收入的实现。

(3)为其他企业加工、制造大型机械设备、船舶等,持续时间超过一年的,可以按完工进度或者完成的工作量确定收入的实现。分期确认收入筹划的基本原则是,让法定收入时间与实际收入时间一致或晚于实际收入时间,这样企业就能有较为充足的资金纳税,并享受该笔资金的时间价值。

(三)选择不同销售方式的筹划

产品销售方式有现金销售、预收货款销售、托收承付或委托收款、委托其他企业代销、分期收款等,不同的销售方式对应不同的收入确认时间。由于产品在销售过程中,企业对销售方式有自由选择权,销售方式不同,往往适用不同的税收政策,这就为利用不同的销售方式进行纳税筹划提供了可能,而企业纳税义务发生时间的确定取决于销售收入的实现时间,这又为税收(延迟纳税)筹划提供了机会。企业的应纳税所得额取决于纳税人年度收入总额和准予扣除项目金额两方面。根据税法规定,计算缴纳所得税的收入包括销售收入、提供劳务收入、转让财产收入、股息红利等权益性投资收益、利息收入、租金收入、特许权使用费收入、接受捐赠收入、其他收入。

具体的筹划方法如下:

(1)凡是企业已经发生的各项收入业务,其收入应适时入账。依据企业会计准则的有关规定,不应该入账或可以不记入收入类账户的,则不记入收入账户;能少记入收入类账户的,要尽可能少记入收入账户;能推迟入账的,则尽可能推迟入账。

(2)凡是企业尚未发生的各种收入类业务,或者处于取得收入过程中的业务,不能预先入账。即在纳税人的纳税义务发生之前不能根据合同、协议、口头约定等来预计任何可能形成的经济收益。

(3)凡是介于负债和收入之间的经济事项,尽量作负债而不作收入处理;凡是介于债权和收入之间的经济事项,尽量作债权的减少而不作收入的增加处理;凡是介于对外投资和对外销售之间的经济业务事项,尽量作对外投资而不作对外销售业务处理;凡是介于征税和免税之间的经济业务事项,尽量作免税而不作征税处理。

【例5-7】某公司主要从事对美贸易业务。该公司选择按月预缴企业所得税。该公司2025年1—5月份,每月收入分别为1 000万美元、1 500万美元、1 500万美元、1 000万美元、2 000万美元。假设每月最后一日1美元兑换人民币分别为7.52元、7.49元、7.46元、7.43元、7.41元。预计未来一段期间,美元仍然会继续贬值。该公司对于未来的美元收入有两种方案可供选择。方案一:按照实际数额确认收入;方案二:适当推迟收入的确认时间。该公司应当选择哪套方案?

【筹划过程】

方案一:按照实际数额确认收入。在该方案下,该公司2025年1—5月的纳税情况如下:

1月份应当预缴税款=1 000×7.52×25%=1 880(万元)

2月份应当预缴税款=1 500×7.49×25%=2 808.75(万元)

3月份应当预缴税款=1 500×7.46×25%=2 797.5(万元)

4月份应当预缴税款=1 000×7.43×25%=1 857.5(万元)

5月份应当预缴税款=2 000×7.41×25%=3 705(万元)

累计预缴税款=1 880+2 808.75+2 797.5+1 857.5+3 705=13 048.75(万元)

方案二：适当推迟收入的确认时间。将2025年1—5月份的每月美元收入调整为1 000万美元、1 000万美元、1 000万美元、1 500万美元、2 500万美元，收入总额并未发生变化，只是改变了总收入在各月份的分布情况。

在该方案下，该公司2025年1—5月份的纳税情况如下：

1月份应当预缴税款＝1 000×7.52×25％＝1 880(万元)

2月份应当预缴税款＝1 000×7.49×25％＝1 872.5(万元)

3月份应当预缴税款＝1 000×7.46×25％＝1 865(万元)

4月份应当预缴税款＝1 500×7.43×25％＝2 786.25(万元)

5月份应当预缴税款＝2 500×7.41×25％＝4 631.25(万元)

累计预缴税款＝1 880＋1 872.5＋1 865＋2 786.25＋4 631.25＝13 035(万元)

与方案一相比，方案二节税13.75(13 048.75－13 035)万元。

## 二、关联企业收入的纳税筹划

关联企业之间的交易，按照税法规定应当根据独立企业之间的业务往来收取或支付价款、费用；否则，税务机关有权进行纳税调整。但当不同地区或不同的纳税人之间存在税率差异时，关联企业之间可以通过适当的转移定价筹划，将利润从适用企业所得税税率高的企业转移到税率低的企业，从而达到谋求最佳纳税筹划的效果。

**【例5－8】** 甲公司拥有乙和丙两个全资子公司，其中，乙公司是国家重点扶持的高新技术企业，适用15％的企业所得税税率，丙公司是一般企业，适用25％的企业所得税税率。2025年，甲公司有两套方案可供选择。方案一：乙公司实现利润6 000万元，丙公司实现利润4 000万元；方案二：乙公司实现利润7 000万元，丙公司实现利润3 000万元。从节税的角度出发，甲公司应当选择哪套方案？

**【筹划过程】**

方案一：乙公司实现利润6 000万元，丙公司实现利润4 000万元。

在该方案下，乙公司和丙公司的纳税情况如下：

乙公司应纳税额＝6 000×15％＝900(万元)

丙公司应纳税额＝4 000×25％＝1 000(万元)

两公司合计应纳税额＝900＋1 000＝1 900(万元)

方案二：乙公司实现利润7 000万元，丙公司实现利润3 000万元。

在该方案下，乙公司和丙公司的纳税情况如下：

乙公司应纳税额＝7 000×15％＝1 050(万元)

丙公司应纳税额＝3 000×25％＝750(万元)

两公司合计应纳税额＝1 050＋750＝1 800(万元)

与方案一相比，方案二节税100(1 900－1 800)万元。因此，甲公司应当选择方案二。

# 第四节　准予扣除项目的纳税筹划

## 一、税前扣除金额的纳税筹划

企业所得税法统一规定内外资企业的广告费和业务宣传费支出不超过当年销售(营业)收入15%的部分,可以据实扣除,超过比例的部分可结转到以后年度扣除。企业发生的与生产经营活动有关的业务招待费,按照发生额的60%扣除,且扣除总额全年最高不得超过当年销售(营业)收入的5‰。纳税筹划思路是企业应将业务招待费的60%控制在当年销售(营业)收入的5‰之内,以充分使用业务招待费的限额,同时又可以减少纳税调整事项。在不影响经营的前提下,一般可以通过在调低业务招待费的同时,调高广告费和业务宣传费来进行。

【例5-9】甲企业为一般企业,预计2025年销售(营业)收入为12 000万元,预计广告费为600万元,业务宣传费为400万元,业务招待费为200万元,其他可税前扣除的支出为8 000万元。请对其进行纳税筹划。

【筹划过程】

方案一:保持原状。

广告费和业务宣传费支出的扣除限额=12 000×15%=1 800(万元)

广告费和业务宣传费支出的实际发生额=600+400=1 000(万元),可据实扣除。

业务招待费的扣除限额=12 000×5‰=60(万元)

业务招待费的60%=200×60%=120(万元),业务招待费发生额为200万元,需调增应纳税所得额140(200-60)万元。

应纳企业所得税=(12 000-600-400-200+140-8 000)×25%=735(万元)

税后净利润=12 000-600-400-200-8 000-735=2 065(万元)

方案二:在不影响经营的前提下,调减业务招待费至100万元,同时调增广告费至700万元。

广告费和业务宣传费支出的扣除限额=12 000×15%=1 800(万元),广告费和业务宣传费支出的实际发生额=700+400=1 100(万元),可据实扣除。

业务招待费的扣除限额=12 000×5‰=60(万元),业务招待费的60%=100×60%=60(万元),需调增应纳税所得额40(100-60)万元。

应纳企业所得税=(12 000-700-400-100+40-8 000)×25%=710(万元)

税后净利润=12 000-700-400-100-8 000-710=2 090(万元)

方案二比方案一少缴纳企业所得税25(735-710)万元,多获取净利润25(2 090-2 065)万元,因此,应当选择方案二。

有些情况下,调减业务招待费的同时调增广告费,会影响经营业绩,这便限制了这种方法的运用。

## 二、业务招待费的纳税筹划

税法依据企业发生的与生产经营活动有关的业务招待费支出,按照发生额的60%扣除,但最高不得超过当年销售(营业)收入的5‰。

假设企业年销售(营业)收入为$X$,年业务招待费为$Y$,当$Y\times 60\%=X\times 5‰$时,$Y=X\times 0.833‰$。具体来说有三种情况:一是若业务招待费正好是销售(营业)收入的0.833‰时,企业才能充分利用上述政策;二是若业务招待费大于销售(营业)收入的0.833‰时,企业要承受更高的税负;三是若业务招待费小于销售(营业)收入的0.833‰时,与第二种情况相比企业不会增加更多的税负,与第一种情况相比企业未能充分利用上述政策,但若企业业务招待费支出本来很低,则这种情况为最佳。

例如,预计2025年甲企业销售(营业)收入为10 000万元,根据上述公式,$Y=X\times 0.833‰=10\ 000\times 0.833‰=83.3$(万元)。也就是说,业务招待费支出最佳状态是正好83.3万元;其次是低于83.3万元,若高于83.3万元,则超过83.3万元的部分要承受更高的税负。

## 三、技术转让所得的纳税筹划

对于预计当年度技术转让所得超过500万元的情况,我们可以采取递延技术转让所得的方式。具体操作方法如下:通过采用分期收款方式,将超过500万元的这部分所得分摊到以后年度,从而可以完全享受免征企业所得税的优惠。

【例5-10】甲企业2024年12月15日以1 600万元的价款转让某技术,其技术转让成本和相关税费为600万元,则技术转让所得为1 000万元(1 600-600),请对其进行纳税筹划。税法依据一个纳税年度内,居民企业技术转让所得不超过500万元的部分,免征企业所得税;超过500万元的部分,减半征收企业所得税。其中,技术转让所得=技术转让收入-技术转让成本-相关税费。以分期收款方式销售货物按照合同约定的收款日期确认收入的实现。

【筹划过程】

方案一:2024年12月15日签订直接收款的技术转让合同。

2024年纳税所得额=1 600-600-500=500(万元)

2024年应纳企业所得税=500×25%×0.5=62.5(万元)

方案二:签订分期收款合同,合同约定2024年12月15日收取800万元,2025年1月15日再收取800万元,则600万元的技术转让成本与相关税费也相应地在两个年度均分。则:

2024年应纳税所得额=800-300-500=0(万元)

2024年应纳企业所得税=0(万元)

2025年应纳税所得额=800-300-500=0(万元)

2025年应纳企业所得税=0(万元)

方案二比方案一少纳企业所得税62.5万元,因此,应当选择方案二。

筹划点评:分期确认转让技术收入的好处在于将技术转让所得分摊在不同的年度,在各年度分别充分享受税收优惠政策,避免一个年度享受不完的情况产生。

## 四、资产计价与会计核算方法的纳税筹划

### (一) 存货计价方法的选择

发出存货的计价可以按照实际成本核算,也可以按照计划成本核算。根据《企业会计准则》的规定,按照实际成本核算的,应当采用先进先出法、加权平均法、个别计价法确定其实际成本。由于采用不同的存货成本计价方法可以改变销售成本,继而影响应纳税所得额,所以纳税人可以根据自己的实际情况选择使本期发出存货成本最有利于纳税筹划的存货计价方法。在不同企业或企业处于不同的盈亏状态下,应选择不同的计价方法。

1. 盈利企业

由于盈利企业的存货成本可最大限度地在本期所得税中税前抵扣,因此,应选择能使本期成本最大化的计价方法。在通货膨胀、材料价格不断上涨时,采用加权平均法、移动加权平均法可以使计入本期成本的费用增高;反之,在通货紧缩、物价下跌时,应选择先进先出法。

2. 亏损企业

亏损企业选择计价方法时应与弥补亏损相结合。所选择的计价方法必须使不能得到或不能完全得到税前弥补的亏损年度的成本费用降低,使成本费用延迟到以后能够完全得到弥补的时期,保证成本费用的抵税效果最好。

3. 享受税收优惠的企业

如果企业正处于企业所得税的免税期或减税期,就意味着企业获得的利润越多,其得到的减免税额越多,应选择减免税优惠期间内存货成本最小化的计价方法,减少存货费用的当期摊入,扩大当期利润。

相反,处于非税收优惠期间时,应选择使得存货最大化的计价方法,将当期的存货费用尽量扩大,以达到减少当期利润、推迟纳税期的目的。

【例 5-11】某企业为保证正常的生产经营,每年需有一定的库存材料。2025 年,该企业进货 6 次,具体见表 5-3,并在该年售出了 10 000 件产品,市场不含税售价为 50 元/件。除材料费用外,其他开支 20/件。假设企业所得税税率适用 25% 的税率。对于企业来讲,存货成本的核算,采取先进先出法和加权平均法哪个更有利?

表 5-3　2025 年某企业进货情况表

| 时　间 | 摘　要 | 数量(件) | 单价(元) | 金额(元) |
| --- | --- | --- | --- | --- |
| 2月5日 | 购入 | 15 000 | 12 | 180 000 |
| 4月2日 | 购入 | 13 000 | 16 | 208 000 |
| 6月1日 | 购入 | 8 000 | 22 | 176 000 |
| 8月3日 | 购入 | 16 000 | 18 | 288 000 |
| 10月4日 | 购入 | 12 000 | 13 | 156 000 |
| 12月2日 | 购入 | 15 000 | 21 | 315 000 |

**【筹划过程】**

(1) 采取先进先出法,则:

材料费用=10 000×12=120 000(元)

其他开支=10 000×20=200 000(元)

销售收入=10 000×50=500 000(元)

利润额=500 000-320 000=180 000(元)

应纳企业所得税额=180 000×25%=45 000(元)

(2) 采取加权平均法,则:

购入价=(180 000+208 000+176 000+288 000+156 000+315 000)÷(15 000+13 000+8 000+16 000+12 000+15 000)=16.75(元)

产品成本=10 000×16.75=167 500(元)

其他开支=10 000×20=200 000(元)

销售收入=10 000×50=500 000(元)

利润额=500 000-167 500-200 000=132 500(元)

应纳企业所得税额=132 500×25%=33 125(元)

从上述分析得出,企业选用加权平均法核算原材料成本,可节约税负 11 875 元。所以,用加权平均法作为原材料等存货的计价方法,可以增加当期产品销售成本,有利于处于盈利期企业降低企业所得税税负。需要指出的是,当企业处于免税期和初创的亏损期时,加大产品成本扣除并不利于以后期间企业所得税税负的降低。

(二)固定资产计价与折旧方法的纳税筹划

1. 固定资产计价的筹划

固定资产价值是通过折旧形式转移到成本费用中的,折旧额的多少取决于固定资产的计价、折旧年限和折旧方法等因素。由于折旧是在未来较长时间内陆续计提的,为降低本期税负,新增固定资产的入账价值要尽可能低。对于在建工程,要尽可能早地转入固定资产,以便尽早提取折旧。

2. 固定资产折旧的筹划

固定资产折旧是影响企业应纳税所得额的重要因素。固定资产的筹划主要是对折旧的筹划。而固定资产折旧金额的大小,主要取决于四大因素:折旧年限、折旧方法、净残值和折旧金额。固定资产的筹划应充分考虑这四种因素的影响。筹划思路如下:

(1)通过减少或增加固定资产的计税基础、折旧方法的选择和折旧年限的选择,企业一定程度上可以对固定资产的折旧金额进行筹划。例如,企业处于盈利期,在税法范围内,选择加速折旧方法,缩短折旧年限,加大固定资产的折旧额,增加税前扣除金额,折旧越快,企业早期纳税就越少,相当于获得一笔无息贷款。若企业处于亏损期,应尽量使固定资产前期折旧少,使其后期折旧费用扣除加大而减少纳税。

(2)对于不再用又不能计提折旧的固定资产,应加快处理,实现财产损失的税前扣除。

(3) 取得固定资产的筹划。企业取得固定资产的方式，主要有外购、经营性租入和融资性租入等。对于不同的取得方式，税法规定也不同，这给纳税筹划留下了一定的空间。例如，经营性租入固定资产的，其符合独立交易原则的租金可在受益期内均匀扣除；融资性租入的固定资产，租金支出不可扣除，但可按自有资产提取折旧费用进行税前扣除。

**【例 5-12】** 湖北某生产企业 2021 年刚刚成立，预计前 4 年会亏损。为扩大业务，2025 年购买一辆货车，价值 50 万元，预计使用年限为 8 年，预计净残值为 2 万元，企业准备选择直线法计提折旧。为使企业获得较大的税收利益，企业如何事前筹划确定其折旧年限？

**【筹划过程】**

资产折旧年限越小，每一年的折旧金额就越大，费用扣除就越多，从而减少企业早期应交的企业所得税。税法规定，飞机、火车、轮船以外的运输工具，折旧年限不得低于 4 年。可见，税前可以扣除的固定资产折旧金额须按大于或等于 4 年的时间计提折旧。

由于企业刚成立不久，前 4 年会亏损，企业根本享受不到早提折旧带来的税收减少的好处，此时，折旧年限确定为 8 年比 4 年更有利。

纳税筹划是根据企业的具体情况、在税法规定范围内做出对企业节税有利的选择。所以，如果企业处于稳定的盈利期，且未享受任何定期免税的优惠，企业固定资产选择 4 年的折旧年限，每一年的折旧额比按 8 年计提折旧的折旧额可减少所得税 15 000 元，这样减少早期纳税金额，对企业更有利。

**【例 5-13】** 2025 年 12 月，某生产企业盘存资产时，发现本企业有一台不需用的生产机器设备，原作为固定资产核算，因其能耗过高，2025 年 8 月被停用。该设备原值为 200 万元，预计使用年限为 10 年，无残值，盘存当月账面余值为 100 万元。目前出售可取得不含税收入 5 万元。不考虑企业所得税之外的税费，企业应如何筹划该不用资产？

**【筹划过程】**

税法规定，房屋、建筑物以外未投入使用的固定资产，不得计提折旧在企业所得税前扣除。企业在实际处置、转让资产过程中发生的合理损失，即实际资产损失，且会计上已作损失处理的年度申报扣除，准予在企业所得税税前扣除。可见，对于企业不用的固定资产，选择提前处置，其合理的处置损失可以在所得税前扣除，在处置当前可以抵税。

案例中盘存不需用的资产，因其生产停用，如不对外处置，账面价值 100 万元，税法上不能计提折旧税前扣除，计提的减值准备也不能税前扣除，应选择在 2025 年 12 月对外出售。处置净损失 95 万元，可以清单申报的方式在 2025 年的所得税汇算清缴时税前扣除，早日实现损失的抵税效应。

### （三）无形资产摊销的纳税筹划

企业取得无形资产的途径和摊销方法不同，企业每期的摊销就会有差别，从而影响当期的应纳税所得额。筹划思路如下：

(1) 就取得途径来讲，自主研发比外购的无形资产对所得税的节税更有利。首先，自主研发分为研究阶段和开发阶段，根据准则，研究阶段的费用支出可以完全费用化，并享受 100% 的加计扣除，都可以计入当期损益；开发阶段的费用支出资本化，相关摊销也可按

200%摊销。在这个过程中,企业一定程度上可以自主选择费用支出的资本化时点,而且是否形成无形资产,现实经济生活中也是由企业自己确定的,这给合理筹划留下了可能。

(2) 无形资产保有期间,其摊销金额的大小,直接影响着企业当期应纳税所得额的多少。而摊销额的决定性因素,包括无形资产的计税基础、摊销年限及摊销方法。税法对无形资产的摊销期限赋予了一定的选择空间。正常经营的企业,无形资产的摊销年限越短,无形资产成本的收回速度越快,这样可以避免企业未来的不确定性风险,还可以使企业后期的成本费用提前扣除,获得延期纳税的筹划利益。

【例5-14】某生产企业准备扩大生产规模,2025年1月需要引进一项先进的生产技术。该公司有能力自行研发,也可以在市场上购买。如果自行研发,研发时间需要1年,预计研发费用为500万元(其中可资本化的支出为300万元);如果外购类似的技术,同样需要花500万元。该技术摊销年限为10年,采用直线法。企业所得税税率为25%,贴现率为10%。不考虑其他事项,该企业如何通过筹划进行决策?

【筹划过程】

仅考虑无形资产不同取得方式对税前扣除项目的影响的话,如果自行研发,此事项可减少当期应纳税额=[200×(1+100%)+300×(1+100%)÷10]×25%=115(万元);如果外购,此事项可减少当期应纳税额=500÷10×25%=12.5(万元)。

可见,仅考虑税前扣除项目的影响,前者比后者少交企业所得税102.5万元。但是,如果该技术投入生产,增加的当期利润较多,可以考虑年初外购,这对企业更有利。

### (四) 长期待摊费用的纳税筹划

长期待摊费用的纳税筹划,主要是固定资产的改良支出和维修支出的筹划。这两种费用支出在税收处理上有着较大的差异。结合相关规定,筹划思路如下:

(1) 企业若在盈利期,固定资产通过维修能保持功能的,尽量不进行改良;即使采取维修,维修支出能计入当期费用的,尽可能避免计入长期待摊费用。比如,修理支出较大的,可分几次进行,削减每次的支出;或者在列为大修理支出的临界点,采取措施节俭开支。

"营改增"后,固定资产虽分为动产和不动产,它们在维修或改扩建时,所用料件的增值税处理是相同的。其维修所用料件:外购的进项税额可抵扣,自产料件不视同销售。

(2) 企业若在亏损期或减免税期间,在维修和改良之间选择改良资产,若选维修,尽可能使维修资产达到税法上的大修理支出的两个条件,计入长期待摊费用。这样可以使后期费用扣除多一些,减少以后年度的应纳税所得额。

【例5-15】某生产企业有一台可移动的旧生产设备,原值为198万元,使用年限为10年,目前已使用8年。如果对其进行维修,尚可使用年限为5年。预计维修过程中,所耗材料费、配件费89万元,增值税11.57万元,维修工人工资支出11万元。该企业对该事项如何进行纳税筹划?

【筹划过程】

属于动产的固定资产维修费支出,在会计准则中,均作为管理费用列支,税法上按其是否满足大修理支出的条件,可能作为管理费用或长期待摊费用列支。若作为长期待摊费用处理,以不低于2年分期摊销在企业所得税前扣除。一次性税前扣除比分期摊销扣除可实现递延纳税的好处。

案例中,固定资产原值的50%为99万元,只要维修支出不超过99万元,维修支出就可以作为管理费用在税前一次性扣除。所以事前预估维修费用支出时,若在99万元附近,就通过节约支出的方式,节省修理费用至99万元以下,维修费用支出就可以在当期所得税前一次性扣除,达到递延纳税的目的。

### 五、企业捐赠的纳税筹划

公益性捐赠是企业承担社会责任的表现,税法对此予以鼓励。企业在符合税法规定的情况下,充分利用捐赠政策,分析不同的捐赠方式的税收负担,做出符合企业税收利益的最佳选择,达到既实现了捐赠又通过捐赠降低税负的目的。筹划思路如下。

#### (一)企业捐赠与个人捐赠相结合

这种筹划思路有两种操作方向,一是以企业名义捐赠一部分,将其余要捐赠的款项作为额外补贴发放给职工,由职工以个人名义通过政府或非营利性组织捐款,通过这样的操作,企业的捐赠支出转变为工资、薪金支出,税前可以全额扣除,没有扣除比例限制;同时,职工个人通过政府或非营利性组织向教育、贫困地区和其他公益事业捐赠的,捐赠额可以在个人所得税前全额扣除,不会增加职工个人的税负。二是以企业名义捐款一部分,剩余捐款以公司董事长个人名义通过红十字会捐赠,这种操作原理跟第一种差不多。

此种捐赠方式是一种比较典型的模式。由于捐赠扣除基数是整个年度会计利润,这只有在会计年度终了后才能计算得出,所以,如果企业年中不量力而行,企业可能因捐赠承担额外的税负。上述捐赠筹划,从股东的利益出发,以企业名义的捐赠,限定金额是非常必要的,也是一种理性的选择。

#### (二)实物捐赠

实物捐赠不影响企业的现金流,但要考虑所捐赠实物的公允价值和可进行税前扣除的额度,以及捐赠实物增值税和所得税上的"视同销售"带来的税负增加。可见,实物捐赠所带来的税收利益远远低于现金捐赠。

#### (三)设立公益慈善基金进行捐赠

符合条件的非营利性组织的收入为免税收入,免税收入对应的支出可以税前据实扣除。企业创建公益性的慈善基金会,在实务中可以获得处理捐赠金额的空间,捐赠企业受益也很大,但在实际操作中有很大难度。难度在于:基金会的成立需经过严格的规定程序,基金会需符合非营利性组织的多个条件,受基金管理的限制。因此,该种捐赠方式并不具有代表性。

#### (四)无偿提供机器设备的使用权

一般在需要家园重建的灾难中会发生此项捐赠方式。这种捐赠可能发生的相关支出包括油费、过路费、过桥费等，如果可以取得相关支出凭证，则并入捐赠总额，在限额比例内税前扣除；如果无法取得捐赠凭证的，则为与生产经营无关的支出，税前不可扣除。因此，此项捐赠方式，注意有关手续的办理和完善。由于主体没有提供劳务，不涉及企业所得税中的视同销售问题。

通过以上分析，上述捐赠筹划思路中，从捐赠形式来讲，基金会形式最佳，其次是现金捐赠，第三则是无偿提供机器设备使用权的捐赠，最后是实物捐赠；而现金捐赠中，以个人名义捐赠最优，其次为基金会形式的捐赠，最后为以企业名义捐赠。

纳税人直接向受赠人的捐赠不允许在计算应纳税所得额时扣除。企业发生的公益性捐赠支出，在年度利润总额12%以内的部分，准予在计算应纳税所得额时扣除，超过的部分准予在未来3年内结转扣除。年度利润总额是企业依照国家统一会计制度的规定计算的年度会计利润。其中，公益性捐赠，是指企业通过公益性社会团体或者县级以上人民政府及其部门，用于《中华人民共和国公益事业捐赠法》规定的公益事业的捐赠。因此企业在选择捐赠方式时，应当首先选择公益性捐赠；其次选择直接向受赠人进行捐赠。

【例5-16】甲企业2025年度计划向灾区捐赠400万元，2025年预计全年实现会计利润总额为2 000万元（已扣除上述捐赠400万元），假设除此以外无其他纳税调整项目。请对其进行纳税筹划。

【筹划过程】

方案一：直接向受赠人进行捐赠。

则捐赠不允许在计算应纳税所得额时扣除：

应纳企业所得税＝(2 000＋400)×25％＝600(万元)

方案二：通过公益性社会团体进行捐赠。

则捐赠支出在年度利润总额12%以内的部分，准予在计算应纳税所得额时扣除：

捐赠支出的扣除限额＝2 000×12％＝240(万元)

应纳企业所得税＝(2 000＋400－240)×25％＝540(万元)

【筹划结论】

方案二比方案一少缴企业所得税60(600－540)万元，因此，应当选择方案二。

有时通过公益性社会团体进行捐赠，容易出现捐赠对象错位、捐赠不及时，甚至捐赠资金被挪用的情况，因此影响了捐赠效果。

# 第五节　企业所得税应纳税额的纳税筹划

## 一、境内企业所得税应纳税额的筹划

企业的会计利润是按照会计准则的规定计算的，而计算企业所得税的应纳税所得额是在会计利润的基础上，按照税法规定进行纳税调整而确定的。

这种纳税调整是在每年年终以后进行的。企业所得税实行按年计算，分月或分季预缴，月份或季度终了后15日内预缴，年度终了后5个月内汇算清缴，多退少补。纳税人预缴所得税时,应当按照纳税期限的实际数预缴。按实际数预缴有困难的,可以按上一年度应纳税所得额的 1/12 或 1/4,或经当地税务机关认可的其他方法分期预缴所得税。预缴方法一经确定,不得随意变更。按实际数预缴、按上年数预缴或按其他方法预缴,不同的预缴方法对纳税人的利益影响均不同。

【例 5-17】某企业 2024 纳税年度缴纳企业所得税 1 000 万元,企业预计 2025 纳税年度应纳税所得额会有较大增长,预计每季度实际的应纳税所得额分别为 1 500 万元、1 000 万元、1 600 万元、1 200 万元。假设银行 6 个月内贷款年利率为 6.4%,6 个月至 1 年贷款年利率为 7.3%,1 年至 3 年贷款年利率为 7.5%。企业可以选择两种方案预缴企业所得税。

方案一:按照纳税期限的实际数额来预缴企业所得税;

方案二:按上一年度应纳税所得额的 1/4 按季度分期预缴企业所得税。从节税的角度,该企业应该选择哪套方案?

【筹划过程】

方案一:按照纳税期限的实际数额来预缴企业所得税。在该方案下,该企业的纳税情况如下:

第一季度预缴税款=1 500×25%=375(万元)

第二季度预缴税款=1 000×25%=250(万元)

第三季度预缴税款=1 600×25%=400(万元)

第四季度预缴税款=1 200×25%=300(万元)

2026 年 5 月底补缴税款=0(万元)

方案二:按上一年度应纳税所得额的 1/4 按季度分期预缴企业所得税。

在该方案下,该企业的纳税情况如下:

每季度预缴税款=1 000×1/4=250(万元)

全年应纳税所得额=1 500+1 000+1 600+1 200=5 300(万元)

全年应纳税额=5 300×25%=1 325(万元)

2026 年 5 月底补缴税款=1 325-1 000=325(万元)

第一季度预缴税款节税=(375-250)×7.5%×14/12=10.94(万元)

第二季度预缴税款节税=0(万元)

第三季度预缴税款节税=(400-250)×7.3%×8/12=7.3(万元)

第四季度预缴税款节税=(300-250)×6.4%×5/12=1.33(万元)

与方案一相比,方案二累计节税 19.57(10.94+7.3+1.33)万元。

## 二、境外所得已纳税额扣除的纳税筹划

为避免国际重复征税,我国税法规定对纳税人来源于境外的所得,已在境外缴纳的所得税税款,准予在汇总纳税时,从其应纳税额中扣除,但扣除额不得超过其境外所得依照中国税法规定计算的应纳税额。

纳税人已在境外缴纳的企业所得税,在汇总纳税时,有以下两种方法可供选择:

(1)分国不分项扣除。企业能全面提供境外完税凭证的,对纳税人在境外已缴纳的

所得税税款应按不同国家进行扣除。

(2)定率扣除。为简化核算,经税务机关批准,企业可以不区分免税或非免税项目,统一按境外应纳税所得额的一定比例扣除。企业在不同的情况下,选择分国不分项扣除或定率扣除,其税收负担是不同的。

**【例5-18】** 某企业2025年度境内应纳税所得额为200万元,所得税税率为25%;其在A、B两国设立有分支机构。在A国机构的所得额为40万元,A国的所得税税率为20%;在B国机构的所得额为48万元,B国的所得税税率为35%。在A、B两国应分别缴纳所得税8万元和16.8万元。假设A、B两国的应纳税所得额按我国税法计算分别为45万元和48万元。判断企业选择哪种抵扣方法有利?

**【筹划过程】**

方法一:分国不分项扣除法。

境内、境外所得按我国税法计算的应纳税额=(200+45+48)×25%=73.25(万元)

抵扣限额的计算:

A国的抵扣限额=境内、境外所得按税法计算的应纳税总额×来源于A国的所得÷境内、境外所得总额=(200+45)×25%×[45÷(200+45)]=11.25(万元)

B国的抵扣限额=境内、境外所得按税法计算的应纳税总额×来源于B国的所得÷境内、境外所得总额=(200+48)×25%×[48÷(200+48)]=12(万元)

在A国缴纳所得税8万元,低于抵扣限额11.25万元,可全额抵扣;在B国缴纳所得税16.8万元,高于抵扣限额12万元,超过的部分,当年不得抵扣。该企业当年境内、境外所得应缴纳所得税税额53.25(73.25-8-12)万元。

方法二:定率扣除法。

抵扣额=(45+48)×25%=23.25(万元)

应纳税税额=73.25-23.25=50(万元)

比较上述结果,采用定率扣除法比分国不分项扣除法节税3.25(53.25-50)万元。

## 三、亏损弥补的纳税筹划

我国税法规定,纳税人发生年度亏损的,可以用下一纳税年度的税前所得进行弥补;下一纳税年度的所得不足弥补的,可以延续弥补,但延续弥补最长不得超过5年,并且按照先亏先补,按顺序计算弥补期的办法进行亏损弥补。如果纳税人预期在一个较长的阶段会出现亏损的情况,就应该在纳税前对企业以后若干年的盈亏状况进行合理的规划,以达到充分享受该优惠政策的目的。在用税前利润弥补亏损的5年期限到期前,继续使企业亏损,从而延长税前利润补亏的优惠期限。从筹划的角度,思路如下:

(1)加强亏损后年度的经营管理。企业发生亏损后,应重点抓生产经营及投资业务,降低亏损年度后5年内投资和经营的风险性,确保亏损在规定的5年内得到全额弥补。

(2)利用企业合并、汇总纳税等政策消化亏损。汇总纳税的成员企业发生亏损的,可直接并入集团总公司的所得额,抵减总公司当期的应纳税所得额。被兼并企业不再具有独立纳税人资格的,其被兼并前尚未弥补的亏损,可由兼并企业用以后年度盈利进行弥补。所以,如果企业处于高盈利的扩张发展期,可采取兼并同行的亏损企业,既实现业务扩张，又可以减少企业所得税应纳税所得额，一举两得。

（3）选择非免税投资收益的分回时间进行亏损弥补期的筹划。企业发生亏损后，可跟被投资方协商股息、红利的分配时间，尽可能在亏损后5年内分回，这样可以使亏损在5年内得到弥补，实现节税利益。

## 第六节　企业所得税税率的纳税筹划

### 一、企业所得税的基本税率

税法规定，我国企业所得税基本税率为25%。只要属于我国企业所得税法中的居民企业和中国境内设有机构、场所的非居民企业（其取得的来源于境内、境外所得与中国境内机构、场所有实际联系的），其所得均适用25%的税率缴纳企业所得税。

### 二、企业所得税的优惠税率

（一）20%的优惠税率

1. 税率

税法规定，符合条件的小型微利企业，减按20%的税率征收企业所得税。

2. 满足认定条件

自2023年1月1日至2027年12月31日，对小型微利企业年应纳税所得额不超过100万元的部分，减按25%计入应纳税所得额，按20%的税率缴纳企业所得税。

自2022年1月1日至2027年12月31日，对小型微利企业年应纳税所得额超过100万元但不超过300万元的部分，减按25%计入应纳税所得额，按20%的税率缴纳企业所得税。

根据《财政部　税务总局关于进一步支持小微企业和个体工商户发展有关税费政策的公告》（财政部　税务总局公告2023年第12号）第五条规定，小型微利企业是指从事国家非限制和禁止行业，且同时符合年度应纳税所得额不超过300万元、从业人数不超过300人、资产总额不超过5 000万元等三个条件的企业。

从业人数，包括与企业建立劳动关系的职工人数和企业接受的劳务派遣用工人数。所称从业人数和资产总额指标，应按企业全年的季度平均值确定。具体计算公式如下：

$$季度平均值＝（季初值＋季末值）÷2$$

$$全年季度平均值＝全年各季度平均值之和÷4$$

年度中间开业或者终止经营活动的，以其实际经营期作为一个纳税年度确定上述相关指标。

## (二) 15%的优惠税率

1. 税率

税法规定,国家需要重点扶持的高新技术企业,减按15%的税率征收企业所得税。

2. 满足认定条件

《高新技术企业认定管理办法》规定,高新技术企业认定须同时满足以下条件:

(1) 企业申请认定时须注册成立一年以上;

(2) 企业通过自主研发、受让、受赠、并购等方式,获得对其主要产品(服务)在技术上发挥核心支持作用的知识产权的所有权;

(3) 对企业主要产品(服务)发挥核心支持作用的技术属于《国家重点支持的高新技术领域》规定的范围;

(4) 企业从事研发和相关技术创新活动的科技人员占企业当年职工总数的比例不低于10%;

(5) 企业近三个会计年度(实际经营期不满三年的按实际经营时间计算,下同)的研究开发费用总额占同期销售收入总额的比例符合如下要求:

最近一年销售收入小于5 000万元(含)的企业,比例不低于5%;

最近一年销售收入在5 000万元至2亿元(含)的企业,比例不低于4%;

最近一年销售收入在2亿元以上的企业,比例不低于3%。

其中,企业在中国境内发生的研究开发费用总额占全部研究开发费用总额的比例不低于60%;

(6) 近一年高新技术产品(服务)收入占企业同期总收入的比例不低于60%;

(7) 企业创新能力评价应达到相应要求;

(8) 企业申请认定前一年内未发生重大安全、重大质量事故或严重环境违法行为。

## (三) 20%的所得税预提税率(10%)

税法规定,非居民企业在中国没有设立机构、场所,或者虽设立机构、场所,但来源于中国境内的,与所设机构、场所没有实际联系的所得,适用20%的企业所得税税率。实际执行时,上述税率减按10%征收企业所得税。

## (四) 少数分行业、分地区的优惠税率

《关于进一步鼓励软件产业和集成电路产业发展企业所得税政策的通知》(财税〔2012〕27号)规定,国家规划布局内的重点软件企业和集成电路设计企业,如当年未享受免税优惠的,可减按10%的税率征收企业所得税。

《财政部国家税务总局商务部科技部国家发展改革委关于完善技术先进型服务企业有关企业所得税政策问题的通知》(财税〔2014〕59号)第1条规定,自2014年1月1日起至2018年12月31日止,在北京、天津、上海、重庆、大连、深圳、广州、武汉、哈尔滨、成都、南京、西安、济南、杭州、合肥、南昌、长沙、大庆、苏州、无锡、厦门等21个中国服务外包示

范城市(以下简称"示范城市")继续实行以下企业所得税优惠政策:① 对经认定的技术先进型服务企业,减按15%的税率征收企业所得税;② 经认定的技术先进型服务企业发生的职工教育经费支出,不超过工资薪金总额8%的部分,准予在计算应纳税所得额时扣除;超过部分,准予在以后纳税年度结转扣除。

财税〔2014〕59号第2条规定,享受企业所得税优惠政策的技术先进型服务企业必须同时符合以下条件:① 从事《技术先进型服务业务认定范围(试行)》中的一种或多种技术先进型服务业务,采用先进技术或具备较强的研发能力;② 企业的注册地及生产经营地在示范城市(含所辖区、县、县级市等全部行政区划)内;③ 企业具有法人资格;④ 具有大专以上学历的员工占企业职工总数的50%以上;⑤ 从事《技术先进型服务业务认定范围(试行)》中的技术先进型服务业务取得的收入占企业当年总收入的50%以上;⑥ 从事离岸服务外包业务取得的收入不低于企业当年总收入的35%。从事离岸服务外包业务取得的收入,是指企业根据境外单位与其签订的委托合同,由本企业或其直接转包的企业为境外单位提供《技术先进型服务业务认定范围(试行)》中所规定的信息技术外包服务(ITO)、技术性业务流程外包服务(BPO)和技术性知识流程外包服务(KPO),而从上述境外单位取得的收入。

《关于深入实施西部大开发战略有关企业所得税问题的公告》(国家税务总局公告2012年第12号)规定:① 自2011年1月1日至2020年12月31日,对设在西部地区以《西部地区鼓励类产业目录》中规定的产业项目为主营业务,且其当年度主营业务收入占企业收入总额70%以上的企业,经企业申请,主管税务机关审核确认后,可减按15%税率缴纳企业所得税。上述所称收入总额,是指《企业所得税法》第6条规定的收入总额。② 企业主营业务属于《西部地区鼓励类产业目录》范围的,经主管税务机关确认,可按照15%税率预缴企业所得税。年度汇算清缴时,其当年度主营业务收入占企业总收入的比例达不到规定标准的,应按税法规定的税率计算申报并进行汇算清缴。③ 企业既符合西部大开发15%优惠税率条件,又符合《企业所得税法》及其实施条例和国务院规定的各项税收优惠条件的,可以同时享受。在涉及定期减免税的减半期内,可以按照企业适用税率计算的应纳税额减半征税。

### 三、企业所得税税率筹划案例

我国企业所得税中有三档不同的税率,存在显著差异。企业可以创造条件设立高新技术企业,可享受15%的低税率。而对于经营规模较小、盈利水平一般的企业,可通过增加成本、费用支出或实际资产损失,将盈利水平控制在一定范围之内,从而适用20%的优惠税率,甚至可享受减按50%计入应纳税所得额再按20%的税率计税的优惠。

而非居民企业,能选择不在中国设立机构、场所的,就不设立;即使设立机构、场所,取得来源于中国境内的所得尽量不与该机构、场所发生联系,这样可以享受10%的预提所得税税率优惠。

【例5-19】日本日清食品公司决定拓展中国市场,具体想法为:在中国收购花生,将收购的花生加工成花生米,将花生皮压碎后制作花生皮制板返售给中国。公司高层考虑是在中国花生产地山东设立一个分支机构,还是临时派出一个海上车间。企业选择的不同,将对其税收负担有何影响?

**【筹划过程】**

案例中,综合考虑中国的税收政策,日清食品公司选择临时派出一个海上车间,在中国大连港口停留28天,完成此项业务。这样该公司既没有在中国境内设立实际管理机构,也没有设立机构、场所。根据规定,该公司属于中国的非居民企业,不必按其取得的花生皮制板收入向中国政府缴纳25%的所得税,只需缴纳10%的预提所得税。

**【例5-20】** 某企业成立于2019年,2025年该企业具备成为国家需要重点扶持的高新技术企业的其他5个条件,只是第3个条件未满足,即具有大学专科以上学历的科技人员有40人,占企业当年职工总数(100人)的30%以上,其中研发人员9人,占企业当年职工总数不足10%。本企业2025年预计应纳税所得额为600万元。请对其进行纳税筹划。

**【筹划过程】**

方案一:保持企业原状,不能成为国家需要重点扶持的高新技术企业,则:

应纳企业所得税=600×25%=150(万元)

方案二:创造条件成为国家需要重点扶持的高新技术企业。

通过分析发现该企业仅仅不满足研发人员比例条件。这样企业可以通过招聘再增加2名研发人员,从而符合研发人员占企业当年职工总数的10%以上的条件。由此可申请成为国家需要重点扶持的高新技术企业。则:

应纳企业所得税=600×15%=90(万元)

**【筹划结论】**

方案二比方案一少缴纳企业所得税60(150-90)万元,因此,应当选择方案二。

筹划点评:创造条件满足税收优惠政策的要求,是企业纳税筹划的一个重要方法,不仅没有纳税风险,而且通过享受税收优惠政策,会给企业带来节税收益。

## 第七节 企业所得税税收优惠的纳税筹划

所谓税收优惠,是指国家运用税收政策在税收法律、行政法规中规定对某一部分特定企业和课税对象给予减轻或免除税收负担的一种措施。税法规定的企业所得税的税收优惠方式包括免税、减税、加计扣除、加速折旧、减计收入等。

### 一、税收优惠的有关规定

(一)从事农、林、牧、渔业项目的所得

从事农、林、牧、渔业项目的所得,免征企业所得税。具体包括蔬菜、谷物、薯类、油料、豆类、棉花、麻类、糖类、水果、坚果的种植;农作物新品种的选育;中药材的种植;林木的培育和种植;牲畜、家禽的饲养;林产品的采集;灌溉、农产品初加工、兽医、农技推广、农机作业与维修等农、林、牧、渔业服务业项目;远洋捕捞。企业从事下列项目的所得,减半征收企业所得税:花卉、茶以及其他饮料作物和香料作物的种植;海水养殖、内陆养殖。

## (二) 从事国家重点扶持的公共基础设施项目的投资经营所得

《企业所得税法》中所说的国家重点扶持的公共基础设施项目是指《公共基础设施项目企业所得税优惠目录》中规定的港口码头、机场、铁路、公路、电力、水利等项目。企业从事国家重点扶持的公共基础设施项目的投资经营所得，自项目取得第一笔生产经营收入所属纳税年度起，第一年至第三年免征企业所得税，第四年至第六年减半征收企业所得税，简称"三免三减半"。

## (三) 从事符合条件的环境保护、节能节水项目的所得

环境保护、节能节水项目所得，自项目取得第一笔生产经营收入所属纳税年度起，第一年至第三年免征企业所得税，第四年至第六年减半征收企业所得税。符合条件的环境保护、节能节水项目，包括公共污水处理、公共垃圾处理、沼气综合开发利用、节能减排技术改造、海水淡化等。项目的具体条件和范围由国务院财政、税务主管部门制定，报国务院批准后公布执行。

## (四) 企业综合利用资源等优惠

企业综合利用资源，生产符合国家产业政策规定的产品所取得的收入，可以在计算应纳税所得额时减计收入，减按收入的90%计算。企业用于购置环境保护、节能节水、安全生产等专用设备的投资额的10%可以从企业当年的应纳税额中抵免；当年不足抵免的，可以在以后5个纳税年度结转抵免。

企业在2018年1月1日至2020年12月31日期间新购进的设备、器具，单位价值不超过500万元的，允许一次性计入当期成本费用在计算应纳税所得额时扣除，不再分年度计算折旧，单位价值超过500万元的，仍按企业所得税实施条例等相关规定执行。

## (五) 符合条件的技术转让所得

《企业所得税法》中所说的符合条件的技术转让所得免税、减征企业所得税，是指在一个纳税年度内，居民企业转让技术所有权所得不超过500万元的部分，免征企业所得税；超过500万元的部分，减半征收企业所得税。

享受减免企业所得税优惠的技术转让应当符合下列条件：
(1) 享受优惠的技术转让主体是企业所得税法规定的居民企业。
(2) 技术转让属于财政部、国家税务总局规定的范围。
(3) 境内技术转让经省级以上科技部门认定。
(4) 向境外转让技术经省级以上商务部门认定。
(5) 国务院税务主管部门规定的其他条件。

## (六) 特定地区和企业的税收优惠

经济特区和上海浦东新区新设立高新技术企业的过渡性税收优惠政策：
(1) 对经济特区和上海浦东新区内在2008年1月1日之后完成登记注册的国家需要

重点扶持的高新技术企业,在经济特区和上海浦东新区内取得的所得,自取得第一笔生产经营收入所属纳税年度起,第一年至第二年免征企业所得税,第三年至第五年按照25%的法定税率减半征收企业所得税。国家需要重点扶持的高新技术企业,是指拥有核心自主知识产权,同时符合《企业所得税法实施条例》第93条规定的条件,并按照《高新技术企业认定管理办法》认定的高新技术企业。

(2) 经济特区和上海浦东新区内新设高新技术企业同时在经济特区和上海浦东新区以外的地区从事生产经营的,应当单独计算其在经济特区和上海浦东新区内取得的所得,并合理分摊企业的期间费用;没有单独计算的,不得享受企业所得税优惠。

(3) 经济特区和上海浦东新区内新设高新技术企业在按照本通知的规定享受过渡性税收优惠期间,由于复审或抽查不合格而不再具有高新技术企业资格的,从其不再具有高新技术企业资格年度起,停止享受过渡性税收优惠;以后再次被认定为高新技术企业的,不得继续享受或重新享受过渡性税收优惠。

(4) 继续执行西部大开发的税收优惠。西部地区包括重庆市、四川省、贵州省、云南省、西藏自治区、陕西省、甘肃省、宁夏回族自治区、青海省、新疆维吾尔自治区、内蒙古自治区和广西壮族自治区。湖南省湘西土家族苗族自治州、湖北省恩施土家族苗族自治州、吉林省延边朝鲜族自治州,可以比照西部地区的税收优惠政策执行。根据国务院实施西部大开发的有关文件,财政部、税务总局和海关总署联合发布《关于西部大开发税收优惠政策问题的通知》,规定西部大开发企业所得税优惠政策继续执行;在定期减免税的减免期内,可以按照企业适用税率计算的应纳税额减半征税。

① 对设在西部地区国家鼓励类产业的内资企业和外商投资企业,在2011年至2020年期间,对设在西部地区以《西部地区鼓励类产业目录》中规定的产业项目为主营业务,且其当年度主营业务收入占企业收入总额70%以上的企业,经企业申请,主管税务机关审核确认后,可减按15%的税率征收企业所得税。

② 经省级人民政府批准,民族自治地方的内资企业可以定期减征或免征企业所得税,外商投资企业可以减征或免征地方所得税。

③ 对在西部地区新办交通、电力、水利、邮政、广播电视企业,业务收入(符合《当前国家重点鼓励发展的产业、产品和技术目录》中规定的产业项目的收入)占企业总收入70%以上的,可以享受企业所得税如下优惠:企业自开始生产经营之日起,第一年至第二年免征企业所得税,第三年至第五年减半征收企业所得税。

(七) 加计扣除优惠政策

(1)《财政部 国家税务总局 科学技术部关于完善研究开发费用税前加计扣除政策的通知》规定,企业开展研发活动中实际发生的研究费用,未形成无形资产计入当期损益的,在按规定据实扣除的基础上,按照本年度实际发生额的100%,从本年度应纳税所得额中扣除;形成无形资产的,按照无形资产成本的200%在税前摊销。2023年1月1日至2027年12月31日期间,集成电路企业和工业母机企业开展研发活动中实际发生的研发费用,未形成无形资产计入当期损益的,可按照实际发生额的120%在税前加计扣除;形成无形资产的,可按照无形资产成本的220%在税前摊销。

(2)《财政部 国家税务总局关于安置残疾人员就业有关企业所得税优惠政策问题的通知》(财税〔2009〕70号)规定,企业安置残疾人员所支付工资的加计扣除,是指企业安置残疾人员的,在按照支付给残疾职工工资据实扣除的基础上,按照支付给残疾职工工资的100%加计扣除。

(3)创业投资企业抵扣应纳税所得额的加计扣除,是指创业投资企业采取股权投资方式,投资于未上市的中小高新技术企业2年以上的,可以按照其投资额的70%在股权持有满2年当年抵扣该创业投资企业的应纳税所得额;当年不足抵扣的,可以在以后纳税年度结转抵扣。

(4)对金融机构农户小额贷款的利息收入,在计算应纳税所得额时可减按90%计入当年收入;对保险机构对种植业、养殖业提供保险服务取得的保费收入,在计算应纳税所得额时,按90%计入收入总额。上述政策执行至2027年12月31日。

## 二、相关优惠政策的筹划

【例5-21】某企业准备投资中药材的种植或香料作物的种植,预计种植中药材的前三年每年投资200万元,第四年至第六年每年投资150万元。前三年没有收入,第四年至第六年分别获得毛收入为300万元、400万元和450万元。以后每年投资额约为400万元,纯收入保持在400万元左右。如果投资香料作物,前六年的状况和种植中药材基本相当,以后每年纯收入保持在440万元左右。该企业应当选择哪项业务进行投资?

【筹划过程】

方案一:投资于中药材。

根据税法规定,企业投资于中药材的所得可以免税。该企业投资、纳税和收益情况如下:

前六年总投资额=200×3+150×3=1 050(万元)

毛收入=300+400+450=1 150(万元)

第六年税后纯收入=1 150-1 050=100(万元)

以后每年的税后纯收入=400(万元)

方案二:投资于香料作物。

根据税法规定,企业投资于香料作物的所得可以减半征收企业所得税。该企业投资、纳税和收益情况如下:

前六年总投资额=200×3+150×3=1 050(万元)

毛收入=300+400+450=1 150(万元)

纯收入=1 150-1 050=100(万元)

第六年税后纯收入=100-100×25%×50%=87.5(万元)

以后每年的税后纯收入=440-440×25%×50%=385(万元)

比较两个方案,企业投资香料作物的税后收益低于投资中药材的税后收益,在其他条件相同的情况下,该企业应当投资中药材。

【例5-22】上海某公司2025年9月欲在武汉某远城区投资兴建一个子公司,经过市场调研,有以下收益较好且相差不大的项目:大棚蔬菜、大棚花卉及国家限制发展的项目。企业拟投资1 000万元,三个项目每年符合规定的税前利润预计均为500万元。假如不存在其他所得税调整事项,该企业如何进行纳税筹划,做出对企业有利的选择?

**【筹划过程】**

案例中,该企业备选的三个项目中有两个属于企业所得税有优惠政策的项目,选择哪一个项目,同等条件下,要分析下每个项目的企业所得税负担。大棚蔬菜的种植所得,免征企业所得税,应纳所得税额为0,税后收益为500万元;大棚花卉的种植所得,减半征收企业所得税,应纳所得税额为62.5万元,税收收益为437.5万元;第三个项目取得的所得,由于属于国家限制发展项目,按25%的税率缴纳企业所得税,其应纳所得税额为125万元,税后收益为375万元。相比较而言,同等条件下,投资于大棚蔬菜的种植是最佳选择。

**【例5-23】** 某企业因生产规模的扩大,需招聘20名新员工,新增加的20名员工每年需要支付30万元工资,2025年该企业预计实现未扣除工资前的应纳税所得额为200万元。请对其进行纳税筹划。

根据税法规定,企业在安置残疾人员及国家鼓励安置的其他就业人员时所支付的工资,可以在计算应纳税所得额时加计100%扣除。

**【筹划过程】**

方案一:招聘20名身体健全人员作为新员工。

企业应纳企业所得税=(200-30)×25%=42.5(万元)

方案二:在不影响企业正常生产经营的情况下,招聘20名残疾人员作为新员工。

企业应纳企业所得税=(200-30×2)×25%=35(万元)

**【筹划结论】**

方案二比方案一少纳税7.5(42.5-35)万元,因此,应当选择方案二。

企业可在不影响企业正常生产经营的前提下,招聘部分残疾人员,这样,一方面,可以关爱社会弱势群体;另一方面,可以加大企业所得税税前扣除金额,进而降低企业所得税税负。

从现行优惠政策来看,国家因地制宜制定了适应不同地区发展的区域优惠政策,如西部地区。这为新企业通过选择注册地点进行纳税筹划提供了空间。而老企业也可以通过迁移注册地进行纳税筹划。

新办企业或扩大经营追加投资的企业,可以选择税负较低的地区进行投资,达到享受税收优惠的好处,如西部地区、保税区、旅游度假区等。

对于已成立的企业而言,已具备了其他享受税收优惠政策的条件,只是由于注册地点不在特定区域而不能享受优惠的,可以考虑是否迁移注册地的问题。筹划还受企业成长的寿命周期、搬迁费用、技术、信息、客户开拓等方面因素的制约。可见,对于迁移注册地而享受税收优惠的筹划,企业需要全面分析,对有关经济技术数据进行测算,再做出相应决策。

不过,迁移企业注册地本身也存在方式上的筹划。如果整体迁移不现实的话,可以采取产权重组、分立、分别注册等方式,或者先在享受税收优惠的地区成立一家企业,再将老企业和新企业进行合并,将原来老企业变更为享受优惠政策新企业的分支机构,享受合并纳税的好处。另外,企业还可以通过关联企业间的关联交易实现利润从高税负地区转移到低税负地区。需要注意的是,关联交易价格需在税法规定允许范围内,否则将面临税务机关对关联交易价格的纳税调整。

综上分析,新办企业成立时可以对注册地点的选择进行事先筹划,老企业也可以筹划迁移注册地的方式,达到享受区域税收优惠的目的。因此,每个企业都应该根据自己生产经营的特点、具体情况和对税收优惠政策的深入研究,找到适合自己企业的筹划空间,实现企业经济利益的最大化。

【例5-24】由于资金充足、交通上人脉资源丰厚,2025年张某欲创办一家兼营交通业务和其他业务的一人有限责任公司,预计全年交通业务收入为600万元,非交通业务收入为400万元,应税所得率均为25%。张某在公司成立之前如何筹划以降低税负呢?

【筹划过程】

根据现行企业所得税的优惠政策,张某的公司成立前需考虑两方面:一是注册地的选择;二是业务规模初始投资额的分配问题。

第一,注册地的选择上,可以选择有区域优惠的地区,如西部地区。在西部地区成立交通业务企业,达到相关优惠标准,不仅可以享受15%的税率优惠,还可以享受"三免三减半"的定期减免优惠。

第二,业务规模初始投资额的分配,需考虑交通业务收入规模达到总收入的70%以上,可加大交通业务的投资,扩展交通业务收入,以达到优惠政策标准。

具体筹划方案如下:

方案一:在西部地区投资创办一个交通企业兼营其他业务的企业,因交通业务收入占全部收入的比例仅为60%,小于70%。因此,企业所得税上不能享受税率和定期减免优惠。

2025年预计收入应纳企业所得税额=(600+400)×25%×25%=62.5(万元)

方案二:在西部地区分别投资创办两个企业,一个交通企业,一个从事其他业务的企业。

从事交通业务的企业收入全部为交通业务的收入,超过70%的标准,企业所得税方面,全部所得可以享受"三免三减半"的待遇,该优惠期结束后,还可以享受15%的优惠税率。

2025年预计收入应纳企业所得税额=400×25%×25%=25(万元)

方案三:在西部地区分别投资创办一个交通企业兼营其他业务的企业,加大交通业务方面的投资额,拓展交通业务,预计2025年交通业务收入可以达到1 000万元。假定其他条件不变,此时交通业务收入占全部收入的比例为71.43%,大于70%。经企业申请,企业所得税方面1 400万元的全部所得可以享受"三免三减半"的待遇,该优惠期结束后,还可以享受15%的优惠税率。

综上分析,比较三个筹划方案,方案三的节税效果最大。

## 本章小结

企业所得税是以企业取得的生产经营所得和其他所得为计税依据而征收的一种所得

税。企业所得税的纳税人包括所有实行独立经济核算的企业和组织。其中，居民企业的征税对象包括来源于中国境内、境外的全部所得。非居民企业在中国境内设立机构、场所的，征税对象包括其所设立的机构、场所取得的来源于中国境内的所得，以及发生在中国境外但与其所设机构、场所有实际联系的所得；非居民企业在中国境内未设立机构、场所的，或虽设立机构、场所但取得的所得与其所设机构、场所没有实际联系的，其征税对象只包括来源于中国境内的所得。企业所得税的纳税筹划涉及众多因素。除涉及收入筹划以外，还有大量涉及成本、费用等方面的筹划。具体包括收入的纳税筹划、企业所得税应纳税额的筹划、税率的筹划、准予扣除项目的纳税筹划等多方面的问题。

## 复习思考题

1. 简述企业所得税的税收要素内容。
2. 如何利用税收优惠政策进行纳税筹划？
3. 如何筹划各项费用的列支？
4. 收入的纳税筹划要注意哪些方面的问题？
5. 如何利用企业所得税的税率进行纳税筹划？
6. 在进行收入的纳税筹划时，准予扣除项目有哪些？

## 知识应用

1. 某公司拥有 200 万元闲置资金，准备用于以下投资。方案一：投资于银行，假设银行五年期定期存款年利率为 5.15%；方案二：投资于国债，假设五年期国债年利率为 6.12%。从节税和安全的角度出发，该公司应当选择哪套方案？

2. 某机械制造企业新购进一台大型设备，原值 500 000 元，预计残值率为 4%，经税务机关核定，该设备的折旧年限为 5 年。该企业可以采取直线法和双倍余额递减法对该设备进行折旧。该企业从节税角度应该选择哪套折旧方案？

3. 2025 年甲企业计划投资 500 万元于乙企业，乙企业 2022 年亏损 40 万元、2023 年亏损 70 万元、2024 年亏损 80 万元。甲企业有三套方案可供选择。方案一：向乙企业贷款 500 万元，年利率为 10%（假设乙企业 2025 年经营状况有所好转，归还甲企业贷款后，亏损 70 万元）；方案二：向乙企业进行股权投资，拥有乙企业 50% 的股权（假设乙企业 2025 年实现扭亏为盈，获得 5 万元的税前利润）；方案三：兼并乙企业，购买乙企业的产权并取消乙企业的独立法人资格，将其变为甲企业的分公司（假设 2025 年该分公司盈利 10 万元）。从节税的角度，甲企业应当选择哪套方案？

# 第六章　个人所得税的纳税筹划

### 学习目标

通过本章的学习,熟悉个人所得税纳税筹划的基本思路;理解个人所得税纳税筹划的基本出发点;掌握个人所得税应纳税额的计算方法;熟悉并掌握工资薪金、劳务报酬、稿酬、全年一次性奖金等几种主要个人所得税项目的纳税筹划方法。

### 思政小课堂

2018年《个人所得税法(第七次修订)》设立了子女教育、赡养老人、住房贷款利息、住房租金、继续教育、大病医疗6项专项附加扣除,2022年新增3岁以下婴幼儿照护专项附加扣除,2023年又提高了3岁以下婴幼儿照护、子女教育、赡养老人3项专项附加扣除标准。

专项附加扣除政策考虑到纳税人在子女教育、赡养老人、住房、医疗等方面的实际支出,减轻了中低收入群体的税收负担,使广大人民群众能够享受到税收改革的红利,提升了人民的获得感和幸福感,彰显了国家对人民生活的关心和重视。

### 案例导入

甲企业若不建立企业年金,则本年支付给每位员工的税前工资、薪金收入合计额均为180 000元(同上年数),本年每位员工专项扣除、专项附加扣除和依法确定的其他扣除合计额均为36 000元。甲企业若建立企业年金,则按员工缴费工资计税基数的2%为员工缴纳年金,员工个人缴纳年金的比例也为本人缴费工资计税基数的2%,本年每位员工专项扣除、专项附加扣除和依法确定的其他扣除合计额均为39 600(36 000+180 000×2%)元。假设该企业共有1 000名员工,建立企业年金之前全年的利润总额为2 000 0000元,且没有企业所得税纳税调整项目。甲企业为员工缴纳的年金符合国家有关政策规定的办法和标准。甲企业的所有员工月平均工资均未超过职工工作地所在设区城市上一年度职工月平均工资的300%。

**思考:** 请对上述业务进行纳税筹划。

我国现行个人所得税的基本规范是1980年9月10日第五届全国人民代表大会第三

次会议制定,先后经过五次修订。《中华人民共和国个人所得税法》(简称《个人所得税法》)于 2018 年 8 月 31 日后,自 2019 年 1 月 1 日起在全国范围内施行。本章以个人所得税法为基本规范,系统介绍个人所得税法的相关内容后,从工资薪金所得、劳务报酬所得、个人所得税优惠政策等多方面介绍个人所得税的纳税筹划方法。

# 第一节　个人所得税概述

## 一、个人所得税的概念及特点

个人所得税是以自然人取得的各项应税所得为征税对象而征收的一种所得税,是政府利用税收对个人收入进行调节的一种手段。个人所得税的主要特点是:分类征收,定额费用扣除与定率费用扣除并用,累计税率与比例税率并用,代扣代缴与自行申报两种方法并用。

(一) 纳税义务人和扣缴义务人

1. 纳税义务人

所得税的纳税义务人,包括中国公民、个体工商户以及在中国有所得的外籍人员(包括无国籍人员,下同)和香港、澳门、台湾同胞。按照住所和居住时间两个标准,又划分为居民纳税人和非居民纳税人,分别承担不同的纳税义务。

(1) 居民纳税人。居民纳税人是指在中国境内有住所,或者无住所而在境内居住满一年的个人,从中国境内和境外取得的所得,应依照税法规定缴纳个人所得税。其中,在中国境内有住所的个人,是指因户籍、家庭、经济利益关系而在中国境内习惯性居住的个人。习惯性居住,是判断纳税义务人是居民或非居民的一个法律意义上的标准,不是指实际居住或在某一特定时期内的居住地。如因学习、探亲等在中国境外居住的,在其原因消除之后,必须回到中国境内居住的个人,则中国即为该纳税人的习惯性居住地。在境内居住满一年,是指在一个纳税年度中在中国境内居住 183 日。

(2) 非居民纳税人。非居民纳税人是指在中国境内无住所又不居住,或者无住所而在境内居住不满一年的个人,仅就来源于中国境内取得的所得,缴纳个人所得税。

2. 扣缴义务人

所得税以所得人为纳税人,以支付所得的单位或者个人为扣缴义务人。扣缴义务人向个人支付应纳税所得时,不论纳税人是否属于本单位人员,均应代扣代缴其应纳的个人所得税税款。扣缴义务人在向纳税人支付各项应纳税所得时,必须履行代扣代缴的义务。

(二) 个人所得税征税范围

个人所得税的征税范围包括个人取得的各项应税所得,《个人所得税法》中列举了 11 项个人应税所得。

1. 工资、薪金所得

工资、薪金所得，是指个人因任职或者受雇而取得的工资、薪金、奖金、年终加薪、劳动分红、津贴、补贴以及任职或者受雇有关的其他所得。

下列项目不属于工资、薪金性质的补贴、津贴，不予征收个人所得税：① 独生子女补贴。② 执行公务员工资制度未纳入基本工资总额的补贴、津贴差额和家属成员的副食补贴。③ 托儿补助费。④ 差旅费津贴、误餐补助。

2. 个体工商户的生产、经营所得

个体工商户的生产、经营所得包括：① 个体工商户从事工业、手工业、建筑业、交通运输业、商业、饮食业、服务业、修理业及其他行业取得的所得。② 个人经政府有关部门批准，取得执照，从事办学、医疗、咨询以及其他有偿服务活动取得的所得。③ 个体工商户和个人取得的与生产、经营有关的各项应税所得。④ 其他个人从事个体工商业生产、经营取得的所得。另外，个人独资企业和合伙企业的生产经营所得，比照个体工商户执行。

3. 对企事业单位的承包经营、承租经营所得

对企事业单位的承包经营、承租经营所得，是指个人承包经营或承租经营以及转包、转租取得的所得，包括个人按月或按次取得的工资、薪金性质的所得。

4. 劳务报酬所得

劳务报酬所得，是指个人独立从事各种非雇佣劳务取得的所得。劳务报酬所得包括设计、装潢、安装、制图、化验、测试、医疗、法律、会计、咨询、讲学、新闻、广播、翻译、审稿、书画、雕刻、影视、录音、录像、演出、表演、广告、展览、技术服务、介绍服务、经纪服务、代办服务及其他劳务。

5. 稿酬所得

稿酬所得，是指个人因其作品以图书、报刊形式出版、发表而取得的所得。作品包括文学作品、书画作品、摄影作品以及其他作品。作者去世后，财产继承人取得的遗作稿酬，也应征收个人所得税。

6. 特许权使用费所得

特许权使用费所得，是指个人提供专利权、商标权、著作权、非专利技术以及其他特许权的使用权取得的所得。

7. 利息、股息、红利所得

利息、股息、红利所得，是指个人拥有债权、股权而取得的利息、股息、红利所得。其中：利息一般是指存款、贷款和债券的利息。股息、红利是指个人拥有股权取得的公司、企业分红，按照一定的比例派发的每股息金，称为股息。根据公司、企业应分配的超过股息部分的利润，按股派发的红股，称为红利。

8. 财产租赁所得

财产租赁所得，是指个人出租建筑物、土地使用权、机器设备、车船以及其他财产取得的所得。

9. 财产转让所得

财产转让所得,是指个人转让有价证券、股票、建筑物、土地使用权、机器设备、车船以及其他财产取得的所得。财产转让主要是个人财产所有权的转让,其实质是一种买卖行为。

《个人所得税法》规定,除股票转让所得暂不征收个人所得税外,个人取得的其他财产转让所得一律征收个人所得税。对个人出售自有住房取得的所得按照"财产转让所得"征收个人所得税,但对个人转让自用5年以上并且是家庭唯一生活用房取得的所得,继续免征个人所得税。

10. 偶然所得

偶然所得,是指个人得奖、中奖、中彩以及其他偶然性质所得。个人因参加有奖销售活动而取得的赠品所得,应按照"偶然所得"项目计征个人所得税。税款一律由发奖单位或机构代扣代缴。

11. 经国务院财政部门确定征税的其他所得

除上述列举的各项个人应税所得外,其他确有必要征税的个人所得,由国务院财政部门确定。个人取得的所得,难以界定应纳税所得项目的,由主管税务机关确定。

自2019年1月1日起,居民个人的工资、薪金所得,劳务报酬所得,稿酬所得,特许权使用费所得按照综合所得缴纳税款。以每一纳税年度的收入额减除费用60 000元以及专项扣除、专项附加扣除和依法确定的其他扣除后的余额,为应纳税所得额。各项所得的计算,以人民币为单位。所得为人民币以外的货币的,按照人民币汇率中间价折合人民币缴纳税款。

## 二、个人所得税税率

税率与应纳税所得额的确定

(一)税率

1. 居民个人综合所得适用税率

综合所得适用七级超额累进税率,税率为3%~45%(见表6-1、表6-2)。

居民个人每一纳税年度内取得综合所得包括工资、薪金所得,劳务报酬所得,稿酬所得和特许权使用费所得。

表6-1 综合所得个人所得税税率表(预扣预缴表)

| 级 数 | 全年应纳税所得额 | 税率(%) | 速算扣除数 |
| --- | --- | --- | --- |
| 1 | 不超过36 000元的 | 3 | 0 |
| 2 | 超过36 000元至144 000元的部分 | 10 | 2 520 |
| 3 | 超过144 000元至300 000元的部分 | 20 | 16 920 |
| 4 | 超过300 000元至420 000元的部分 | 25 | 31 920 |

续 表

| 级 数 | 全年应纳税所得额 | 税率(%) | 速算扣除数 |
|---|---|---|---|
| 5 | 超过420 000元至660 000元的部分 | 30 | 52 920 |
| 6 | 超过660 000元至960 000元的部分 | 35 | 85 920 |
| 7 | 超过960 000元的部分 | 45 | 181 920 |

注1：本表所称全年应纳税所得额是指依照税法的规定，居民个人取得综合所得以每一纳税年度收入额减除费用6万元以及专项扣除、专项附加扣除和依法确定的其他扣除后的余额。

注2：非居民个人取得工资、薪金所得，劳务报酬所得，稿酬所得和特许权使用费所得，依照本表按月换算后计算应纳税额。

**表6-2 综合所得个人所得税税率表（月度）**

| 级 数 | 全月应纳税所得额 | 税率(%) | 速算扣除数 |
|---|---|---|---|
| 1 | 不超过3 000元的 | 3 | 0 |
| 2 | 超过3 000元至12 000元的部分 | 10 | 210 |
| 3 | 超过12 000元至15 000元的部分 | 20 | 1 410 |
| 4 | 超过15 000元至35 000元的部分 | 25 | 2 660 |
| 5 | 超过35 000元至55 000元的部分 | 30 | 4 410 |
| 6 | 超过55 000元至80 000元的部分 | 35 | 7 160 |
| 7 | 超过80 000元的部分 | 45 | 15 160 |

2.经营所得适用税率

经营所得适用五级超额累进税率，税率为5%～35%（见表6-3）。

**表6-3 经营所得个人所得税税率表**

| 级 数 | 全年应纳税所得额 | 税率(%) | 速算扣除数 |
|---|---|---|---|
| 1 | 不超过30 000元的 | 5 | 0 |
| 2 | 超过30 000元至90 000元的部分 | 10 | 1 500 |
| 3 | 超过90 000元至300 000元的部分 | 20 | 10 500 |
| 4 | 超过300 000元至500 000元的部分 | 30 | 40 500 |
| 5 | 超过500 000元的部分 | 35 | 65 500 |

注：本表所称全年应纳税所得额是指依照本法第六条的规定，以每一纳税年度的收入总额减除成本、费用以及损失后的余额。

这里值得注意的是，由于目前实行承包（租）经营的形式较多，分配方式也不相同，因此，承包、承租人按照承包、承租经营合同（协议）规定取得所得的适用税率也不一致。

（1）承包、承租人对企业经营成果不拥有所有权，仅是按合同（协议）规定取得一定所得的，其所得按"工资、薪金"所得项目征税，纳入年度综合所得，适用3%～45%的七级超额累进税率（见表6-1）。

(2)承包、承租人按合同(协议)的规定只向发包、出租方缴纳一定费用后,企业经营成果归其所有的,承包、承租人取得的所得,按对企事业单位的承包经营、承租经营所得项目,适用5%~35%的五级超额累进税率(见表6-3)。

3. 其他所得适用税率

利息、股息、红利所得,财产租赁所得,财产转让所得和偶然所得,适用税率为20%的比例税率。

(二)应纳税所得额的规定

由于个人所得税的应税项目不同,并且取得某项所得所需费用也不相同,因此,计算个人应纳税所得额,需按不同应税项目分项计算。以某项应税项目的收入额减去税法规定的该项目费用减除标准后的余额,为该应税项应纳税所得额。两个以上的个人共同取得同一项目收入的,应当对每个人取得的收入分别按照个人所得税法的规定计算纳税。

1. 每次收入的确定

《个人所得税法》对纳税义务人的征税方法有三种:一是按年计征,如经营所得,居民个人取得的综合所得;二是按月计征,如非居民个人取得的工资、薪金所得;三是按次计征,如利息、股息、红利所得,财产租赁所得,偶然所得和非居民个人取得的劳务报酬所得,稿酬所得,特许权使用费所得等6项所得。具体如下:

(1)非居民个人取得劳务报酬所得、稿酬所得、特许权使用费所得,根据不同所得项目的特点,分别规定为:

① 属于一次性收入的,以取得该项收入为一次。

就劳务报酬所得来看,从事设计、安装、装潢、制图、化验、测试等劳务,往往是接受客户的委托,按照客户的要求,完成一次劳务后取得收入,因此属于一次性的收入,应以每次提供劳务取得的收入为一次。但需要注意的是,如果一次性劳务报酬收入以分月支付方式取得的,就适用同一事项连续取得收入,以1个月内取得的收入为一次的规定。

就稿酬来看,以每次出版、发表取得的收入为一次,不论出版单位是预付还是分笔支付稿酬,或者加印该作品后再付稿酬,均应合并其稿酬所得按一次计征个人所得税。

同一作品再版取得的所得,应视作另一次稿酬所得计征个人所得税。同一作品先在报刊上连载,然后再出版,或先出版,再在报刊上连载的,应视为两次稿酬所得征。即连载作为一次,出版作为另一次。同一作品在报刊上连载取得收入的;以连载完成后取得的所有收入合并为一次,计征个人所得税。同一作品在出版和发表时以预付稿酬或分次支付稿酬等形式取得的稿酬收入,应合并计算为一次。同一作品出版,发表后,因添加印数而追加稿酬的,应与以前出版、发表时取得的稿酬合并计算为一次,计征个人所得税。

在两处或两处以上出版、发表或再版同一作品而取得稿酬所得,则可分别各处取得的所得或再版所得按分次所得计征个人所得税。作者去世后,对取得其遗作稿酬的个人,按稿酬所得征收个人所得税。

就特许权使用费来看,以某项使用权的一次转让所取得的收入为一次。一个非居民个人,可能不仅拥有一项特许权利,每一项特许权的使用权也可能不止一次地向我国境内提供。因此,对特许权使用费所得的"次"的界定,明确为每一项使用权的每次转让所取得的收入为一次。如果该次转让取得的收入是分笔支付的,则应将分比收入相加为一次的收入,计征个人所得税。

② 属于同一事项连续取得收入的,以 1 个月内取得的收入为一次。例如,某外籍歌手(非居民个人)与一卡拉 OK 厅签约,在一定时期内每天到卡拉 OK 厅演唱一次,每次演出后付酬 500 元。在计算其劳务报酬所得时,应视为同一事项的连续性收入,以其 1 个月内取得的收入为一次计征个人所得税,而不能以每天取得的收入为一次。

(2) 财产租赁所得,以 1 个月内取得的收入为一次。

(3) 利息、股息、红利所得,以支付利息、股息、红利时取得的收入为一次。

(4) 偶然所得,以每次收入为一次。

2. 应纳税所得额和费用减除标准

(1) 居民个人取得综合所得,以每年收入额减除费用 60 000 元以及专项扣除、专项附加扣除和依法确定的其他扣除后的余额,为应纳税所得额。

① 专项扣除,包括居民个人按照国家规定的范围和标准缴纳的基本养老保险、基本医疗保险、失业保险等社会保险费和住房公积金等。

② 专项附加扣除,包括子女教育、继续教育、大病医疗、住房贷款利息或者住房租金、赡养老人等支出,具体范围、标准和实施步骤由国务院确定,并报全国人民代表大会常务委员会备案。

③ 依法确定的其他扣除,包括个人缴付符合国家规定的企业年金、职业年金,个人购买符合国家规定的商业健康保险、税收递延型商业养老保险的支出,以及国务院规定可以扣除的其他项目。

④ 专项扣除、专项附加扣除和依法确定的其他扣除,以居民个人一个纳税年度的应纳税所得额为限额;一个纳税年度扣除不完的,不结转以后年度扣除。

(2) 非居民个人的工资、薪金所得,以每月收入额减除费用 5 000 元后的余额为应纳税所得额;劳务报酬所得、稿酬所得、特许权使用费所得,以每次收入额为应纳税所得额。

(3) 经营所得,以每一纳税年度的收入总额减除成本、费用以及损失后的余额,为应纳税所得额。

所称成本、费用,是指生产、经营活动中发生的各项直接支出和分配计入成本的间接费用以及销售费用、管理费用、财务费用;所称损失,是指生产、经营活动中发生的固定资产和存货的盘亏、毁损、报废损失,转让财产损失,坏账损失,自然灾害等不可抗力因素造成的损失以及其他损失。

取得经营所得的个人,没有综合所得的,计算其每一纳税年度的应纳税所得额时,应当减除费用 60 000 元、专项扣除、专项附加扣除以及依法确定的其他扣除。专项附加扣除在办理汇算清缴时减除。

从事生产、经营活动,未提供完整、准确的纳税资料,不能正确计算应纳税所得额的,由主管税务机关核定应纳税所得额或者应纳税额。

个人独资企业的投资者以全部生产经营所得为应纳税所得额;合伙企业的投资者按

照合伙企业的全部生产经营所得和合伙协议约定的分配比例,确定应纳税所得额,合伙协议没有约定分配比例的,以全部生产经营所得和合伙人数量平均计算每个投资者的应纳税所得额。

上述所称生产经营所得,包括企业分配给投资者个人的所得和企业当年留存的所得(利润)。

对个体工商户业主、个人独资企业和合伙企业是自然人投资者的生产经营所得依法计征个人所得税时,个体工商户业主、个人独资企业和合伙企业是自然人投资者本人的费用扣除标准统一确定为60 000元/年(5 000元/月)。

(4) 财产租赁所得,每次收入不超过4 000元的,减除费用800元;4 000元以上的,减除20%的费用,其余则为应纳税所得额。

(5) 财产转让所得,以转让财产的收入额减除财产原值和合理费用后的余额,为应纳税所得额。

(6) 利息、股息、红利所得和偶然所得,以每次收入额为应纳税所得额。

(7) 专项附加扣除标准。

专项附加扣除是本次税法修订引入新的费用扣除标准,遵循公平合理、利于民生、简便易行的原则,目前包含了子女教育、继续教育、大病医疗、住房贷款利息或者住房租金、赡养老人、3岁以下婴幼儿照护等7项支出,并将根据教育、医疗、住房、养老等民生支出变化情况,适时调整专项附加扣除的范围和标准。取得综合所得和经营所得的居民个人可以享受专项附加扣除。

① 子女教育。

纳税人年满3岁的子女接受学前教育和学历教育的相关支出,按照每个子女每月2 000元(每年24 000元)的标准定额扣除。

学前教育包括年满3岁至小学入学前教育;学历教育包括义务教育(小学、初中教育)、高中阶段教育(普通高中、中等职业、技工教育)、高等教育(大学专科、大学本科、硕士研究生、博士研究生教育)。

父母可以选择由其中一方按扣除标准的100%扣除,也可以选择由双方分别按扣除标准的50%扣除,具体扣除方式在一个纳税年度内不能变更。

纳税人子女在中国境外接受教育的,纳税人应当留存境外学校录取通知书、留学签证等相关教育的证明资料备查。

② 继续教育。

纳税人在中国境内接受学历(学位)继续教育的支出,在学历(学位)教育期间按照每月400元(每年4 800元)定额扣除。同一学历(学位)继续教育的扣除期限不能超过48个月(4年)。纳税人接受技能人员职业资格继续教育、专业技术人员职业资格继续教育支出,在取得相关证书的当年,按照3 600元定额扣除。

个人接受本科及以下学历(学位)继续教育,符合税法规定扣除条件的,可以选择由其父母扣除,也可以选择由本人扣除。

纳税人接受技能人员职业资格继续教育、专业技术人员职业资格继续教育的,应当留存相关证书等资料备查。

③ 大病医疗。

在一个纳税年度内,纳税人发生的与基本医保相关的医药费用支出,扣除医保报销后个人负担(指医保目录范围内的自付部分)累计超过15 000元的部分,由纳税人在办理年度汇算清缴时,在80 000元限额内据实扣除。

纳税人发生的医药费用支出可以选择由本人或者其配偶扣除;未成年子女发生的医药费用支出可以选择由其父母一方扣除。纳税人及其配偶、未成年子女发生的医药费用支出,应按前述规定分别计算扣除额。

纳税人应当留存医药服务收费及医保报销相关票据原件(或复印件)等资料备查。医疗保障部门应当向患者提供在医疗保障信息系统记录的本人年度医药费用信息查询服务。

④ 住房贷款利息。

纳税人本人或配偶,单独或共同使用商业银行或住房公积金个人住房贷款,为本人或其配偶购买中国境内住房,发生的首套住房贷款利息支出,在实际发生贷款利息的年度,按照每月1 000元(每年12 000元)的标准定额扣除,扣除期限最长不超过240个月(20年)。纳税人只能享受一套首套住房贷款利息扣除。

所称首套住房贷款是指购买住房享受首套住房贷款利率的住房贷款。经夫妻双方约定,可以选择由其中一方扣除,具体扣除方式在确定后,一个纳税年度内不得变更。

夫妻双方婚前分别购买住房发生的首套住房贷款,其贷款利息支出,婚后可以选择其中一套购买的住房,由购买方按扣除标准的100%扣除,也可以由夫妻双方对各自购买的住房分别按扣除标准的50%扣除,具体扣除方式在一个纳税年度内不能变更。纳税人应当留存住房贷款合同、贷款还款支出凭证备查。

⑤ 住房租金。

纳税人在主要工作城市没有自有住房而发生的住房租金支出,可以按照以下标准定额扣除:直辖市、省会(首府)城市、计划单列市以及国务院确定的其他城市,扣除标准为每月1 500元(每年18 000元)。除上述所列城市外,市辖区户籍人口超过100万的城市,扣除标准为每月1 100元(每年13 200元);市辖区户籍人口不超过100万的城市,扣除标准为每月800元(每年9 600元)。市辖区户籍人口,以国家统计局公布的数据为准。

夫妻双方主要工作城市相同的,只能由一方扣除住房租金支出。住房租金支出由签订租赁住房合同的承租人扣除。纳税人及其配偶在一个纳税年度内不得同时分别享受住房贷款利息专项附加扣除和住房租金专项附加扣除。纳税人应当留存住房租赁合同、协议等有关资料备查。

⑥ 赡养老人。

纳税人赡养一位及以上被赡养人的赡养支出,统一按以下标准等额扣除:

纳税人为独生子女的,按照每月3 000元(每年36 000元)的标准定额扣除;纳税人为非独生子女的,由其与兄弟姐妹分摊每月3 000元(每年36 000元)的扣除额度,每人分摊的额度最高不得超过每月1 500元(每年18 000元)。可以由赡养人均摊或者约定分摊,也可以由被赡养人指定分摊。约定或者指定分摊的须签订书面分摊协议,指定分摊优于约定分摊。具体分摊方式和额度在一个纳税年度内不得变更。

所称被赡养人是指年满60岁的父母,以及子女均已去世的年满60岁的祖父母、外祖父母。

⑦ 3 岁以下婴幼儿照护。

纳税人照护 3 岁以下婴幼儿子女的相关支出,按照每个婴幼儿每月 2 000 元的标准定额扣除。父母可以选择由其中一方按扣除标准的 100% 扣除,也可以选择由双方分别按 50% 扣除。

### (三)应纳税所得额的其他规定

(1)劳务报酬所得、稿酬所得、特许权使用费所得以收入减除 20% 的费用后的余额为收入额。稿酬所得的收入额减按 70% 计算。个人兼有不同的劳务报酬所得,应当分别减除费用,计算缴纳个人所得税。

(2)个人将其所得对教育、扶贫等公益慈善事业进行捐赠,捐赠额未超过纳税人申报的应纳税所得额 30% 的部分,可以从其应纳税所得额中扣除;国务院规定对公益慈善事业捐赠实行全额税前扣除的,从其规定。

(3)个人所得的形式,包括现金、实物、有价证券和其他形式的经济利益;所得为实物的,应当按照取得的凭证上所注明的价格计算应纳税所得额,无凭证的实物或者凭证上所注明的价格明显偏低的,参照市场价格核定应纳税所得额;所得为有价证券的,根据票面价格和市场价格核定应纳税所得额;所得为其他形式的经济利益的,参照市场价格核定应纳税所得额。

(4)我国自 2024 年 12 月 15 日起全面实施的个人养老金制度属于其他扣除项目。个人养老金递延纳税优惠政策如下:在缴费环节,个人向个人养老金资金账户的缴费,按照 12 000 元/年的限额标准,在综合所得或经营所得中据实扣除;在投资环节,对计入个人养老金资金账户的投资收益暂不征收个人所得税;在领取环节,个人领取的个人养老金不并入综合所得,单独按照 3% 的税率计算缴纳个人所得税,其缴纳的税款计入"工资、薪金所得"项目。

## 三、个人所得税应纳税额的计算

### (一)居民个人综合所得应纳税额的计算

首先,工资、薪金所得全额计入收入额;而劳务报酬所得、特许权使用费所得的收入额为实际取得劳务报酬、特许权使用费收入的 80%;此外,稿酬所得的收入额在扣除 20% 费用基础上,再减按 70% 计算,即稿酬所得的收入额为实际取得稿酬收入的 56%。

其次,居民个人的综合所得,以每一纳税年度的收入额减除费用 60 000 元以及专项扣除、专项附加扣除和依法确定的其他扣除后的余额,为应纳税所得额。

居民个人综合所得应纳税额的计算公式为:

$$应纳税额 = \sum(每一级数的全年应纳税所得额 \times 对应级数的适用税率)$$
$$= \sum [每一级数(全年收入额 - 60\ 000\ 元 - 专项扣除 - 享受的专项附加扣除 - 享受的其他扣除) \times 对应级数的适用税率]$$

这里需要说明的是,由于居民个人的全年综合所得在计算应纳个人所得税额时,适用的是超额累进税率,所以,计算比较烦琐。运用速算扣除数计算法,可以简化计算过程。速算扣除数是指在采用超额累进税率征税的情况下,根据超额累进税率表中划分的应纳税所得额级距和税率,先用全额累进方法计算出税额,再减去用超额累进方法计算的应征税额以后的差额。

(二) 非居民个人取得工资、薪金所得,劳务报酬所得,稿酬所得和特许权使用费所得应纳税额的计算

首先需要明确的是:同居民个人取得的劳务报酬所得、稿酬所得和特许权使用费所得一样,非居民个人取得的这些项目的所得同样适用劳务报酬所得、稿酬所得、特许权使用费所得以收入减除20%的费用后的余额为收入额;稿酬所得的收入额减按70%计算的规定。

非居民个人的工资、薪金所得,以每月收入额减除费用5 000元后的余额为应纳税所得额;劳务报酬所得、稿酬所得、特许权使用费所得,以每次收入额为应纳税所得额。

(三) 经营所得应纳税额的计算

经营所得应纳税额的计算公式为:

应纳税额=全年应纳税所得额×适用税率-速算扣除数

或      =(全年收入总额-成本、费用以及损失)×适用税率-速算扣除数

(四) 全年一次性奖金应纳税额的计算

居民个人取得全年一次性奖金,《财政部 税务总局关于延续实施全年一次性奖金等个人所得税优惠政策的公告》(2021年第42号)规定,居民个人取得全年一次性奖金,在2023年12月31日前,不并入当年综合所得,以全年一次性奖金收入除以12个月得到的数额,按照按月换算后的综合所得税率表,确定适用税率和速算扣除数,单独计算纳税。该政策延续实施至2027年底。

全年一次性奖金是指行政机关、企事业单位等扣缴义务人根据其全年经济效益和对雇员全年工作业绩的综合考核情况,向雇员发放的一次性奖金。一次性奖金也包括年终加薪、实行年薪制和绩效工资办法的单位根据考核情况兑现的年薪和绩效工资。

雇员当月工资薪金所得高于(或等于)税法规定的费用扣除额,应纳税额计算公式为:

应纳税额=雇员当月取得全年一次性奖金×适用税率-速算扣除数

居民个人取得全年一次性奖金,也可以选择并入当年综合所得计算纳税。

自2022年1月1日起,居民个人取得全年一次性奖金,应并入当年综合所得计算缴纳个人所得税。

雇员取得除全年一次性奖金以外的其他各种名目的奖金,如半年奖、季度奖、加班奖、先进奖、考勤奖等,一律与当月工资、薪金收入合并,按税法规定缴纳个人所得税。

(五) 个人所得税免税项目

按照现行《个人所得税法》的规定,个人取得的下列所得免予征收个人所得税:① 省级人民政府、国务院部委和中国人民解放军军以上单位,以及外国组织、国际组织颁发的科学、教育、技术、文化、卫生、体育、环境保护等方面的奖金。② 国债和国家发行的金融债券利息。③ 按照

国家统一规定发给的补贴、津贴。④ 福利费、抚恤金、救济金。⑤ 保险赔款。⑥ 军人的转业费、复员费。⑦ 按照国家统一标准发给干部、职工的安家费、退职费、退休工资、离休工资、离休生活补助费。⑧ 依照国家有关法律规定应予免税的各国驻华使馆、领事馆的外交代表、领事官员和其他人员的所得。⑨ 中国政府参加的国际公约、签订的协议中规定免税的所得。⑩ 在中国境内无住所，但是在一个纳税年度中在中国境内连续或累计居住不超过 90 日的个人，其来源于中国境内的所得，由境外雇主支付并且不由该雇主在中国境内的机构、场所负担的部分，免予缴纳个人所得税。⑪ 对外籍个人取得的探亲费免征个人所得税。⑫ 按照国家规定，单位为个人缴付和个人缴付的住房公积金、基本医疗保险、基本养老保险、失业保险费，从纳税义务人的应纳税所得额中扣除。⑬ 按照国家有关城镇房屋拆迁管理办法规定的标准，被拆迁人取得的拆迁补偿款，免征个人所得税。⑭ 经国务院财政部门批准免税的其他所得。

### 四、个人所得税征收管理

个人所得税实行代扣代缴和纳税义务人自行申报两种计征办法。其中，以支付所得的单位或者个人为扣缴义务人。

（一）纳税申报

纳税义务人有下列情形之一的，应当按照规定到主管税务机关办理纳税申报：① 取得综合所得需要办理汇算清缴；② 取得应税所得没有扣缴义务人；③ 取得应税所得，扣缴义务人未扣缴税款；④ 取得境外所得；⑤ 因移居境外注销中国户籍；⑥ 非居民个人在中国境内从两处以上取得工资、薪金所得；⑦ 国务院规定的其他情形。除自行申报纳税的情形之外，一律实行代扣代缴。自行申报纳税义务人，应该在取得所得的所在地税务机关申报纳税。纳税义务人从中国境外取得所得的，应该在户籍所在地税务机关或指定税务机关申报纳税。在两处以上取得的所得，按照税法规定需合并计算纳税的，由纳税义务人申请、税务机关批准，可在其中一处税务机关申报纳税。纳税义务人要求变更纳税申报地点的，须经原主管税务机关批准。

（二）个人所得税纳税期限

居民个人取得综合所得，按年计算个人所得税；有扣缴义务人的，由扣缴义务人按月或者按次预扣预缴税款；需要办理汇算清缴的，应当在取得所得的次年 3 月 1 日至 6 月 30 日内办理汇算清缴。预扣预缴办法由国务院税务主管部门制定。

## 第二节 个人所得税纳税人的筹划

### 一、合理选择纳税人身份

居民纳税义务人负有无限纳税义务。其所取得的应纳税所得，无论是来源于中国境内还是中国境外任何地方，都要在中国缴纳个人所得税。非居民纳税义务人是"在中国境内无住所又不居住或者无住所而在境内居住不满183日的个人"。非居民纳税人仅针对就中国境内所得缴纳个人所得税。所以外籍个人到我国工作时,应充分利用我国所规定居民纳税义务人的条件,避免成为我国的居民纳税义务人,从而减轻个人所得税税负。

## 二、合理选择企业组织形式

具有法人资格的企业(股份有限公司、有限责任公司)需要缴纳25%的企业所得税,个人股东从股份有限公司和有限责任公司取得的税后利润需要缴纳个人所得税。不具有法人资格的企业(个人独资企业、合伙企业)不需要缴纳企业所得税,投资者就其从个人独资企业和合伙企业中取得的利润按照"个体工商户生产经营所得"缴纳个人所得税。

《个人所得税法》对个体工商户的生产、经营所得部分做如下修改:第3条第2项修改为:"个体工商户的生产、经营所得和对企事业单位的承包经营、承租经营所得,适用百分之五至百分之三十五的超额累进税率。"

因此,企业可以在不影响正常生产经营的情况下,选择成立个人独资企业或合伙企业而非成立股份有限公司、有限责任公司,以规避企业所得税,降低整体税负。

【例6-1】张某、李某、王某和赵某4人本年欲成立一家皮鞋商场,4人的出资额相等,均享有25%的股份。现有两种方案可供选择。方案一:成立有限责任公司,每年利润总额为1 200 000元,没有企业所得税纳税调整项目(即应纳税所得额=利润总额),且税后利润提取法定盈余公积后全部平均分配给股东。方案二:成立合伙企业,每年利润总额(应纳税所得额)为1 200 000元,且4位合伙人约定将利润全部平均分配(假设4位合伙人每人分得的利润恰好等于其计算经营所得个人所得税的应纳税所得额)。本年张某、李某、王某和赵某4人每人除了获取上述所得之外,没有获取综合所得(工资、薪金所得,劳务报酬所得,稿酬所得,特许权使用费所得)。请对上述业务进行纳税筹划。

【筹划过程】

方案一:成立有限责任公司,每年利润总额为1 200 000元,没有企业所得税纳税调整项目(即应纳税所得额=利润总额),且税后利润提取法定盈余公积后全部平均分配给股东。

有限责任公司应纳企业所得税=1 200 000×25%=300 000(元)

有限责任公司税后利润=1 200 000-300 000=900 000(元)

有限责任公司提取法定盈余公积=900 000×10%=90 000(元)

有限责任公司向股东分配的利润合计=900 000-90 000=810 000(元)

4位股东"利息、股息、红利所得"应纳个人所得税总额=810 000÷4×20%×4=162 000(元)

应纳税额合计=300 000+162 000=462 000(元)

方案二:成立合伙企业,每年利润总额(应纳税所得额)为1 200 000元,且4位合伙人约定将利润全部平均分配。

每位合伙人的应纳税所得额=1 200 000÷4=300 000(元)

4位合伙人"经营所得"应纳个人所得税总额=(300 000×20%-10 500)×4=

198 000(元)

应纳税额合计＝198 000(元)

方案二比方案一共少缴纳税额 264 000(462 000－198 000)元，若以实现税负最小化为纳税筹划目标，则应当选择方案二。

成立不具有法人资格的企业(个体工商户、个人独资企业、合伙企业)，而非具有法人资格的企业(股份有限公司、有限责任公司)，一方面，不利于扩大单位的经营规模和实现长期发展；另一方面，不具有法人资格的企业的投资人以其个人财产对企业债务承担无限责任，因此纳税人应综合考虑，权衡利弊，做出合理的决策。

## 第三节　居民个人综合所得纳税筹划

税法规定：扣缴义务人向个人支付应税款项时，应当依照个人所得税法规定预扣或者代扣税款，按时缴库，并专项记载备查。

全员全额扣缴申报，是指扣缴义务人应当在代扣税款的次月 15 日内，向主管税务机关报送其支付所得的所有个人的有关信息、支付所得数额、扣除事项和数额、扣缴税款的具体数额和总额以及其他相关涉税信息资料。这种方法，有利于控制税源，防止漏税和逃税。

根据《个人所得税法》及其实施条例、《税收征收管理法》及其实施细则的有关规定，国家税务总局制定下发了《个人所得税扣缴申报管理办法(试行)》(简称《管理办法》)。自 2019 年 1 月 1 日起执行的《管理办法》，对扣缴义务人和代扣预扣税款的范围、不同项目所得扣缴方法、扣缴义务人的义务及应承担的责任等内容做了明确规定。

### 一、全员全额扣缴申报纳税

(一)扣缴义务人和代扣预扣税款的范围

扣缴义务人，是指向个人支付所得的单位或者个人。

所称支付，包括现金支付、汇拨支付、转账支付和以有价证券、实物以及其他形式的支付。

实行个人所得税全员全额扣缴申报的应税所得包括：① 工资、薪金所得。② 劳务报酬所得。③ 稿酬所得。④ 特许权使用费所得。⑤ 利息、股息、红利所得。⑥ 财产租赁所得。⑦ 财产转让所得。⑧ 偶然所得。

扣缴义务人应当依法办理全员全额扣缴申报。

扣缴义务人向居民个人支付工资、薪金所得，劳务报酬所得，稿酬所得，特许权使用费所得时，按以下方法预扣预缴个人所得税，年度预扣预缴税额与年度应纳税额不一致的，由居民个人于次年 3 月 1 日至 6 月 30 日向主管税务机关办理综合所得年度汇算清缴，税款多退少补。

扣缴义务人向居民个人支付工资、薪金所得时，应当按照累计预扣法计算预扣税款，并按月办理全员全额扣缴申报。具体计算公式如下：

$$\text{本期应预扣预缴税额} = \left(\text{累计预扣预缴应纳税所得额} \times \text{预扣率} - \text{速算扣除数}\right) - \text{累计减免税额} - \text{累计已预扣预缴税额}$$

$$\text{累计预扣预缴应纳税所得额} = \text{累计收入} - \text{累计免税收入} - \text{累计减除费用} - \text{累计专项附加扣除} - \text{累计依法确定的其他扣除}$$

其中,累计减除费用,按照 5 000 元/月乘以纳税人当年截至本月在本单位的任职受雇月份数计算。

**【例 6-2】** 预计居民个人张某 2×23 年、2×24 年、2×25 年三年取得的综合所得应纳税所得额(每一纳税年度的收入额减除费用 60 000 元以及专项扣除、专项附加扣除和依法确定的其他扣除后的余额)合计 450 000 元。根据张某各种工作的先后次序,现有三种取得所得的方案可供选择。方案一:2×23 年的应纳税所得额为 50 000 元,2×24 年的应纳税所得额为 150 000 元,2×25 年的应纳税所得额为 250 000 元。方案二:2×23 年的应纳税所得额为 100 000 元,2×24 年的应纳税所得额为 150 000 元,2×25 年的应纳税所得额为 200 000 元。方案三:2×23 年的应纳税所得额为 150 000 元,2×24 年的应纳税所得额为 150 000 元,2×25 年的应纳税所得额为 150 000 元。请对上述业务进行纳税筹划。

筹划思路:居民个人如果各年的综合所得不均衡,则综合所得高的年份多缴的个人所得税有可能会大于综合所得低的年份少缴的个人所得税,因此个人可以考虑均衡各年的综合所得,以便从整体上降低个人所得税税负。

**【筹划过程】**

方案一:2×23 年的应纳税所得额为 50 000 元,2×24 年的应纳税所得额为 150 000 元,2×25 年的应纳税所得额为 250 000 元。

2×23 年综合所得的应纳个人所得税=50 000×10%-2 520=2 480(元)

2×24 年综合所得的应纳个人所得税=150 000×20%-16 920=13 080(元)

2×25 年综合所得的应纳个人所得税=250 000×20%-16 920=33 080(元)

2×23 年、2×24 年、2×25 年三年应纳个人所得税合计=2 480+13 080+33 080
=48 640(元)

方案二:2×23 年的应纳税所得额为 100 000 元,2×24 年的应纳税所得额为 150 000 元,2×25 年的应纳税所得额为 200 000 元。

2×23 年综合所得的应纳个人所得税=100 000×10%-2 520=7 480(元)

2×24 年综合所得的应纳个人所得税=150 000×20%-16 920=13 080(元)

2×25 年综合所得的应纳个人所得税=200 000×20%-16 920=23 080(元)

2×23 年、2×24 年、2×25 年三年应纳个人所得税合计=7 480+13 080+23 080
=43 640(元)

方案三:2×23 年的应纳税所得额为 150 000 元,2×24 年的应纳税所得额为 150 000 元,2×25 年的应纳税所得额为 150 000 元。

2×23 年综合所得的应纳个人所得税=150 000×20%-16 920=13 080(元)

2×24 年综合所得的应纳个人所得税=150 000×20%-16 920=13 080(元)

2×25 年综合所得的应纳个人所得税=150 000×20%-16 920=13 080(元)

2×23 年、2×24 年、2×25 年三年应纳个人所得税合计＝13 080＋13 080＋13 080
＝39 240(元)

方案三比方案一少缴纳个人所得税 9 400(48 640－39 240)元,比方案二少缴纳个人所得税 4 400(43 640－39 240)元。若以实现税负最小化为纳税筹划目标,则应当优先选择方案三,其次是方案二,最后是方案一。

绝对均衡各年度的综合所得有一定困难,但相对均衡各年度的综合所得却是可行的。居民个人工作一年(当年取得综合所得)、休假一年(当年未取得综合所得)属于最不均衡取得综合所得的情况,应当尽量避免这种情况出现。

(二) 不同项目所得扣缴方法

(1) 扣缴义务人向居民个人支付工资、薪金所得时,应当按照累计预扣法计算预扣税款,并按月办理扣缴申报。

累计预扣法,是指扣缴义务人在一个纳税年度内预扣预缴税款时,以纳税人在本单位截至当前月份工资、薪金所得累计收入减除累计免税收入、累计减除费用、累计专项扣除、累计专项附加扣除和累计依法确定的其他扣除后的余额为累计预扣预缴应纳税所得额,适用居民个人工资、薪金所得预扣预缴率表(见表 6-1),计算累计应预扣预缴税额,再减除累计减免税额和累计已预扣预缴税额,其余额为本期应预扣预缴税额。余额为负值时,暂不退税。纳税年度终了后余额仍为负值时,由纳税人通过办理综合所得年度汇算清缴,税款多退少补。

(2) 扣缴义务人向居民个人支付劳务报酬所得、稿酬所得、特许权使用费所得时,应当按照以下方法按次或者按月预扣预缴税款:

① 劳务报酬所得、稿酬所得、特许权使用费所得以收入减除费用后的余额为收入额;其中,稿酬所得的收入额减按 70% 计算。

② 减除费用:预扣预缴税款时,劳务报酬所得、稿酬所得、特许权使用费所得每次收入不超过 4 000 元的,减除费用按 800 元计算;每次收入 4 000 元以上的,减除费用按收入的 20% 计算。

③ 应纳税所得额:劳务报酬所得、稿酬所得、特许权使用费所得,以每次收入额为预扣预缴应纳税所得额,计算应预扣预缴税额。劳务报酬所得适用居民个人劳务报酬所得预扣预缴率表(见表 6-4),稿酬所得、特许权使用费所得适用 20% 的比例预扣率。

表 6-4　居民个人劳务报酬所得预扣预缴率表

| 级　数 | 预扣预缴应纳税所得额 | 预扣率(%) | 速算扣除数 |
| --- | --- | --- | --- |
| 1 | 不超过 20 000 元的 | 20 | 0 |
| 2 | 超过 20 000 元至 50 000 元的部分 | 30 | 2 000 |
| 3 | 超过 50 000 元的部分 | 40 | 7 000 |

④ 预扣预缴税额计算公式:

劳务报酬所得应预扣预缴税额＝预扣预缴应纳税所得额×预扣率－速算扣除数

稿酬所得、特许权使用费所得应预扣预缴税额＝预扣预缴应纳税所得额×20%

居民个人办理年度综合所得汇算清缴时,应当依法计算劳务报酬所得、稿酬所得、特许权使用费所得的收入额,并纳入年度综合所得计算应纳税款,税款多退少补。

(3) 非居民个人取得工资、薪金所得,劳务报酬所得,稿酬所得和特许权使用费所得。

有扣缴义务人的,由扣缴义务人按月或者按次代扣代缴税款,不办理汇算清缴。扣缴义务人向非居民个人支付工资、薪金所得,劳务报酬所得,稿酬所得和特许权使用费所得时,应当按照以下方法按月或者按次代扣代缴税款:

① 非居民个人的工资、薪金所得,以每月收入额减除费用5 000元后的余额为应纳税所得额。

② 劳务报酬所得、稿酬所得、特许权使用费所得。以每次收入额为应纳税所得额,适用非居民个人工资薪金所得、劳务报酬所得、稿酬所得、特许权使用费所得适用税率表(见表6-1)计算应纳税额。劳务报酬所得、稿酬所得、特许权使用费所得以收入减除20%的费用后的余额为收入额;其中,稿酬所得的收入额减按70%计算。

③ 税款扣缴计算公式:

非居民个人工资、薪金所得,劳务报酬所得,稿酬所得,特许权使用费所得应纳税额 ＝ 应纳税所得额 × 税率 － 速算扣除数

非居民个人在一个纳税年度内税款扣缴方法保持不变,达到居民个人条件时,应当告知扣缴义务人基础信息变化情况,年度终了后按照居民个人有关规定办理汇算清缴。

## 二、全年一次性奖金(年终奖)的纳税筹划

居民个人取得全年一次性奖金,《财政部 税务总局关于延续实施全年一次性奖金等个人所得税优惠政策的公告》(2021年第42号)规定,居民个人取得全年一次性奖金,在2023年12月31日前,不并入当年综合所得,以全年一次性奖金收入除以12个月得到的数额,按照按月换算后的综合所得税率表,确定适用税率和速算扣除数,单独计算纳税。该政策延续实施至2027年底。

所以工资在年度中间如何发放并不影响个人所得税税负。对于单位的全部工资性收入,如何分解年终奖和剩余工资就是筹划的关键点。换而言之,全年工资性收入税收筹划的关键就是:如何决定年终奖发放的数额,能实现个人所得税税负的最低。这个是我们需要关注的问题。

考虑到工资和年终奖都存在超额累进税率的问题,在一个既定的收入总额内,工资、年终奖之间的变动会涉及各自税率的变动,要找到那个在既定收入总额下,能够使个人所得税税负最低的那个年终奖数额并非一个简单的问题,我们需要在分段函数区间上去探索。

为此,我们先随便举一个收入数字,来探索能实现个人所得税税负最低的年终奖数额决定的规律。

我们假设,某个人的全年收入是820 000元(为方便讨论,假设这个数额是已经扣除了60 000元费用、专项扣除和其他扣除后的金额,真实情况只要加上就可以)。我们可以

先这么假设,如果 820 000 元全部发年终奖,工资是 0,然后通过不断减少年终奖发放,增加工资发放,由此来测算在哪个数值会实现全年个人所得税税负最低。

我们先假设,减少年终奖发放的数额为 $X$(这个数额就是年度发放工资的数额),然后我们分别计算出此时年终奖和工资的个人所得税,我们用 $Y$ 来定义全年个人所得税税负。我们的目的就是要找到 $Y$ 最小的值,即 $\mathrm{Min}(Y)$。

从上面的全年工资在不同区间上、工资和全年个人所得税税负的关系来看,在每个区间,$Y$ 和 $X$ 要么是单调递减关系,要么是单调递增关系。比如在工资处于(0,36 000)这个区间,工资增加后,全年个人所得税税负是不断下降的,而到了(420 000,520 000)这个区间,工资再增加,全年个人所得税税负就开始增加了,如表 6-5 所示。

表 6-5

| $X$(全年工资)区间 | 年终奖税率 | 工资税率 | $Y$(全年个税税负) | 函数形式 |
| --- | --- | --- | --- | --- |
| (0,36 000] | 35% | 3% | $Y=T1-0.32X$ | 单调递减 |
| (36 000,144 000] | 35% | 10% | $Y=T2-0.25X$ | 单调递减 |
| (144 000,160 000) | 35% | 20% | $Y=T3-0.15X$ | 单调递减 |
| [160 000,300 000] | 30% | 20% | $Y=T4-0.1X$ | 单调递减 |
| (300 000,400 000) | 30% | 25% | $Y=T5-0.05X$ | 单调递减 |
| [400 000,420 000] | 25% | 25% | $Y=T6$ | 不变 |
| (420 000,520 000) | 25% | 30% | $Y=0.05X+T7$ | 单调递增 |
| [520 000,660 000] | 20% | 30% | $Y=0.1X+T8$ | 单调递增 |
| (660 000,676 000) | 20% | 35% | $Y=0.15X+T9$ | 单调递增 |
| [676 000,784 000] | 10% | 35% | $Y=0.25X+T10$ | 单调递增 |
| (784 000,820 000] | 3% | 35% | $Y=0.32X+T11$ | 单调递增 |

但是,比较麻烦的是,由于税率跳档问题,这个函数在间断点处是不连续的,即每个间断点处、前后 $Y$ 的数字可能是跳跃的。也就是说,这个函数是一个不连续的区间函数,但在每个区间内部,函数是单调的,要么单调递减,要么单调递增。基于区间函数的数学性质,我们可以得出如下结论:

(1)针对一个既定的全年工资性收入,一定存在一个唯一的工资和年终奖分配数额,能实现全年税负最低或最高;

(2)基于这个区间函数在每个区间内都是单调递减或递增的,实现全年税负最低或最高的点一定是处于区间的间断点处;

(3)鉴于这个区间函数是不连续的,为了找到那个实现全年税负最低的点,我们必须比较间断点处的数值大小。

【例 6-3】A 公司分别考察公司发放职工 420 000 元工资、420 001 元工资、520 000 元工资、660 001 元工资、676 000 元工资以及 784 001 元工资时,全年个人所得税税负金额(见表 6-6)。

表 6-6  各断点处的税负　　　　　　　　　　　　　　　　　　　　　　　单位:元

| X 对应区间 | X 断点处 | 全年税负合计 |
| --- | --- | --- |
| [400 000,420 000] | 420 000 | 170 420 |
| (420 000,520 000) | 42 0001 | 170 420.05 |
| [520 000,660 000] | 520 000 | 161 670 |
| (660 000,676 000) | 66 0001 | 175 670.15 |
| [676 000,784 000] | 676 000 | 164 879 |
| (784 000,820 000] | 784 001 | 189 560.32 |

**【解析】**

因为 $X$ 在 420 001 点处的全年税负比 420 000 高,而 $X$ 在 (420 000,520 000) 区间是一个单调递增函数,也就是在这个区间,$X$ 越大全年税负反而越高,这是一个转折点。但是,我们进一步发现,在 $X=520\,000$ 这个间断点处,全年税负反而比 $X=420\,001$ 处更低,且这个间断点处的全年实际税负是所有后面间断点处最低的。结合我们前面提到的函数性质,就是后期在各个区间,$X$ 和 $Y$ 之间是单调递增关系。因此,我们可以证明,在 $X=520\,000$ 处,该个人全年实际税负最低,即对于全年总收入在 820 000 元的个人,发放 300 000 元的年终奖和 520 000 元的工资,这个人的全年实际税负最低。

这里,我们在数学上证明了,在年终一次性奖金的计税政策的 3 年过渡期间,对于全年收入的规划上,确实存在一个年终奖发放的数额能使得全年个人的个人所得税税负最低。

通过上面数学分析可以看到,实现全年个人所得税税负最低的点一定是在间断点处,这个点实际也是年终奖税率跳档的点。因此,通过对年终奖税率跳档点的测算,我们就可以很方便地针对各种情况的年收入总额,找到实现全年个人所得税税负最低的发放方案。

**【例 6-4】**假设乔先生全年收入 3 200 000 元(为方便讨论,假设这个数额已经是扣除了 6 万费用、专项扣除和其他扣除后的金额)。由于在这个收入水平上,年终奖税率始终小于工资税率,处于单调递增区间,直接从间断点处找税负最低的数值可以(见表 6-7)。此时,在年终奖发 660 000 元时,该纳税人整体税负最低。

表 6-7  年收入 3 200 000 元各区间的税负　　　　　　　　　　　　　　单位:元

| 年收入 | | | 3 200 000 | | | |
| --- | --- | --- | --- | --- | --- | --- |
| 工资收入 | 工资税率 | 工资个人所得税 | 年终奖 | 年终奖税率 | 年终奖个人所得税 | 全年税负合计 |
| 2 240 000 | 45% | 826 080 | 960 000 | 35% | 952 839.65 | 1 778 919.65 |
| 2 540 000 | 45% | 961 080 | 660 000 | 30% | 193 590 | 1 154 670 |
| 2 780 000 | 45% | 1 069 080 | 420 000 | 25% | 102 340 | 1 171 420 |
| 2 900 000 | 45% | 1 123 080 | 300 000 | 20% | 58 590 | 1 181 670 |
| 3 056 000 | 45% | 1 193 280 | 144 000 | 10% | 14 190 | 1 207 470 |
| 3 164 000 | 45% | 1 241 880 | 36 000 | 3% | 1 080 | 1 242 960 |

假设全年收入 600 000 元(见表 6-8,假设这个数额已经是扣除了 6 万元费用、专项扣除和其他扣除后的金额)。(注:年终奖不能超过全年收入)

表 6-8  年收入 600 000 元各区间的税负    单位:元

| 年收入 | | | 600 000 | | | |
|---|---|---|---|---|---|---|
| 工资收入 | 工资税率 | 工资个人所得税 | 年终奖 | 年终奖税率 | 年终奖个人所得税 | 全年税负合计 |
| 180 000 | 20% | 19 080 | 420 000 | 25% | 102 340 | 121 420 |
| 300 000 | 20% | 43 080 | 300 000 | 20% | 58 590 | 101 670 |
| 456 000 | 30% | 83 880 | 144 000 | 10% | 14 190 | 98 070 |
| 564 000 | 30% | 116 280 | 36 000 | 3% | 1 080 | 117 360 |

我们还是在年终奖税率低于工资税率的区间(递增区间)找,我们发现在年终奖是 144 000 元时,该个人全年税负是最低的。

因此,通过这个方法,在收入总额一定的情况下,我们可以简便地找出全年实际个人税负最低的工资和年终奖发放数额。

这个方法的前提是,我们没有考虑除工资薪金外,个人其他劳务报酬所得、稿酬所得和特许权使用费所得。但是,对于每年 6 万元的费用扣除、专项扣除以及其他扣除(包括社会保险费、年金等),我们可以通过简单规划就能得出结论。

### 三、居民个人子女教育专项附加扣除方式选择的纳税筹划

【例 6-5】居民个人张某和王某是一对夫妻,其独生子在上小学。张某任职于甲公司,本年从甲公司获取税前工资、薪金收入共计 105 000 元,本年专项扣除和依法确定的其他扣除合计 18 500 元,专项附加扣除只有子女教育这一项符合税法扣除规定。王某任职于乙公司,本年从乙公司获取税前工资、薪金收入共计 300 000 元,本年专项扣除和依法确定的其他扣除合计 55 500 元,专项附加扣除只有子女教育这一项符合税法扣除规定。张某和王某本年无其他收入。要求对上述业务进行纳税筹划。

【筹划思路】对于子女教育专项附加扣除,父母可以选择由其中一方按扣除标准的 100% 扣除,也可以选择由双方分别按扣除标准的 50% 扣除,这为纳税人家庭整体提供了纳税筹划的空间。夫妻双方可以选择由综合所得高的一方按扣除标准的 100% 扣除,这样有可能降低夫妻双方整体的个人所得税税负。

【筹划过程】

方案一:对于子女教育专项附加扣除,选择由张某一方按扣除标准的 100% 扣除。
张某本年综合所得的应纳税所得额=105 000-60 000-18 500-2 000×12=2 500(元)
张某本年综合所得的应纳个人所得税=2 500×3%=75(元)
王某本年综合所得的应纳税所得额=300 000-60 000-55 500=184 500(元)
王某本年综合所得的应纳个人所得税=184 500×20%-16 920=19 980(元)
张某和王某本年综合所得的应纳个人所得税合计=75+19 980=20 055(元)
方案二:对于子女教育专项附加扣除,选择由张某和王某双方分别按扣除标准的

50%扣除。

张某本年综合所得的应纳税所得额=105 000-60 000-18 500-2 000×12×50%=14 500(元)

张某本年综合所得的应纳个人所得税=14 500×3%=435(元)

王某本年综合所得的应纳税所得额=300 000-60 000-55 500-2 000×12×50%=172 500(元)

王某本年综合所得的应纳个人所得税=172 500×20%-16 920=17 580(元)

张某和王某本年综合所得的应纳个人所得税合计=435+17 580=18 015(元)

方案三:对于子女教育专项附加扣除,选择由王某一方按扣除标准的100%扣除。

张某本年综合所得的应纳税所得额=105 000-60 000-18 500=26 500(元)

张某本年综合所得的应纳个人所得税=26 500×3%=795(元)

王某本年综合所得的应纳税所得额=300 000-60 000-55 500-2 000×12=160 500(元)

王某本年综合所得的应纳个人所得税=160 500×20%-16 920=15 180(元)

张某和王某本年综合所得的应纳个人所得税合计=795+15 180=15 975(元)

方案三比方案一张某和王某合计少缴纳个人所得税4 080(20 055-15 975)元,比方案二张某和王某合计少缴纳个人所得税2 040(18 015-15 975)元,若以实现税负最小化为纳税筹划目标,则应当优先选择方案三,其次是方案二,最后是方案一。

从上述案例可以看出,夫妻双方选择由综合所得高且适用个人所得税边际税率高的一方按扣除标准的100%扣除,实际上降低了夫妻双方整体的个人所得税税率,从而降低了夫妻双方整体的个人所得税税负。

## 四、居民个人综合所得内部项目转换的纳税筹划

自2019年1月1日起实施的新个人所得税法规定,年免征额60 000元(定额减除额)可以从居民个人的综合所得(工资、薪金所得,劳务报酬所得,稿酬所得,特许权使用费所得的合计额)中扣除,稿酬所得、劳务报酬所得、特许权使用费所得又有各自的定率减除额(减除20%的费用)。因此相对于原来的个人所得税法,自2019年1月1日起实施的新个人所得税法对于取得稿酬所得、劳务报酬所得、特许权使用费所得比取得工资、薪金所得更为有利。另外需要注意的是,属于增值税征收范围的劳务报酬所得和特许权使用费所得若达到起征点,还需要缴纳增值税,甚至有可能缴纳城建税、教育费附加。因此,纳税人应当综合测算,做出最终的决策。

【例6-6】居民个人李某是一名艺术设计人员,为甲公司的一名在职员工,本年有两种获取综合所得的方案可供选择。方案一:从甲公司获取税前工资、薪金收入合计180 000元(含加班为任职单位甲公司设计效果图获得的收入30 000元),业余兼职取得税前劳务报酬收入70 000元(含审稿取得的收入20 000元),业余出版专业书籍取得税前稿酬收入60 000元。方案二:从甲公司获取税前工资、薪金收入合计150 000(180 000-30 000)元,业余兼职取得税前劳务报酬收入80 000(70 000+30 000-20 000)元,业余出版专业书籍取得税前稿酬收入80 000(60 000+20 000)元。李某本年专项扣除、专项附加扣除和依法确定的其他扣除合计40 000元。假设不考虑增值税因素。要求对上述业务

进行纳税筹划。

**【筹划过程】**

方案一:从甲公司获取税前工资、薪金收入合计180 000元(含加班为任职单位甲公司设计效果图获得的收入30 000元),业余兼职取得税前劳务报酬收入70 000元(含审稿取得的收入20 000元),业余出版专业书籍取得税前稿酬收入60 000元。

本年综合所得的应纳税所得额=180 000+70 000×(1-20%)+60 000×(1-20%)×70%-60 000-40 000=169 600(元)

本年综合所得的应纳个人所得税=169 600×20%-16 920=17 000(元)

方案二:从甲公司获取税前工资、薪金收入合计150 000(180 000-30 000)元,业余兼职取得税前劳务报酬收入80 000(70 000+30 000-20 000)元,业余出版专业书籍取得税前稿酬收入80 000(60 000+20 000)元。

本年综合所得的应纳税所得额=150 000+80 000×(1-20%)+80 000×(1-20%)×70%-60 000-40 000=158 800(元)

本年综合所得的应纳个人所得税=158 800×20%-16 920=14 840(元)

方案二比方案一少缴纳个人所得税2 160(17 000-14 840)元,若以实现税负最小化为纳税筹划目标,则应当选择方案二。

## 五、居民个人中的高收入者综合所得与其他所得转换的纳税筹划

按照常理,综合所得(劳动所得)的个人所得税税率应当低于资本所得等非劳动所得,而我国恰好相反,这违反了收入分配原则。从长远来看,应当使劳动所得和非劳动所得的税率水平相当。我国新个人所得税法中综合所得(劳动所得)的最高边际税率依然是45%,远远超过资本红利等非劳动所得20%的税率,甚至高于国际上绝大多数国家的个人所得税税率。对高智力、高收入群体来说,综合所得合并征税可能增加其创新活动的税负,从而大大抑制人才创新的动力,既不利于调动企业的研发热情,也不利于吸引国际人才,还会导致国内人才的流失,更与我国整体的创新驱动发展战略背离。

**【例6-7】** 居民个人王某是一名顶尖化工专家,任职于甲高新技术企业,2×24年和2×25年有两种工作方案可供选择。方案一:2×24年和2×25年在甲高新技术企业全时间(8小时工作制)投入研发工作,两年均可取得税前工资、薪金收入2 000 000元。方案二:2×24年和2×25年在甲高新技术企业非全时间(4小时工作制)投入研发工作,两年均可取得税前工资、薪金收入1 000 000元;2×24年和2×25年业余时间研究并进行股票和房产投资,2×24年取得转让境内上市公司股票净所得400 000元,2×25年取得转让境内上市公司股票净所得400 000元,2×25年取得从公开发行和转让市场取得的上市公司股票(持股期限超过1年的)股息红利所得200 000元,2×25年取得转让房产净所得1 000 000元(转让财产的收入额减除财产原值和合理费用后的余额)。当年王某的专项扣除、专项附加扣除和依法确定的其他扣除合计80 000元。要求对上述业务进行纳税筹划。

**【筹划思路】** 居民个人取得综合所得(劳动所得),按纳税年度合并计算个人所得税(综合计征);取得其他所得(非劳动所得),分别计算个人所得税(分项计征)。综合所得

（劳动所得）的最高边际税率是45%，远远超过其他所得（非劳动所得）20%的税率，因此取得综合所得的高收入群体应当分散工作精力和时间，在适当减少综合所得（劳动所得）的同时，增加其他所得（非劳动所得），以降低个人所得税税负。

**【筹划过程】**

方案一：2×24年和2×25年在甲高新技术企业全时间（8小时工作制）投入研发工作，两年均可取得税前工资、薪金收入2 000 000元。

2×24年综合所得的应纳税所得额＝2 000 000－60 000－80 000＝1 860 000（元）

2×24年综合所得的应纳个人所得税＝1 860 000×45%－181 920＝655 080（元）

2×25年综合所得的应纳税所得额＝2 000 000－60 000－80 000＝1 860 000（元）

2×25年综合所得的应纳个人所得税＝1 860 000×45%－181 920＝655 080（元）

2×24年和2×25年应纳个人所得税合计＝655 080＋655 080＝1 310 160（元）

方案二：2×24年和2×25年在甲高新技术企业非全时间（4小时工作制）投入研发工作，两年均可取得税前工资、薪金收入1 000 000元；2×24年和2×25年业余时间研究并进行股票和房产投资，2×24年取得转让境内上市公司股票净所得400 000元，2×25年取得转让境内上市公司股票净所得400 000元，2×25年取得从公开发行和转让市场取得的上市公司股票（持股期限超过1年的）股息红利所得200 000元，2×25年取得转让房产净所得1 000 000元（转让财产的收入额减除财产原值和合理费用后的余额）。

2×24年综合所得的应纳税所得额＝1 000 000－60 000－80 000＝860 000（元）

2×24年综合所得的应纳个人所得税＝860 000×35%－85 920＝215 080（元）

2×24年取得转让境内上市公司股票净所得（财产转让所得）400 000元，免征个人所得税。

2×25年综合所得的应纳税所得额＝1 000 000－60 000－80 000＝860 000（元）

2×25年综合所得的应纳个人所得税＝860 000×35%－85 920＝215 080（元）

2×25年取得转让境内上市公司股票净所得（财产转让所得）400 000元，免征个人所得税。

2×25年取得从公开发行和转让市场取得的上市公司股票（持股期限超过1年的）股息红利所得（利息、股息、红利所得）200 000元，免征个人所得税。

2×25年取得转让房产净所得（财产转让所得）的应纳个人所得税＝1 000 000×20%＝200 000（元）

2×24年和2×25年应纳个人所得税合计＝215 080＋215 080＋200 000＝630 160（元）

方案二比方案一2×24年和2×25年少缴纳个人所得税合计680 000（1 310 160－630 160）元，若以实现税负最小化为纳税筹划目标，则应当选择方案二。

## 六、居民个人股东取得红利所得与工资、薪金所得选择的纳税筹划

企业所得税法实施条例规定，企业发生的合理的工资薪金支出，准予扣除。合理的工资薪金是指企业按照股东大会、董事会、薪酬委员会或相关管理机构制定的工资薪金制度规定实际发放给员工的工资薪金。税务机关在对工资薪金进行合理性确认时，可按以下原则掌握：① 企业制定了较为规范的员工工资薪金制度；② 企业所制定的工资薪金制度

符合行业及地区水平;③ 企业在一定时期所发放的工资薪金是相对固定的,工资薪金的调整是有序进行的;④ 企业对实际发放的工资薪金,已依法履行了代扣代缴个人所得税义务;⑤ 有关工资薪金的安排,不以减少或逃避税款为目的。

**【例6-8】** 甲公司是由4个股东每人出资100万元成立的有限责任公司,4个股东的持股比例各为25%。本年度,甲公司职工人数为40人,全年工资、薪金总额为200万元,实现税前利润120万元(已经扣除了40名职工200万元的工资、薪金),没有企业所得税纳税调整项目。本年度4个股东有三种收入分配方案可供选择。方案一:4个股东不取得工资、薪金,只取得红利。即年终甲公司按照本年税后利润(净利润)的10%提取法定盈余公积,然后将剩余的利润作为红利全部平均分配给股东。方案二:4个股东取得工资、薪金与取得红利相结合。即4个股东每人全年取得工资、薪金10万元,且被税务机关认定为合理的工资、薪金支出;年终4个股东每人取得红利10.25(20.25－10)万元。方案三:4个股东只取得工资、薪金,不取得红利。即4个股东每人全年取得工资、薪金20.25万元,且被税务机关认定为合理的工资、薪金支出。本年4个股东每人的专项扣除、专项附加扣除和依法确定的其他扣除合计数均为4万元。4个股东除了上述所得以外没有其他所得。上述工资、薪金均为未扣除个人所得税的工资、薪金。要求对上述业务进行纳税筹划。

**【筹划思路】** 由于工资、薪金与红利个人所得税税率的不同以及企业所得税税前税后列支的不同,计算的个人所得税和企业所得税税负也是不同的,纳税人可以通过测算比较工资、薪金所得与红利所得的税负大小来选择合理的方案。

**【筹划过程】**

方案一:4个股东不取得工资、薪金,只取得红利。即年终甲公司按照本年税后利润(净利润)的10%提取法定盈余公积,然后将剩余的利润作为红利全部平均分配给股东。

应纳企业所得税=120×25%=30(万元)

税后利润=120－30=90(万元)

提取法定盈余公积=90×10%=9(万元)

可供分配给股东的利润=90－9=81(万元)

每个股东取得股利=81÷4=20.25(万元)

4个股东利息、股息、红利所得应纳个人所得税合计=20.25×20%×4=16.2(万元)

由于4个股东不领取工资、薪金,因此4个股东综合所得的应纳个人所得税为0。

4个股东的应纳个人所得税合计=16.2+0=16.2(万元)

4个股东税后收益合计=81－4×4－16.2=48.8(万元)

税负总额=30+16.2=46.2(万元)

方案二:4个股东取得工资、薪金与取得红利相结合。即4个股东每人全年取得工资、薪金10万元,且被税务机关认定为合理的工资、薪金支出;年终4个股东每人取得红利10.25(20.25－10)万元。

应纳企业所得税=(120－10×4)×25%=20(万元)

税后利润=120－10×4－20=60(万元)

提取法定盈余公积=60×10%=6(万元)

可供分配给股东的利润＝60－6＝54(万元)

从54万元中拿出41万元发放红利,即4个股东每人领取10.25万元的股利。

4个股东利息、股息、红利所得应纳个人所得税合计＝10.25×20％×4＝8.2(万元)

每个股东的工资、薪金所得的应纳税所得额＝10－6－4＝0

每个股东的综合所得的应纳个人所得税＝0

4个股东的综合所得的应纳个人所得税＝0

4个股东的应纳个人所得税合计＝8.2＋0＝8.2(万元)

4个股东税后收益合计＝10.25×4＋10×4－4×4－8.2＝56.8(万元)

税负总额＝20＋8.2＝28.2(万元)

方案三:4个股东只取得工资、薪金,不取得红利。即4个股东每人全年取得工资、薪金20.25万元,且被税务机关认定为合理的工资、薪金支出。

应纳企业所得税＝(120－20.25×4)×25％＝9.75(万元)

税后利润＝120－20.25×4－9.75＝29.25(万元)

提取法定盈余公积＝29.25×10％＝2.925(万元)

可供分配给股东的利润＝29.25－2.925＝26.325(万元)

由于甲公司不分配红利,因此4个股东的利息、股息、红利所得的应纳个人所得税为0。

每个股东的工资、薪金所得的应纳税所得额＝20.25－6－4＝10.25(万元)

每个股东的综合所得的应纳个人所得税＝10.25×10％－0.252＝0.773(万元)

4个股东的综合所得的应纳个人所得税＝0.773×4＝3.092(万元)

4个股东的应纳个人所得税合计＝0＋3.092＝3.092(万元)

4个股东税后收益合计＝20.25×4－4×4－3.092＝61.908(万元)

税负总额＝9.75＋3.092＝12.842(万元)

方案三比方案二少缴纳企业所得税10.25(20－9.75)万元,比方案一少缴纳企业所得税20.25(30－9.75)万元;比方案二少缴纳个人所得税5.108(8.2－3.092)万元,比方案一少缴纳个人所得税13.108(16.2－3.092)万元;比方案二少缴税合计15.358(28.2－12.842)万元,比方案一少缴税合计33.358(46.2－12.842)万元;比方案二多获取税后收益5.108(61.908－56.8)万元,比方案一多获取税后收益13.108(61.908－48.8)万元。若以实现税负最小化以及税后收益最大化为纳税筹划目标,则应当优先选择方案三,其次是方案二,最后是方案一。

通过变换个人应税所得的形式可能会达到降低个人所得税税负的目的,但要注意发放的工资、薪金应当为合理的工资、薪金,以避免税务机关进行纳税调整。

# 第四节　非居民个人所得税的纳税筹划

## 一、非居民个人均衡取得工资、薪金所得的纳税筹划

在非居民个人每月工资、薪金变化幅度较大的情况下,可以考虑采用平均取得工资、薪金的方式,一般情况下都能降低个人所得税税负。具体操作时,企业可预估非居民个人

各月工资、薪金总额,然后前几个月按月平均发放,最后一个月多退少补。

【例6-9】非居民个人汤姆(英国国籍)本年1月1日至5月31日在中国境内的甲公司工作,之后返回英国,汤姆以每月绩效与薪酬挂钩的方式取得工资、薪金收入。汤姆1—5月取得的税前工资、薪金收入分别为10 000元、2 000元、4 000元、3 000元、7 000元。请对上述业务进行纳税筹划。

【筹划过程】

方案一:采取每月绩效与薪酬挂钩的方式,汤姆1—5月取得的税前工资、薪金收入分别为10 000元、2 000元、4 000元、3 000元、7 000元。

应纳个人所得税合计=[(10 000-5 000)×10%-210]+0+0+0+[(7 000-5 000)×3%]=350(元)

方案二:采取均衡取得税前工资、薪金收入的方式。

每月取得税前工资、薪金收入=(10 000+2 000+4 000+3 000+7 000)÷5=5 200(元)

应纳个人所得税合计=(5 200-5 000)×3%×5=30(元)

方案二比方案一少缴纳个人所得税320(350-30)元,若以实现税负最小化为纳税筹划目标,则应当选择方案二。

## 二、非居民个人费用转移的纳税筹划

非居民个人在提供劳务时,一般情况下,接受劳务的单位只是定额地支付劳务报酬,非居民个人的相关费用由自己承担。非居民个人也可以和接受劳务的单位进行协商,在合法合理的前提下,通过变换提供劳务的地点等方式,将相关费用转移到接受劳务的单位身上,通过适当降低劳务报酬的方法对接受劳务的单位进行补偿。这样一来,接受劳务的单位没有损失,非居民个人的实际收入也没有减少,但由于劳务报酬(名义收入)降低了,因此可以降低个人所得税税负。

【例6-10】非居民个人杰克住在北京,本年7月受邀为深圳甲公司的高管张某讲课,为期7天。有两种方案可供选择。方案一:杰克去深圳的甲公司为高管张某讲课,杰克可从甲公司获取税前劳务报酬收入100 000元,但交通费、食宿费等由杰克自理,杰克共支出20 000元。方案二:深圳甲公司的高管张某去北京听杰克讲课,杰克可从甲公司获取税前劳务报酬收入80 000元,高管张某去北京的交通费、食宿费20 000元由甲公司承担。假设不考虑增值税因素。要求对上述业务进行纳税筹划。

【筹划过程】

方案一:杰克去深圳的甲公司为高管张某讲课,杰克可从甲公司获取税前劳务报酬收入100 000元,但交通费、食宿费等由杰克自理,杰克共支出20 000元。

杰克劳务报酬的应纳税所得额=100 000×(1-20%)=80 000(元)

杰克应纳个人所得税=80 000×35%-7 160=20 840(元)

杰克税后收益=100 000-20 000-20 840=59 160(元)

方案二:深圳甲公司的高管张某去北京听杰克讲课,杰克可从甲公司获取税前劳务报酬收入80 000元,高管张某去北京的交通费、食宿费20 000元由甲公司承担。

杰克劳务报酬的应纳税所得额=80 000×(1-20%)=64 000(元)

杰克应纳个人所得税＝64 000×35％－7 160＝15 240(元)

杰克税后收益＝80 000－15 240＝64 760(元)

**【筹划结论】** 方案二比方案一少缴纳个人所得税5 600(20 840－15 240)元,多获取税后收益5 600(64 760－59 160)元,若以实现税负最小化以及税后收益最大化为纳税筹划目标,则应当选择方案二。

### 三、非居民个人增加取得劳务报酬所得次数的纳税筹划

非居民个人的劳务报酬所得适用七级超额累进税率,因此在总收入一定的情况下,通过增加提供劳务报酬的次数来合理地降低每次收入额,有可能降低个人所得税税率,进而降低个人所得税税负。

**【例6－11】** 非居民个人约翰为知名经济学家,本年应邀到我国提供为期2周的宏观经济培训,现有两种培训方案可供选择。方案一:向我国甲公司提供2周的培训,可取得税前劳务报酬收入50 000元。方案二:先向我国乙公司提供1周的培训,可取得税前劳务报酬收入25 000元;然后向我国丙公司提供1周的培训,可取得税前劳务报酬收入25 000元。假设不考虑增值税因素,要求对上述业务进行纳税筹划。

**【筹划过程】**

方案一:向我国甲公司提供2周的培训,可取得税前劳务报酬收入50 000元。

从甲公司取得的劳务报酬所得的应纳税所得额＝50 000×(1－20％)＝40 000(元)

从甲公司取得的劳务报酬所得的应纳个人所得税＝40 000×30％－4 410＝7 590(元)

方案二:先向我国乙公司提供1周的培训,可取得税前劳务报酬收入25 000元;然后向我国丙公司提供1周的培训,可取得税前劳务报酬收入25 000元;然后向我国丙公司提供1周的培训,可取得税前劳务报酬收入25 000元。

从乙公司取得的劳务报酬所得的应纳税所得额＝25 000×(1－20％)＝20 000(元)

从乙公司取得的劳务报酬所得的应纳个人所得税＝20 000×20％－1 410＝2 590(元)

从丙公司取得的劳务报酬所得的应纳税所得额＝25 000×(1－20％)＝20 000(元)

从丙公司取得的劳务报酬所得的应纳个人所得税＝20 000×20％－1 410＝2 590(元)

从乙公司和丙公司取得的劳务报酬所得的应纳个人所得税合计＝2 590＋2 590＝5 180(元)

方案二比方案一少缴纳个人所得税2 410(7 590－5 180)元,若以实现税负最小化为纳税筹划目标,则应当选择方案二。

非居民个人取得的劳务报酬所得分次计算缴纳个人所得税,不按年合并计算纳税,因此在总收入一定的情况下,增加取得劳务报酬所得的次数有可能会降低个人所得税的适用税率,从而降低个人所得税税负。但由于居民个人取得综合所得(包括劳务报酬所得)需要按年合并计算个人所得税,因此同样的方法不适用于居民个人。

### 四、非居民个人工资、薪金所得与劳务报酬所得转换的纳税筹划

由于非居民个人工资、薪金所得与劳务报酬所得的费用扣除金额或方式不同(非居民个人的工资、薪金所得以每月收入额减除费用5 000元后的余额为应纳税所得额;劳务报

酬所得以每次收入减除20%的费用后的余额为每次收入额,即应纳税所得额),因此相同数额的收入,是按工资、薪金所得纳税,还是按劳务报酬所得纳税,其应纳税所得额是不同的,由此计算的个人所得税税额也是不同的。通过测算不同所得的个人所得税税负,可以选择最佳工作方案。

**【例6-12】** 非居民个人理查德(美国人)是一名设计师,本年1—4月在中国境内,其他时间在美国。本年1—4月有两种工作方案可供选择。方案一:与中国甲公司签订劳务合同,本年1—4月每月可取得税前劳务报酬收入6 000元。方案二:与中国甲公司签订劳动合同,本年1—4月每月可取得税前工资、薪金收入6 000元。假设无论确定何种用工关系,对企业和个人的其他方面都不产生影响。假设不考虑增值税因素。要求对上述业务进行纳税筹划。

**【筹划过程】**

方案一,与中国甲公司签订劳务合同,本年1—4月每月可取得税前劳务报酬收入6 000元。

理查德每月劳务报酬所得的应纳税所得额=6 000×(1-20%)=4 800(元)

理查德每月劳务报酬所得的应纳个人所得税=4 800×10%-210=270(元)

理查德本年1—4月工资、薪金所得的应纳个人所得税合计=270×4=1 080(元)

方案二:与中国甲公司签订劳动合同,本年1—4月每月可取得税前工资、薪金收入6 000元。

理查德每月工资、薪金所得的应纳税所得额=6 000-5 000=1 000(元)

理查德每月工资、薪金所得的应纳个人所得税=1 000×3%=30(元)

理查德本年1—4月工资、薪金所得的应纳个人所得税合计=30×4=120(元)

方案二比方案一少缴纳个人所得税960(1 080-120)元,若以实现税负最小化为纳税筹划目标,则应当选择方案二。

# 第五节 个人所得税税收优惠政策的纳税筹划

## 一、个人所得税减免税的具体规定

(一)法定免税项目

法定免税项目可参照本章第一节相关内容,此处不再赘述。

(二)其他免税项目

国务院、财政部和国家税务总局对以下个人取得的所得做出了免征个人所得税的规定:

(1)中国科学院和中国工程院院士津贴、资深院士津贴。

(2)教育储蓄存款利息以及国家财政部门确定的其他专项储蓄存款或储蓄性专项基

金存款利息。

（3）下岗职工从事社区居民服务业取得的经营所得和劳务报酬所得，可以定期免征所得税。

（4）企业和个人按照国家或地方政府规定的比例提取并向指定的金融机构为个人缴付的住房公积金、基本养老保险金、失业保险金，免征个人所得税；超过规定比例缴付的部分，应当并入个人当期的工资、薪金所得计税。个人领取原来提存的上述款项及其利息的时候，也免征个人所得税。

（5）对于出售自有住房并拟在现住房出售后1年内按市场价格重新购房的纳税人，其出售现住房所应缴纳的个人所得税，视其重新购房的价值可全部或部分予以免税。

（6）职工与用人单位解除劳动关系取得的一次性补偿收入，在当地上年职工年平均工资3倍数额以内的部分，可免征个人所得税。

（7）自2008年10月9日起，对储蓄存款利息所得暂免征收个人所得税。

（8）对个人购买福利彩票、赈灾彩票、体育彩票，一次中奖收入在1万元以下（含1万元）的，暂免征收个人所得税。

（9）对国有企业职工，因企业宣告破产，从破产企业取得的一次性安置费收入，免征个人所得税。

（10）自2009年5月25日起，下列情形的房屋产权无偿赠与，对双方当事人不征收个人所得税：① 房屋产权所有人将房屋无偿赠与配偶、父母、子女、祖父母、外祖父母、孙子女、外孙子女、兄弟姐妹。② 房屋产权所有人将房屋产权无偿赠与对其承担直接抚养或赡养义务的抚养人或者赡养人。③ 房屋产权人死亡，依法取得房屋产权的法定继承人、遗嘱继承人或者受赠人。

（三）暂免征收项目

（1）符合国家规定的外籍专家的工资、薪金所得。

（2）个人举报、协查各种违法、犯罪行为获得的奖金。

（3）个人按照规定办理代扣代缴税款手续取得的手续费。

（4）个人转让自用5年以上且是唯一的家庭生活用房取得的所得。

（5）股票转让所得。

（6）科研机构、高等院校转化职务科研成果，以股份、出资比例等股权形式给予个人的奖励。

（7）集体所有制企业改为股份合作制企业时，职工个人以股份形式取得的拥有所有权的企业量化资产。

（8）军队干部取得的军人职业津贴、军队设立的艰苦地区补助、专业性补助、基层军官岗位津贴、伙食补贴。

## 二、个人捐赠的纳税筹划

个人在选择捐赠对象时，应优先选择通过非营利性的社会团体和国家机关向红十字公益事业等进行捐赠,其次选择通过非营利性的社会团体和国家机关进行公益性捐赠;最后选择直接向受灾对象捐赠。

【例6-13】居民个人李某于本年1月转让私有住房一套,取得转让收入240 000元,同时将其中的30 000元进行捐赠。该套住房购进时的原价为180 000元,转让时支付有关税费16 000元。要求对上述业务进行纳税筹划。

【筹划过程】

方案一:直接捐赠30 000元。

此时,捐赠额不能在个人所得税税前扣除。

应纳个人所得税=(240 000-180 000-16 000)×20%=8 800(元)

方案二:通过中国境内的社会团体、国家机关捐赠30 000元。

此时,捐赠额在缴纳个人所得税前限额扣除。

允许在个人所得税前扣除的捐赠限额=(240 000-180 000-16 000)×30%=13 200(元)

实际捐赠额(30 000元)大于捐赠限额(13 200元),只能将捐赠限额作为允许扣除的捐赠额,来计算应纳个人所得税。

应纳个人所得税=(240 000-180 000-16 000-13 200)×20%=6 160(元)

方案三:通过非营利性的社会团体和国家机关向红十字公益事业等捐赠30 000元。

此时,捐赠额在缴纳个人所得税前准予全额扣除。

应纳个人所得税=(240 000-180 000-16 000-30 000)×20%=2 800(元)

方案三比方案二少缴纳个人所得税3 360(6 160-2 800)元,比方案一少缴纳个人所得税6 000(8 800-2 800)元,若以实现税负最小化为纳税筹划目标,则应当优先选择方案三,其次是方案二,最后是方案一。

公益性捐赠有时会出现捐赠对象错位、捐赠不及时,甚至捐赠资金被挪用的情况,可能会影响捐赠效果,此时不如直接捐赠。

### 三、偶然所得临界点的纳税筹划

偶然所得是个人得奖、中奖、中彩以及其他偶然性质的所得。偶然所得,以每次收入额为应纳税所得额。偶然所得适用比例税率,税率为20%。对个人购买福利彩票、赈灾彩票、体育彩票,一次中奖收入在1万元以下的(含1万元),暂免征收个人所得税;超过1万元的,全额征收个人所得税。

发行体育彩票和社会福利有奖募捐的单位在设立奖项时,应当考虑税收政策的规定,尽量避免单项中奖额刚刚超过1万元的情况出现,而应将单项中奖额控制在1万元以下(含1万元),以使纳税人享受免税待遇。

只有当奖金超出10 000元达到一定数额时,获奖者才不会感到"吃亏"。下面通过设立方程式求解均衡点。

设奖金为$X$,则有:

$X(1-20\%) \geqslant 10\ 000$

解得:$X \geqslant 12\,500$(元)

也就是说,区间(10 000,12 500)是非有效区。如果奖金设在这个区间,税后收益反而会低于 10 000 元。因此,发行体育彩票和社会福利有奖募捐的单位在设立奖项时,应当考虑税收政策的规定,要么小于或等于 10 000 元,要么超过 12 500 元。

【例 6-14】发行体育彩票和社会福利有奖募捐的单位在设立奖项时,有两种方案可供选择。方案一:设置 5 个奖项,每个奖项中奖额为 12 000 元。方案二:设置 5 个一等奖,每个一等奖中奖额为 10 000 元,同时设置 5 个二等奖,每个二等奖中奖额为 2 000 元。要求对上述业务进行纳税筹划。

【筹划过程】

方案一:设置 5 个奖项,每个奖项中奖额为 12 000 元。

应纳个人所得税=12 000×20%×5=12 000(元)

税后收益=12 000×5−12 000=48 000(元)

方案二:设置 5 个一等奖,每个一等奖中奖额为 10 000 元,同时设置 5 个二等奖,每个二等奖中奖额为 2 000 元。

税后收益=10 000×5+2 000×5=60 000(元)

方案二比方案一少缴纳个人所得税 12 000(12 000−0)元,多获取税后收益 12 000(60 000−48 000)元,若以实现税负最小化以及税后收益最大化为纳税筹划目标,则应当选择方案二。

## 四、规避应税所得的纳税筹划

【例 6-15】2025 年 1 月,甲公司(非上市公司)购买了一辆价值 5 650 000 元(含增值税)的小汽车(取得了增值税专用发票),作为红利送给本公司高级管理人员居民个人张某(属于甲公司股东)。张某每年工资、薪金总额均为 720 000 元。预计张某每年支付该汽车的保险等固定费用 60 000 元(取得了增值税普通发票;若将该小汽车的车辆所有权办到甲公司的名下,也只能取得增值税普通发票),油耗及修理费加税合计 113 000 万元(取得了增值税专用发票;若将该小汽车的车辆所有权办到甲公司的名下,则可取得增值税专用发票)。小汽车预计使用年限为 4 年,预计净残值为 0。张某本年专项扣除、专项附加扣除和依法确定的其他扣除合计 50 000 元。张某各年度均没有其他收入。要求对上述业务进行纳税筹划。

【筹划思路】如果企业购买车辆并将车辆所有权办到股东个人名下,则股东个人需要缴纳个人所得税。如果企业购买车辆并将车辆所有权办到公司名下,仅将车辆使用权交给股东个人,则股东个人无须缴纳个人所得税。同时企业可以抵扣购车及用车的进项税额,还可以计提该车的折旧,可谓一举多得。

【筹划过程】

方案一:甲公司将车辆所有权办到股东张某名下。

相当于将小汽车作为红利送给本公司股东张某。

甲公司购入该小汽车可抵扣进项税额=5 650 000÷(1+13%)×13%=650 000(元)

甲公司将该小汽车作为红利分配给张某时视同销售,则

应计提增值税销项税额=5 650 000÷(1+13%)×13%=650 000(元)

应纳增值税=650 000-650 000=0

红利所得应纳个人所得税=5 650 000×20%=1 130 000(元)

张某每年支付固定费用、油耗及修理费=60 000+113 000=173 000(万元)

张某每年工资、薪金所得的应纳税所得额=720 000-60 000-50 000=610 000(元)

张某每年综合所得应纳个人所得税=610 000×30%-52 920=130 080(元)

方案二:甲公司将车辆所有权办到公司名下,仅将车辆使用权交给张某,由甲公司支付该小汽车的固定费用、油耗及修理费,且该小汽车采用直线法计提折旧。同时每年降低张某的工资、薪金173 000万元(相当于方案一每年支付的固定费用、油耗及修理费)。

甲公司购入该小汽车可抵扣进项税额=5 650 000÷(1+13%)×13%=650 000(元)

甲公司每年小汽车折旧抵减企业所得税=5 650 000÷(1+13%)÷4×25%=312 500(元)

甲公司每年小汽车固定费用、油耗及修理费抵减企业所得税
=[60 000+113 000÷(1+13%)]×25%=40 000(元)

甲公司每年小汽车油耗及修理费抵扣进项税额=113 000÷(1+13%)×13%=13 000(元)

张某每年工资、薪金所得的应纳税所得额=(720 000-173 000)-60 000-50 000=437 000(元)

张某每年综合所得应纳个人所得税=437 000×30%-52 920=78 180(元)

方案二比方案一张某少缴纳个人所得税 1 181 900(1 130 000+130 080-78 180)万元,甲公司每年少缴纳企业所得税 352 500(312 500+40 000)元,购入当年少缴纳(多抵扣)增值税 663 000[0-(-650 000)-(-13 000)]万元,若以实现税负最小化为纳税筹划目标,则应当选择方案二。

### 五、国外已纳税款的扣除

根据我国个人所得税法的规定,纳税义务人从中国境外取得的所得,准予其在应纳税额中扣除已在境外缴纳的个人所得税税额,但扣除额不得超过该纳税人境外所得依照个人所得税法规定计算的应纳税额。依照税法规定计算缴纳的应纳税额,是指纳税人从中国境外取得的所得,区别不同国家或地区和不同的应税项目,依照税法规定的费用减除标准和适用税率计算的应纳税额;同一国家或地区不同应税项目的应纳税额之和,为该国家或地区的扣除限额。纳税人在中国境外一个国家或地区实际已经缴纳的个人所得税税额,低于该国家或地区扣除限额的,应当在中国境内缴纳差额部分的税额;超过该国家或地区扣除限额的,其超过部分不得在本纳税年度的应纳税额中扣除,但是可以在以后纳税年度的该国家或地区扣除限额的余额中补扣,补扣期限最长不得超过五年。

## 本章小结

本章介绍了个人所得税的基础知识。在充分掌握了个人所得税的相关知识的基础上,详细介绍了个人所得税不同项目的纳税筹划方法。个人所得税的基础知识主要包括居民纳税人与非居民纳税人的分类、计税依据、应纳税额的计算、税率的确认和税收优惠政策等方面的内容。在工资、薪金所得纳税筹划中详细介绍了一般筹划思路以及全年一次性奖金的纳税筹划、薪金福利化的纳税筹划等内容;劳务报酬所得及其他所得如利息、股息、红利所得等的纳税筹划方法及运用;最后介绍了个人所得税税收优惠方面的知识及筹划思路。

## 复习思考题

1. 居民纳税人与非居民纳税人在个人所得税纳税方面的区别有哪些?
2. 对劳务报酬所得进行纳税筹划的思路和方法有哪些?
3. 在财产租赁所得的纳税筹划中如何利用修缮费?
4. 如何对作家的稿酬所得进行纳税筹划?
5. 费用转移法在劳务报酬所得的纳税筹划中是怎样运用的?
6. 如何利用工资、薪金所得与劳务报酬所得之间的转换进行纳税筹划?
7. 全年一次性奖金发放金额的确定应注意什么问题?
8. 举例说明如何利用税收优惠进行纳税筹划。

## 知识应用

1. 某公司高级工程师王某于2025年12月获得工资所得6 200元。因其在专业领域为公司做出了突出贡献,公司当月发给其年终奖22 000元。请对王某的年终奖进行个人所得税筹划。

2. 小蒙是设计专业的大学生,目前在一家设计公司工作,每月工资2 000元。他利用周末空闲时间在影楼当化妆师,每月可获得劳务报酬3 100元。请为其进行劳务报酬所得税的筹划。

3. 张力是某公司销售部经理,月薪3 000元。买彩票中奖20 000元,他当即拿出其中10 000元通过红十字会捐赠给地震灾区。请问该捐赠是否要缴纳个人所得税?应当如何筹划?

# 第七章 其他税种的纳税筹划

## 学习目标

通过本章的学习,应熟悉关税、印花税、房产税、契税、资源税、车船税、城市维护建设税等的相关法律规定;熟悉并掌握有关土地增值税、资源税、车船税、车辆购置税和城镇土地使用税、环保税等的纳税筹划方法。能结合企业的实际,熟练运用各种纳税筹划技术和方法。

## 思政小课堂

为支持新能源汽车产业发展,促进汽车消费,现就新能源汽车免征车辆购置税有关政策公告如下:

自 2021 年 1 月 1 日至 2022 年 12 月 31 日,对购置的新能源汽车免征车辆购置税。免征车辆购置税的新能源汽车是指纯电动汽车、插电式混合动力(含增程式)汽车、燃料电池汽车。对购置日期在 2024 年 1 月 1 日至 2025 年 12 月 31 日期间的新能源汽车免征车辆购置税,每辆新能源乘用车免税额不超过 3 万元。对购置日期在 2026 年 1 月 1 日至 2027 年 12 月 31 日期间的新能源汽车减半征收车辆购置税,每辆新能源乘用车减半税额不超过 1.5 万元。

我国逐渐完善了以税收、社会保障、转移支付为主要手段的再分配调节机制;通过优化税制结构,提高直接税比重,加大了收入分配调节力度,标志着我国税制向更为公平的方向迈出了重要一步。说明我国以税收等为主要手段的再分配调节机制,使发展成果更多更公平地惠及全体人民,维护社会的公平正义的同时,税收政策加大了对自然资源和生态环境的保护力度,推动经济绿色发展。

## 案例导入

甲公司欲从境外引进钢结构产品自动生产线,可选择从英国或美国进口。若从美国进口,境外成交价格(FOB)为 1 300 万元。该生产线运抵我国输入地点起卸前的运费和保险费为 100 万元,另支付由买方负担的经纪费 10 万元、买方负担的包装材料和包装劳务费 50 万元、与生产线有关的境外开发设计费用 50 万元。若从英国进口,境外成交价格(FOB)为 1 200 万元。该生产线运抵我国输入地点起卸前的运费和保险费为120万元，另支付由买方负担的经纪费10万元、买方负担的包装材料和包装劳务费30万元、与生产线有关的境外开发设计费用100万元。关税税率均为30%。

**思考：** 请对上述业务进行合理的纳税筹划。

其他税种是指除了增值税、消费税、企业所得税、个人所得税以外的税种。本章选择了关税、印花税、房产税、资源税、契税、车船税、城市维护建设税、土地增值税和城镇土地使用税以及环保税进行纳税筹划的介绍。通过本章的学习，应掌握以上各税种纳税筹划的具体方法。

# 第一节 关税的纳税筹划

## 一、关税概述

（一）关税的概念及作用

关税是海关依法对进出国境或关境的货物、物品征收的一种税。关税是涉及我国对外贸易的一个重要税种，在创造税收的同时，对于促进我国改革开放事业发展也起着重要的作用。关税一般分为进口关税、出口关税和过境关税。我国目前对进出境货物征收的关税分为进口关税和出口关税两类。

关税的作用主要体现在以下几个方面：① 维护国家主权和经济利益。② 保护和促进本国工农业生产的发展。③ 调节国民经济和对外贸易。④ 筹集国家财政收入。

（二）征税范围和纳税义务人

关税的征税范围是准许进出境的货物和物品。关税纳税义务人为进口货物收货人、出口货物发货人、进出境物品的所有人。

（三）税目和税率

关税的税目和税率由《海关进出口税则》规定。

《中华人民共和国海关进出口税则》（简称《海关进出口税则》）是根据世界海关组织（WCO）发布的《商品名称及编码协调制度》（HS）而制定的。《海关进出口税则》中的商品分类目录，由类、章、项目、一级子目和二级子目五个等级、八位数码组成。

按照税则归类总规则及其归类方法，每一种商品都能找到一个最适合的对应税目。关税税率为差别比例税率，分为进口关税税率、出口关税税率和特殊关税。

（四）计税依据

我国对进出口货物征收关税，主要采取从价计征的办法，以货物的完税价格作为计税依据征收关税。

1. 进口货物的完税价格

进口货物的完税价格包括货物的货价、货物运抵我国境内输入地点起卸前的运输及其相关费用、保险费。货价,是指卖方向中国境内销售该货物时,买方为进口货物向卖方实付、应付的价款总额。

下列费用应包括在进口货物的完税价格中:① 由买方负担的除购货佣金以外的佣金和经纪费。购货佣金指买方为购买进口货物向自己的采购代理人支付的劳务费用;经纪费指买方为购买进口货物向代表买卖双方利益的经纪人支付的劳务费用。② 由买方负担的与该货物视为一体的容器的费用。③ 由买方负担的包装材料和包装劳务费用。④ 与该货物的生产和向我国境内销售有关的,由买方以免费或者以低于成本的方式提供并可以按适当比例分摊的料件、工具、模具、消耗材料及类似货物的价款,以及在境外开发、设计等相关服务的费用。⑤ 作为卖方向我国境内销售该货物的一项条件,应当由买方直接或间接支付的、与该货物有关的特许权使用费。特许权使用费,是指买方为获得与进口货物相关的、受著作权保护的作品、专利、商标、专有技术和其他权利的使用许可而支付的费用。但是,在估定完税价格时,进口货物在境内的复制权费不得计入该货物的实付或应付价格之中。⑥ 卖方直接或间接从买方获得的该货物进口后转售、处置或者使用的收益。

下列费用、税收,如进口时在货物的价款中列明,不计入该货物的完税价格:① 厂房、机械设备等货物进口后进行建设、安装、装配、维修和技术服务的费用。② 进口货物运抵境内输入地点起卸后的运输及其相关费用、保险费。③ 进口关税及其他国内税收。

2. 出口货物的完税价格

出口货物的完税价格由海关以该货物向境外销售的成交价格为基础审查确定,并应包括货物运至我国境内输出地点装载前的运输及其相关费用、保险费,但其中包含的出口关税税额,应当扣除。出口货物的成交价格,是指该货物出口时卖方为出口该货物应当向买方直接收取和间接收取的价款总额。出口货物成交价格中含有支付给境外的佣金,如与货物的离岸价格分列,应予扣除;未分列则不予扣除。售价中含离境口岸至境外口岸之间的运费、保险费的,该运费、保险费可以扣除。

(五)应纳税额的计算

(1) 从价税计算方法:

$$关税税额 = 进(出)口应税货物的数量 \times 单位完税价格 \times 适用税率$$

(2) 从量税计算方法:

$$关税税额 = 应税进口货物数量 \times 单位货物税额$$

(3) 复合税计算方法:

$$关税税额 = 应税进口货物数量 \times 单位货物税额 + 应税进口货物数量 \times 单位完税价格 \times 适用税率$$

(4) 滑准税计算方法：

关税税额＝应税进口货物数量×单位完税价格×滑准税税率

(六) 征收管理

(1) 申报时间：进口货物自运输工具申报入境之日起 14 日内，出口货物在运抵海关监管区后装货的 24 小时以前。

(2) 纳税期限：关税的纳税义务人或其代理人，应在海关填发税款缴纳证之日起 15 日内向指定银行缴纳。如关税缴纳期限的最后一日是周末或法定节假日，则关税缴纳期限顺延至周末或法定节假日过后的第一个工作日。

(3) 关税纳税义务人因不可抗力或者在国家税收政策调整的情形下，不能按期缴纳税款的，经海关总署批准，可以延期缴纳税款，但最长不得超过 6 个月。

## 二、关税的筹划方法

(一) 进口货物完税价格的纳税筹划

进口货物以海关审定的正常成交价格为基础的到岸价格作为完税价格。到岸价格包括货价、货物运抵中华人民共和国境内输入地点起卸前的包装费、运输费、保险费和其他劳务费等费用。在实际业务中，要选择同类产品中成交价格比较低、运保费用相对较小的货物进口，或将一批货物中适用低税率的货物先单独开发票，报关时就可以降低完税价格，达到节税的目的。

【例 7-1】甲企业于 2025 年 9 月进口 5 辆排气量为 3.5 升的小汽车自用，适用消费税税率 15%。企业有两套方案可供选择。

方案一：按照以往的报关方法，海关审定的完税价格为 55 万元/辆(含随同报关的工具和零部件 6 万元/辆)；

方案二：报关前，先将每辆车的工具和零部件 6 万元另开发票，单独报关进口。根据现行关税的有关规定，进口小汽车整车的税率为 25%，进口零部件的税率为 10%。从节税的角度，该企业应当做何选择？

【筹划过程】

方案一：按照以往的报关方法，海关审定的完税价格为 55 万元/辆(含随同报关的工具和零部件 6 万元/辆)。该方案下，企业纳税情况计算如下：

应纳关税＝550 000×5×25%＝687 500(元)

应纳消费税＝(550 000×5＋687 500)÷(1－15%)×15%＝606 617.65(元)

应纳增值税＝(550 000×5＋687 500)÷(1－15%)×13%＝525 735.29(元)

购置小汽车实际支付款项＝550 000×5＋687 500＋606 617.65＋525 735.29＝4 569 852.94(元)

方案二：报关前，先将每辆车的工具和零部件 6 万元另开发票，单独报关进口。
该方案下，企业纳税情况计算如下：

应纳关税＝490 000×5×25％＋60 000×5×10％＝642 500(元)
应纳消费税＝(550 000×5＋642 500)÷(1－15％)×15％＝598 676.47(元)
应纳增值税＝(550 000×5＋642 500)÷(1－15％)×13％＝518 852.94(元)
购置小汽车实际支付款项＝550 000×5＋642 500＋598 676.47＋518 852.94＝4 510 029.41(元)

方案二比方案一节税 59 823.53(4 569 852.94－4 510 029.41)元。

由此可见，应当选择方案二。

### (二) 稀缺商品估定完税价格的纳税筹划

根据规定，进口货物的价格不符合成交价格条件或者成交价格不能确定的，由海关估定。海关一般按以下次序对完税价格进行估定：相同货物成交价格估价方法、类似货物成交价格估价方法、倒扣价格估价方法、计算价格估价方法及其他合理估价方法。

对于一般进口货物，国内、国外市场均有参考价格，其纳税筹划的空间不大，但对于稀缺商品，如高新技术、特种资源、新产品等，由于这些产品没有确定的市场价格，而其预期的市场价格一般要远远高于市场类似产品的价格，也就为进口完税价格的申报留下了较大的纳税筹划空间。企业可以用市场类似产品的价格来进行申报，从而通过降低完税价格来降低关税。

【例 7-2】德国 A 企业刚刚开发了一种最新高新技术产品，尚未形成确定的市场价格，但我国甲企业预计其未来的市场价格将远远高于目前市场上的类似产品价格，预计未来的市场价格将达到 120 万元。最终甲企业以 80 万元的价格与德国 A 企业成交，而其类似产品的市场价格仅为 60 万元。假设关税税率为 30％，请对其进行纳税筹划。有两个方案可供选择：

方案一：甲企业以 80 万元作为关税完税价格申报；

方案二：甲企业以 60 万元作为关税完税价格申报。

【筹划过程】

方案一：甲企业以 80 万元作为关税完税价格申报。

应纳关税＝80×30％＝24(万元)

方案二：甲企业以 60 万元作为关税完税价格申报。

由于类似产品的市场价格仅为 60 万元，海关工作人员一般会认为 60 万元为合理的完税价格，于是便征税放行。

应纳关税＝60×30％＝18(万元)

方案二比方案一节税 6(24－18)万元。

由此可见，从节税的角度，应当选择方案二。

需要注意的是，本方案属于典型的避税筹划方案，企业最好不要用，以避免未来被税务机关进行纳税调整或处罚的危险。

### (三) 选购国外礼品的纳税筹划

关税的征税对象是准允进出境的货物和物品。其中，货物是指贸易性商品；物品是指非贸易性商品，包括入境旅客随身携带的行李和物品、个人邮递物品、各种运输工具上的服务人员携带进口的日用物品、馈赠物品以及其他方式入境的个人物品。

若某人想在国外购买礼物然后回国馈赠亲朋,由于我国税法对烟、酒、化妆品、金银及其制品、纺织品和制品、电器用具、手表、照相机、录像机等关税税率的规定差异很大,所以可以选择购买税率较低的外国商品,以达到降低进口关税的目的。

【例7-3】假定欧阳先生在欧洲度假归来欲购买礼物送给亲戚朋友,欧阳先生可以选择购买照相机,其价格为8 000元,进口关税税率为25%;也可以选择购买贵重手表,其价格也是8 000元,进口关税税率为10%。请对其进行纳税筹划。

【筹划过程】

方案一:购买照相机作为礼物。

应纳关税=8 000×25%=2 000(元)

方案二:购买贵重手表作为礼物。

应纳关税=8 000×10%=800(元)

因此,应当选择方案二。

(四)选择进口零部件或产成品的税务筹划

由于原材料、零部件与成品的关税税率相比,原材料和零部件的关税税率最低,半成品次之,产成品的税率最高。因此,企业在条件允许的情况下,可以考虑先进口原材料和零部件,然后进行加工生产成自己所需的产成品,从而降低关税税负。

【例7-4】中国汽车销售公司B从德国汽车生产企业A进口100辆小轿车,每辆小轿车的完税价格为20万元,假定适用进口环节的关税率为60%,消费税率为5%,增值税率为13%。如果德国汽车生产企业A在中国设立自己的汽车组装兼销售公司C,并将原来进口整装汽车的方式改为进口散装汽车零部件。一辆汽车的全套零部件以15万元的价格卖给公司C,这样,散装零部件进口环节关税税率降为30%。请对其进行税务筹划。

【筹划过程】

方案一:德国汽车生产企业A向中国汽车销售公司B出口100辆小轿车。

德国汽车生产企业A应纳关税=20×100×60%=1 200(万元)

应纳消费税=[(20×100+1 200)÷(1-5%)]×5%=168.42(万元)

应纳增值税=(20×100+1 200+168.42)×13%=437.89(万元)

应纳税额合计=1 200+168.42+437.89=1 806.31(万元)

方案二:德国汽车生产企业A在中国设立自己的汽车组装兼销售公司C,并将原来进口整装汽车的方式改为进口散装汽车零部件。

德国汽车生产企业A应纳关税=15×100×30%=450(万元)

这种情况下,进口环节不需要缴纳消费税。

应纳增值税=(15×100+450)×13%=253.5(万元)

应纳税额合计=450+253.5=703.5(万元)

进口环节方案二比方案一共少缴税1 102.81(1 806.31-703.5)万元,其中少缴关税750(1 200-450)万元,因此,应当选择方案二。

虽然消费税和增值税的一部分在以后生产环节需要补缴,但这样延缓了纳税时间,充分利用了资金的时间价值,而仅从关税的减少额而言,本案例中方案二使得该企业至少可少缴税750(1 200－450)万元。

(五)利用税收优惠政策进行纳税筹划

根据我国《海关法》的规定,关税优惠主要分为法定减免税、特定减免税和临时减免税三种类型。

1. 法定减免税

法定减免税是指依照关税基本法规的规定,对列举的课税对象给予的减免税。符合法定减免税的进出口货物,纳税人不需提出申请,由海关直接按税法规定予以办理减免税。

下列进出口货物,予以减征或免征关税:① 关税税额在人民币50元以下的一般货物,可免征关税。② 无商业价值的广告品和货样,可免征关税。③ 外国政府、国际组织无偿赠送的物资,免征关税。④ 进出境运输工具转载途中必需的燃料、物料和饮食用品,可免征关税。⑤ 经海关核准暂时进境或暂时出境,并在6个月内复运出境或复运进境的货样、展览品、施工机械、工程车辆、供安装设备时使用的仪器和工具、电视或电影摄制器械、盛装货物的容器以及剧团服装道具,在货物收发货人向海关缴纳相当于应纳税款的保证金或提供其他担保后,可以暂不缴纳关税。⑥ 为境外厂商加工、装配成品和为制造外销商品而进口的原材料、辅料、零件、部件、配套件和包装物料,海关按照实际加工出口的成品数量免征进口关税或对进口料件先征收进口关税,再按照实际加工出口的成品数量予以退税。⑦ 因故退还的中国出口货物或境外进口货物,经海关审查属实,可予以免征进口关税或出口关税,但已征收的出口关税不予退还。⑧ 进口货物如有下列情形,经海关查明属实,可酌情减免进口关税:在境外运输途中或在起卸时,遭受损坏或损失的;起卸后海关放行前,因不可抗力遭受损坏或损失的;海关检验时已破漏、损坏或腐烂,经证明非保管不慎造成的。⑨ 无代价抵偿货物,即进口货物在征税放行后,发现货物残损、缺少或品质不良,而由国外承运人、发货人或保险公司免费补偿或更换的同类货物,可以免税。⑩ 中国缔结或参加的国际条约规定减征、免征关税的货物、物品,按照规定予以减征、免税。

2. 特定减免税

特定减免税,也称政策性减免税,是国家根据政治、经济的需要,对特定地区、特定用途、特定的贸易性质和特定的资金来源的进口货物,按照国务院制定的减免税相关政策实行的减免税。

主要包括以下几种:① 科教用品。② 残疾人专用物品。③ 扶贫、慈善性捐款物资。④ 加工贸易产品。⑤ 边境贸易进口物资。⑥ 保税区进出口货物。⑦ 出口加工区进出口货物。⑧ 进口设备。⑨ 特定行业或用途的减免税政策。

3. 临时减免税

临时减免税是指在以上法定和特定减免税以外的其他减免税,即由国务院根据《海关法》对某个单位、某类商品、某个项目或某批进出口的货物的特殊情况,给予特殊照顾,一案一批,专文下达的减免税。

# 第二节 印花税的纳税筹划

## 一、印花税概述

印花税是对经济活动和经济交往中书立、领受、使用的应税经济凭证征收的一种税。因纳税人主要是通过在应税凭证上粘贴印花税票来完成纳税义务,故称为印花税。印花税不论在性质上,还是在征税的方法方面,都具有不同于其他税种的特点:兼有凭证税和行为税的性质;征税范围广泛;税率低;纳税人自行完税。

### (一) 纳税义务人

印花税的纳税人,是指在中国境内书立、领受、使用税法所列举的凭证的单位和个人,包括内、外资企业,各类行政(机关、部队)和事业单位,中、外籍个人。如果一份合同或应税凭证由两方或两方以上当事人共同签订,签订合同或应税凭证的各方都是纳税人,应各就其所持合同或应税凭证的计税金额履行纳税义务。

### (二) 印花税的征收范围

我国现行印花税采取列举方式,只对《中华人民共和国印花税法》列举的凭证征税,没有列举的凭证不征税。此外,权利、许可证照自2022年7月1日起不再需要缴纳印花税。印花税具体征税范围如下。

1. 经济合同

经济合同是指当事人之间为实现一定目的,经协商一致,明确当事人各方权利、义务关系的协议。以经济业务活动作为内容的合同,通常称为经济合同。经济合同应按照管理的要求,依照《民法典》相关要求订立。

我国印花税只对依法订立的经济合同书征税,共列举了十大类合同:① 购销合同,包括供应、预购、采购、购销合同及协作、调剂、补偿、贸易等合同。此外,还包括出版单位与发行单位之间订立的图书、报纸、期刊和音像制品的征订凭证;还包括发电厂与电网之间、电网与电网之间(国家电网公司系统、南方电网公司系统内部各级电网互供电量除外)签订的购售电合同。但是,电网与用户之间签订的供用电合同不属于印花税列举征税的凭证,不征收印花税。② 加工承揽合同,包括加工、定做、修缮、修理、印刷、广告、测绘、测试等合同。③ 建设工程勘察设计合同,包括勘察、设计合同的总包合同、分包合同和转包合同。④ 建筑安装工程承包合同,包括建筑、安装工程承包合同。承包合同,包括总承包合同、分包合同和转包合同。⑤ 财产租赁合同,包括租赁房屋、船舶、飞机、机动车辆、机械、器具、设备等合同,还包括企业、个人出租门店、柜台等签订的合同。⑥ 货物运输合同,包括民用航空运输、铁路运输、海上运输、内河运输、公路运输和联运合同。⑦ 仓储保管合同,包括仓储、保管合同,以及作为合同使用的仓单、栈单等。⑧ 借款合同,主要是指银行及其他金融组织与借款人(不包括银行同业拆借)所签订的合同。融资租赁合同也属于借款合同。⑨ 财产保险合同,包括财产、责任、保证、信用保险合同,以及作为合同使用的单据。⑩ 技术合同,包括技术开发、转让、咨询、服务等合同,以及作为合同使用的单据。技术转让合同,包括专利申请权转让、专利实施许可和非专利技术转让。一般的法律、会计、审计等方面的咨询不属于技术咨询,其所立合同不贴印花。

2. 产权转移书据

产权转移即财产权利关系的变更行为,表现为产权主体发生变更。产权转移书据是在产权的买卖、交换、继承、赠与、分割等产权主体变更过程中,由产权出让人与受让人之间所订立的民事法律文书。

我国印花税税目中的产权转移书据包括财产所有权、版权、商标专用权、专利权、专有技术使用权等转移书据和土地使用权出让合同、土地使用权转让合同、商品房销售合同等权利转移合同。

3. 营业账簿

印花税税目中的营业账簿归属于财务会计账簿,是按照财务会计制度的要求设置的,反映生产经营活动的账册。营业账簿按其反映内容的不同,可分为记载资金的账簿和其他账簿。银行根据业务管理需要设置的各种登记簿,如空白重要凭证登记簿、有价单证登记簿、现金收付登记簿等,其记载的内容与资金活动无关,仅用于内部备查,属于非营业账簿,均不征收印花税。

4. 证券交易

证券交易,是指转让在依法设立的证券交易所、国务院批准的其他全国性证券交易场所交易的股票和以股票为基础的存托凭证。证券交易印花税对证券交易的出让方征收,不对受让方征收。

证券交易的计税依据,为成交金额。证券交易无转让价格的,按照办理过户登记手续时该证券前一个交易日收盘价计算确定计税依据;无收盘价的,按照证券面值计算确定计税依据。

(三) 税率

印花税为比例税率,具体包括:

(1) 适用 0.05‰税率的为"借款合同""融资租赁合同"。

(2) 适用 0.3‰税率的为"买卖合同""承揽合同""建设工程合同""运输合同""技术合同""商标专用权、著作权、专利权、专有技术使用权转让书据"。

(3) 适用 0.5‰税率的为"土地使用权出让书""股权转让书据""营业账簿"税目中记载资金的账簿。

(4) 适用 1‰税率的为"租赁合同""保管合同""财产保险合同""仓储合同""证券交易"。

自 2018 年 5 月 1 日起,对按 0.5‰税率贴花的资金账簿减半征收印花税。自 2023 年 8 月 28 日起,证券交易印花税实施减半征收,实际税率为成交金额的 0.05%。

（四）应纳税额的计算

1. 应纳税额的计算公式

适用比例税率的应税凭证，以凭证上所记载的金额为计税依据，计算公式为：

$$应纳税额＝计税金额\times 比例税率$$

2. 计税依据的一般规定

（1）应税合同的计税依据为合同所列的金额，不包括列明的增值税税款。

（2）应税产权转移书据的计税依据为产权转移书据所列的金额，不包括列明的增值税税款。

应税合同、产权转移书据未列明金额的，印花税的计税依据按照实际结算的金额确定。计税依据不能按照前面规定确定的，按照书立合同、产权转移书据时的市场价格确定；依法应当执行政府定价或者政府指导价的，按照国家有关规定确定。

（3）应税营业账簿的计税依据为资金账簿记载的实收资本（股本）、资本公积合计金额。已缴纳印花税的营业账簿，以后年度记载的实收资本（股本）、资本公积合计金额比已缴纳印花税的实收资本（股本）、资本公积合计金额增加的，按照增加部分计算应纳税额。

（4）证券交易的计税依据为成交金额。证券交易无转让价格的，按照办理过户登记手续时该证券前一个交易日收盘价计算确定计税依据；无收盘价的，按照证券面值计算确定计税依据。

3. 计税依据的具体规定

（1）同一应税凭证由两方以上当事人书立的，按照各自涉及的金额分别计算应纳税额。同一应税合同、应税产权转移书据中涉及两方以上纳税人，且未列明纳税人各自涉及金额的，以纳税人平均分摊的应税凭证所列金额（不包括列明的增值税税款）确定计税依据。

（2）承揽合同的计税依据是加工或承揽收入的金额。具体规定为：

① 对于由受托方提供原材料的加工、定做合同，凡在合同中分别记载加工费金额和原材料金额的，应分别按承揽合同、买卖合同计税，两项税额相加数即为合同应贴印花；若合同中未分别记载，则应就全部金额依照加工承揽合同计税贴花。

② 对于由委托方提供主要材料或原料，受托方只提供辅助材料的加工合同，无论加工费和辅助材料金额是否分别记载，均以辅助材料与加工费的合计数，依照加工承揽合同计税贴花。对委托方提供的主要材料或原料金额不计税贴花。

（3）运输合同的计税依据为取得的运输费金额（即运费收入），不包括所运货物的金额、装卸费和保险费等。境内的货物多式联运，采用在起运地统一结算全程运费的，以全程运费作为运输合同的计税依据，由起运地运费结算双方缴纳印花税；采用分程结算运费的，以分程的运费作为计税依据，分别由办理运费结算的各方缴纳印花税。

（4）仓储保管合同的计税依据为收取的仓储保管费用。

（5）财产保险合同的计税依据为支付（收取）的保险费，不包括所保财产的金额。

(6) 技术合同的计税依据为合同所载的价款、报酬或使用费。为了鼓励技术研究开发，对技术开发合同，只就合同所载的报酬金额计税，研究开发经费不作为计税依据；但对合同约定按研究开发经费一定比例作为报酬的，应按一定比例的报酬金额贴花。

(7) 应税合同、应税产权转移书据所列的金额与实际结算金额不一致，不变更应税凭证所列金额的，以所列金额为计税依据；变更应税凭证所列金额的，以变更后的所列金额为计税依据。已缴纳印花税的应税凭证，变更后所列金额增加的，纳税人应当就增加部分的金额补缴印花税；变更后所列金额减少的，纳税人可以就减少部分的金额向税务机关申请退还或者抵缴印花税。

(8) 纳税人因应税凭证列明的增值税税款计算错误导致应税凭证的计税依据减少或者增加的，纳税人应当按规定调整应税凭证列明的增值税税款，重新确定应税凭证计税依据。已缴纳印花税的应税凭证，调整后计税依据增加的，纳税人应当就增加部分的金额补缴印花税；调整后计税依据减少的，纳税人可以就减少部分的金额向税务机关申请退还或者抵缴印花税。

(9) 纳税人转让股权的印花税计税依据，按照产权转移书据所列的金额（不包括列明的认缴后尚未实际出资权益部分）确定。

应税凭证金额为人民币以外的货币的，应当按照凭证书立当日的人民币汇率中间价折合人民币确定计税依据。

4. 征收管理

(1) 纳税方法。

根据税额大小、贴花次数以及税收征收管理的需要，印花税可以采用粘贴印花税票或者开具其他完税凭证的方式缴纳。

① 自行贴花办法。

自行贴花办法，即通常所说的"三自"纳税办法，在纳税义务发生后，由纳税人根据应纳税凭证的性质和适用的税目税率自行计算应纳税额，自行购买印花税票，自行一次贴足印花税票并加以注销或画销。印花税票粘贴在应税凭证上的，由纳税人在每枚税票的骑缝处盖戳注销或者画销。这种办法一般适用于应税凭证较少或者贴花次数较少的纳税人。

② 汇贴或汇缴办法。

汇贴办法，指在纳税义务发生后，纳税人向当地税务机关申请填写缴款书或者完税凭证，将其中一联粘贴在凭证上或者由税务机关在凭证上加注完税标记代替贴花。一份凭证应纳税额超过500元的，应当向当地税务机关申请填写缴款书或者完税凭证。

汇缴办法，指同一种类应纳税凭证，需频繁贴花的，纳税人可以根据实际情况自行决定是否采用按期汇缴纳印花税的方式，汇总申报缴纳的期限不得超过1个月。

③ 委托代征办法。

委托代征办法，是通过税务机关的委托，经由代理填开应纳税凭证的单位代为征收印花税税款的办法。

(2) 纳税义务发生时间。

印花税的纳税义务发生时间为纳税人书立应税凭证或者完成证券交易的当日。

证券交易印花税扣缴义务发生时间为证券交易完成的当日。

（3）纳税申报。

印花税按季、按年或者按次计征。实行按季、按年计征的，纳税人应当自季度、年度终了之日起 15 日内申报缴纳税款；实行按次计征的，纳税人应当自纳税义务发生之日起 15 日内申报缴纳税款。

证券交易印花税按周解缴。证券交易印花税扣缴义务人应当自每周终了之日起 5 日内申报解缴税款以及银行结算的利息。

（4）纳税地点、扣缴义务人、不予退税及抵缴税款。

纳税人为单位的，应当向其机构所在地的主管税务机关申报缴纳印花税；纳税人为个人的，应当向应税凭证书立地或者纳税人居住地的主管税务机关申报缴纳印花税。

不动产产权发生转移的，纳税人应当向不动产所在地的主管税务机关申报缴纳印花税。

纳税人为境外单位或者个人，在境内有代理人的，以其境内代理人为扣缴义务人；在境内没有代理人的，由纳税人自行申报缴纳印花税。

证券登记结算机构为证券交易印花税的扣缴义务人，应当向其机构所在地的主管税务机关申报解缴税款以及银行结算的利息。

未履行的应税合同、产权转移书据，已缴纳的印花不予退还及抵缴税款。

纳税人多贴的印花税票，不予退税及抵缴税款。

（五）印花税税收优惠

下列凭证免纳印花税：

（1）应税凭证的副本或者抄本。凭证的正式签署本已按规定缴纳了印花税，其副本或者抄本对外不发生权利义务关系，只是留存备查。但以副本或者抄本视同正本使用的，则应另贴印花。

（2）依照法律规定应当予以免税的外国驻华使馆、领事馆和国际组织驻华代表机构为获得馆舍书立的应税凭证；

（3）中国人民解放军、中国人民武装警察部队书立的应税凭证；

（4）农民、家庭农场、农民专业合作社、农村集体经济组织、村民委员会购买农业生产资料或者销售农产品书立的买卖合同和农业保险合同；

（5）无息或者贴息借款合同、国际金融组织向中国提供优惠贷款书立的借款合同；

（6）财产所有权人将财产赠与政府、学校、社会福利机构、慈善组织书立的产权转移书据；

（7）非营利性医疗卫生机构采购药品或者卫生材料书立的买卖合同；

（8）个人与电子商务经营者订立的电子订单。

根据国民经济和社会发展的需要，国务院对居民住房需求保障、企业改制重组、破产、支持小型微型企业发展等情形可以规定减征或者免征印花税，报全国人民代表大会常务委员会备案。

## 二、印花税的筹划方法

### (一) 减少合同参与人数的纳税筹划

税法规定,对于同一凭证,如果由两方或两方以上当事人签订并各执一份时,各方均为纳税人,应当由各方就所持凭证的各自金额贴花。所谓当事人,是指对凭证有直接权利义务关系的单位和个人,不包括担保人、证人、鉴定人。而减少合同参与人数的纳税筹划,就是在不影响合同效力的前提下,尽量减少书立使用各种凭证的参与人数,使更少的人缴纳印花税,使当事人的总体税负下降,从而达到少缴税款的目的。

【例7-5】甲、乙、丙、丁四人签订合同,乙、丙、丁三人基本利益一致,合同总金额为12 000万元,适用印花税税率为0.5‰。现有两套合同签订方案可供选择:方案一:甲、乙、丙、丁四人签订合同;方案二:由于乙、丙、丁三人基本利益一致,可以任意选派乙作为代表,让其和甲签订合同。从节税的角度,该合同如何签订更合理?

【筹划过程】

方案一:甲、乙、丙、丁四人签订合同。该方案下,应纳印花税情况计算如下:

各方共需贴花=12 000×0.5‰×4=24(万元)

方案二:由于乙、丙、丁三人基本利益一致,可以任意选派乙作为代表,让其和甲签订合同。

各方共需贴花=12 000×0.5‰×2=12(万元)

方案二比方案一节税12(24-12)万元。

由此可见,应当选择方案二。

### (二) 承揽合同的纳税筹划

对于由受托方提供原材料的加工、定做合同,凡在合同中分别记载加工费金额和原材料金额的,应分别按承揽合同、买卖合同计税,两项税额相加数即为合同应贴印花;若合同中未分别记载,则应就全部金额依照加工承揽合同计税贴花。对于由委托方提供主要材料或原料,受托方只提供辅助材料的加工合同,无论加工费和辅助材料金额是否分别记载,均以辅助材料与加工费的合计数,依照加工承揽合同计税贴花。对委托方提供的主要材料或原料金额不计税贴花。因此,在合同中应尽量由委托方提供主要材料,便能够达到节税的目的。

【例7-6】甲家具生产企业受某家具城委托,负责加工一批家具,总价值1 000万元,其中:加工所需原材料为800万元,加工费为200万元。现有两套方案可供选择。方案一:由受托方甲企业提供原材料的加工、定做合同;方案二:由委托方家具城提供主要材料或原料,甲企业只提供辅助材料的加工合同签订合同。从节税的角度,甲家具生产企业应如何选择?

【筹划过程】

方案一:由受托方甲企业提供原材料的加工、定做合同。该方案下,应纳印花税计算如下:

应纳印花税＝10 000 000×0.3‰＝3 000(元)

方案二：由委托方家具城提供主要材料或原料，甲企业只提供辅助材料的加工合同签订合同。该方案下，应纳印花税计算如下：

应纳印花税＝2 000 000×0.3‰＝600(元)

方案二比方案一节税2 400(3 000－600)元。

通过计算，甲家具生产企业应当选择方案二。

### (三)合理压缩合同记载金额进行纳税筹划

税法规定，纳税人应当在签订合同时按合同所记载的金额计算缴纳印花税。对于已经履行并缴纳印花税的合同，实际结算金额与合同所记载金额不一致的，如果因实际结算金额小于合同所载金额而多缴纳了印花税，纳税人不得申请退税或抵税；如果实际结算金额大于合同所记载金额而少缴了印花税的，一般也不再补缴。因此，纳税人可利用这一规定，在合同设计时，双方当事人应充分地考虑到以后经济交往中可能会遇到的各种情况，确定比较保守的金额，以达到节税的目的。

【例7－7】甲和乙签订一份财产租赁合同，涉及的金额为200万元。现有两套方案可供选择。方案一：将合同金额确定为200万元；方案二：将合同金额确定为100万元，实际履行过程中若增加了履行金额，就增加部分补贴印花税票。从节税的角度，应当如何选择？

【筹划过程】

方案一：将合同金额确定为200万元。该方案下，纳税情况计算如下：

甲和乙共需贴花＝200×1‰×2＝0.4(万元)

方案二：将合同金额确定为100万元，实际履行过程中若增加了履行金额，就增加部分补贴印花税票。

甲和乙共需贴花＝100×1‰×2＝0.2(万元)

通常情况下在实际履行过程增加部分补贴印花税票所需金额远远低于0.2万元。

由此可见，从节税的角度出发，应当选择方案二。

### (四)利用借款方式进行纳税筹划

按照税法规定，对于流动资金周转性借款，如果按年或按期签订借款合同，规定借款的最高限额，在签订借款合同时，应按合同规定的最高借款限额计算缴纳印花税。在合同期内，借款可随借随还，再次借款时只要借款金额不超过合同规定的最高限额，就不需要重新签订合同，也就不需要另外缴纳印花税。所以企业如果选择"定期、限额"的借款方式，会比采用普通短期借款方式少缴纳印花税。另外，根据税法规定，银行及其他金融机构与借款人(不包括同业拆借)所签订的合同，应按照"借款合同"税目，按借款金额0.05‰的税率贴花，而企业之间的借款合同不属于印花税的征税范围，不用贴花。所以对企业来说，如果可能的话，在贷款利率相同或差异较小时，与从金融机构借款相比，从其他企业借款可以降低印花税税负。

# 第三节 房产税的纳税筹划

## 一、房产税概述

房产税是以房屋为征税对象,按照房屋的计税余值或租金收入向房产所有人或经营管理人等征收的一种财产税。

### (一)纳税人和征税范围

房产税的纳税义务人是指在我国城市、县城、建制镇和工矿区内拥有房屋产权的单位和个人,具体包括产权所有人、房产承典人、房产代管人或使用人。房产税的征税范围是城市、县城、建制镇和工矿区的房屋。独立于房屋之外的建筑物,如围墙、烟囱、水塔、菜窖、室外游泳池等不征收房产税。

### (二)计税依据和税率

1. 计税依据

(1)从价计征的房产税,是以房产余值为计税依据。根据《房产税暂行条例》的规定,房产税依照房产原值一次减除10%~30%后的余值计算缴纳。具体扣减比例由省、自治区、直辖市人民政府确定。

(2)从租计征的房产税,是以房屋出租取得的租金收入为计税依据。

2. 税率

(1)从价计征的房产税,税率为1.2%,即按房产原值一次减除10%~30%后的余值的1.2%计征。

(2)从租计征的房产税,税率为12%,即按房产出租的租金收入的12%计征。从2001年1月1日起,对个人按市场价格出租的居民住房,用于居住的,可暂减按10%的税率征收房产税。

### (三)应纳税额的计算

(1)从价计税的计算公式:

$$应纳税额 = 应征税房产原值 \times (1-扣除比例) \times 1.2\%$$

(2)从租计税的计算公式:

$$应纳税额 = 租金收入 \times 12\%(或10\%)$$

(四) 征收管理

1. 纳税义务发生时间

(1) 纳税人将原有房产用于生产经营,从生产经营之月起,缴纳房产税。

(2) 纳税人自行新建房屋用于生产经营,从建成之日的次月起,缴纳房产税。

(3) 纳税人委托施工企业建设的房屋,从办理验收手续的次月起,缴纳房产税。

(4) 纳税人购置新建商品房,自房屋交付使用之次月起,缴纳房产税。

(5) 纳税人购置存量房,自办理房屋权属转移、变更登记手续,房地产权属登记机关签发房屋权属证书之次月起,缴纳房产税。

(6) 纳税人出租、出借房产,自交付出租出借房产之次月起,缴纳房产税。

(7) 房地产开发企业自用、出租、出借本企业建造的商品房,自房屋使用或交付之次月起,缴纳房产税。

2. 纳税期限

房产税实行按年计算、分期缴纳的征收办法。具体纳税期限由省、自治区、直辖市人民政府规定。

3. 纳税地点

房产税在房产所在地缴纳。房产不在同一地方的纳税人,应按房产的坐落地点分别向房产所在地的税务机关纳税。

## 二、房产税的筹划方法

(一) 降低房产原值的纳税筹划

根据税法的规定:房产税在城市、县城、建制镇和工矿区征收。房产是以房屋形态表现的财产。房屋则是指有屋面和围护结构(有墙或两边有柱),能够遮风避雨,可供人们在其中生产、工作、学习、娱乐、居住或储藏物资的场所。独立于房屋之外的建筑物,如围墙、烟囱、水塔、变电塔、油池油柜、酒窖菜窖、酒精池、糖蜜池、室外游泳池、玻璃暖房、砖瓦石灰窑以及各种油气罐等,则不属于房产。但与房屋不可分离的附属设施,属于房产。因此,在实际房屋建造过程中,如果将除厂房、办公用房以外的建筑物,如停车场、游泳池等都建成露天的,并且把这些独立建筑物的造价同厂房、办公用房的造价分开,在会计账簿中单独核算,则这部分建筑物的造价不计入房产原值,不缴纳房产税。

【例 7-8】甲加工制造企业位于某市市区,企业除厂房、办公用房外,还包括厂区围墙、烟囱、变电塔、停车场等建筑物,总计工程造价 1 亿元,除厂房、办公用房外的建筑设施工程造价 2 000 万元。假设当地政府规定的扣除比例为 20%,该企业有两套建设方案可供选择。方案一:将所有建筑物都作为房产计入房产原值;方案二:将停车场等都建成露天的,并且把这些独立建筑物的造价同厂房、办公用房的造价分开,在会计账簿中单独核算。从减轻税负的角度,该企业应当如何选择?

**【筹划过程】**

方案一：将所有建筑物都作为房产计入房产原值。该方案下，纳税情况计算如下：

应纳房产税＝10 000×(1－20％)×1.2％＝96(万元)

方案二：将停车场等都建成露天的，并且把这些独立建筑物的造价同厂房、办公用房的造价分开，在会计账簿中单独核算。

该方案下，纳税情况计算如下：

应纳房产税＝(10 000－2 000)×(1－20％)×1.2％＝76.8(万元)

方案二比方案一节税19.2(96－76.8)万元。

由此可见，应当选择方案二。

### (二)降低租金收入的税务筹划

由于房产出租的，房产税采用从租计征方式，以租金收入作为计税依据，按12％税率(除个人按市场价格出租自己的家庭住房为4％之外)计征。对于出租方的代收项目收入，应当与实际租金收入分开核算，分开签订合同，从而降低从租计征的计税依据。

**【例7－9】** 甲公司拥有一写字楼，配套设施齐全，对外出租。当年的全年租金共为3 000万元，其中含代收的物业管理费300万元，水电费为500万元。请对其进行税务筹划。

**【筹划过程】**

方案一：甲公司与承租方签订租赁合同，合同中的租金共为3 000万元。

应纳房产税＝3 000×12％＝360(万元)

方案二：将各项收入分别由各相关方签订合同，如物业管理费由承租方与物业公司签订合同，水电费按照承租人实际耗用的数量和规定的价格标准结算、代收代缴。

应纳房产税＝(3 000－300－500)×12％＝264(万元)

方案二比方案一甲公司少缴房产税96(360－264)万元，因此，应当选择方案二。

由上述案例可知，可以将物业管理费由承租方与物业公司签订合同，水电费按照承租人实际耗用的数量和规定的价格标准结算、代收代缴，降低从租计征的计税依据，进而降低房产税税负。

### (三)利用税收优惠政策进行纳税筹划

税法规定：房产税在城市、县城、建制镇和工矿区征收，不包括农村。企业可以依照税法规定，在不影响企业生产经营的情况下，将企业设立在农村，可免缴房产税。

**【例7－10】** 甲公司欲投资建厂，房产原值为2 000万元。假设该厂不论建在哪里都不影响企业生产经营。现有两种方案可供选择。方案一：建在市区，当地政府规定的扣除比例为30％；方案二：建在农村。从节税的角度，应当如何选择？

**【筹划过程】**

方案一：建在市区。该方案下，纳税情况计算如下：

应纳房产税＝2 000×(1－30％)×1.2％＝16.8(万元)

方案二：建在农村。

应纳房产税＝0万元

方案二比方案一节税 16.8 万元。

由此可见,应当选择方案二。

## 第四节　资源税的纳税筹划

### 一、资源税概述

资源税是对在我国境内从事应税矿产品开采或生产盐的单位和个人征收的一种税。目前,我国开征的资源税并未把所有的自然资源纳入征税范围。资源税具有以下特点:调节资源的级差收益;只对特定自然资源征税;实行从价定率、从量定额征收。

(一)纳税义务人和扣缴义务人

资源税纳税人是在中华人民共和国境内开采应税矿产品或者生产盐的单位和个人,包括境内各类经济性质的企业、单位、机关、社团、个人,还包括外商投资企业和外国企业(国务院另有规定的除外)。中外合作开采石油、天然气的企业不是资源税的纳税义务人,对其只征收矿区使用费,暂不征收资源税。独立矿山、联合企业和其他收购未税矿产品的单位为资源税的扣缴义务人。

(二)税目和税率

(1)原油。原油是指开采的天然原油,不包括人造石油。税率6%。

(2)天然气。天然气是指专门开采或与原油同时开采的天然气,煤矿生产的天然气暂不征税。税率为6%。

(3)煤炭。煤炭是指原煤,不包括洗煤、选煤及其他煤炭制品。税率为2%~10%。

(4)其他非金属矿原矿。税率为1%~12%。

(5)黑色金属矿原矿。税率为1%~9%。

(6)有色金属矿原矿。税率为2%~12%。

(7)盐。盐包括固体盐(含海盐、湖盐原盐和井矿盐)、液体盐(卤水)。税率为2%~15%。

(8)地热、石灰岩、其他粘土、砂石、矿泉水、天然卤水可以从量征税。

(三)计税依据

1. 销售额

销售额是指纳税人销售应税产品向购买方收取的全部价款和价外费用,不包括增值税销项税额和相关运杂费用。

相关运杂费用是指应税产品从坑口或洗选(加工)地到车站、码头或购买方指定地点的运输费用、建设基金以及随运销产生的装卸、仓储、港杂费用。运杂费用应与销售额分别核算,凡未取得相应凭据或不能与销售额分别核算的,应当一并计征资源税。计入销售额中的相关运杂费用,凡取得增值税发票或者其他合法有效凭据的,准予从销售额中扣除。

纳税人申报的应税产品销售额明显偏低且无正当理由的,或者有自用应税产品行为而无销售额的,主管税务机关可以按下列方法和顺序确定其应税产品销售额:

(1) 按纳税人最近时期同类产品的平均销售价格确定。
(2) 按其他纳税人最近时期同类产品的平均销售价格确定。
(3) 按后续加工非应税产品销售价格,减去后续加工环节的成本利润后确定。
(4) 按应税产品组成计税价格确定,公式如下:

$$组成计税价格＝成本×(1＋成本利润率)÷(1－资源税税率)$$

公式中的成本利润率由省、自治区、直辖市税务机关确定。
(5) 按其他合理方法确定。

2. 销售数量

应税产品的销售数量,包括纳税人开采或者生产应税产品的实际销售数量和自用于应当缴纳资源税情形的应税产品数量。

金属和非金属矿产品原矿,因无法准确掌握纳税人移送使用原矿数量的,可将其精矿按选矿比折算成原矿数量,以此作为课税数量。

$$选矿比＝精矿数量÷耗用原矿数量\quad 原矿课税数量＝精矿数量÷选矿比$$

纳税人以自产的液体盐加工固体盐,按固体盐税额征税,以加工的固体盐数量为课税数量。纳税人以外购的液体盐加工成固体盐,其加工固体盐所耗用液体盐的已纳税额准予抵扣。

3. 注意事项

纳税人开采或者生产同一税目下适用不同税率应税产品的,应当分别核算不同税目应税产品的销售额或者销售数量;未分别核算或者不能准确提供不同税目应税产品的销售额或者销售数量的,从高适用税率。

纳税人开采或者生产应税产品自用的,应当依照资源税法规定缴纳资源税;但是,自用于连续生产应税产品的,不缴纳资源税。

(四) 应纳税额的计算

1. 从价计征

$$应纳税额＝应税产品销售额×比例税率$$

销售额确定:以纳税人销售应税产品向购买方收取的全部价款(不含增值税)为基础。
运杂费用扣除:取得合法凭证的运输、装卸、仓储等费用可从销售额中扣除。

2. 从量计征

$$应纳税额＝应税产品销售数量×定额税率$$

销售数量:包括实际销售数量和自用于应税情形的产品数量。

### (五)资源税的税收优惠

《中华人民共和国资源税法》第六条规定,有下列情形之一的,免征资源税:
(1) 开采原油以及在油田范围内运输原油过程中用于加热的原油、天然气;
(2) 煤炭开采企业因安全生产需要抽采的煤成(层)气。
有下列情形之一的,减征资源税:
(1) 从低丰度油气田开采的原油、天然气,减征20%资源税;
(2) 高含硫天然气、三次采油和从深水油气田开采的原油、天然气,减征30%资源税;
(3) 稠油、高凝油减征40%资源税;
(4) 从衰竭期矿山开采的矿产品,减征30%资源税。

根据国民经济和社会发展需要,国务院对有利于促进资源节约集约利用、保护环境等情形可以规定免征或者减征资源税,报全国人民代表大会常务委员会备案。

纳税人开采或者生产应税产品过程中,因意外事故或者自然灾害等原因遭受重大损失;或纳税人开采共伴生矿、低品位矿、尾矿的,省、自治区、直辖市可以决定免征或者减征资源税。免征或者减征资源税的具体办法由省、自治区、直辖市人民政府提出,报同级人民代表大会常务委员会决定,并报全国人民代表大会常务委员会和国务院备案。

纳税人的免税、减税项目,应当单独核算销售额或者销售数量;未单独核算或者不能准确提供销售额或者销售数量的,不予免税或者减税。

纳税人开采或者生产同一应税产品,其中既有享受减免税政策的,又有不享受减免税政策的,按照免税、减税项目的产量占比等方法分别核算确定免税、减税项目的销售额或者销售数量。

纳税人开采或者生产同一应税产品同时符合两项或者两项以上减征资源税优惠政策的,除另有规定外,只能选择其中一项执行。

### (六)征收管理

1. 纳税义务发生时间

纳税人销售应税产品,纳税义务发生时间为收讫销售款或者取得索取销售款凭据的当日;自用应税产品的,纳税义务发生时间为移送应税产品的当日。

资源税按月或者按季申报缴纳;不能按固定期限计算缴纳的,可以按次申报缴纳。

纳税人按月或者按季申报缴纳的,应当自月度或者季度终了之日起15日内,向税务机关办理纳税申报并缴纳税款;按次申报缴纳的,应当自纳税义务发生之日起15日内,向税务机关办理纳税申报并缴纳税款。

2. 纳税环节

纳税人以自采原矿(经过采矿过程采出后未进行选矿或者加工的矿石)直接销售,或者自用于应当缴纳资源税情形的,按照原矿计征资源税。

纳税人以自采原矿洗选加工为选矿产品(通过破碎、切割、洗选、筛分、磨矿、分级、提纯、脱水、干燥等过程形成的产品,包括富集的精矿和研磨成粉、粒级成型、切割成型的原矿加工品)销售,或者将选矿产品自用于应当缴纳资源税情形的,按照选矿产品计征资源税,在原矿移送环节不缴纳资源税。对于无法区分原生岩石矿种的粒级成型砂石颗粒,按照砂石税目征收资源税。

3. 纳税地点

纳税人应当向应税产品开采地或者生产地的税务机关申报缴纳资源。

## 二、资源税的筹划方法

(一)分开核算的纳税筹划

根据税法的规定:纳税人的减、免税项目,应当单独核算课税数量,未单独核算或者不能准确提供减、免税产品数量的,不予减税或免税。另外,纳税人开采或者生产不同税目应税产品的,应当分别核算不同税目应税产品的课税数量,未分别核算或者不能准确提供不同税目应税产品的课税数量的,从高适用税率。

【例7-11】甲矿业开采企业2025年1月份共开采销售原油100万元,开采销售煤50万元。原油适用税率为6%,煤适用税率为8%。请对其进行税务筹划。

【筹划过程】

方案一:甲企业未将原油、煤分别核算。

应纳资源税=(100+50)×8%=12(万元)

方案二:甲企业将原油、煤分别核算。

应纳资源税=100×6%+50×8%=10(万元)

方案二比方案一甲矿业开采企业少缴资源税2(12-10)万元,因此,应当选择分别核算。分别核算会增加一部分核算支出,但相对于省下的税来说,一般情况下是值得的。

(二)利用"折算比"的纳税筹划

税法规定:纳税人不能准确提供应税产品销售数量或移送使用数量的,以应税产品的产量或主管税务机关确定的折算比换算成的数量为课税数量。税务机关确定折算比一般是按照同行业的平均水平确定的。如果企业加工技术相对落后、企业综合回收率或选矿比低于同行业的综合水平时,可以不提供应税产品销售数量或移送使用数量,这样税务机关根据同行业的平均综合回收率折算出来的应税产品数量,将会少于实际数量,从而降低资源税税负;反之,如果企业加工技术水平相对较高、企业综合回收率或选矿比高于同行业的综合水平时,则应当准确进行财务核算,向税务机关提供准确的应税产品销售数量或移送数量,从而避免不必要的税收负担。

## 第五节 契税的纳税筹划

### 一、契税概述

契税是指国家在土地、房屋权属转移时,按照当事人双方签订的合同(契约),以及所确定价格的一定比例,向权属承受人征收的一种财产税。契税是对土地、房屋权属转移行为征收的唯一从需求方进行调节的税种。

(一)纳税义务人

契税的纳税义务人,是境内转移土地、房屋权属承受的单位和个人。单位包括内外资企业、事业单位、国家机关、军事单位和社会团体。个人包括中国公民和外籍人员。

(二)征税范围

契税的征税范围包括境内转移土地、房屋权属。具体包括国有土地使用权出让;土地使用权转让;房屋买卖;房屋赠与;房屋交换。但土地、房屋的典当、继承、分拆、出租或抵押而发生的权属变动,不属于契税的征税范围。

(三)税率

契税采用比例税率,并实行3%~5%的幅度税率。具体税率由省、自治区、直辖市人民政府在幅度税率规定范围内,按照本地区的实际情况确定。

(四)应纳税额的计算

按照土地、房屋权属转移的形式、定价方法的不同,契税的计税依据确定如下:

(1)国有土地使用权出让、土地使用权出售、房屋买卖,以成交价格作为计税依据。成交价格是指土地、房屋权属转移合同确定的价格,包括承受者应交付的货币、实物、无形资产或其他经济利益。

(2)土地使用权赠与、房屋赠与,由征收机关参照土地使用权出售、房屋买卖的市场价格核定。

(3)土地使用权交换、房屋交换,以所交换的土地使用权、房屋的价格差额为计税依据。计税依据只考虑其价格的差额,交换价格不相等的,由多交付货币、实物、无形资产或其他经济利益的一方缴纳契税;交换价格相等的,免征契税。土地使用权与房屋所有权之间相互交换,也应按照上述办法确定计税依据。

(4)以划拨方式取得土地使用权,经批准转让房地产时应补交的契税,以补交的土地使用权出让费用或土地收益作为计税依据。

### (五)契税的减免

(1) 国家机关、事业单位、社会团体、军事单位承受的土地、房屋用于办公、教学、医疗、科研和军事设施的,免征契税。

(2) 城镇职工按规定第一次购买公有住房的,免征契税。

(3) 因不可抗力丧失住房而重新购买住房的,酌情准予减征或免征契税。

(4) 土地、房屋被县级以上人民政府征用、占用后,重新承受土地、房屋权属的,是否减征或免征契税,由省、自治区、直辖市人民政府确定。

(5) 纳税人承受荒山、荒沟、荒丘、荒滩土地使用权,用于农、林、牧、渔业生产的,免征契税。

(6) 依照我国有关法律法规以及我国缔结或参加的双边和多边条约或协定的规定应当予以免税的外国驻华使馆、领事馆、联合国驻华机构及其外交代表、领事官员和其他外交人员承受土地、房屋权属的,经外交部确认,可以免征契税。经批准减征、免征契税的纳税人,改变有关土地、房屋的用途的,就不再属于减征、免征契税范围,并且应当补缴已经减征、免征的税款。纳税人在签订土地、房屋权属转移合同的当天,或者取得其他具有土地、房屋权属转移合同性质的凭证的当天,为纳税义务发生时间。纳税人应当自纳税义务发生之日起的10日内缴纳。

## 二、契税的筹划方法

### (一)房屋交换的纳税筹划

从立税思想上讲,契税的计税依据是转移标的(土地、房屋权属)的价值,双方交换价值相等,免征契税,办理免征契税手续。其价值不相等的,超出部分由支付差价方缴纳契税。因此,纳税筹划的目的就是使交换差额较小甚至没有,从而达到降低税负的目的。

【例7-12】甲公司以价值1 000万元的办公楼与乙公司价值1 200万元的厂房进行交换。甲向乙支付差价200万元。假设乙公司打算出资200万元对换入的办公楼进行装修,且本地契税适用税率为5%。有两套方案可供选择。方案一:甲、乙进行产权交换,且甲向乙支付差价200万元;方案二:甲公司在与乙公司交换之前,由甲公司先对自己的办公楼按乙公司的要求进行装修,装修费用为200万元。从节税的角度,应当如何进行纳税筹划?

【筹划过程】

方案一:甲、乙进行产权交换,且甲向乙支付差价200万元。该方案下,契税计算如下:甲应纳契税=200×5%=10(万元)。

方案二:甲公司在与乙公司交换之前,由甲公司先对自己的办公楼按乙公司的要求进行装修,装修费用为200万元。此时办公楼的价值变为1 200万元,双方交换属于等价交换。

该方案下,契税计算如下:

应纳契税=0(万元)

方案二比方案一节税 10 万元。
由此可见,应当选择方案二。

(二)减少涉税环节的纳税筹划

由于每发生一次土地、房屋权属转移,权属承受方就要发生一次契税的纳税行为,因此,通过减少权属转移环节,可达到降低契税税负的目的。

【例 7-13】甲、乙、丙为三方当事人,甲和丙均拥有一套价值 100 万元的房屋,乙欲购买甲的房屋,甲打算购买丙的房屋后出售其原有房屋。假设甲、乙、丙三方都知道各自的购房或售房供求信息,且本地契税适用税率为 5%。现有两套方案可供选择。方案一:乙购买甲的房屋,甲购买丙的房屋后出售其原有房屋;方案二:先由甲和丙交换房屋后,再由丙将房屋出售给乙。从节税的角度出发,应当如何进行纳税筹划?

【筹划过程】

方案一:乙购买甲的房屋,甲购买丙的房屋后出售其原有房屋。该方案下,纳税情况计算如下:

乙购买甲的房屋时,乙应纳契税=100×5%=5(万元)

甲购买丙的房屋时,甲应纳契税=100×5%=5(万元)

方案二:先由甲和丙交换房屋后,再由丙将房屋出售给乙。

甲和丙交换房屋所有权为等价交换,没有价格差别,不用缴纳契税。丙将房屋出售给乙时,乙应纳契税=100×5%=5(万元)。

方案二比方案一节税 5 万元。

由此可见,应当选择方案二。

# 第六节　车船税的纳税筹划

## 一、车船税概述

车船税是指对中国境内车船管理部门登记的车辆、船舶依法征收的一种税。

(一)纳税义务人和征税范围

车船税的纳税人,是指在中华人民共和国境内拥有或管理车辆、船舶(以下简称"车船")的单位和个人。车船的所有人或者管理人未缴纳车船税的,使用人应当代为缴纳车船税。外商投资企业和外国企业以及外籍人员适用车船税的规定。车船税的征税范围,包括依法在公安、交通、农业等车船管理部门登记的车船,具体可分车辆和船舶两大类。

(二)应纳税额的计算

车船税各税目应纳税额的计算公式为:

· 215 ·

$$载客汽车和摩托车的应纳税额 = 辆数 \times 适用年税额$$

$$载货汽车、三轮汽车、低速货车的应纳税额 = 自重吨位数 \times 适用年税额$$

$$船舶的应纳税额 = 净吨位数 \times 适用年税额$$

$$拖船和非机动驳船的应纳税额 = 净吨位数 \times 适用年税额 \times 50\%$$

### (三) 车船税的税收减免

下列车船免征车船税：① 非机动车船(不包括非机动驳船)。非机动车船是指以人力或者畜力驱动的车辆，以及符合国家有关标准的残疾人机动轮椅车、电动自行车等车辆。② 拖拉机。③ 捕捞、养殖渔船。其不包括在渔业船舶管理部门登记为捕捞船或养殖船以外类型的渔业船舶。④ 军队、武警专用的车船。⑤ 警用车船。⑥ 依照有关规定已经缴纳船舶吨位税的船舶。⑦ 依照我国有关法律和我国缔结或参加的国际条约的规定应当予以免税的外国驻华使馆、领事馆和国际组织驻华机构及其有关人员的车船。

### (四) 征收管理

1. 纳税义务发生时间

车船税的纳税义务发生时间，为车船管理部门核发的车船登记证书或者行驶证中记载日期的当月。

2. 纳税期限

车船税按年申报缴纳。具体纳税期限由省、自治区、直辖市人民政府确定。

3. 纳税地点

跨省、自治区、直辖市使用的车船，纳税地点为车船的登记地。

## 二、车船税的筹划方法

### (一) 利用临界点进行纳税筹划

车船使用税的税率实质上是一种全额累进的定额税率，即船舶的单位税额达到哪一个等级，即全部按相应的单位税额征税，而净吨位等级越大，适用的单位税额也越大。

根据税法的规定，船舶具体适用税额为：净吨位小于或者等于 200 吨的，每吨 3 元；净吨位 201~2 000 吨的，每吨 4 元；净吨位 2 001~10 000 吨的，每吨 5 元；净吨位 10 000 吨及以上的，每吨 6 元。因此，对于这种形式的税率，纳税人应当充分利用临界点，避免在稍高于各级的临界点处购买船舶，否则会出现税额大幅增长的现象。

【例 7-14】甲企业欲购买一只船，现有两只船可供选择：一只船的净吨位为 2 000 吨，另一只船的净吨位为 2 005 吨。有两个方案可供选择：方案一：购买净吨位为 2 000 吨的船，适用税额为 4 元/吨；方案二：购买净吨位为 2 005 吨的船，适用税额为 5 元/吨。请对其进行纳税筹划。

**【筹划过程】**

方案一:购买净吨位为2 000吨的船,适用税额为4元/吨。

应纳车船税=2 000×4=8 000(元)

方案二:购买净吨位为2 005吨的船,适用税额为5元/吨。

应纳车船税=2 005×5=10 025(元)

方案一比方案二节税2 025(10 025-8 000)元。

因此,应当选择方案一。

本案例中,虽然净吨位只相差5吨,但每年产生了2 025元的纳税差异。企业应当考虑变化后某种吨位的船只所带来的收益变化和因吨位发生变化所引起的税负变化之间的关系,然后选择最佳吨位的船只。

(二)利用税收优惠进行纳税筹划

根据我国车船税的相关规定,企业办学校、医院、托儿所、幼儿园自用的车船,如果能准确核算、明确划分清楚是完全自用的,可以享受免税待遇。企业内部行驶车辆,不领取行驶执照,也不上公路行驶的,可免征车船税。如果不能准确划分或划分不清的,要照章纳税。纳税人应充分利用车船税的税收优惠进行纳税筹划。

**【例7-15】** 甲企业今年需要购置载货汽车10辆(自重4吨),其中4辆打算在公司内部行驶,不领取行驶执照;另外购置10辆汽车用于载人,其中5辆由该企业的自办学校和医院使用。已知当地政府规定载货汽车自重吨位每吨车船税税额为50元,载客汽车每辆300元。该企业对于所购置车辆的用途可以进行明确划分,当然也可以不明确划分。从节税的角度,甲企业该如何选择?

**【筹划过程】**

方案一:甲企业不对车辆的用途进行明确划分。该方案下,企业应纳车船税计算如下:

应纳车船税=10×4×50+10×300=5 000(元)

方案二:甲企业对车辆的用途进行明确划分。该方案下,企业应纳车船税计算如下:

应纳车船税=6×4×50+5×300=2 700(元)

方案二比方案一节税2 300(5 000-2 700)元。

因此,应当选择方案二。

# 第七节 城市维护建设税的纳税筹划

## 一、城市维护建设税概述

城市维护建设税是对从事工商经营,并实际缴纳增值税、消费税(简称"两税")的单位和个人征收的一种税。城市维护建设税是国家为加强城市的维护建设,扩大和稳定城市维护建设资金来源,对缴纳增值税、消费税的单位和个人就其以实际缴纳的"两税"税额为计税依据而征收的一种税。城市维护建设税属于特定目的税,具有两个明显特征:税款专款专用和属于附加税。

(一)纳税义务人

城市维护建设税以缴纳增值税、消费税的单位和个人为纳税义务人,自2010年12月1日起,对外商投资企业和外国企业及外籍个人开始征收城市维护建设税。

(二)税率

城市维护建设税实行差别比例税率。按照纳税人所在地区的不同,设置了三档比例税率,即纳税人所在地在市区的,税率为7%;纳税人在县城、镇的,税率为5%;纳税人不在市区、县城或镇的,税率为1%。

在确定适用税率时要注意以下几种情况,区别对待:① 由受托方代扣代缴、代收代缴"两税"的单位和个人,其代扣代缴、代收代缴的城市维护建设税按受托方所在地适用税率执行。② 流动经营等无固定纳税地点的单位和个人,在经营地缴纳"两税"的,其城市维护建设税的缴纳按经营地适用税率执行。③ 县政府设在城市市区,其在市区设立的企业,按照市区规定税率计算纳税。④ 纳税人所在地为工矿区的,应根据工矿区所属行政区划适用的税率计算纳税。

(三)计税依据

城市维护建设税的计税依据是纳税人实际缴纳的增值税、消费税税额之和。纳税人违反"两税"有关规定而加收的滞纳金和罚款,不作为城市维护建设税的计税依据。纳税人违反"两税"有关规定,被查补"两税"和被处以罚款时,也要对其未缴的城市维护建设税进行补税和罚款。"两税"得到减征或免征优惠,城市维护建设税也要同时减免征收。对出口产品退还增值税、消费税的,不退还已缴纳的城市维护建设税。自2005年1月1日起,经国家税务总局审核批准的当期免抵的增值税税额应纳入城市维护建设税和教育费附加的计税范围。

(四)应纳税额的计算

$$应纳税额 = 纳税人实际缴纳的增值税、消费税税额 \times 适用税率$$

(五)征收管理

纳税人缴纳"两税"的地点,就是该纳税人缴纳城市维护建设税的地点。城市维护建设税与"两税"的纳税期限一致。

## 二、城市维护建设税的筹划方法

(一)对于企业选址的纳税筹划

由于不同的地区规定了不同的城市维护建设税税率,因此企业可以根据自身的情况,在不影响经济效益的前提下,选择城市维护建设税适用税率低的区域设立企业。这样不仅可以少缴纳城市维护建设税,还能降低房产税与城镇土地使用税的税负,从而可以获得更多的经济利益。

【例 7-16】甲股份有限公司在设立选址时有两个地方可以选择,一是设在县城,二是设在市区。假设无论选择哪种方案,都不会影响其经济效益和企业正常的生产经营活动,且当期流转税合计为 1 000 万元。请对其进行纳税筹划。(假设不考虑教育费附加等相关税费)

【筹划过程】

方案一:设在县城。该方案下,纳税情况计算如下:

应纳城市维护建设税=1 000×5%=50(万元)

方案二:设在市区。该方案下,纳税情况计算如下:

应纳城市维护建设税=1 000×7%=70(万元)

方案一比方案二节税 20(70-50)万元。

由此可见,应当选择方案一。

(二)选择委托加工方式的纳税筹划

根据税法的规定,对由受托方代征代扣"两税"的单位和个人,由受托方按其所在地适用的税率代收代缴城市维护建设税。因此,纳税人在进行委托时,可以选择城市维护建设税税率比自己所在地低的地区的受托单位来进行委托,以便达到降低税负的效果。

【例 7-17】甲公司 2025 年拟委托加工一批化妆品,由受托加工单位代收代缴消费税 500 万元。现有两个受托单位可以选择:一是设在市区的乙公司,二是设在县城的丙公司。请对其进行税务筹划。(假设不考虑增值税等相关税费)

【筹划过程】

方案一:选择设在市区的乙公司作为受托方。

应纳城建税=500×7%=35(万元)

方案二:选择设在县城的丙公司作为受托方。

应纳城建税=500×5%=25(万元)

甲公司采用方案二比方案一少缴城建税 10(35-25)万元。因此,应当选择方案二。但企业不能只考虑受托方的地址,还应考虑受托方的信誉、加工质量等各种因素。

# 第八节 土地增值税的纳税筹划

## 一、土地增值税概述

土地增值税是对转让国有土地使用权、地上建筑物及其附着物并取得收入的单位和个人,就其转让房地产所取得的增值额征收的一种税。土地增值税具有如下特点:在房地产转让环节征收;以房地产转让实现的增值额为计税依据;征收面比较广;采用扣除法和评估法计算增值额;实行超率累进税率。

(一)纳税义务人

土地增值税的纳税义务人是转让国有土地使用权、地上建筑物及其附着物并取得收入的单位和个人,包括各类企业单位、事业单位、国家机关和社会团体及其他组织。另外还包括外商投资企业、外国企业、外国驻华机构及海外华侨、港澳台同胞和外国公民。

(二)征税范围

根据《中华人民共和国土地增值税暂行条例》(简称《土地增值税暂行条例》)及其实施细则的规定,土地增值税的征税范围包括:① 转让国有土地使用权。② 地上建筑物及其附着物连同国有土地使用权一并转让。③ 有偿转让房地产。

(三)税率

土地增值税实行四级超率累进税率,税率如表7-1所示。

表7-1 土地增值税四级超率累进税率表

| 级 数 | 增值税与扣除项目金额的比率 | 税率(%) | 速算扣除系数(%) |
| --- | --- | --- | --- |
| 1 | 不超过50%的部分 | 30 | 0 |
| 2 | 超过50%至100%的部分 | 40 | 5 |
| 3 | 超过100%至200%的部分 | 50 | 15 |
| 4 | 超过200%的部分 | 60 | 35 |

(四)应税收入与扣除项目

1. 应税收入的确定

纳税人转让房地产取得的收入,包括转让房地产取得的全部价款及有关的经济利益。从形式上看,包括货币收入、实物收入和其他收入。

2. 扣除项目的确定

对于新建房地产转让,土地增值税的扣除项目包括以下五类:

(1) 取得土地使用权所支付的金额,包括地价款和取得使用权时按政府规定缴纳的费用。

(2) 房地产开发成本,包括土地征用及拆迁补偿费、前期工程费、建筑安装工程费、基础设施费、公共配套设施费、开发间接费用。

(3) 房地产开发费用,是指与房地产开发项目有关的销售费用、管理费用和财务费用。

情况一,纳税人能按转让房地产项目分摊利息支出并能提供金融机构贷款证明的:

$$\text{最多允许扣除的房地产开发费用} = \text{利息} + \left(\text{取得土地使用权所支付的金额} + \text{房地产开发成本}\right) \times 5\% \text{以内}$$

情况二,纳税人不能按转让房地产项目分摊利息支出或不能提供金融机构贷款证明的:

$$最多允许扣除的房地产开发费用 = \left(取得土地使用权所支付的金额 + 房地产开发成本\right) \times 10\%以内$$

(4) 与转让房地产有关的税金,包括城市维护建设税、印花税、教育费附加,视同税金扣除。房地产开发企业转让房地产发生的印花税不能扣除。

(5) 财政部规定的其他扣除项目。

$$从事房地产开发的纳税人可加计扣除额 = \left(取得土地使用权所支付的金额 + 房地产开发成本\right) \times 20\%$$

对于存量房地产转让,土地增值税的扣除项目包括以下三项:
(1) 房屋及建筑物的评估价格。

$$评估价格 = 重置成本价 \times 成新度折扣率$$

(2) 取得土地使用权所支付的地价款和按国家统一规定缴纳的有关费用。
(3) 转让环节缴纳的税金。

(五) 应纳税额的计算

1. 增值额的确定

土地增值税纳税人转让房地产所取得的收入减除规定的扣除项目金额后的余额,为增值额。

2. 应纳税额的计算方法

$$应纳税额 = 增值额 \times 适用税率 - 扣除项目金额 \times 速算扣除系数$$

(六) 土地增值税的税收优惠政策

① 纳税人建造普通标准住宅出售,增值额未超过扣除项目金额20%的,免征土地增值税。② 因国家建设需要而被政府依法征用、收回的房地产免税。③ 对居民个人拥有的普通住宅,在其转让时暂免征收土地增值税。④ 房产所有人、土地使用权所有人将房屋产权、土地使用权赠与直系亲属或承担直接赡养义务人的免税。⑤ 房产所有人、土地使用权所有人通过中国境内非营利性的社会团体、国家机关将房屋产权、土地使用权赠与教育、民政和其他社会福利、公益事业的免税。

## 二、土地增值税的筹划方法

(一) 利用税收优惠政策的纳税筹划

根据税法规定,纳税人建造普通标准住宅出售,增值额未超过扣除项目金额的20%(即增值率未超过20%)时,免缴土地增值税;增值额超过扣除项目金额的20%时,应就其全部增值额按规定缴纳土地增值税。

因此,纳税人建造住宅出售的,应考虑增值额增加带来的效益和放弃起征点的优惠而增加的税收负担间的关系,避免增值率稍高于起征点而多纳税款的现象出现。也就是说,在普通住宅增值率略高于20%时,可通过适当减少销售收入或加大扣除项目金额的方式使增值率控制在20%以内。

**【例7-18】** 甲房地产开发企业开发的一批商品房,计划销售价格总额为2 500万元,按税法规定计算的可扣除项目金额为2 000万元。有两个方案可供选择。方案一:销售价格总额2 500万元;方案二:销售价格总额降为2 390万元。请对其进行纳税筹划。

**【筹划过程】**

方案一:销售价格总额2 500万元。

增值额=2 500-2 000=500(万元)

增值率=500÷2 000=25%

由于增值率为25%,超过20%,所以不能享受免征土地增值税的优惠政策。

经查表,适用30%的税率,则应纳土地增值税=500×30%=150(万元)。

方案二:销售价格总额降为2 390万元。

增值额=2 390-2 000=390(万元)

增值率=390÷2 000=19.5%

缴纳土地增值税=0(万元)

方案二比方案一节税150万元。

因此,应当选择方案二。

一方面,虽然减少了销售收入110(2 500-2 390)万元,但由于少缴了土地增值税150万元,因此总体上仍然减少支出40(150-110)万元;另一方面,通过降低销售价格,会扩大销售,实在是一举两得。

**(二)费用扣除方法**

房地产开发费用是指与房地产开发项目有关的销售费用、管理费用和财务费用。《土地增值税暂行条例实施细则》规定,财务费用中的利息支出,凡纳税人能够按转让房地产项目计算分摊利息支出,并能提供金融机构贷款证明的,允许其扣除的房地产开发费用为"利息+(取得土地使用权所支付的金额+房地产开发成本)×5%以内",但利息支出最高不能超过按商业银行同类同期贷款利率计算的金额;凡纳税人不能按转让房地产项目计算分摊利息支出或不能提供金融机构贷款证明的,允许其扣除的房地产开发费用为"(取得土地使用权所支付的金额+房地产开发成本)×10%以内"。不同的利息扣除方式下可以计算扣除的开发费用不同,纳税人可以选择合适的费用扣除方式来降低土地增值税税负。

**【例7-19】** 甲房地产公司2025年5月开发一处房地产,为取得土地使用权支付的金额为1 200万元,房地产开发成本为1 500万元,财务费用中按转让房地产项目计算分摊利息的利息支出为250万元,不超过商业银行同类同期贷款利率。假设该项目所在省政府规定计征土地增值税时,房地产开发费用扣除比例按国家规定允许的最高比例执行。请对其进行税务筹划。

**【筹划过程】**

方案一：不按转让房地产项目计算分摊利息支出或不提供金融机构贷款证明。允许扣除的房地产开发费用＝(取得土地使用权所支付的金额＋房地产开发成本)×10％＝(1 200＋1 500)×10％＝270(万元)。

方案二：按转让房地产项目计算分摊利息支出，并提供金融机构贷款证明。允许扣除的房地产开发费用＝利息＋(取得土地使用权所支付的金额＋房地产开发成本)×5％＝250＋(1 200＋1 500)×5％＝385(万元)。

方案二比方案一甲公司多扣除房地产开发费用115(385－270)万元。

如果企业进行房地产开发主要依靠负债筹资，利息支出较高，可考虑分摊利息并提供金融机构证明，据实扣除并加扣其他开发费用。如果企业进行房地产开发主要依靠权益资本筹资，利息支出较少，则可考虑不计算应分摊的利息，这样可以多扣除房地产开发费用。

# 第九节 城镇土地使用税的纳税筹划

## 一、城镇土地使用税概述

城镇土地使用税是国家在城市、县城、建制镇和工矿区范围内，对使用土地的单位和个人，以其实际占用的土地面积为计税依据，按照规定的税额计算征收的一种税。

### （一）纳税义务人

城镇土地使用税的纳税义务人，是指在税法规定的征收范围内使用土地的单位和个人，包括内资企业、外商投资企业和外国企业在华机构、事业单位、社会团体、国家机关、军队及其他单位，个体工商户及个人也是纳税人。

国家对城镇土地使用税的纳税人，根据用地者的不同情况分别确定为：① 拥有土地使用权的单位和个人。② 拥有土地使用权的单位和个人不在土地所在地的，其土地的实际使用人和代管人为纳税人。③ 土地使用权未确定或权属纠纷未解决的，其实际使用人为纳税人。④ 土地使用权共有的，共有各方都是纳税人，由共有各方分别纳税。土地使用权共有的，以共有各方实际使用土地的面积占总面积的比例，分别计算缴纳城镇土地使用税。

### （二）征税范围

城镇土地使用税的征税范围包括城市、县城、建制镇和工矿区内属于国家所有和集体所有的土地，不包括农村集体所有的土地。

### （三）应纳税额的计算

1. 计税依据

城镇土地使用税的计税依据是纳税人实际占用的土地面积。

具体按以下办法确定:① 凡由省级人民政府确定的单位组织测定土地面积的,以测定的土地面积为准。② 尚未组织测定,但纳税人持有政府部门核发的土地使用证书的,以证书确定的土地面积为准。③ 尚未核发土地使用证书的,应由纳税人据实申报土地面积,待核发土地使用证书后再做调整。

2. 税率

城镇土地使用税采用有幅度的定额税率。

城镇土地使用税每平方米年税额标准如下:① 大城市 1.5～30 元。② 中等城市 1.2～24 元。③ 小城市 0.9～18 元。④ 县城、建制镇、工矿区 0.6～12 元。

3. 应纳税额的计算公式

$$全年应纳税额 = 实际占用应税土地面积(平方米) \times 适用税率$$

(四)征收管理

1. 纳税义务发生时间

(1) 纳税人购置新建商品房,自房屋交付使用之次月起,缴纳城镇土地使用税。

(2) 纳税人购置存量房,自办理房屋权属转移、变更登记手续,房地产权属登记机关签发房屋权属证书之次月起,缴纳城镇土地使用税。

(3) 纳税人出租、出借房产,自交付出租、出借房产之次月起,缴纳城镇土地使用税。

(4) 房地产开发企业自用、出租、出借本企业建造的商品房,自房屋使用或交付之次月起,缴纳城镇土地使用税。

(5) 纳税人新征用的耕地,自批准征用之日起满 1 年时,开始缴纳城镇土地使用税。

(6) 纳税人新征用的非耕地,自批准征用次月起,缴纳城镇土地使用税。

2. 纳税期限

城镇土地使用税实行按年计算、分期缴纳的征收办法,具体纳税期限由省、自治区、直辖市人民政府确定。

## 二、城镇土地使用税的筹划方法

(一)企业选址的纳税筹划

企业可以根据自身生产经营的需要,从以下几个方面进行考虑:一是将公司设立在城市、县城、建制镇、工矿区以外的农村;二是由于税法允许经济落后地区土地使用税的适用税额标准适当降低,经济发达地区土地使用税的适用税额标准适当提高,因此可将企业设立在经济落后地区;三是在同一省内的大中小城市以及县城和工矿区之间选择税率低的地区设立企业;四是在同一城市、县城和工矿区之内的不同等级的土地之中选择在税率低的土地上设立企业。因为城镇土地使用税采取的是有幅度的差别定额税率,税额最低(0.6 元)与最高(30 元)相差 50 倍。

## （二）利用税收优惠进行纳税筹划

根据税法的规定，企业办的学校、医院、托儿所、幼儿园，其用地能与企业其他用地明确区分的，可以比照由国家财政部门拨付事业经费的单位自用的土地，免征土地使用税。对企业厂区（包括生产、办公及生活区）以内的绿化用地，应照章征收土地使用税，厂区以外的公共绿化用地和向社会开放的公园用地，暂免征收土地使用税。企业可以利用这样的税收优惠政策进行纳税筹划，降低税负。

【例7-20】黑龙江省某市甲企业今年全年实际占地共计10 000平方米。其中厂房占地8 000平方米，办公楼占地800平方米，医务室占地200平方米，厂区内道路及绿化占地700平方米，幼儿园占地300平方米。当地城镇土地使用税税额4元/平方米。该企业有两套方案可供选择。方案一：各种用地未作明确区分，未分别核算各自面积；方案二：各种用地进行了明确区分，分别核算各自面积。从节税的角度，甲企业应当如何选择？

【筹划过程】

方案一：各种用地未作明确区分，未分别核算各自面积。该方案下，纳税情况计算如下：应纳城镇土地使用税＝10 000×4＝40 000（元）。

方案二：各种用地进行了明确区分，分别核算各自面积。

应纳城镇土地使用税＝（10 000－200－300）×4＝38 000（元）

方案二比方案一节税2 000(40 000－38 000)元。

由此可见，应当选择方案二。

## （三）分别核算的纳税筹划

由于企业办的学校、医院、托儿所、幼儿园，其用地能与企业其他用地明确区分，可以比照由国家财政部门拨付事业经费的单位自用的土地，免征城镇土地使用税。对企业厂区（包括生产、办公及生活区）以内的绿化用地，应照章征收城镇土地使用税，厂区以外的公共绿化用地和向社会开放的公园用地，暂免征收城镇土地使用税。因此，企业办的学校、医院、托儿所、幼儿园，其用地应尽量与企业其他用地明确区分，以享受免征城镇土地使用税的优惠。

# 第十节 车辆购置税的纳税筹划

## 一、车辆购置税概述

车辆购置税是以在中国境内购置规定的车辆为课税对象、在特定的环节向车辆购置者征收的一种税。

在中华人民共和国境内购置《中华人民共和国车辆购置税暂行条例》规定的车辆（以下简称"应税车辆"）的单位和个人，为车辆购置税的纳税人，应当依照条例缴纳车辆购置税。车辆购置税的税率为10%。

### (一)征税范围

这里所说的购置,包括购买、进口、自产、受赠、获奖或者以其他方式取得并自用应税车辆的行为。纳税人发生的车辆购置税的应税行为是指在中华人民共和国境内购置应税车辆的行为。具体来讲,这种应税行为包括购买使用行为、进口使用行为、受赠使用行为、自产自用行为。

车辆购置税的征收范围包括汽车、摩托车、电车、挂车、农用运输车。

### (二)计税依据

车辆购置税属于从价税,车辆价格是否合理会直接影响税款的高低。因此,国家根据不同情况,对标的物的价格做出如下规定:

(1)纳税人购买自用的应税车辆的计税价格,为纳税人购买应税车辆而支付给销售者的全部价款和价外费用,不包括增值税税款。这里的"价外费用"是指销售方价外向购买方收取的基金、集资费、返还利润、补贴、违约金(延期付款利息)和手续费、包装费、储存费、优质费、运输装卸费、保管费、代收款项、代垫款项以及其他各种性质的价外收费。

(2)纳税人进口自用的应税车辆计税价格的计算公式为:

$$计税价格=关税完税价格+关税+消费税$$

(3)纳税人自产、受赠、获奖或者以其他方式取得并自用的应税车辆的计税价格,由主管税务机关参照国家税务总局规定的不同车辆的最低计算价格规定。

国家税务总局参照应税车辆市场平均交易价格,规定不同类型应税车辆的最低计税价格。纳税人购买自用或者进口自用应税车辆,申报的计税价格低于同类型应税车辆的最低计税价格又无正当理由的,按照最低计税价格征收车辆购置税。最低计税价格是指国家税务总局依据车辆生产企业提供的价格信息,参照市场平均交易价格核定的车辆购置税计税价格。

### (三)税收优惠政策

(1)外国驻华使馆、领事馆和国际组织驻华机构及其外交人员自用的车辆,免税。

(2)中国人民解放军和中国人民武装警察部队列入军队武器装备订货计划的车辆,免税。

(3)设有固定装置的非运输车辆,免税。

(4)有国务院规定予以免税或者减税的其他情形的,按照规定免税或者减税。

(5)特殊用途车辆免税,如计划生育流动服务车、血站项目配置的采血车、应急通信车辆、"母亲健康快车"、留学人员购买1辆国产小汽车免税,防汛部门和森林消防等部门购置的指定车辆、长期来华定居专家进口自用小汽车、军队移交的保障性企业免征车辆、符合规定的农用三轮车等免税。

## 二、车辆购置税的筹划方法

### (一) 合理分解计税价格来筹划

纳税人购买自用的应税车辆的计税价格为纳税人购买应税车辆而支付给销售者的全部价款和价外费用(不包括增值税税款)。价外费用是指销售方价外向购买方收取的基金、集资费、返还利润、补贴、违约金(延期付款利息)和手续费、包装费、储存费、优质费、运输装卸费、保管费、代收款项、代垫款项以及其他各种性质的价外收费。需要注意以下问题：

(1) 代收款项应区别对待。凡使用代收单位的票据收取的款项，应视为代收单位的价外费用，应并入计算征收车辆购置税；凡使用委托方的票据收取的价外费用，受托方只履行代收义务或收取手续费的款项，不应并入计征车辆购置税，按其他税收政策规定征税。

(2) 购买者随车购买的工具或零件应作为购车款的一部分，并入计税价格征收车辆购置税，但如果不同时间或销售方式不同，则不应并入计征车辆购置税。

(3) 支付的车辆装饰费应作为价外费用，并入计征车辆购置税，但如果不同时间或收款方式不同，则不并入计税价格。

因此，纳税人通过将各项费用由有关单位(企业)另行开具票据，尽量不将价外费用并入计税价格，从而降低车辆购置税税负。

**【例7-21】** 甲企业从乙汽车公司购买一辆轿车自用，支付车款 234 000 元(含增值税，销售方适用增值税税率为 13%)。另外，支付临时牌照费 200 元，随车购买工具用具 3 000 元，代收保险金 350 元，车辆装饰费 15 170 元。各项款项由汽车销售公司开具发票。请对其进行税务筹划。

**【筹划过程】**

方案一：各项款项由汽车销售公司开具发票。

车辆购置税计税价格＝(234 000＋200＋3 000＋350＋15 170)÷(1＋13%)
　　　　　　　　　＝223 646.02(元)

应纳车辆购置税＝223 646.02×10%＝22 364.60(元)

方案二：各项费用由相关单位另行开具了票据。

车辆购置税计税价格＝234 000÷(1＋13%)＝207 079.65(元)

应纳车辆购置税＝207 079.65×10%＝20 707.97(元)

甲公司采用方案二比采用方案一少缴车辆购置税 1 656.63(22 364.60－20 707.97)元，因此，应当选择方案二。由于各项费用由相关单位另行开具了票据，可降低车辆购置税的计税依据，从而降低车辆购置税税负。

### (二) 充分合理运用免税政策

国家对符合条件的车辆免征车辆购置税。下列车辆免征车辆购置税：

(1) 外国驻华使馆、领事馆和国际组织驻华机构及其外交人员自用的车辆;
(2) 中国人民解放军和人民部队列入军队武器装备订货计划的车辆;
(3) 防汛和森林消防部门购置的由指定厂家生产的指定型号的用于指挥、检查、调度、防汛(警)、联络的专用车辆;
(4) 已列入免税车辆图册的设有固定装置的非运输车辆;
(5) 农用三轮车,柴油发动机,功率不大于 7.4 千瓦、载重量不大于 500 千克、最高车速不大于 40 千米/小时的三个车轮的机动车;
(6) 回国服务的在外留学人员(含中国香港、澳门地区)购买的 1 辆国产小汽车;
(7) 来华定居专家进口自用 1 辆小汽车。

# 第十一节 环境保护税的纳税筹划

环境保护税法是指国家制定的调整环境保护税征收与缴纳相关权利及义务关系的法律规范。现行环境保护税法的基本规范包括 2016 年 12 月 25 日第十二届全国人民代表大会常务委员会第二十五次会议通过的《中华人民共和国环境保护税法》(简称《环境保护税法》)、2017 年 12 月 30 日国务院发布的《中华人民共和国环境保护税法实施条例》等。《环境保护税法》自 2018 年 1 月 1 日起实施,同时停征排污费。

环境保护税是对在我国领域以及管辖的其他海域直接向环境排放应税污染物的企事业单位和其他生产经营者征收的一种税,其立法目的是保护和改善环境,减少污染物排放,推进生态文明建设。环境保护税是我国首个明确以环境保护为目标的独立型环境税税种,有利于解决排污费制度存在的执法刚性不足等问题,有利于提高纳税人环保意识和强化企业治污减排责任。直接向环境排放应税污染物的企业事业单位和其他生产经营者,除依照《环境保护税法》规定缴纳环境保护税外,应当对所造成的损害依法承担责任。

## 一、纳税义务人

环境保护税的纳税义务人是在中华人民共和国领域和中华人民共和国管辖的其他海域直接向环境排放应税污染物的企业事业单位和其他生产经营者。

应税污染物,是指《环境保护税法》所附《环境保护税税目税额表》《应税污染物和当量值表》所规定的大气污染物、水污染物、固体废物和噪声。

有下列情形之一的,不属于直接向环境排放污染物,不缴纳相应污染物的环境保护税:
(1) 企业事业单位和其他生产经营者向依法设立的污水集中处理、生活垃圾集中处理场所排放应税污染物的。
(2) 企业事业单位和其他生产经营者在符合国家和地方环境保护标准的设施、场所贮存或者处置固体废物的。
(3) 达到省级人民政府确定的规模标准并且有污染物排放口的畜禽养殖场,应当依法缴纳环境保护税,但依法对畜禽养殖废弃物进行综合利用和无害化处理的。

## 二、税目与税率

环境保护税税目包括大气污染物、水污染物、固体废物和噪声4大类,采用定额税率,其中,对应税大气污染物和水污染物规定了幅度定额税率,具体适用税额的确定和调整由省、自治区、直辖市人民政府统筹考虑本地区环境承载能力、污染物排放现状和经济社会生态发展目标要求,在规定的税额幅度内提出,报同级人民代表大会常务委员会决定,并报全国人民代表大会常务委员会和国务院备案。

(1) 大气污染物。每污染当量税额为1.2元至12元。

(2) 水污染物。每污染当量税额为1.4元至14元。

(3) 固体废物。煤矸石每吨5元;尾矿每吨15元;危险废物每吨1 000元;冶炼渣、粉煤灰等其他固体废物每吨25元。

(4) 噪声。工业噪声超标1~3分贝,每月税额350元;超标4~6分贝,每月税额700元;超标7~9分贝,每月税额1 400元;超标10~12分贝,每月税额2 800元;超标13~15分贝,每月税额5 600元;超过16分贝以上,每月税额11 200元。

## 三、计税依据

### (一) 计税依据确定的基本方法

应税污染物的计税依据,按照下列方法确定:① 应税大气污染物按照污染物排放量折合的污染当量数确定;② 应税水污染物按照污染物排放量折合的污染当量数确定;③ 应税固体废物按照固体废物的排放量确定;④ 应税噪声按照超过国家规定标准的分贝数确定。

1. 应税大气污染物、水污染物按照污染物排放量折合的污染当量数确定计税依据

污染当量数以该污染物的排放量除以该污染物的污染当量值计算。计算公式为:

$$\text{应税大气污染物、水污染物的污染当量数} = \frac{\text{该污染物的排放量}}{\text{该污染物的污染当量值}}$$

污染当量,是指根据污染物或者污染排放活动对环境的有害程度以及处理的技术经济性,衡量不同污染物对环境污染的综合性指标或者计量单位。同一介质相同污染当量的不同污染物,其污染程度基本相当。每种应税大气污染物、水污染物的具体污染当量值,依照《环境保护税法》所附《应税污染物和当量值表》执行。

省、自治区、直辖市人民政府根据本地区污染物减排的特殊需要,可以增加同一排放口征收环境保护税的应税污染物项目数,报同级人民代表大会常务委员会决定,并报全国人民代表大会常务委员会和国务院备案。

纳税人有下列情形之一的,以其当期应税大气污染物、水污染物的产生量作为污染物的排放量:

(1) 未依法安装使用污染物自动监测设备或者未将污染物自动监测设备与环境保护主管部门的监控设备联网。

(2) 损毁或者擅自移动、改变污染物自动监测设备。

(3) 篡改、伪造污染物监测数据。

(4) 通过暗管、渗井、渗坑、灌注或者稀释排放以及不正常运行防治污染设施等方式违法排放应税污染物。

(5) 进行虚假纳税申报。

【例7-22】某企业2025年3月向水体直接排放第一类水污染物总汞10千克,根据第一类水污染物污染当量值表,总汞的污染当量值为0.0005千克,其污染当量数为:10÷0.0005=20 000。

2. 应税固体废物按照固体废物的排放量确定计税依据

固体废物的排放量为当期应税固体废物的产生量减去当期应税固体废物的贮存量、处置量、综合利用量的余额。其中,固体废物的贮存量、处置量,是指在符合国家和地方环境保护标准的设施、场所贮存或者处置的固体废物数量;固体废物的综合利用量,是指按照国务院发展改革、工业和信息化主管部门关于资源综合利用要求以及国家和地方环境保护标准进行综合利用的固体废物数量。计算公式为:

$$\text{固体废物的排放量} = \text{当期固体废物的产生量} - \text{当期固体废物的综合利用量} - \text{当期固体废物的贮存量} - \text{当期固体废物的处置量}$$

纳税人有下列情形之一的,以其当期应税固体废物的产生量作为固体废物的排放量:

(1) 非法倾倒应税固体废物。

(2) 进行虚假纳税申报。

3. 应税噪声按照超过国家规定标准的分贝数确定计税依据

工业噪声按超过国家规定标准的分贝数确定每月税额,超过国家规定标准的分贝数是指实际产生的工业噪声与国家规定的工业噪声排放标准限值之间的差值。

(二) 应税大气污染物、水污染物、固体废物的排放量和噪声分贝数的确定方法

应税大气污染物、水污染物、固体废物的排放量和噪声的分贝数,按照下列方法和顺序计算:

(1) 纳税人安装使用符合国家规定和监测规范的污染物自动监测设备的,按照污染物自动监测数据计算。

(2) 纳税人未安装使用污染物自动监测设备的,按照监测机构出具的符合国家有关规定和监测规范的监测数据计算。

(3) 因排放污染物种类多等原因不具备监测条件的,按照国务院环境保护主管部门规定的排污系数、物料衡算方法计算。

## 四、税收减免

(一) 暂免征税项目

下列情形,暂予免征环境保护税:

(1) 农业生产(不包括规模化养殖)排放应税污染物的。

(2) 机动车、铁路机车、非道路移动机械、船舶和航空器等流动污染源排放应税污染物的。

(3) 依法设立的城乡污水集中处理、生活垃圾集中处理场所排放相应应税污染物,不超过国家和地方规定的排放标准的。

(4) 纳税人综合利用的固体废物,符合国家和地方环境保护标准的。

(5) 国务院批准免税的其他情形。

(二) 减征税额项目

(1) 纳税人排放应税大气污染物或者水污染物的浓度值低于国家和地方规定的污染物排放标准30%的,减按75%征收环境保护税。

(2) 纳税人排放应税大气污染物或者水污染物的浓度值低于国家和地方规定的污染物排放标准50%的,减按50%征收环境保护税。

## 五、征收管理

(一) 征管方式

环境保护税采用"企业申报、税务征收、环保协同、信息共享"的征管方式。纳税人应当依法如实办理纳税申报,对申报的真实性和完整性承担责任;税务机关依照《中华人民共和国税收征收管理法》和环境保护税法的有关规定征收管理;环境保护主管部门依照《环境保护税法》和有关环境保护法律法规的规定对污染物监测管理;县级以上地方人民政府应当建立税务机关、环境保护主管部门和其他相关单位分工协作工作机制;环境保护主管部门和税务机关应当建立涉税信息共享平台和工作配合机制,定期交换有关纳税信息资料。

(二) 纳税时间

环境保护税纳税义务发生时间为纳税人排放应税污染物的当日。环境保护税按月计算,按季申报缴纳。不能按固定期限计算缴纳的,可以按次申报缴纳。

纳税人按季申报缴纳的,应当自季度终了之日起15日内,向税务机关办理纳税申报并缴纳税款。纳税人按次申报缴纳的,应当自纳税义务发生之日起十五日内,向税务机关办理纳税申报并缴纳税款。纳税人申报缴纳时,应当向税务机关报送所排放应税污染物的种类、数量,大气污染物、水污染物的浓度值,以及税务机关根据实际需要要求纳税人报送的其他纳税资料。

(三) 纳税地点

纳税人应当向应税污染物排放地的税务机关申报缴纳环境保护税。应税污染物排放地是指应税大气污染物、水污染物排放口所在地;应税固体废物产生地;应税噪声产生地。

纳税人跨区域排放应税污染物,税务机关对税收征收管辖有争议的,由争议各方按照有利于征收管理的原则协商解决。

纳税人从事海洋工程向中华人民共和国管辖海域排放应税大气污染物、水污染物或者固体废物，申报缴纳环境保护税的具体办法，由国务院税务主管部门会同国务院海洋主管部门规定。

### 六、环保税纳税筹划思路

（一）合理转变身份

由于《环境保护税法》于2018年1月1日起施行，依照该法规定征收环境保护税，不再征收排污费。

环境保护税的纳税人为在中华人民共和国领域和中华人民共和国管辖的其他海域，直接向环境排放应税污染物的企业事业单位和其他生产经营者。该规定表明：不直接向环境排放应税污染物的，不缴纳环境保护税；居民个人不属于纳税人，不用缴纳环境保护税。因此，企业可以根据自身条件及时合理地转变身份，不使自己成为环保税的纳税义务人。

（二）利用好税率差异

根据《环境保护税法》规定，大气、水污染物每污染单位征收的环保税额标准，由各省、自治区、直辖市在规定范围内自行确定。施行的结果是：各省、自治区、直辖市之间，甚至省内不同市州之间，关于大气、水污染物适用税额标准都可能有不小差异。这种地区差异，特别是水污染物，领近地区之间的税率标准差异，可以通过一定方式利用起来，降低企业的实际税负。

（三）利用抽样测算方法差异

根据《环境保护税法》规定，确定污染物排放量的方法之一：抽样测算方法。该抽样测算方法由各省、自治区、直辖市环境保护部门制定并公布，相应地，各省、自治区、直辖市税务局也需要公布当地的核定征收办法。这种地区差异，可以利用一定方式降低企业环保税税负。

（四）利用好税收优惠

《环境保护税法》规定，依法设立的城乡污水集中处理、生活垃圾集中处理场所排放相应应税污染物，不超过国家和地方规定的排放标准的，免税；同时用好用足相关优惠政策。

### 七、合理利用排放量计算规则

《环境保护税法》规定的四种计算污染物排放量的方法，分别为：自动监测、机构监测、排污系数和物料衡算、抽样测算。其中排污系数和物料衡算为并列关系，多数观点认为其无优先顺序要求。但是同样工艺、产品计算污染物排放量时，两者的结果可能比较大。若环保部门无强制要求，自动监测、机构监测、排污系数、物料衡算，企业可以根据实际情况对部分污染物选择适用最有利的其中一种方法。

## 本章小结

本章主要研究关税、印花税、房产税、资源税、契税、车船税、城市维护建设税、土地增值税、城镇土地使用税、车辆购置税、环保税等税种的纳税筹划问题。关税是海关依法对进出国境或关境的货物、物品征收的一种税。印花税是对在经济活动中书立、领受应税凭证的单位和个人征收的一种税。房产税是以坐落在特定地域范围内的房屋为课税对象，按房屋的计税余额或租金收入计算征收的一种财产税。资源税是对在我国境内开采应税矿产品和生产盐的单位和个人，就其资源产品的销售和使用数量而征收的一种税。契税是对在我国境内转移土地、房屋权属时，依照当事人所订契约，向产权承受人课征的一种财产税。车船税是指对中国境内车船管理部门登记的车辆、船舶依法征收的一种税。城市维护建设税是对从事工商经营，并实际缴纳增值税、消费税(简称"两税")的单位和个人征收的一种税。土地增值税是对转让国有土地使用权、地上建筑物及其附着物并取得收入的单位和个人，就其转让房地产所取得的增值额征收的一种税。城镇土地使用税是对在城市、县城、建制镇和工矿区范围内使用土地的单位和个人，按实际占有的土地面积征收的一种税;此外还详细介绍了环保税的相关筹划思路。本章从不同角度介绍各个税种的纳税筹划方法，通过例题引导，系统介绍具体纳税筹划方法在企业实践中的运用，旨在揭示成功的纳税筹划对企业的深远影响。

## 复习思考题

1. 简述进口货物完税价格的纳税筹划思路。
2. 如何利用选址对城市维护建设税进行纳税筹划？
3. 如何利用"折算比"对资源税进行纳税筹划？
4. 如何利用税收优惠政策对土地增值税进行纳税筹划？
5. 如何利用选址对城镇土地使用税进行纳税筹划？
6. 如何利用降低计税依据对房产税进行纳税筹划？
7. 如何利用临界点对车船税进行纳税筹划？
8. 房屋交换时如何对契税进行纳税筹划？

## 知识应用

1. 江苏某机械制造企业从国外进口高新技术产品，该产品属于最新科研成果，尚无确切的市场价格，但预计其未来的市场价格会远远高于目前市场上的类似产品价格。该产品进口到中国境内的价格将达到400万美元，而类似产品的市场价格为320万美元。该公司向海关申报进口时，应当如何进行纳税筹划？

2. 甲公司有一栋办公楼，专门用于对外出租。因设施陈旧，每年只能收取租金120万元。如果该公司花500万元对该栋办公楼进行装修,预计装修改造后,每年可收取租金200万元。现有两套方案:方案一是甲公司按照上述计划进行装修;方案二是甲公司先将装修前的办公楼出租给关联企业乙公司,并签订一份长期租赁合同,每年收取租金120万元,然后由乙公司出资500万元进行装修,并对外出租,假设每年仍可收取租金200万元。请对两套方案进行涉税计算并进行分析。

3. 某企业接受当地一家大型家具超市委托,加工一批木制家具产品,总价值为2 000万元,由该企业提供加工所需原材料共1 600万元。有两套方案:方案一是按照总价值签订合同;方案二是按照材料和加工费分开签订合同。请对两套方案涉及的印花税进行计算并进行分析。

# 第八章 投融资经营活动的纳税筹划

## 学习目标

通过本章的学习,应掌握企业组织形式的选择和经营活动中存货的纳税筹划方法;理解企业固定资产折旧和利用投资产业方面优惠政策的纳税筹划理念。能够根据企业经营的不同阶段结合企业的实际情况进行合理的纳税筹划。

## 思政小课堂

习近平总书记指出,要"增强法律法规的及时性、系统性、针对性、有效性,提高法律法规的可执行性、可操作性""推出更多便民办税改革措施,为群众提供更加优质高效的服务,减轻群众办税负担,维护群众合法权益"。所谓便利遵从,是指围绕服务纳税人这一中心,通过增强政策确定性、优化办税流程和简便办税手续,以提升纳税服务满意度和纳税人税法遵从度为目标的一种治税理念。这种理念不再简单突出纳税义务的强制性和税收处罚的威慑性,而是强调为纳税人提供明确的税法指引和优质高效的税收服务,引导和帮助纳税人自觉遵从税法,主动履行纳税义务。

当前,国家正在积极研究、应用和发展大数据技术,并运用大数据完善社会治理,提升政府服务和监管能力。纳税信息的数据化使得传统税收治理手段不能完全适应时代发展的需要,运用现代科学技术手段,实施数据管税成为必然选择。它要求税务部门善于运用大数据、智能化、云计算、区块链等先进技术,为税收分析、管理与决策提供支撑,推动税收治理体系变革,不断提升信息管税和税收治理现代化水平;要求从管理体制机制、标准规范、分析应用、技术支撑等视角加强统筹规划,运用现代信息技术手段,打通信息孤岛,实现互联互通,打造全天候、全方位、全流程、全联通的智慧税务生态系统;要求推进线上线下一体化监管,充分运用大数据,加强税收风险分析,提升税收监管水平。随着时代的发展,我国全面实施了"互联网+税务"行动计划,建成了规范统一的电子税务局,稳妥推进电子发票,做到线上线下融合,前台后台贯通,使税收监管更为有效,办税缴费更加便捷,有效降低了制度性交易成本,全面提升了税收治理的数智化水平。

## 案例导入

甲公司现需某设备来扩大生产,现有两种方案可供选择:一是通过向银行借款来购买该设备,借款额为1 130万元,其中记入固定资产原值为1 000万元,可抵扣进项税为130万元,折旧年限为10年,采用直线法计提折旧,假设无残值,银行借款年利率为7%,假设购置此设备无购建期;二是通过经营租赁方式租赁设备,每年支付租金200万元。该设备购买后即可投产,预计增加年利润1 000万元,与此相关的其他支出为200万元。

**思考:** 请对其进行纳税筹划。

企业的投资决策、融资决策与经营活动决策对企业的持续经营和长期发展都具有重要意义。在企业相关的投资决策选择、融资决策与经营活动决策选择过程中,应当充分考虑这三类决策中所涉及的税收问题。从纳税的角度出发,不同的决策方案会让企业承担不同的税负,进而影响企业的最终收益。

# 第一节 企业投资决策的纳税筹划

投资是企业为了未来的收益,而投放货币资金、实物、技术,进而形成资产的经济活动。企业投资的目的主要是维持企业的生存和发展,以提升企业的资产价值,增强企业的综合实力。

## 一、企业设立的纳税筹划

### (一)设立地点的纳税筹划

投资者选择投资地点,除了考虑一般的商业目的外,不同地点之间的税收差异也是考虑的重点。税收作为重要的经济杠杆,承担着调节经济的职能,因此相对优惠的税收待遇就成为各国、各地区吸引投资者的有力手段。投资者在进行投资地点的选择时,也往往要对不同地点的税收优惠情况进行对比,以选择最优方案。

1. 国际投资地点的纳税筹划

从全球范围来讲,跨国纳税企业可以选择国际避税地进行公司注册。国际避税地主要有三种类型:

一是纯国际避税地,即没有个人所得税、公司所得税、财产税、遗产税和赠与税的地区,如百慕大、巴哈马、安道尔等;

二是只行使地域管辖权,完全放弃居民管辖权,对来源于国外的所得或一般财产一律免税的国家和地区,如瑞士、中国香港、巴拿马、新加坡等;

三是实行正常课税,但在税制中规定了便利外国投资的特别优惠政策的国家和地区,如加拿大、荷兰、菲律宾等。如果投资者能选择在这些避税地进行投资,可以获得免税或低税的好处。

企业国际投资地点选择的纳税筹划思路是:

(1) 选择对一切所得均实行低税率的避税地。跨国纳税人可以通过在避税地建立基地公司的方式达到国际纳税筹划的目的，比如，在避税地建立总部公司作为母公司和子公司或子公司之间的中转销售机构。

(2) 充分利用各国的税收优惠政策，选择税负水平低的国家和地区进行投资。

2. 国内投资地点的纳税筹划

我国改革开放以来，经济发展的战略布局是由沿海到内地、由东南至西北的梯级开放，主要可以分为经济特区、经济技术开发区、沿海经济开发区、保税区、西部地区、旅游度假区和"老、少、边、穷"地区，不同地区的税收政策有所不同。2008年起我国实行内外统一的《企业所得税法》，新税法取消了原先地域性优惠的做法，税收优惠的重点在于产业和项目的优惠。另外，国务院为了实施西部大开发，保留了对西部地区的税收优惠，这些政策都为投资者选择投资地区、节省税金支出提供了一定的筹划空间。

3. 外资企业与内资企业在税收方面的差别

(1) 流转税方面。在流转税方面，内外资企业的税收待遇基本相同，都要缴纳增值税、消费税，而且适用相同的税收规定。

(2) 所得税方面。在缴纳所得税时，我国税法在对内外资企业的税收优惠上存在差异。整体而言，外资企业所得税的优惠面更大、优惠比例更高。

(二) 企业组织形式的纳税筹划

按照财产组织形式和法律责任权限，通常把企业的组织形式分为三类：独资企业、合伙企业和公司制企业。公司制企业又可进一步划分为总、分公司及母、子公司。企业在投资时，是组建独资企业、合伙企业还是公司制企业；是成立分公司还是子公司均存在着纳税筹划的空间。

1. 个人独资企业

个人独资企业是指依照《个人独资企业法》在中国境内设立，由一个自然人投资，财产为投资人个人所有，投资人以其个人财产对企业债务承担无限责任的经营实体。

设立个人独资企业应当具备以下条件：① 投资人为一个自然人。② 有合法的企业名称。③ 有投资人申报的出资。④ 有固定的生产经营场所和必要的生产经营条件。⑤ 有必要的从业人员。

2. 合伙企业

合伙企业是指自然人、法人和其他组织依法在中国境内设立的普通合伙企业和有限合伙企业。普通合伙企业由普通合伙人组成，合伙人对合伙企业债务承担无限连带责任；有限合伙企业由普通合伙人和有限合伙人组成，普通合伙人对合伙企业债务承担无限连带责任，有限合伙人以其认缴的出资额为限对合伙企业债务承担责任。

设立合伙企业应当具备以下条件：① 有两个以上合伙人（合伙人为自然人的，应当具有完全民事行为能力）。② 有书面合伙协议。③ 有合伙人认缴或实际交付的出资。④ 有合伙企业的名称和生产经营场所。⑤ 法律、行政法规规定的其他条件。

我国自 2000 年 1 月 1 日起,对个人独资企业和合伙企业投资者的生产经营所得,比照个体工商户的生产、经营所得征收个人所得税。个人独资企业和合伙企业每一纳税年度的收入总额减除成本、费用以及损失后的余额,作为投资者个人的生产经营所得,比照《个人所得税法》的"个体工商户的生产经营所得"应税项目,适用 5%～35%的五级超额累进税率,计算征收个人所得税。

个人独资企业的投资者以全部生产经营所得为应纳税所得额;合伙企业的投资者按照合伙企业的全部生产经营所得和合伙协议约定的分配比例确定应纳税所得额,合伙协议没有约定分配比例的,以全部生产经营所得和合伙人数量平均计算每个投资者的应纳税所得额。

3. 公司制企业

我国《公司法》规定,在我国境内设立的公司为有限责任公司和股份有限公司。所谓有限责任公司,是指股东以其出资额为限对公司承担责任,公司则以其全部资产对公司的债务承担有限责任。股份有限公司,其全部资本分为等额股份,股东以其所持股份为限对公司承担责任,公司以其全部资产对公司的债务承担有限责任。作为企业法人,无论是股份有限公司还是有限责任公司,我国税法都做了统一的规定,公司在计算应纳税所得额的基础上,缴纳企业所得税;同时,对于有限责任公司和股份有限公司,如果向自然人投资者分配股利或红利,还要代扣这些投资人的个人所得税(投资个人分回的股利、红利,税法规定适用 20%的比例税率)。也就是说,公司的投资者获得的股利或红利负担了企业所得税和个人所得税两种税,存在着重复课税;而个人独资企业和合伙企业的投资者的所得只负担了个人所得税。

【例 8-1】某企业预计项目投资每年可盈利 100 000 元,企业在设立时有两个方案可供选择。方案一:有四个合伙人,每人出资 200 000 元,订立合伙协议,设立合伙企业;方案二:设立有限责任公司,注册资本 800 000 元。从节税的角度,该企业应当选择哪套方案?

【筹划过程】

方案一:有四个合伙人,每人出资 200 000 元,订立合伙协议,设立合伙企业。该方案下,纳税情况计算如下:

合伙企业应缴纳个人所得税＝100 000×20%－10 500＝9 500(元)

方案二:设立有限责任公司,注册资本 800 000 元,假设公司税后利润全部作为股利平均分配给四个投资者。

该方案下,纳税情况计算如下:

应纳企业所得税＝100 000×25%＝25 000(元)

四个股东每人缴纳个人所得税＝(100 000－25 000)÷4×20%＝3 750(元)

四个股东合计缴纳个人所得税＝3 750×4＝15 000(元)

两税合计缴纳＝25 000＋15 000＝40 000(元)

方案一比方案二节税 30 500(40 000－9 500)元。

通过计算可知,仅从纳税的角度,方案一比方案二更优。

当然,在进行纳税筹划时,还应综合考虑各方面的因素,进而决定所投资企业的组织形式。

## 二、投资过程中的纳税筹划

### （一）投资规模的纳税筹划

投资规模是指投资主体在一定时期内投入的资源总量。在投资目标既定的条件下，企业可以通过对投资规模的控制和投资结构的调整，实现投资效益的最大化。对于企业的生产经营而言，投资规模过大或过小都不利于企业的发展。影响企业投资规模的因素很多，就市场环境而言，最关键的因素是产品的市场需求状况。除了市场因素外，行业的技术特点、专业化分工水平、外部协作配套条件、原材料的保证程度等也是确定投资规模必须考虑的因素。当然，税收也是影响投资规模的重要因素之一，具体表现在以下两个方面：首先，投资规模的大小决定纳税人纳税身份的界定。增值税是我国的主体税种，它具有普遍征收的特点，适用于生产、批发、零售和进出口商品以及加工、修理修配等领域的各个环节，大部分企业都会遇到缴纳增值税问题。而我国现行的增值税对一般纳税人和小规模纳税人实行差别税率。如果投资者在投资决策中确定的投资规模，使项目建成投产后企业适合小规模纳税人标准，则按小规模纳税人身份纳税，否则以一般纳税人身份纳税。

因此，投资者便可以在分析、比较小规模纳税人和一般纳税人的税负水平后，对投资规模进行调整，使其符合低税负纳税人身份。其次，投资规模影响企业纳税的绝对水平。一般情况下，规模大，企业的获利能力大，纳税的绝对额也大；规模小，企业的获利能力小，纳税的绝对额也小。

税法规定，企业应纳税额是根据国家规定的法定税率，再结合企业账面上记录的应税收益额来计算的，并不考虑这种账面意义的收益所实际取得的现金流入状况，只要体现出账面意义上的应税收益，企业就必须依法及时足额地动用现实的现金予以解缴。可见，企业应纳税额的现金支付的刚性约束也制约着企业纳税的绝对水平。因此，投资者在确定投资规模时，必须充分考虑纳税现金支付的刚性约束，即合理确定纳税目标约束下的投资规模，避免因规模过大导致税前账面收益过大，由此发生的纳税现金需求超过企业现金供给，给企业带来不利影响。

### （二）投资行业的纳税筹划

税收是体现国家产业导向的重要经济杠杆，税收优惠政策就体现了国家的鼓励、刺激的方向。我国的税制构成中，各个税种都有不同的税收优惠政策。

利用行业性税收优惠政策必须考虑两个层次的问题：一是在投资地点相同的情况下，选择能享受更大优惠的行业进行投资；二是在投资地点不同的情况下，选择政策扶持的行业进行投资。处于不同经济发展阶段的国家，其税收优惠的行业重点有所差别，在投资行业选择时进行纳税筹划，要充分了解这些优惠政策及其变化，以谋取企业利益的最大化。

企业或个人进行投资，首先需要选择的就是投资的产业。仅就税收因素而言，国家对于不同产业的政策不是一视同仁而是有差别的。某些产业是国家限制发展的，而某些产业则是国家重点扶持的。在税收政策中，最重要的就是企业所得税政策。因为所得税是直接税，一般不能转嫁，若国家给予优惠政策减免所得税，则其利益就直接归于企业，所以其对企业经济利益的影响最直接。

以下目前是国家通过减免所得税的方式扶持的产业。

1. 高新技术产业

根据现行的企业所得税政策,国家需要重点扶持的高新技术企业,减按 15% 的税率征收企业所得税。

国家需要重点扶持的高新技术企业认定须同时满足以下条件:① 产品(服务)属于《国家重点支持的高新技术领域》规定的范围。② 在中国境内注册的企业,近 3 年内通过自主研发、受让、受赠、并购等方式,或通过 5 年以上的独立许可方式,对其主要产品(服务)的核心技术拥有自主知识产权。③ 高新技术产品(服务)收入占企业总收入的 60% 以上。④ 具有大学专科以上学历的科技人员占企业当年职工总数的 30% 以上,其中研发人员占企业当年职工总数的 10% 以上。⑤ 企业为获得科学技术新知识,创造性运用科学技术新知识,或实质性改进技术、产品(服务)而持续进行了研究开发活动,且近 3 个会计年度的研究开发费用总额占销售收入总额的比例符合下列要求:最近一年销售收入小于 5 000 万元的企业,比例不低于 6%;最近一年销售收入在 5 000 万元至 20 000 万元的企业,比例不低于 4%;最近一年销售收入在 20 000 万元以上的企业,比例不低于 3%。其中,企业在中国境内发生的研究开发费用总额占全部研究开发费用总额的比例不低于 60%。⑥ 企业研究开发组织管理水平、科技成果转化能力、自主知识产权数量、销售与总资产成长性等指标符合《高新技术企业认定管理工作指引》的要求。

2. 农业

根据现行企业所得税政策,企业从事下列项目的所得,免征企业所得税:① 蔬菜、谷物、薯类、油料、豆类、棉花、麻类、糖料、水果、坚果的种植。② 农作物新品种的选育。③ 中药材的种植。④ 林木的培养和种植。⑤ 牲畜、家禽的饲养。⑥ 林产品的采集。⑦ 灌溉、农产品初加工、兽医、农技推广、农机作业和维修等农、林、牧、渔服务业项目。⑧ 远洋捕捞。

企业从事下列项目的所得,减半征收企业所得税:① 花卉、茶或其他饮料作物和香料作物的种植。② 海水养殖、内陆养殖。

3. 公共基础建设产业

根据现行企业所得税法的规定,企业从事国家重点扶持的公共基础设施项目的投资经营的所得可以免征、减征企业所得税。国家重点扶持的公共基础设施项目,是指《公共基础设施项目企业所得税优惠目录》中规定的港口码头、机场、铁路、公路、城市公共交通、电力、水利等项目。

企业从事上述规定的国家重点扶持的公共基础设施项目的投资经营所得,自项目取得第一笔生产经营收入所属的纳税年度起,第一年至第三年免征企业所得税,第四年至第六年减半征收企业所得税。企业在准备设立时就应充分利用好现有的税收优惠政策,精心地进行投资产业结构的纳税筹划和测算,使企业在当前及一段时期内的整体税负水平达到最低。

企业投资产业结构纳税筹划的基本思路为:依据所设立企业的具体情况,结合国家对不同产业的税收倾斜政策,选择并确定要投资的产业;在某一产业内部,利用税收优惠政策,选择不同的行业、商品类别,使企业的经营尽可能地避开一些税种的征税范围;在某些税种的征税范围之内,选择有优惠政策的税目作为企业的投资方向,并对各种所涉及的税种实际税负情况进行测算,使企业的实际整体税负达到最低;在企业主要的投资方向确定以后,依据税法对兼营和混合销售的规定,在经营范围之内,确定合理的兼营项目和混合销售行为,避免额外的税收负担。

(三) 投资方式的纳税筹划

按照投资者对被投资企业的生产经营控制和管理方式的不同,投资可以分为直接投资和间接投资。

直接投资是指投资主体将金融资产转化为实物资产进行生产经营活动,并从经营活动中取得利益的投资方式。间接投资是指投资主体用货币资产购买各种有价证券,以期待从持有和转让中获取投资收益和转让增值。

直接投资形成各种形式的企业类型,企业的经营成果除了要征收流转税,企业的纯收益还要征收企业所得税;间接投资的交易需要征收印花税,其收益征收企业所得税。

直接投资中的投资主体可以将货币资金、物资、土地、劳力、技术及其他生产要素直接作为管理费用在税前扣除,以缩小所得税税基,减轻企业所得税税负。企业以实物资产和无形资产对外投资时,必须进行资产评估,被投资企业可按经评估确认的价值,确定有关资产的计税成本。如被评估资产合理增值,投资方应确认非货币资产转让所得,并计入应纳税所得额。如转让所得数额较大,纳税确有困难的,经税务机关批准,可在5年内分期摊入各期的应纳税所得额中。被投资方则可以通过多列折旧费用和摊销费用,缩小所得税税基,减少当期应税利润,最终达到减轻税负的目的。如评估资产减值,则投资方可确认为非货币资产转让损失,减少应纳税所得额。

(四) 投资项目的纳税筹划

投资项目的纳税筹划是指企业面对若干项目时如何选择项目,以及面对一个项目时如何确定投资方案的决策。不同的投资决策会带来相差悬殊的税负水平。

企业确定了投资规模、投资行业后,还要考虑具体的投资项目。因为不同的投资项目有不同的税收规定。比如,现行增值税就采用基本税率加一档低税率的模式。即纳税人销售或进口货物,提供加工、修理修配劳务,税率为13%。纳税人销售或进口下列货物,则按9%的低税率征收增值税:粮食、食用植物油;自来水、暖气、冷气、热气、煤气、石油液化气、天然气、沼气、居民用煤炭制品;图书、报纸、杂志;饲料、化肥、农药、农机、农膜;国务院规定的其他货物。类似的相关规定在其他税种中也很多,企业在确定投资项目时,若能了解这些规定,并结合自身实际情况,无疑能获得更多的税收利益。

## 第二节 企业融资决策的纳税筹划

融资也称筹资,是企业根据投资、生产经营等活动的需要,通过各种渠道和方式筹措资金的行为。融资决策是任何企业都要面临的问题,也是企业生存和发展的关键问题之一。

从纳税角度看,不同的融资方式产生的税负不尽相同,取得的税收收益也会受到影响。因此,利用不同融资方式、不同融资条件对税收的影响,精心设计企业的融资项目,实现企业税后利润或股东收益最大化是纳税筹划的目的和任务。

## 一、融资方式的纳税筹划

融资作为一项相对独立的企业活动,其对经营收益的影响主要是借助于因资本结构变动产生的杠杆作用进行的。

所谓资本结构是企业长期债务资本与权益资本之间的比例构成关系。不同的融资方式对应不同的融资渠道,形成不同的资本结构,而不同的融资方式下存在不同的资金成本,这就为纳税筹划提供了一定的空间。

企业在融资过程中应当考虑如下因素:① 融资活动对企业资本结构的影响。② 资本结构的变动对于税收成本和企业利润的影响。③ 融资方式的选择在优化资本结构和减轻税负方面对于企业和所有者税后利润最大化的影响。按照企业资金来源的权益性质,企业的融资方式可以分为权益性融资和负债融资两类。对这两类融资方式,税法上的相关规定是不同的。

通过负债的方式融资,负债的资本成本——借款利息可以在税前扣除,从而减轻企业的纳税负担。根据《企业所得税法》的规定:"企业实际发生的与取得收入有关的、合理的支出,包括成本、费用、税金、损失和其他支出,准予在计算应纳税所得额时扣除。"

纳税人在生产、经营期间,向金融机构借款的利息支出,按照实际发生数扣除;向非金融机构借款的利息支出,不高于按照金融机构同类、同期贷款利率计算的数额以内的部分,准予扣除。而企业通过增加资本金的方式进行融资所支付的股息或红利是不能在税前扣除的。

《企业所得税法》规定:"在计算应纳税所得额时,下列支出不得扣除:向投资者支付的股息、红利等权益性投资收益款项。"因此,从节税的角度,负债融资方式比权益融资方式更优。以下分析几种常见融资方式下的企业税负状况。

### (一)银行借款的纳税筹划

银行借款是目前大部分企业最为常用的融资方式。向银行借款的成本主要是利息,一般可以在税前扣除,从而起到减轻所得税负的作用,其抵税效应明显优于依靠企业自我积累。

【例8-2】某公司计划兴建写字楼对外出租,预计每年租金500万元,写字楼使用寿命为20年。该公司有两套融资方案可供选择。

方案一:用以前年度累积的留存收益4 000万元兴建写字楼;

方案二:从银行借款4 000万元兴建写字楼对外出租。假定银行贷款年利率为8%,贷款期限为20年,每年年末支付利息。从节税的角度,该公司应当如何选择?

【筹划过程】

方案一:用以前年度累积的留存收益4 000万元兴建写字楼。该方案下,纳税情况计算如下:

每年获得租金应纳的企业所得税=500×25%=125(万元)

20 年累计应纳企业所得税＝125×20＝2 500(万元)

方案二:从银行借款 4 000 万元兴建写字楼对外出租。该方案下,纳税情况计算如下:

每年应支付利息＝4 000×8％＝320(万元)

每年企业出租业务的净所得＝500－320＝180(万元)

每年应纳企业所得税＝180×25％＝45(万元)

20 年累计应纳企业所得税＝45×20＝900(万元)

方案二比方案一节税 1 600(2 500－900)万元。

通过计算可知,从税收负担角度,借款方式优于依靠自身积累方式,该公司应当选择方案二。

(二) 企业之间拆借资金的纳税筹划

在现实经济生活中,企业之间或经济组织之间的资金拆借可以为企业的节税提供比较有利的条件。因为只要利息的支付在财务制度规定的范围之内,企业和经济组织之间在拆借资金的利息计算和资金收回期限方面具有较大的弹性,这种弹性常常表现为提高利息支出、冲减企业利润、抵消纳税金额等方面,为纳税筹划提供了空间。

【例 8－3】甲公司与乙公司以相互融资的方式相互提供投资资金,甲公司为乙公司的一个项目投资 1 500 万元,乙公司为甲公司提供 1 300 万元的投资资金。假设甲公司的投资回收期为 10 年,乙公司的投资回收期为 8 年,乙公司每年支付的融资利息为年息 140 万元,甲公司每年支付的融资利息为年息 120 万元。假设甲公司与乙公司的平均盈利均为 100％,适用所得税税率均为 25％,利息、股息适用所得税税率为 20％。

【筹划过程】

甲公司纳税情况计算如下:

在支付利息前应纳所得税＝1 300×25％＝325(万元)

在支付利息后应纳所得税＝(年利润－利息)×25％＝(1 300－120)×25％＝295(万元)

融资利息收入应纳所得税＝140×20％＝28(万元)

累计应纳所得税＝295＋28＝323(万元)

比支付利息前(即全部投资为自己筹集时)节税 2(325－323)万元。

乙公司纳税情况计算如下:

在支付利息前应纳所得税＝1 500×25％＝375(万元)

在支付利息后应纳所得税＝(年利润－利息)×25％＝(1 500－140)×25％＝340(万元)

融资利息收入应纳所得税＝120×20％＝24(万元)

累计应纳所得税＝340＋24＝364(万元)

比支付利息前(即全部投资为自己筹集时)节税 11(375－364)万元。

显而易见,企业之间互相拆借资金的节税效果明显好于完全依靠自己筹资进行投资。

(三) 发行债券的纳税筹划

《公司法》规定:股份有限公司、国有独资公司和两个以上的国有企业或者其他两个以上的国有投资主体投资设立的有限责任公司,为筹集生产经营资金,可以发行公司债券。

发行公司债券,必须符合下列条件:

(1) 股份有限公司的净资产额不低于人民币 3 000 万元,有限责任公司的净资产额不低于人民币 6 000 万元。

(2) 累计债券总额不超过公司净资产额的 40%。

(3) 最近 3 年平均可分配利润足以支付公司债券 1 年的利息。

(4) 筹集的资金投向符合国家产业政策的项目。

(5) 债券的利率不得超过国务院限定的利率水平。

(6) 国务院规定的其他条件。发行公司债券筹集的资金,必须用于审批机关批准的用途,不得用于弥补亏损和非生产性支出。

发行债券的融资方式,由于对象广、市场大,比较容易寻找到降低融资成本和提高整体收益的方法,又由于债券的持有者众多,有利于企业利润的平均分担,避免利润过于集中所带来的较重的纳税负担。

发行债券筹资存在发行价格不等同于债券面值的情况,即平价、溢价和折价。债券发行价格的形成受诸多因素的影响,其中主要是票面利率与市场利率的差异程度。当票面利率高于市场利率时,以溢价发行债券,其售价高于面值的溢价额实际上就是购买者把将来多收的利息先行退还给发行公司;当票面利率低于市场利率时,以折价发行债券,其面值高于售价的折价额实际上就是发行公司给予债券购买者的额外利息;当票面利率与市场利率一致时,则以平价发行债券。

因此,溢价和折价的摊销要贯穿于债券发行的全过程。由于在计算应纳税所得额时,利息费用要作为扣除项目,因而,利息费用的多少将直接影响到纳税人应纳税额的多少。

(四) 留存收益的纳税筹划

留存收益是由企业税后利润所形成的。公司以税后利润支付股东的股利后,余下的税后利润可供公司支配使用。留存利润已经成为公司日益重视的筹资方式。

公司可以少发放现金股利或发放股票股利甚至不发放股利,保留更多的税后利润以满足公司的资金需要,促使公司发展。如果公司能够将留存利润投资于报酬率更高的项目,就会给公司的股东带来更多的好处。同时,由于外部筹资的费用通常很高,而留存利润不必动用现金支付筹资费用。

因此,留存利润筹资对公司来说是非常有益的。但从税负和经营的效益关系看,自我积累资金要经过很长一段时间才能完成,积累速度较慢,不能够满足企业规模迅速扩大对资金的需要,而且企业投入生产和经营活动之后,产生的全部税负由企业承担。这种筹资方式虽然对企业而言有诸多的益处,但税负却是最重的。

一般情况下,从纳税筹划角度看,企业间互相拆借资金的方式效果最好,金融机构贷款次之,权益筹资效果最差。但是在资金拆借双方或企业与金融机构之间存在关联关系时,应综合考虑各种因素进行纳税筹划,而不能单纯着眼于某一个税种应纳税额的多少。

## 二、资本结构的纳税筹划

企业筹资决策的核心问题是最优资本结构的确定。所谓资本结构是指企业长期资金的构成,即企业的长期负债和所有者权益(包括实收资本和留存收益)的构成。因而,资本结构问题从本质上讲就是企业债务资金的比重问题,即负债比率的合理性问题。企业资本结构的合理与否,不仅制约着企业风险、成本的大小,而且在相当大的程度上影响着企业的税收负担以及企业权益资本收益实现的水平。因此,企业在进行资本结构的纳税筹划时,必须充分考虑企业自身的特点及风险承受能力。

(一)资本结构理论

1. 现代资本结构理论

现代资本结构理论的起点是 MM 理论。20 世纪 50 年代末期,美国学者莫迪利安尼(Franco Modigliani)与米勒(Mertor Miller)提出了在融资结构理论发展史上经典的 MM 理论,为资本结构的研究开了先河,标志着现代资本结构理论的建立。后来的资本结构的研究与深入大多是建立在 MM 理论的基础之上。

(1) 无税的 MM 理论。

MM 理论的假设条件包括完全资本市场,股票和债券的交易无交易成本,投资者和企业可以同等利率借款;所有债务都无风险;投资者对企业未来收益和收益风险的预期是相同的;企业的增长率为零,即息税前利润固定不变,财务杠杆收益全部支付给股东;企业的经营风险可用息税前利润的方差衡量;所有现金流量都是固定年金,且持续到永远。无税的 MM 理论认为,在资本市场充分有效、不考虑市场交易费用,也不存在公司所得税和个人所得税的情况下,企业价值取决于投资组合和资产的获利能力,而与资本结构和股息政策无关。因为资金成本并不取决于资本结构,也与公司价值无关,但资本会随收益率的不同而发生转移。这是一种抽象出来的理想状态,在现实中是不存在的。

(2) 修正的 MM 理论模型。

1963 年,无税的 MM 理论模型得到修正,将公司所得税的影响因素引入模型,从而得出了有公司税的 MM 理论。该理论认为,由于公司所得税的影响,尽管股权资金成本会随负债比率的提高而上升,但上升速度却慢于负债比率的提高,所以在所得税法允许债务利息费用税前扣除时,负债越多,即资本结构中负债比率越高,资金加权平均成本就越低,企业的收益以及企业价值就越高。在这其中起作用的是负债利息抵税效应。得出结论:由于债务利息在税前支付,具有减税作用,所以资本结构中负债比率越大,企业价值越大。当企业负债比率达到 100% 时,企业价值最大。但这与现实不完全相符,实际上企业为了生存和发展,必须保持一定的财务实力,按照一定的负债比率举债。MM 理论的假设在现实生活中不可能做到。

(3) 权衡理论。

MM 理论的后来研究者不断放宽 MM 理论的假设条件,形成了新的资本结构理论。其中最重要的发展是考虑了破产成本和代理成本的权衡理论。

① 破产成本。因企业财务拮据状态发生,无论破产与否,给企业带来的额外损失和费用,称为破产成本。破产成本包括直接破产成本(如律师费用、诉讼费用等)和间接破产成本(如机器带病运转、原有供应商取消合同造成的销售减少等)两类。

② 代理成本。企业负债经营存在两层代理关系:一是所有者或股东与企业经营者之间的代理关系,二是债权人与企业经营者之间的代理关系。企业为了为所有者谋取利益,往往负债经营,当负债比率过高,使企业陷入财务拮据状态时,债权人为了维护自己的利益,在订立债务合同时,会规定许多保护性和限制性条款来约束企业的若干经营行为。而企业为了保证这些条款的执行,要额外增加监督费用。企业因执行保护性和限制性条款而造成的经营效率的降低带来的损失和支付的监督费用构成了代理成本。破产成本和代理成本的存在,一方面增加了债务成本,另一方面减少了企业价值。考虑了破产成本和代理成本因素后修正的 MM 理论,被称为"权衡理论"。可用公式表示为:"有负债时企业价值=无负债时企业价值+利息减税现值-破产成本、代理成本现值"。

2. 新资本结构理论

(1) 信号传递理论。

该理论的代表人物罗斯认为,在信息不对称的情况下,企业资本结构就是把企业内部信息传递给市场的信号工具;资产负债率的上升意味着经营者对企业未来收益有较高的预期,企业的市场价值也会随着增大。因此,外部投资者把较高的负债水平视为企业经营质量较好的一个信号,有利于企业价值的提高。

(2) 融资优序理论。

该理论是在信号传递理论的基础上由梅耶斯和迈基里夫提出的。他们认为:非对称信息的存在使得投资者从企业融资结构的选择来判断企业的市场价值。经营者在股东权益被低估时不愿意为投资项目筹措资金而发行股票,而仅在股票价值被高估时才发行股票。因此,股票融资会被投资者视为企业经营不良的信号,投资者不愿购买该企业的股票,从而最终低估企业的市场价值。为避免股票定价过低的损失,企业的融资顺序为:内部融资＞举债融资＞股票融资。

(3) 控制理论。

该理论是从剩余控制权的角度研究资本结构与企业价值关系的理论。其基本观点是:在交易成本和合约不完全的基础上,资本结构的选择就是控制权在不同投资者之间分配的选择,最优的负债率是在该水平上导致企业破产时将控制权从股东转移给债权人。由于过高的负债率会使企业更容易被收购,导致控制权完全转移。从一个对企业控制权有偏好的经营者的角度来讲,有利的融资顺序为:留存收益＞债券融资＞股权融资＞银行贷款。总之,资本结构理论揭示了企业资本结构与企业价值之间的关系,可为企业融资决策提供有价值的参考,以指导企业的融资决策行为。

(二) 负债筹资的纳税筹划

负债筹资的直接作用是具有节税的功能。节税功能反映为负债利息计入财务费用抵扣应纳税所得额,从而相应减少应纳所得税额。在息税前收益(支付利息和所得税前的收益)

不低于负债成本总额的前提下,负债比率越高,额度越大,其节税效果越显著。但节税只是一个表象,负债融资最重要的财务杠杆作用在于提高权益资本的收益水平及普通股的每股盈余。

### (三)目标债务规模的确定

资本结构纳税筹划的关键就在于确定合理的债务规模和负债比例。但并不是债务规模和债务比例越高越好,因为包括节税在内的财务行为,其最终目标都是提高权益资本收益率和每股盈余。因而,企业利用负债融资进行纳税筹划,必须合理把握负债的规模,防止走入单纯节税的误区。体现最佳纳税筹划绩效的资本结构的评价标准在于是否有利于投资主体所有者权益的增长。根据投资主体所有者普通股每股税后盈余的预期目标组织适宜的资本结构,成为融资管理的核心问题。

假设期望普通股每股盈余用 EPS 代表,则有:

$$EPS=[(Kr-Bi)\times(1-t)-U]\div n$$

式中,EPS 为期望普通股每股盈余;$K$ 为投资总额;$r$ 为息税前投资报酬率;$B$ 为负债总额;$i$ 为负债成本率;$n$ 为已发行普通股股数;$U$ 为优先股股利支付额;$t$ 为所得税税率。企业利用已知因素,可以合理确定负债规模。

【例8-4】某企业投资总额为1 500 000元,预计息税前投资收益率为10%,负债利息率为8%,已发行普通股3 000股,固定应发放优先股股利为30 000元,企业所得税税率为25%,期望普通股每股税后盈余为15元。

根据资料,代入上述公式得:

[(1 500 000×10%－B×8%)×(1－25%)－30 000]÷3 000＝15

B＝62 500(元)

负债规模应当为62 500元。

# 第三节 企业经营决策的纳税筹划

## 一、企业内部核算的纳税筹划

### (一)存货的纳税筹划

1. 存货的概念

存货是指企业在日常活动中持有以备出售的产成品或商品,处在生产过程中的在产品,在生产过程或提供劳务过程中耗用的材料、物料等。存货区别于固定资产的最基本特征是,企业持有存货的最终目的是出售,包括可供出售的产成品、商品以及需要进一步加工后出售的原料等。在企业经营过程中,存货是企业流动资产的重要组成部分,所以存货的核算在企业内部核算中起着非常重要的作用。

2. 存货计价方法的纳税筹划

会计中存货部分的核算,一般会涉及存货计价方法的选择问题。存货计价方法主要有先进先出法、加权平均法、移动加权平均法、个别计价法等。不同的存货计价方法会计算出不同的应纳税额,使得企业承受不同的税收负担。企业可以自己选定存货计价方法,这就为纳税筹划提供了可能。

一般来说,企业会选择使其成本最低的存货计价方法。企业在生产过程中所需原材料的购入价格随市场价格的波动而发生变化:当供不应求时,存货价格就会上涨;供过于求时,存货价格就会下跌。存货用于产品的生产,其计入成本的金额大小会直接影响到所得税额,所以合理筹划、减少税基有利于企业最终减少应纳税额。

### (二) 固定资产的纳税筹划

1. 固定资产的相关概念

固定资产是指同时具有下列特征的有形资产:① 为生产商品、提供劳务、出租或经营管理而持有的。② 使用寿命超过一个会计年度。固定资产的折旧是指在固定资产的使用寿命内,按照确定的方法对应计折旧额进行的系统分摊,也可以理解为固定资产由于损耗而转移到产品成本中的价值。应计折旧额是指应当计提折旧的固定资产的原价扣除其预计净残值后的余额,对于已经计提减值准备的固定资产,还应当扣除已计提的固定资产的减值准备累计金额。固定资产的预计净残值一经确定,不得变更。

除国务院、税务主管部门另有规定外,固定资产计算折旧的最低年限如下:① 房屋、建筑物,为 20 年。② 飞机、火车、轮船、机器、机械和其他生产设备,为 10 年。③ 与生产经营活动有关的器具、工具、家具等,为 5 年。④ 飞机、火车、轮船以外的运输工具,为 4 年。⑤ 电子设备,为 3 年。

可以采取缩短折旧年限或采取加速折旧方法的固定资产,包括以下两种:① 由于技术进步,产品更新换代较快的固定资产。② 常年处于强震动、高腐蚀状态的固定资产。

2. 固定资产折旧的纳税筹划

固定资产折旧方法主要有年限平均法、工作量法、双倍余额递减法和年数总和法。

企业采用不同的固定资产折旧方法对企业的税收影响体现在两个层面上:首先,不同的折旧方法产生不同的固定资产价格补偿和实物补偿,可以产生价格筹划节税机会;其次,不同的折旧方法使得年折旧提取额不同,这直接关系到对利润额的递减程度,最终造成纳税的差异。在通常状况下,采用加速折旧法对企业最为有利。因为加速折旧法可以使固定资产在使用期限内快速得到补偿,致使企业前期利润少,纳税少,达到推迟纳税的效果。

【例 8-5】某大型机械制造公司购入一台大型机器设备,原值 50 万元,预计残值率为 3%,经税务机关核定,该设备的折旧年限为 5 年。该公司可以采用以下三种方法对该设备计提折旧:方法一是年限平均法,方法二是双倍余额递减法,方法三是年数总和法。假设在计提折旧之前,企业每年的税前利润均为 1 097 000 元,企业所得税税率为 25%。从节税的角度出发,该公司应当选择哪种方法?

【筹划过程】

方法一：年限平均法。该方法下，设备折旧情况如下：

预计净残值＝500 000×3％＝15 000(元)

每年折旧额＝(500 000－15 000)÷5＝97 000(元)

考虑折旧后每年税前利润＝1 097 000－97 000＝1 000 000(元)

每年应纳所得税＝1 000 000×25％＝250 000(元)

方法二：双倍余额递减法。

该方法下，设备折旧情况如下：

年折旧率＝2÷5＝40％

第1年折旧额＝500 000×40％＝200 000(元)

第1年年末账面净值＝500 000－200 000＝300 000(元)

考虑折旧后税前利润＝1 097 000－200 000＝897 000(元)

应纳所得税＝897 000×25％＝224 250(元)

第2年折旧额＝300 000×40％＝120 000(元)

第2年年末账面净值＝300 000－120 000＝180 000(元)

考虑折旧后税前利润＝1 097 000－120 000＝977 000(元)

应纳所得税＝977 000×25％＝244 250(元)

第3年折旧额＝180 000×40％＝72 000(元)

第3年年末账面净值＝180 000－72 000＝108 000(元)

考虑折旧后税前利润＝1 097 000－72 000＝1 025 000(元)

应纳所得税＝1 025 000×25％＝256 250(元)

第4年折旧额＝(108 000－500 000×3％)×50％＝46 500(元)

第4年年末账面净值＝108 000－46 500＝61 500(元)

考虑折旧后税前利润＝1 097 000－46 500＝1 050 500(元)

应纳所得税＝1 050 500×25％＝262 625(元)

第5年折旧额＝(108 000－500 000×3％)×50％＝46 500(元)

第5年年末账面净值＝61 500－46 500＝15 000(元)

考虑折旧后税前利润＝1 097 000－46 500＝1 050 500(元)

应纳所得税＝1 050 500×25％＝262 625(元)

方法三：年数总和法。年数总和法的折旧计算公式：

年折旧率＝尚可使用年限÷预计使用年限的年数之和

该方法下，设备折旧情况如下：

第1年折旧额＝(500 000－15 000)×5÷15＝161 666.67(元)

第1年年末账面净值＝500 000－161 666.67＝338 333.33(元)

考虑折旧后税前利润＝1 097 000－161 666.67＝935 333.33(元)

应纳所得税＝935 333.33×25％＝233 833.33(元)

第2年折旧额＝(500 000－15 000)×4÷15＝129 333.33(元)

第2年年末账面净值＝338 333.33－129 333.33＝209 000(元)

考虑折旧后税前利润＝1 097 000－129 333.33＝967 666.67(元)
应纳所得税＝967 666.67×25％＝241 916.67(元)
第3年折旧额＝(500 000－15 000)×3÷15＝97 000(元)
第3年年末账面净值＝209 000－97 000＝112 000(元)
考虑折旧后税前利润＝1 097 000－97 000＝1 000 000(元)
应纳所得税＝1 000 000×25％＝250 000(元)
第4年折旧额＝(500 000－15 000)×2÷15＝64 666.67(元)
第4年年末账面净值＝112 000－64 666.67＝47 333.33(元)
考虑折旧后税前利润＝1 097 000－64 666.67＝1 032 333.33(元)
应纳所得税＝1 032 333.33×25％＝258 083.33(元)
第5年折旧额＝(500 000－15 000)×1÷15＝32 333.33(元)
第5年年末账面净值＝47 333.33－32 333.33＝15 000(元)
考虑折旧后税前利润＝1 097 000－32 333.33＝1 064 666.67(元)
应纳所得税＝1 064 666.67×25％＝266 166.67(元)

比较第一年年末，年限平均法、双倍余额递减法、年数总和法计提的折旧，所应缴纳的所得税分别是250 000元、224 250元、233 833.33元，可见双倍余额递减法提取折旧所获得的税收利益最大，其次是年数总和法，最后是年限平均法。

## 二、企业合并的纳税筹划

(一)企业合并的概念及分类

企业合并是将两个或两个以上单独的企业依照法律规定或合同约定，合并形成一个企业的法律行为。企业合并按照合并方式，可分为控股合并、吸收合并和新设合并。

(1)控股合并。合并方通过企业合并交易或事项取得被合并方的控制权，企业合并后能够通过所取得的股权等主导被合并方的生产经营决策并自被合并方的生产经营活动中获益，被合并方在企业合并后仍维持其独立法人资格继续经营。

(2)吸收合并。合并方在企业合并中取得被合并方的全部净资产，并将有关资产、负债并入合并方自身的账簿和报表进行核算。企业合并后，注销被合并方的法人资格，也就是所谓的企业兼并。

(3)新设合并。参与合并的各方在企业合并后法人资格均被注销，重新注册成立一家新的企业，由新注册成立的企业持有参与合并各企业的资产、负债，在新的基础上经营。

(二)企业合并中纳税筹划的具体内容

我国《公司法》规定，公司合并时，合并各方的债权债务，应当由合并后存续的公司或新设的公司承担。企业合并的纳税筹划主要包括两个方面：一是合并中产权交换支付方式选择的纳税筹划，二是合并后存续公司的纳税筹划。

1. 合并中产权交换支付方式选择的纳税筹划

(1) 合并中产权交换支付方式。

合并按照出资方式可分为以现金购买被合并公司股票、以股票换取被合并公司股票、以信用债券换取被合并公司股票、以股票加现金换取被合并公司股票四种。这四种产权交换方式对被合并公司的股东来说,有的属于应税交易,有的则属于免税交易。

① 免税合并,即一个公司以股票按一定比例换取被合并公司的股票的方式进行,被合并公司的股东没有收到合并公司的现金。这种情况下,股票转换不视为资产转让,被合并公司的股东没有实现资本利得,这一合并所得在股东出售其股票时才计算损益作为资本利得缴纳所得税。

② 应税合并,即合并企业采用以现金或无表决权的证券购买被合并公司股票的方式。这种情况下,被合并公司股东收到合并公司的现金和债券,被视为转让其股票的收入,产生资本利得,被合并公司的股东要就其资本利得缴纳所得税。

③ 部分应税合并,即合并公司采用以股票加现金换取被合并公司的股票的方式,属于部分应税合并。这种情况下,被合并公司股东换取合并公司的股票视为免税交易,而收到的合并公司的现金则视为处置其部分股票的收入,要计算其处置利得,就其利得缴纳所得税。

(2) 合并业务的税务处理。

按照国家税务总局《关于企业合并分立业务有关所得税问题的通知》的规定,通常情况下,被合并企业应视为按公允价值转让、处置全部资产,计算资产转让所得,依法缴纳所得税。合并企业支付给被合并企业或其股东的收购价款中,除合并企业股权以外的现金、有价证券和其他资产(简称"非股权支付额"),不高于所支付的股权票面价值20%的,经税务机关审核确认,当事人各方可以选择按照下列规定进行所得税处理:① 被合并企业不确认全部资产的转让所得或损失,不计算缴纳企业所得税。② 被合并企业的股东以其持有的原被合并企业的股权交换合并企业的股权,不视为出售旧股、购买新股处理,不缴纳个人所得税。但未交换新股的被合并企业原有股东取得的全部非股权支付额应视为旧股转让收入,计算确认资产转让所得并缴纳所得税。③ 合并企业接受被合并企业全部资产的计税成本,需以被合并企业原账面净值作为基础。

【例8-6】甲、乙两公司的股本均为4 000万元。现甲公司计划并购乙公司,经双方协商,甲公司发行新股换取乙公司股东手中持有的部分乙公司股票;其余部分乙公司股票由甲公司以直接支付现金的方式购买。企业应当如何确定支付现金和新股换旧股的比例才能最大限度节税?

【筹划过程】

如果参与并购企业选择支付现金大于800万元,即非股权支付额超过了被并购企业股权票面价值的20%,则该合并行为中乙公司就要缴纳企业所得税,乙公司的股东还要缴纳个人所得税。所以,甲公司应当把现金支付额控制在800万元以内。

2. 合并后存续公司的纳税筹划

(1) 国家税务总局在《关于企业合并分立业务有关所得税问题的通知》中规定:企业

合并在通常状况下,被合并企业以前年度的亏损,不得结转到合并企业弥补。但如果合并企业支付给被合并企业或其股东的收购价款中,除合并企业股权以外的现金、有价证券和其他资产,不高于所支付的股权票面价值20%的,经税务机关审核确认,可以不确认被合并企业全部资产的转让所得或损失,不计算缴纳所得税。被合并企业以前的全部企业所得税纳税事项由合并企业承担,以前年度的亏损,如果未超过弥补期限,可由合并企业继续按规定用以后年度实现的与被合并企业资产相关的所得弥补。

(2) 我国颁布的《关于外商投资企业合并、分立、股权重组、资产转让等重组业务所得税处理的暂行规定》允许外商投资企业合并后可以有条件承续税收优惠。合并后企业的生产经营业务符合税法规定的定期减免税收优惠适用范围的,可以承续合并前的税收待遇。合并前各企业应享受的定期减免税优惠享受期限未满而且剩余期限一致的,合并后的企业继续享受优惠至期满;合并前各企业剩余的定期减免税期限不一致的,或者其中有不适用定期减免税优惠的,合并后的企业应按税法规定划分计算。对其中剩余减免税期限不一致的,分别继续享受优惠至期满;对不适用税收优惠的业务的应纳税所得额,不享受优惠。

【例8-7】A公司为我国一家居民纳税义务人企业,经营状况良好,准备扩大规模,在中国境内增设一分支机构B公司。A公司和B公司均适用25%的企业所得税税率,公司利润均不分配。A公司可选择将分支机构设为子公司,也可设为分公司。现有四种情形。情形一:A公司5年内每年均盈利,每年应纳税所得额为400万元;B公司经营初期亏损,5年内的应纳税所得额分别为－100万元、－50万元、20万元、100万元、160万元。情形二:A公司5年内每年均盈利,每年应纳税所得额为400万元,B公司5年内也都是盈利,应纳税所得额分别为30万元、60万元、80万元、150万元、160万元。情形三:A公司在分支机构设立后前两年亏损,5年内的应纳税所得额分别为:－100万元、－50万元、200万元、320万元、400万元;B公司在5年内均盈利,应纳税所得额分别为30万元、60万元、80万元、150万元、160万元。情形四:A公司在分支机构设立后前两年亏损,5年内的应纳税所得额分别为:－100万元、－50万元、200万元、320万元、400万元;B公司经营初期亏损,5年内的应纳税所得额分别为－100万元、－50万元、20万元、100万元、160万元。请对上述业务进行纳税筹划。

【筹划过程】

以具有法人资格的企业或组织为纳税人。分公司(不具有法人资格)与总公司汇总缴纳企业所得税,子公司(具有法人资格)单独缴纳企业所得税。企业某一纳税年度发生的亏损可以用下一年度的所得弥补,下一年度的所得不足以弥补的,可以逐年延续弥补,但最长不得超过5年。

企业在选择分支机构的形式时,应当比较企业集团应纳企业所得税税额的大小,并综合分析企业纳税义务发生时间,以便从中做出最优选择。

情形一:A公司5年内每年均盈利,每年应纳税所得额为400万元;B公司经营初期亏损,5年内的应纳税所得额分别为－100万元、－50万元、20万元、100万元、160万元(见表8-1)。

表 8-1  经营情况表一　　　　　　　　　　　　　　　　　　单位:万元

| 年　份 | | 1 | 2 | 3 | 4 | 5 | 合　计 |
|---|---|---|---|---|---|---|---|
| A公司应纳税所得额 | | 400 | 400 | 400 | 400 | 400 | 2 000 |
| B公司应纳税所得额 | | −100 | −50 | 20 | 100 | 160 | 130 |
| 方案一:<br>B公司为分公司 | 企业集团应纳税所得额 | 300 | 350 | 420 | 500 | 560 | 2 130 |
| | 企业集团应纳所得税 | 75 | 87.5 | 105 | 125 | 140 | 532.5 |
| 方案二:<br>B公司为子公司 | A公司应纳企业所得税 | 100 | 100 | 100 | 100 | 100 | 500 |
| | B公司应纳企业所得税 | 0 | 0 | 0 | 0 | 32.5 | 32.5 |
| | 企业集团应纳所得税 | 100 | 100 | 100 | 100 | 132.5 | 532.5 |

情形二:A公司5年内每年均盈利,每年应纳税所得额为400万元,B公司5年内也都是盈利,应纳税所得额分别为30万元、60万元、80万元、150万元、160万元(见表8-2)。

表 8-2  经营情况表二　　　　　　　　　　　　　　　　　　单位:万元

| 年　份 | | 1 | 2 | 3 | 4 | 5 | 合　计 |
|---|---|---|---|---|---|---|---|
| A公司应纳税所得额 | | 400 | 400 | 400 | 400 | 400 | 2 000 |
| B公司应纳税所得额 | | 30 | 60 | 80 | 150 | 160 | 480 |
| 方案一:<br>B公司为分公司 | 企业集团应纳税所得额 | 430 | 460 | 480 | 550 | 560 | 2 480 |
| | 企业集团应纳所得税 | 107.5 | 115 | 120 | 137.5 | 140 | 620 |
| 方案二:<br>B公司为子公司 | A公司应纳企业所得税 | 100 | 100 | 100 | 100 | 100 | 500 |
| | B公司应纳企业所得税 | 7.5 | 15 | 20 | 37.5 | 40 | 120 |
| | 企业集团应纳所得税 | 107.5 | 115 | 120 | 137.5 | 140 | 620 |

情形三:A公司在分支机构设立后前两年亏损,5年内的应纳税所得额分别为:−100万元、−50万元、200万元、320万元、400万元;B公司在5年内都是盈利,应纳税所得额分别为30万元、60万元、80万元、150万元、160万元(见表8-3)。

表 8-3  经营情况表三　　　　　　　　　　　　　　　　　　单位:万元

| 年　份 | | 1 | 2 | 3 | 4 | 5 | 合　计 |
|---|---|---|---|---|---|---|---|
| A公司应纳税所得额 | | −100 | −50 | 200 | 320 | 400 | 770 |
| B公司应纳税所得额 | | 30 | 60 | 80 | 150 | 160 | 480 |
| 方案一:<br>B公司为分公司 | 企业集团应纳税所得额 | −70 | −60 | 220 | 470 | 560 | 1 250 |
| | 企业集团应纳所得税 | 0 | 0 | 55 | 117.5 | 140 | 312.5 |
| 方案二:<br>B公司为子公司 | A公司应纳企业所得税 | 0 | 0 | 12.5 | 80 | 100 | 192.5 |
| | B公司应纳企业所得税 | 7.5 | 15 | 20 | 37.5 | 40 | 120 |
| | 企业集团应纳所得税 | 7.5 | 15 | 32.5 | 117.5 | 140 | 312.5 |

情形四:A公司在分支机构设立后前两年亏损,5年内的应纳税所得额分别为−100

万元、-50万元、200万元、320万元、400万元;B公司经营初期亏损,5年内的应纳税所得额分别为-100万元、-50万元、20万元、100万元、160万元(见表8-4)。

表8-4 经营情况表四 单位:万元

| 年 份 | | 1 | 2 | 3 | 4 | 5 | 合 计 |
|---|---|---|---|---|---|---|---|
| A公司应纳税所得额 | | -100 | -50 | 200 | 320 | 400 | 770 |
| B公司应纳税所得额 | | -100 | -50 | 20 | 100 | 160 | 130 |
| 方案一:<br>B公司为分公司 | 企业集团应纳税所得额 | -200 | -300 | -80 | 340 | 560 | 900 |
| | 企业集团应纳所得税 | 0 | 0 | 0 | 85 | 140 | 225 |
| 方案二:<br>B公司为子公司 | A公司应纳企业所得税 | 0 | 0 | 12.5 | 80 | 100 | 192.5 |
| | B公司应纳企业所得税 | 0 | 0 | 0 | 0 | 32.5 | 32.5 |
| | 企业集团应纳所得税 | 0 | 0 | 12.5 | 80 | 132.5 | 225 |

【筹划结论】对于情形一,当总机构盈利,而分支机构设立初期亏损时,由表8-1可以看出,虽然两种方式下企业集团的企业所得税税负是相同的,但采用分公司形式在第1年、第2年的纳税较少,可以延迟纳税义务的发生时间,使得企业集团获取延期纳税的好处,充分利用了资金的时间价值,因此,分支机构适合采用分公司形式。

对于情形二,当总机构和分支机构均盈利时,由表8-2可以看出,两种方式对企业集团的企业所得税税负没有影响。企业可以充分考虑设立分支机构时税负以外的其他因素,以便做出选择。

对于情形三,当分支机构设立初期,分支机构盈利但总机构亏损时,由表8-3可以看出两种方式下企业集团5年的企业所得税税负是相同的,但采用分公司形式时,A公司与B公司可以盈亏相抵,使企业集团在前两年的企业所得税税负为零,同样起到了延期纳税的作用,充分利用了资金的时间价值,因此,分支机构适合采用分公司形式。

对于情形四,在分支机构设立初期,总机构与分支机构均亏损时,由表8-4可以看出,采用分公司形式时,企业集团在前3年的企业所得税税负为零,同样起到了延期纳税的作用,因此,分支机构适合采用分公司形式。

在分支机构设立之初,总机构与分支机构有一方亏损或双方均亏损时,可以选择设立分公司的方式,以便充分利用亏损结转优惠政策,使企业集团延期纳税,缓解企业资金紧张状况,充分利用资金的时间价值。但子公司与分公司各有利弊,企业在选择分支机构的形式时,也要综合考虑除税收因素以外的其他因素,以便做出对企业最有利的决策。

## 本章小结

本章主要研究企业投资、融资和经营各主要环节如何进行纳税筹划。在企业设立环节要重视组织形式的选择,明确分支机构的优缺点以便于决策。在投资环节应重视投资规模及投资行业的选择、投资方式和投资项目的纳税筹划;在融资纳税筹划方面,主要介绍了银行借款、企业之间拆借、发行债券以及留存收益等内容,结合例子说明融资环节纳税筹划的重要性;在经营环节纳税筹划方面,分别介绍了存货和固定资产两方面的内部核算的内容以及企业合并方面的纳税筹划思路。

## 复习思考题

1. 子公司和分公司有何区别?
2. 根据我国现行税法的相关规定,不同行业有哪些不同的税收优惠政策?
3. 内、外资企业在纳税方面有哪些区别?
4. 合伙企业设立的条件有哪些?
5. 什么叫直接投资?什么叫间接投资?
6. 发行公司债券必须符合哪些条件?
7. 企业合并时和合并后应如何进行纳税筹划?

## 知识应用

甲公司计划于 2025 年年底吸收合并乙公司,合并日乙公司净资产的账面价值和计税成本均为 6 000 万元,公允价值为 8 000 万元,未弥补亏损额为 500 万元。现有两套方案可供选择。方案一:现金收购。甲公司向乙公司支付的收购价款中包含 8 000 万元的现金。方案二:甲公司将公允价值为 8 000 万元的股票分给乙公司的股东以实现合并。请对两个方案进行比较分析。

# 《纳税筹划》模拟题 1

一、单项选择题（每小题 2 分，共 20 分）

1. 就所得税处理中的费用扣除问题，从税收筹划的角度看，下列做法不利于企业获得税收利益的是（　　）。
   A. 费用扣除的基本原则是就早不就晚
   B. 各项支出中凡是直接能进营业成本、期间费用和损失的不进生产成本
   C. 各项支出中凡是能进成本的不进资产
   D. 各项费用中能待摊的不预提

2. 《企业所得税法》规定，纳税人来源于境外的所得，已在境外缴纳的所得税税款，准予在汇总纳税时，从其应纳税额中扣除。该规定属于何种税收优惠形式？（　　）。
   A. 减税　　　　　B. 税收抵免　　　　　C. 优惠退税　　　　　D. 亏损抵补

3. 在税率的确定上，依据课税对象的数额大小而变化，课税对象数额越大，税率越高。并且分别以征税对象数额超过前级的部分为基础计征税。这种税率设计方式属于（　　）。
   A. 定额税率　　　　　　　　　　　　B. 定率税率
   C. 超额累进税率　　　　　　　　　　D. 全额累进税率

4. 如果一项固定资产，会计上按直线折旧法，税收上按加速折旧法，这种差异会出现（　　）。
   A. 时间性差异
   B. 永久性差异
   C. 会同时出现时间性差异和永久性差异
   D. 不会出现时间性差异以及永久性差异

5. 企业将所纳税款通过提高商品或生产要素价格的方法，转嫁给购买者或者最终消费者承担，这种最为典型、最具普遍意义的税负转嫁形式在税收上通常称为（　　）。
   A. 税负前转　　　　　　　　　　　　B. 税负后转
   C. 税负消转　　　　　　　　　　　　D. 税负叠转

6. 一般纳税人增值税税率为 13% 和小规模纳税人征收率为 3% 的含税销售额税负平衡点的增值率为（　　）。
   A. 35.29%　　　　　B. 21.03%　　　　　C. 46.15%　　　　　D. 17.65%

7. 企业取得的（　　）利息收入免征企业所得税。
   A. 国债　　　　　　　　　　　　　　B. 国家重点建设债券
   C. 金融债券　　　　　　　　　　　　D. 企业债券

8. 某外商投资企业自行申报以55万元从境外甲公司(关联企业)购入一批产品,又将这批产品以50万元转售给乙公司(非关联企业)。假定该公司的销售毛利率为20%,企业所得税税率为25%,按再销售价格法计算,此次销售业务应缴纳的企业所得税为( )元。

A. 0　　　　　　B. 12 500　　　　　　C. 25 000　　　　　　D. 35 000

9. 假设A国居民公司在某纳税年度中总所得为10万元,其中来自A国的所得8万元,来自B国的所得2万元。A、B两国所得税税率分别为30%和25%,若A国采取全额免税法,则在A国应征税额为( )万元。

A. 2.9　　　　　　B. 3　　　　　　C. 2.5　　　　　　D. 2.4

10. 下列关于资产的税务处理说法正确的是( )。

A. 固定资产的计价,应以原价为准,即以制造、建造过程中所发生的实际支出为原价

B. 固定资产折旧只应当采用直线法计算

C. 企业的商品、产成品、在产品、半成品和原料、材料等存货的计价,应以成本价为准

D. 作为投资或者受让的无形资产,在协议、合同中规定使用年限的,可以按照该使用年限分期摊销;没有规定使用年限的,摊销期限不得少于5年

**二、多项选择题**(每小题2分,共20分)

1. 下列不属于税收筹划特点的是( )。

A. 合法性　　　　B. 风险性　　　　C. 收益性

D. 中立性　　　　E. 固定性

2. 按税收筹划供给主体的不同,税收筹划可分为( )。

A. 自行税收筹划　　　　B. 法人税收筹划　　　　C. 委托税收筹划

D. 自然人税收筹划　　　E. 国内税收筹划

3. 关于税收筹划中的税基转嫁法,下列说法正确的是( )。

A. 税基转嫁法是根据课税范围的大小、宽窄实行的不同税负转移方法

B. 一般来说,在课税范围比较广的情况下,正面、直接的税负转移就要容易些,这时的税收转移可称为积极性的税负转嫁

C. 在课税范围比较窄的时候,直接进行税负转移便会遇到强有力的阻碍,纳税人不得不寻找间接转嫁的方法,这时的税收转嫁就可以称为消极的税负转嫁

D. 积极税负转嫁筹划的条件是,所征税种遍及某一大类商品而不是某一种商品

E. 税基越宽,税负越不容易转嫁

4. 下列关于税收筹划、偷税、逃税、抗税、骗税等的法律性质的说法中,正确的是( )。

A. 税收筹划的基本特点之一是合法性,而偷税、逃税、抗税、骗税等则是违反税法的

B. 偷税具有故意性、欺诈性,是一种违法行为,应该受到处罚

C. 逃税与偷税有共性,即都有欺诈性、隐蔽性,都是违反税法的行为

D. 抗税是指纳税人以暴力、威胁方法拒不缴纳税款的行为,与之不同的是税收筹划采取的手段是非暴力性的

E. 抗税有时候是正当防卫所造成,所以有时是合法的

5. 税收筹划的基本方法包括（　　）。
   A. 价格筹划　　　　B. 空白筹划　　　　C. 弹性筹划
   D. 规避筹划　　　　E. 漏税

6. 《消费税暂行条例实施细则》中关于包装物处理的规定有（　　）。
   A. 实行从价定率办法计算应纳税额的应税消费品连同包装销售的，无论包装物是否单独计价，也不论在会计上如何核算，均应并入应税消费品的销售额中征收消费税
   B. 如果包装物（酒类产品除外）不作价随同产品销售，而是收取押金，该押金并未逾期且收取时间在一年以内的，此项押金不应并入应税消费品的销售额中征税
   C. 但对因逾期未收回的包装物不再退还的和已收取一年以上的押金，应并入应税消费品的销售额，按照应税消费品的适用税率征收消费税
   D. 对酒类产品生产企业销售酒类产品而收取的包装物押金，无论押金是否返还及会计上如何核算，均应并入酒类产品销售额中征收消费税
   E. 包装物押金由于要退还给对方，所以一律不缴税

7. 现代企业一般有（　　）四大基本权利。
   A. 生存权　　　　B. 发展权　　　　C. 自主权
   D. 自保权　　　　E. 自由权

8. 下列做法能够降低企业所得税负担的有（　　）。
   A. 亏损企业均应选择能使本期成本最大化的计价方法
   B. 盈利企业应尽可能缩短折旧年限并采用加速折旧法
   C. 采用双倍余额递减法和年数总和法计提折旧可以降低盈利企业的税负
   D. 在物价持续下跌的情况下，采用先进先出法
   E. 收入早确认，成本费用晚确认

9. 加速折旧方法主要包括（　　）。
   A. 平均年限法　　　　B. 直线法　　　　C. 双倍余额递减法
   D. 年数总和法　　　　E. 工作量法

10. 在日常税收筹划过程中，我们可以从（　　）方面来进行计税依据的税收筹划。
    A. 推迟计税依据实现
    B. 设法压缩计税依据
    C. 提前实现获利年度
    D. 减少企业筹建期间的费用
    E. 能待摊的不预提

### 三、判断题（每小题2分，共20分）

1. 企业税收筹划必须在纳税义务发生之后，通过对企业生产经营活动过程的规划与控制来进行。（　　）

2. 税收筹划中，应选择税负弹性小的税种作为税收筹划的重点，税负弹性越小，税收负担就越轻，主动适用该税种会使得税收筹划的利益越大。（　　）

3. 如果总公司所在地税率较高，而从属机构设立在较低税率地区，设立分公司后应

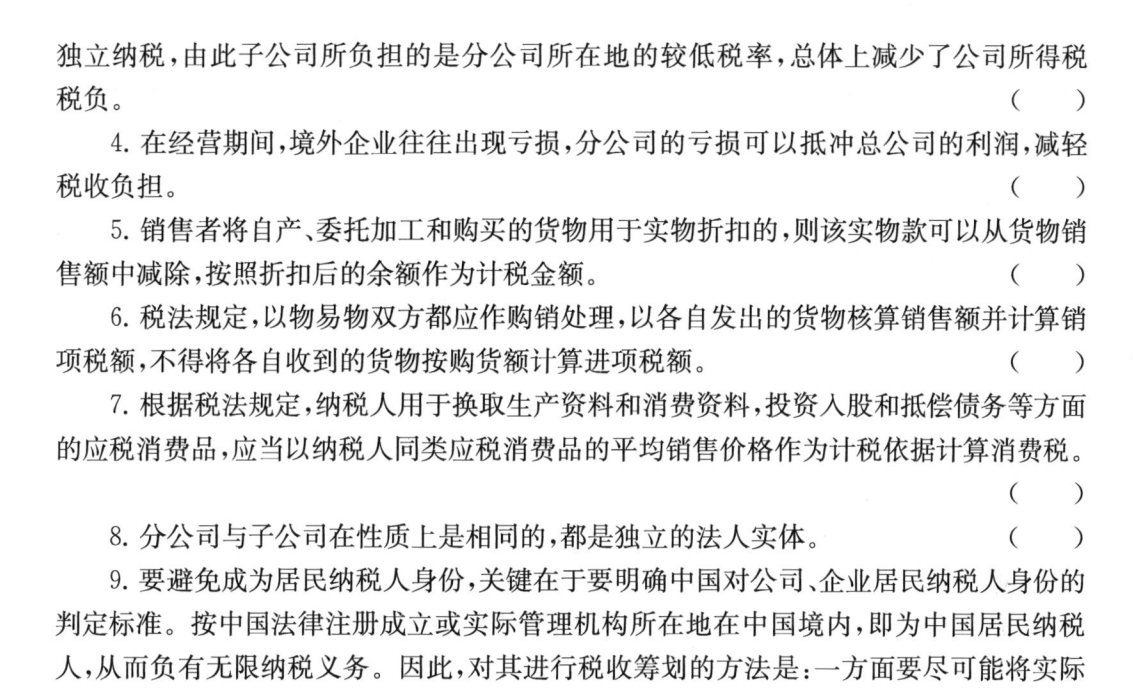

独立纳税,由此子公司所负担的是分公司所在地的较低税率,总体上减少了公司所得税税负。（　　）

4. 在经营期间,境外企业往往出现亏损,分公司的亏损可以抵冲总公司的利润,减轻税收负担。（　　）

5. 销售者将自产、委托加工和购买的货物用于实物折扣的,则该实物款可以从货物销售额中减除,按照折扣后的余额作为计税金额。（　　）

6. 税法规定,以物易物双方都应作购销处理,以各自发出的货物核算销售额并计算销项税额,不得将各自收到的货物按购货额计算进项税额。（　　）

7. 根据税法规定,纳税人用于换取生产资料和消费资料,投资入股和抵偿债务等方面的应税消费品,应当以纳税人同类应税消费品的平均销售价格作为计税依据计算消费税。（　　）

8. 分公司与子公司在性质上是相同的,都是独立的法人实体。（　　）

9. 要避免成为居民纳税人身份,关键在于要明确中国对公司、企业居民纳税人身份的判定标准。按中国法律注册成立或实际管理机构所在地在中国境内,即为中国居民纳税人,从而负有无限纳税义务。因此,对其进行税收筹划的方法是:一方面要尽可能将实际管理机构设在避税地或低税区;另一方面要尽可能减少某些收入与实际管理机构之间的联系。（　　）

10. 按照国际惯例,所得来源地拥有优先征税的权力。因此,要对外商投资企业和外国企业所得税征税范围进行税收筹划,除了要明确应纳税所得的规定外,还必须搞清楚何谓来源于中国境内的所得,即必须掌握所得来源地的认定方法或标准。然后在此基础上进行征税范围的税收筹划。（　　）

**四、案例分析题**（每小题20分,共40分）

1. 百货商场最近正在积极开展部分商品的促销活动。目前有三种方案可以选择:

方案一:商品八折销售;

方案二:购物满1 000元者赠送价值200元的商品（购进价格是150元）;

方案三:购物满1 000元者返还现金200元。

以上销售价格及购进价均为增值税专用发票上注明的价税合计数。假定商品销售利润率为25%,即销售1 000元的商品,其购进价为750元。假如消费者同样是购买一件价值1 000元的商品,就目前可选择的三种方案,分别计算百货商场应纳增值税额及毛利率;并从毛利率角度,指出百货商场可以选择的最好方案,并简要说明理由。（不考虑城市维护建设税、教育费附加及个人所得税）

2. 某板材厂主营业务为生产和销售钢琴用高档板材,同时也附属生产部分普通家具用板材。2025年该企业生产原料来源有两个渠道,一是企业在当年承包荒山种植树木,成立自身的原料林基地,假设该部分成本价值为350万元,该部分原木主要用于生产钢琴用高档板材;二是企业从附近的乡村收购站购买农民自家院落里种植的树木,金额为100万元,企业其他进项为8万元,该部分原木主要用于生产普通家具用板材,2025年全年销售收入为500万元。

在原有的企业组织架构下,原料林基地作为企业自身的一部分提供原木,并没有进行货币的交换,因而不能开具相关的发票,企业从原料林基地获取的原木并没有增值税进项税额的抵扣。而企业销售的钢琴用高档板材售价高,增值税销项税多,进项税少,税负较重,企业年年亏损。

根据板材厂的业务流程,结合现行的税收政策,提出节税筹划具体思路,并计算实施筹划政策前后节税金额。

# 《纳税筹划》模拟题 2

一、单项选择题（每小题 2 分，共 20 分）

1. 企业在进行税收筹划中,充分考虑税收时机和筹划时间跨度的选择推迟或提前、拉长或缩短等可能影响筹划效果甚至导致筹划失败的因素,这属于对（　　）的规避。
   A. 筹划时效性风险　　　　　　　　B. 筹划条件风险
   C. 征纳双方认定差异风险　　　　　D. 流动性风险

2. 合理提前所得年度或合理推迟所得年度,从而起到减轻税负或延期纳税的作用,这种税务处理属于（　　）。
   A. 企业投资决策中的税收筹划　　　B. 企业生产经营中的税收筹划
   C. 企业成本核算中的税收筹划　　　D. 企业成果分配中的税收筹划

3. 如果一项固定资产,会计上按直线折旧法,税收上按加速折旧法,这种差异会出现（　　）。
   A. 时间性差异
   B. 永久性差异
   C. 会同时出现时间性差异和永久性差异
   D. 不会出现时间性差异以及永久性差异

4. 下列关于纳税人身份的税收筹划的说法中正确的是（　　）。
   A. 企业进行税收筹划时,应当尽可能避免作为非居民纳税人,应作为居民纳税人,从而达到节省税金支出的目的
   B. 许多外商投资企业和外国企业将实际管理机构设在低税区,然后以该销售公司的名义从事营销活动。这种方法对所有的商品转让都适合
   C. 利用销售货物降低税收负担率仅限于那些税高利大的工业产品或者是可比性不强的稀有商品
   D. 利用销售货物降低税收负担率仅限于那些税低利小的商业产品或者是可比性不强的稀有商品

5. 实行复合计税法的应税消费品的是（　　）。
   A. 粮食白酒　　　B. 化妆品　　　C. 金银首饰　　　D. 石脑油

6. 一般纳税人增值税税率为 9% 和小规模纳税人征收率为 3% 的不含税销售额税负平衡点的增值率为（　　）。
   A. 35.29%　　　B. 33.33%　　　C. 23.08%　　　D. 20.05%

7. 下列不属于免纳个人所得税项目的是（　　）。
   A. 国债和国家发行的金融债券利息

B. 按照国家统一规定发给的补贴、津贴

C. 依照我国有关法律规定应予免税的各国驻华使馆、领事馆的外交代表、领事馆员和其他人员的所得

D. 个人转让自用达5年以上并且是唯一的家庭居住用房取得的所得

8. 以下资源税中,属于资源税应税产品的是（　　）。

　　A. 加热、修井原油　　　　　　　B. 柴油

　　C. 人造石油　　　　　　　　　　D. 天然原油

9. 下列应征土地增值税的项目为（　　）。

　　A. 合作建房,建后自用　　　　　B. 企业进行房地产交换

　　C. 以房地产进行联营投资　　　　D. 国家征用房地产

10. 跨国公司税收筹划的客体是（　　）。

　　A. 跨国公司　　　　　　　　　　B. 跨国公司的税收

　　C. 跨国公司的利润　　　　　　　D. 跨国公司的组织机构

## 二、多项选择题（每题2分,共20分）

1. 下列不属于税收筹划特点的有（　　）。

　　A. 合法性　　　　B. 风险性　　　　C. 收益性

　　D. 中立性　　　　E. 综合性

2. 一般认为,在物价自由波动的前提条件下,下列因素会对税负转嫁有重要的影响的是（　　）。

　　A. 商品供求弹性　　　B. 市场结构　　　C. 成本变动

　　D. 课税制度　　　　　E. 税收征管

3. 《增值税暂行条例实施细则》规定,按销售结算方式的不同,销售货物或应税劳务的纳税义务发生时间分别为（　　）。

A. 采取直接收款方式销售货物,不论货物是否发出,均为收到销售款或取得索取销售款凭据,并将提货单交给购货方的当天

B. 采取托收承付和委托收款方式销售货物,为发出货物并办妥托收手续的当天

C. 采取赊销和分期收款方式销售货物,为按合同约定的收款日期的当天；采取预收货款销售货物,为货物发出的当天

D. 委托其他纳税人代销货物,为提供劳务同时收讫销售款或取得索取销售款凭据的当天

E. 纳税人的视同销售行为为货物移送的当天

4. 下列属于按照"福利化"方法进行个人所得税税收筹划的是（　　）。

A. 将纳税人一部分现金性工资转为免费提供住房或仅收取部分租金

B. 由企业支付旅游费用,提供假期旅游津贴,同时降低个人的薪金

C. 将工资薪金所得转化为劳务报酬所得,以主动适用较低的边际税率

D. 将现金奖金转换为由企业购买水电等公用设施和服务,并免费提供职工

E. 派出本企业职工为他人提供劳务,将取得的一部分报酬转为由对方承担本应由己

方承担的费用

5. 消费税计税依据的筹划包括（　　）。

A. 关联企业转让定价的筹划

B. 包装物的筹划

C. 选择合理销售方式的筹划

D. 以应税消费品抵债、入股的筹划

E. 以外汇结算的应税消费品的筹划

6. 按税收筹划供给主体的不同，税收筹划可分为（　　）。

A. 自行税收筹划　　　B. 法人税收筹划　　　C. 委托税收筹划

D. 自然人税收筹划　　E. 生产经营中的税收筹划

7. 从税收角度考察，企业并购税收筹划方法有（　　）。

A. 合并有大量经营亏损的企业盈亏抵补

B. 合并大量盈利、资金流充裕的企业

C. 合并小型微利企业

D. 合并高新技术企业

E. 分立高新技术企业

8. 税收筹划的原则包括（　　）。

A. 系统性原则　　　B. 事先筹划原则　　　C. 守法性原则

D. 实效性原则　　　E. 保护性原则

9. 在日常税收筹划过程中，我们可以从（　　）方面来进行计税依据的税收筹划。

A. 推迟计税依据的实现

B. 选择合理的费用分摊方法

C. 提前实现获利年度

D. 减少企业筹建期间的费用

E. 提前计税依据的实现

10. 企业所得税的纳税义务存在的条件是纳税人拥有计税依据，也就是有应纳税所得额，因此，可以从推迟计税依据的实现方面做好纳税筹划，包括（　　）。

A. 设法压缩计税依据

B. 合理申报推迟预缴税款

C. 推迟获利年度出现

D. 合理分摊汇兑损益中的汇兑溢余

E. 以上说法都不对

**三、判断题**（每题2分，共20分）

1. 税收筹划中，应选择税负弹性小的税种作为税收筹划的终点，税负弹性越小，税收负担就越轻，主动适用该税种会使得税收筹划的利益越大。（　　）

2. 对于税负很轻的商品来说，课税后加价幅度较小，一般不影响销路，税负便可通过提价全部转嫁给消费者负担。（　　）

3. 销售者将自产、委托加工和购买的货物用于实物折扣的,则该实物款可以从货物的销售额中减除,按照折扣后的余额作为计税金额。（　　）

4. 根据税法规定,纳税人用于换取生产资料和消费资料,投资入股和抵偿债务等方面的应税消费品,应当以纳税人同类应税消费品的最高销售价格作为计税依据计算消费税。（　　）

5. 不组成企业法人的中外合作经营企业,由合作各方依照国家有关税收法律、法规分别计算缴纳所得税。（　　）

6. 个人担任董事职务所取得的董事费收入,属于工资薪金所得性质,按照工资、薪金所得项目征收个人所得税。（　　）

7. 个人独资企业,其生产经营所得实行核定应税所得率征收方式的,不能享受个人所得税的优惠政策。（　　）

8. 在出口货物成交价格的计算中如果含有支付给境外的佣金,则一律扣除。（　　）

9. 财产所得人将财产赠给学校所立的书据,可以免征印花税。（　　）

10. 由于国家机关、事业单位、社会团体、军事单位属于非生产性单位,在承受土地、房屋权属时免征契税。（　　）

**四、案例分析题**（每题20分,共40分）

1. 某食品零售企业年零售含税销售额为150万元,会计核算制度比较健全,符合一般纳税人条件,适用13%的税率。该企业购货金额为80万元(不含税),可取得增值税专用发票。请分析并回答该企业如何进行增值税纳税人身份的筹划。

2. A卷烟厂要将一批价值100万元的烟叶加工成烟丝,欲支付加工费75万元;加工的烟丝后会继续加工成甲类卷烟,加工成本、分摊费用共计95万元,该批甲级卷烟售出价格(不含税)1 000万元,出售数量为0.4万大箱。烟丝消费税税率为30%,甲类卷烟的消费税税率为56%。请通过计算结果分析,筹划该厂选择自己生产、半委托加工还是全委托加工更为节税。

# 参考文献

[1] 梁俊娇.税收筹划[M].11版.北京:中国人民大学出版社,2023.
[2] 计金标.税收筹划[M].8版.北京:中国人民大学出版社,2022.
[3] 查方能.纳税筹划[M].6版.大连:东北财经大学出版社,2022.
[4] 伊虹,何霞.纳税筹划[M].2版.北京:清华大学出版社,2024.
[5] 蔡昌.税收筹划理论与实务[M].北京:清华大学出版社,2024.
[6] 梁文涛,苏杉,吴朋波.纳税筹划实务[M].9版.北京:清华大学出版社,2024.
[7] 梁文涛.纳税筹划[M].7版.北京:中国人民大学出版社,2023.
[8] 盖地.税务筹划学[M].8版.北京:中国人民大学出版社,2022.
[9] 蔡昌.税收筹划:理论、实务与案例[M].4版.北京:中国人民大学出版社,2023.